영조와 네 개의 죽음

영조와 네 개의 죽음

함규진 지음

페이퍼로드
paperroad

영조가 말하는 영조

조선왕조실록에 "임금은 농담을 해서는 안 된다"는 말이 있다. 정무를 보고 나면 친한 왕족이나 신하와 농담과 음담패설로 시간을 보내고는 했던 로마의 황제나 프랑스의 왕이 들었다면 그 무슨 농담이냐고 했겠지만, 원칙적으로 '개인'과 '국가'가 최고도로 중첩되어 있었던 조선의 왕에게 말이란 한 마디 한 마디 신중하게 고려해서 극도로 엄숙하고 의미심장하게 입밖으로 내놓아야 하는 것이었다.

왕이 내치에 대해 내놓은 말은 법전이 되고, 제례 절차에 대해 남긴 말은 예제가 되며, 사신들에게 던진 말은 조약문이 된다. 그러면 왕이 왕 자신의 생애에 대해 남긴 말은 어떨까. 왕의 속마음까지 잘 알 수 있는 일대기가 되는 한편, 그 시대의 역사가 되지 않을까. 말 그대로의 '그의 이야기=역사^{History}'로서! 특히 조선의 제21대 왕 영조처럼 당쟁이 가장 치열했던 시대이자 그것을 극복하려던 탕평정치의 시대, 임란과 호란으로 된서리를 맞았던 조선왕조가 쇠퇴의 길로 들어서기 직전 마지막으로 평화와 융성의 꽃을 피웠던 시대를 살다 간 왕의 이야기라면 더더욱 중요하고 흥미진진할 것이다.

그러나 영조에 대해 우리가 주로 들어온 이야기는 영조 스스로 남긴 것은 아니다. 신하들이 기록한 『영조실록』, 그리고 그의 며느리인 혜경궁 홍씨가 쓴 『한중록』이 영조에 대한 우리의 지식 대부분을 구성하지만, 그 이야기들은 다른 이들이 각자 의도를 가지고 쓴 것이기에 서로 당황스러울 정도로 모순된다. 실록의 영조는 검소하고 성실하며 늘 백성을 위해 애쓴 개혁군주이며, 진지하고 신중한 정치인이다. 그러나 『한중록』의 영조는 여러 콤플렉스와 질투, 변덕, 편애, 분노 조절 장애 등으로 엉망인 인성의 소유자, 치졸하고 잔인한 인격파탄자다. 신하들의 눈에 비친 영조나 혜경궁이 본 영조 모두 그의 참모습을 일면 반영하고 있을 것이다. 그러나 이처럼 다른 이들이 다른 각도에서 바라본 영조의 초상을 합치다 보면 피카소의 그림처럼 낯설고 기괴해질 수밖에 없다. 따라서 그들의 기록과, 영조 자신이 남긴 기록, 또 그 밖의 인물들의 기록을 총합해서 영조 자신이 지은 일대기나 자서전과 같은 '영조가 말하는 영조'의 이야기를 엮어내고 싶었다. 영조에게 직접 자기 생애의 여러 드라마틱한 사건들에 대해 물어본다면, 그는 어떤 것들을 말할까? 비천한 태생, 평생을 괴롭혔던 당쟁과 탕평, 내내 그에게서 떠나지 않았던 경종의 죽음을 둘러싼 '혐의'에 대해서 뭐라고 말할까? 반려자인 정성왕후를 홀대한 까닭에 대해서는? 또 대체 무엇 때문에 하나뿐인 아들이자 후계자인 사도세자를 죽음으로 몰고 갔다고 말할까? 그것도 하필 뒤주에 넣어 굶겨 죽이는 잔악무도한 방법을 통해서?

우리 자신이 보는 스스로의 모습이나 이야기에도 다소 왜곡이나 과장이 있을 수 있다. 그러나 그런 이야기를 통해서만—감춰져 있는 왜곡과 과장의 맥락까지도 포함하여—우리는 그 사람에 대한 전체적인 이해를 시도할 수 있고, 그것도 그 사람이 조선의 왕일 때, 왕도 보통 왕이 아닌 영조일 때, 사뭇 의미 있는 듣기-읽기를 경험할 수 있는 것이다. 개인의 이야기에 몰입해 읽음으로써, 역사를 이해할 수 있게 된다.

실제로는 없는 텍스트를 구성해낸 것이기 때문에 어느 정도 소설적인 접근을 취할 수밖에 없었다. 기록끼리 모순되거나 공백이 있는 부분은 추론을 동원하고, 상상력까지 활용했다. 그에 따라 발생할 수밖에 없는 무리하고 과도한 표현이나 오류 등은 저자의 역량에 따라 많거나 적을 것이다. 여러 독자들의 질정을 바란다. 마지막으로 이 이야기는 이미 죽은 사람이 죽음에 대해 늘어놓는 이야기이다. 그 점에 유의해서 읽는다면 저자의 의도에서 크게 벗어나지 않을 수 있으리라.

2015년 가을.

함규진

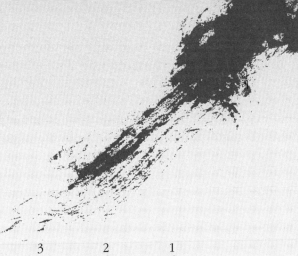

조선의 국왕,
인간이 '헌법'이어야 했던 그 고독한 자리의 기록

안녕하십니까. 이곳까지 당도하신 것을 환영합니다. 저는 52년 동안 불쌍하면서 존귀한 나의 백성들을 굽어살폈던, 조선의 제21대 왕 영조입니다.

물론 여기에 말 그대로 '당도'하신 것은 아닐 겁니다. 저는 이미 2백 년하고도 수십 년 전에 이승을 떠난 사람이고, 여기는 저승이니까요. 너무 뻔한 이야기를 했나요? 허허. 어쨌든 이렇게 여러분이 제가 드리는 말씀을 듣게 되신 까닭은 여러분께 '목소리'를 전하고 싶은 저의 간절한 바람이 기적적으로 이뤄졌기 때문일 겁니다. 저의 소망에 이끌려 여러분께서 이곳까지 당도하신 게지요. 여러분 시대에 유행하는 '팟캐스트'를 듣는다 생각하시면 어떨까 합니다.

그럼 저는 여러분께 어떤 이야기를 전하고 싶었는가? 그 말씀을 드리기에 앞서 여러분께 제가 52년 동안 앉아 있었던 옥좌의 의미를, 특히 조선의 왕이 어떤 사람이어야 했는지부터 말씀을 드려보겠습니다.

왕이란 여러분들 시대의 대통령과 비슷한 자리라고 생각하는 분들이 많은 것 같습니다. '국가원수'라는 점에서, 정치 활동의 가장 두드러지는 위치를 차지하는 사람이라는 점에서는 그럴 듯도 하지요. 하지만 실제 조선의 왕이란 대한민국의 대통령과는 비교도 안 될 만큼 중요하고 복잡한 권위와 권한의 결정체였습니다.

동양의 정치사상에서 정치의 목적은 단순명료합니다. 백성을 위하

영조 어진. 영조 20년(1744), 51세 때 그려진 어진을 1900년 모사해 그린 것으로 원본 영정은 한국전쟁 때 소실되었다.

는 것이지요. 그것은 마치 하늘에 아로새겨진 헌법과도 같습니다. 그런데 구체적으로 어떻게 하는 것이 백성을 위하는 정치일까요? 하늘의 헌법은 지상에 구현할 수단이 필요한데, 그것이 바로 군주입니다. 여러분은 권력과 제도적 권한을 완전히 분리할 수 있다고, 다시 말해서 헌법과 법률에 따른 시스템이 따로 있고 대통령이나 장관, 국회의원 등이 돌아가면서 그 시스템의 실행을 맡으면 된다고 생각하실 겁니다. 하지만 옛날 사람들에게 제도는 그 제도를 실행하는 사람과 완전히 분리

할 수 없는 것이었습니다. 따라서 하늘에 해가 하나 있듯 주권자도 하나여야 하고, 모든 권력이 그로부터 나오는 유일한 주권자이자 땅 위의 살아 있는 헌법이 바로 군주인 것입니다. 같은 왕이라도 서양의 군주는 세금 하나만 신설하려 해도 일일이 의회의 승인을 얻어야 했다는데, 조선의 왕은 비록 산더미 같은 상소문을 읽고 밤샘 어전회의를 거듭한 끝에 신중한 결정을 내린다고 해도, 결국 최종적으로는 모든 국사를 자신의 뜻대로 결정할 수 있었습니다. 또한 대한민국의 모든 법률이 헌법에 근거하듯 조선의 모든 법률은 군주의 결정에 근거합니다.

『경국대전』이나『속대전』도 사실 역대 왕들의 결정을 모아서 정리해 놓은 것일 뿐입니다.

왕에게는 임기가 있을 수도 없고, 왕의 권력을 제한하자는 개혁을 추진할 수도 없습니다. 헌법에 일정한 유효기한이 있을 수도, 적용되지 않는 분야를 설정할 수도 없는 것과 비슷하지요.

하지만 여러분 시대의 헌법과 달리, 조선의 왕은 살아있는 인간이기도 합니다. 당연히 왕마다 재능과 품성의 고하(高下)가 있고, 어떤 왕이든지 성격, 취향, 건강 등에 이런저런 결점이 있을 수밖에 없습

경국대전(經國大典)은 조선시대 통치의 기준이 된 최고 법전이다. 고려 말부터 조선 성종 초까지 반포된 법령과 교지, 교령, 조례 등을 망라한 것으로, 성종 7년(1476)에 완성되어 16년(1485)에 간행되었다. 속대전은 경국대전 이후의 교령과 조례를 모은 것으로 영조 22년(1746)에 간행되었다.

니다. 따라서 한 사람의 인간에 불과한 군주가 어떻게 하늘의 헌법을 지상에서 구현하는 막중한 책임을 제대로 수행하게 도울 것인가? 이것이 동양 정치철학의 과제였습니다. 그리고 그 어느 시대 어느 왕조에서도 조선만큼 이 과제를 처절하게 고민하고 연구하지 않았습니다.

그러므로 조선에서 적어도 몇 년 이상 임금 자리에 앉아있던 사람들은, 연산군 같은 별종을 제외하면 그런 처절한 고민과 연구를 온몸으로 떠안고 하루하루를 보냈던 사람이라 하겠습니다. 그렇다면 저는 어떨까요? 아마 여러분이 영조라는 임금을 떠올릴 때 가장 먼저 드는 생각은 어떤 것일까요? 사도세자와 뒤주, 또는 가장 오래 살고 가장 오

래 임금 자리에 있었던 왕 정도가 아닐까 짐작됩니다.

그렇게 오랜 임금 생활로 저는 무엇을 이루었을까요? 그리고 무엇을 잃었을까요? 이제부터 들려드릴 이야기는 저와 저의 시대에 대한 이야기, 그 중에서도 제가 겪어야 했던 죽음에 대한 이야기들입니다. '왜 하필 죽음에 대한 이야기를?'이라고 물음을 가지신다면 저는 역대 왕 가운데 가장 오래 살았고, 오래 임금 노릇을 한 만큼 가까운 사람의 죽음을 많이 맞이해야 했던 왕이기 때문입니다.

> 아버지 한 분(숙종대왕),
> 어머니 다섯 분(생모이신 숙빈 최씨 이외에 인현왕후와 인원왕후, 그리고 장희빈이라 불리는 옥산부대빈과 영빈 김씨께서도 제겐 어머니뻘 되십니다),
> 형님 한 분(경종대왕),
> 형수 두 분(단의왕후, 선의왕후),
> 동생 둘(조졸^{早卒}하여 이름이 없는 동생과 연령군), 제수 하나(상산군부인), 아내 둘(정성왕후, 정빈), 아들 둘(효장세자, 사도세자), 딸 아홉(조졸한 딸 넷과 화억옹주, 화순옹주, 화평옹주, 화협옹주, 화길옹주), 며느리 둘(현빈, 경빈), 사위 둘(월성위, 일성위), 손자 둘(의소세손, 은신군).

이 많은 이들이 모두 저보다 먼저 세상을 떠났습니다. 저 다음으로 오래 재위하신 숙종대왕께서는 생전에 아드님 넷과 따님 셋을 잃으셨고, 제 후대인 고종은 아들 셋과 딸 둘을 잃었음을 생각해보면(그나마 다수가 조졸이었습니다) 제가 이골이 날 정도로 친지들의 상을 자주 치렀음을 아실 수 있겠지요. 여러분이라면 어떠셨을까요? 저보다 반의반만 상을 당하셨어도 가슴에 한이 사무치지 않았을까요?

그러면 저는 왜 하필 이 자리에서 깊은 한이자 상처인 죽음에 대해 이야기하려는 것일까요? 바로 이 모든 죽음들이 제왕에게는 단순히 사랑하는 사람의 상실로서의 의미일 뿐 아니라, 보다 의미심장한 정치적 의미를 겸하고 있기 때문입니다. 죽음은 개인으로서 뼈저리는 슬픔이었습니다만, 어느 경우에는 정치적인 축복이, 또 어느 경우에는 저주가 되기도 했습니다. 정치적 인간이자 한 나라의 대표자로서 어떻게든 막고 싶었던 죽음도 있었고, 바라지는 않아도 받아들여야 할 죽음도 있었습니다. 즉, 저는 이 소중한 자리에서 개인적인 비극이자 정치적 변동이었던 죽음을 주제로 제 치세에 대한 풀이를 해나가려는 것입니다.

제가 이렇게 여러분께 허심탄회하게 말씀드릴 기회를 갈망했던 이유가 하나 더 있습니다. 바로 여러분들이 제게 갖고 계신 오해를 풀기 위해서입니다. 한 가지만 예를 들어 볼까요? 신사辛巳년(1761), 그러니까 제가 재위한 37년째 되던 해였지요. 새해 벽두부터 불미스러운 일이 있었습니다. 정월 초에 영의정을 지냈던 영중추부사 이현보가 죽더니, 다음 달에는 우의정 자리에 있던 민백상이 죽고, 또 그 다음 달에는 좌의정 이후가 죽고 말았지요. 참, 지금 생각해도 흔한 일은 아니었습니다. 제 나이가 그해 예순여덟, 저 역시 죽음을 준비해야 할 나이에 미우나 고우나 오랜 세월 저를 보좌해온 원로대신들이 새해가 밝자마자 매달 죽어나가니 찜찜하고 어수선한 기분을 금할 수가 없었습니다.

그러나 그뿐이었습니다. 세 사람 다 나이가 많았고 지병이 있었으므로 갑자기 죽는다고 특별히 놀랄 일도 아니었지요. 하필 그렇게 차례대로 세상을 떠난 것이 공교로울 뿐 살다보면 충분히 있을 수 있는 일 아니겠습니까? 그런데 세간의 말 지어내기를 좋아하는 사람들은 분명 배후에 뭔가 있다, 그렇게 쑥덕공론을 벌인 거죠. 그리고 나중에 '그 일'이,

생각하기도 싫은 그 일이 있고 난 다음에는 기가 막히게도 "세자의 비리가 밝혀지자 세자를 잘 보도輔導(잘 도와서 좋은 방향으로 이끎)하지 못한 책임을 지고 세 정승이 자살했다"라는 소문이 났던 겁니다. 그리고 그런 소문은 터무니없게도 실록에까지 떡하니 자리를 잡았습니다.

> "고故 상신相臣(영의정, 좌의정, 우의정을 지내거나 지냈던 대신을 통틀어 일컫는 말) 문간공 이천보, 정익공 이후, 정헌공 민백상은 영조조에 남다른 우대를 받으면서 정치가 잘 되도록 도운 결과 온 나라의 백성들이 영원히 덕을 입게 되었습니다. 뭇 소인들이 나라의 근본을 흔들던 때에 정성을 다하여 세자를 보호하는 데 있는 힘을 다하였다가, 신사년경에 이르러서는 당시의 사태가 더욱더 어쩔 수 없게 되었다는 것을 알고는 눈물을 흘려 통곡하며 맹세코 살기를 바라지 않고 서로 손잡고 영결하면서 연달아 죽었으니, 그 뛰어난 충성과 뛰어난 절개는 천지를 지탱할 수 있고 해와 달처럼 빛났습니다."
> ─『고종실록』 제39권, 고종36년 11월 19일.

제 6대손에 해당되는 고종 시대는 여러분도 아시다시피 나라가 어지럽고 기강이 무너져서 좀 그럴듯한 주장이 있으면 적절한 검토도 없이 입법의 근거로 삼는 일이 많았습니다. 더욱이 고종은 사도세자의 서자庶子 핏줄이니 진위가 의심스러운 이야기라도 사도세자가 돋보이는 이야기라면 잘 받아들였겠지요. 비록 나라가 망하고 일본인들의 손으로 편찬된 것이라지만 명색이 실록이라는 공식 기록에 저런 이야기가 떡하니 있으니 후대 사람들이 혼란스러워 할 만합니다. 여러분의 시대에는 여기에 살이 더 붙어 '세자가 몰래 평양을 다녀온 일을 놓고, 세

승정원일기(承政院日記)는 조선시대 승정원에서 왕명의 출납과 행정 사무 등을 매일 기록한 일지다. 단일 사료로서 방대한 양을 자랑하며 모두 3,245책이다. 국보 제303호로 지정되어 있으며, 2001년 9월 유네스코 세계기록유산에도 등재되었다. 현재 서울대학교 규장각에 보관되어 있다.

자 사부로서 책임을 지고 한 자리에서 음독자살했다' '세자를 내몰려는 세력에 맞서 죽음으로써 세자를 지키려 한 것이다' 따위의 이야기가 나돌고 있더군요.

하지만 당시의 실상을 기록한 『영조실록』과 『승정원일기』에는 대신들의 자살설을 뒷받침할 만한 근거가 전혀 나오지 않습니다. 다시 말씀드리지만 세 사람은 1월부터 3월까지 약 한 달 간격으로 차례차례 죽었으며, 죽기 직전에는 제가 그들의 병을 걱정하여 어의御醫를 보내 진료하게 했다는 기록이 나옵니다. 또 이천보가 죽었을 때는 이후·민백상과, 민백상이 죽었을 때는 이후와 죽은 이에게 내리는 시호諡號를 정하는 문제 및 이러저러한 나랏일을 평소처럼 논의하는 내용이 나옵니다. 이것이 어찌 "맹세코 살기를 바라지 않고 서로 손잡고 영결하면서 연달아 죽었"다는 사람들의 모습이겠습니까? 또 들려오는 묘한 이야기로 이천보가 죽기 전에 남긴 유소遺疏에 제가 나이 들어 판단력이 흐려진다고 지적하고, 절대로 세자를 저버려서는 안 된다고 간언하는 내용이 있다고도 합니다. 그러나 그 사람의 문집인 『진암집晉菴集』에 실린 유소를 보면 제 건강을 걱정하는 내용은 있지만 세자운운 하는 부분은 눈 씻고 찾아봐도 없습니다. 심지어 혜경궁이라는 명호를 얻게 되는 제 며늘아기, 즉 사도세자의 안사람 혜빈이 쓴 『한중록閑中錄』에도 신사년에 세 원로가 잇달아 숨졌다는 언급은 있어도, 그것이 세자와 연관이 있다는 언급은 없습니다. 더욱이 저는 나중에야 알게 된 세자의 평양행은 3월 말에서 4월 20일까지의 일로, 시기적으로도 세 사람의 죽음의 원인이 될 수 없음을 알 수 있습니다. 차차 말씀드리겠습니다만, 혜경궁 그 아이는 남편 사도세자와 자신의 신세에 대해 저를 원망하는 마음이 크고 깊어서, 저를 무척 가혹하게 묘사해놓았습니다. 그런데 세 사람이 세자 때문에 자살했다면 그 사실을 숨길 까닭이 있겠습니까? 또 혜경궁의 아들이자 제 손자인 정조가 제 실록을 편찬하고 제 일기를 관리했는데, 역시 자기 아버지를 높이고자 한사코 저를 깎아내리기를 서슴지 않았던 그 아이가 굳이 제 아비에게 유리한 사실을 은폐하고 날조하려 했겠습니까?

애초에 상식적으로도 정승이 세자 때문에 자살한다는 일은 생각할 수 없는 일입니다. 정승들은 명목상 세자의 사부가 되고 보도의 책임을 맡습니다만 세자가 비행을 저질렀다고 죽거나 죽임을 당할 까닭은 없습니다. 그리고 그들이 세자를 지키기 위해 그리했다? 명망과 권세가 있는 원로대신들이 세자를 지키려거든 조정에서 지킬 것이지 자살을 한단 말입니까?

이렇게 제 쉰두 해의 재위 기간, 그리고 여든세 해의 삶에 대해서는 많이 알려진 듯하면서도 생소하거나 얼토당토않게 왜곡된 부분이 많이 있습니다. 하기야 천만리 먼 곳에서 벌어진 일도 안방에 앉아 볼 수 있다는 여러분의 시대에도 정작 미궁에 빠지거나 온갖 음모설이 춤추는 사건이 많은 것을 보면 오래 전 구중궁궐에서 벌어진 일이 분명하지 않은 거야 어쩌면 당연할지도 모르지요. 그러나 사람들이 저마다 자신의 관점으로만 사건을 보려고 하기 때문에 오해가 느는 게 아닐까요? 어떤 이는 사람들의 사적인 감정 대립으로만 모든 것을 풀이하려 하고, 또 어떤 이는 권력과 정치의 셈법만을 따르다보니, 실제와는 거리가 먼 신화가 탄생하는 게 아닐까요? 다시 말씀드리지만 임금도 사람입니다. 그러니 개인감정이나 성향에 따른 문제가 없을 수 없습니다. 그러나 한편 임금은 정치인이기도 한 셈이고, 따라서 권력의 역학관계에 따라 피치 못할 선택을 할 때도 있습니다. 조선 시대에 임금은 세상에 하나뿐인 존재입니다. 세상에 구현된 하늘의 헌법, 만백성의 눈물을 닦아 주어야 할 유일한 희망의 담지자입니다. 그러므로 그가 비록 성군의 이름에 합당한 인물이 못될지라도, 그가 벌인 행동, 고독 속에서 내린 결단을 지나치게 개인적으로만, 또는 지나치게 정치적으로만 해석해서는 본모습을 놓치지 않을 수 없는 것입니다.

저는 여기서 제가 생전에 겪은 죽음 중에서 개인적으로나 정치적으로나 가장 의미가 깊었던 네 개의 죽음을 중심으로 말씀드리려 합니다. 어머니의 죽음, 형제의 죽음, 아내의 죽음, 자식의 죽음. 이를 통해 저는 참으로 어리석었던 모습까지 보여드리려 합니다. 그러나 그 가운데서도 조선의 '헌법'으로서 제 몫을 다하기 위해, 군왕으로서 피할 수 없이 마셔야 할 잔을 떨리는 손으로 받아 들어야 했던 모습도 보아주시기 바랍니다. 그리고 제 시대에 왕이란 과연 무슨 의미였는지, 그리고 여러분의 시대에는 어떤 의미로 교훈 삼아야 할 것인지 생각해주시기 바랍니다.

사설이 길었습니다. 역시 수백 년 동안 침묵하다 보니 수다스러워지는군요. 앞으로는 제 시대의 기록은 물론 여러분의 시대까지 살아남은 다양한 기록들을 때때로 인용할 것입니다. 옛 사람의 문장과 상식으로 쓰인 글이 여러분 입장에서는 불편하실지 모르겠지만, 감안해서 경청해주시면 참으로 감사하겠습니다.

그러면 이야기를 시작합니다. 제일 먼저 저를 세상에 낳아 주신 분, 어머니의 삶과 돌아가심에 대하여.

1장 어머니의 죽음—숙빈 최씨

"예순이 된 나이에 다시 한번 어머니를 생각하며 흘린 눈물. 불효자의 눈물은 어머니 생전의 가르침을 반드시 따르리라는 다짐도 나타내는 것이었습니다. 그 가르침이란 당쟁을 억제하며 패함을 경계하는 것, 그리고 어려운 백성들을 잘 보살피라는 것이었지요. 생각하면 저는 역대 임금 중 가장 천한 피를 받았지만, 동시에 가장 낮은 곳에 가깝기도 했습니다. 궁을 나와 생활할 때는 서민 자제들과 어울리면서 백성의 삶과 희로애락을 직접 보고 느꼈고, 어머니의 검소함과 자중함을 본받아 서민과 별 차이가 없이 소박하게 살았습니다."

어머니는 무수리가 아니었다

제가 기억하는 어머니의 가장 오래 전 모습은 뒷모습입니다. 등을 돌리시고 옷을 깁고 계시는 모습. 정갈하게 쪽진 머리카락과 뽀얀 뒷목, 아담하고 아름답지만 왠지 쓸쓸해 보였던 등. 마치 빚어 놓은 소조상처럼 언제까지고 미동도 없으셨고, 오로지 두 손만 춤추는 듯 날래게 움직이며 바느질을 하고 계셨습니다.

그때 저는 천방지축으로 하루 종일 놀 궁리뿐이던 철부지 아이였습니다만, 좀 더 머리가 크고 나서도 뇌리에 새겨진 어머니의 모습은 늘 뭔가를 깁고 계시는 모습이었습니다. 하루는 그 모습을 고즈넉이 그리며 마주앉아 있다가, 이리 여쭈었더랬죠.

"어머니는 어찌 그리 바느질 솜씨가 좋으십니까?"
"좋기는. 다만 예전에 침방나인을 지내지 않았소. 그때 익힌 가락인 게요."

그렇습니다. 저를 낳아 주신 어머니, 여러분들이 대개 '최 숙빈' 또는 '최 무수리'로 알고 계시는 분은 한때 침방나인이셨습니다. 무수리나 침방나인이나 '위'에서 보면 그리 많이 다르지 않았지만, '아래'에서 보면 조금 달랐습니다. 이 점이 젊은 어머니를 무척 힘들게 했습니다.

Elizabeth Keith(1887~1956), 〈바느질하는 여인〉(수채화, 제작년도 불명).

어머니께서 아비어미도 모르는 천애 고아셨다는 설화도 전해지고 있다 들었습니다만, 사실 어머니는 제법 뼈대 있는 가문 출신이십니다. 다만 어떤 사람의 뼈대가 괜찮다고 반드시 그 살집까지 풍성한 것은 아니지요. 여러 갈래로 나뉘고 여러 대가 지나며, 어느 자손은 고대광실高臺廣室에서 호의호식하는 동안 먼 친척은 끼니도 제대로 못 이어가게 되는 일은 허다합니다. 심지어 왕손조차 그렇지요. 따라서 멀리로는 고려의 '해동공자' 최충崔沖에까지 조상의 맥이 닿는 어머니셨지만, 실상은 위로 몇 대가 벼슬을 하지 못해 공식적으로는 양반의 자격마저 잃은, 가난뱅이 양민의 둘째 따님일 뿐이셨답니다.

예관을 보내 증 찬성 최태일과 증 판서 최말정의 무덤에 제사를 지냈으니, 곧 육상묘^{毓祥廟}의 조부와 증조부였기 때문이다. 능침에 거둥할 때 어가가 그 무덤을 지나갔기 때문에 이러한 명령이 있었다.

-『영조실록』 제60권. 영조20년 8월 15일.

이 기록에서 육상묘란 곧 어머니시니, 제가 보위에 오른 뒤에도 한참이 지나 이 눈치 저 눈치 본 끝에 올려드린 존호입니다. 그 증조할아버지 되시는 최말정 어르신과 조부 되시는 최태일 어르신에게 벼슬을 추증해드린 때도 제가 재위한 지 20년이나 되었을 때였습니다. 추증해드리기 전에는 미관말직조차 역임하지 못하신 채 생을 마치신 한낱 '학생'일 따름이셨고, 고조할아버지이신 최억지 어르신, 어머니의 친부이시자 제게는 외할아버지가 되시는 최효원 어른께서도 마찬가지여서 '4대가 벼슬을 하지 못하면 양반이 되지 못한다'는 조선의 규율에 따라 어머니의 가문은 선비는 되어도 양반은 되지 못하는 처지였던 것입니다. 양반이 아니어도 살림살이가 넉넉할 수도 있으련만, 어머니는 나실 때부터 가난을 숙명처럼 알고 자라셔야 했습니다. 그나마 사내로 태어나셨다면 쓰러진 가문을 일으킬 희망에 기대와 애호를 한 몸에 받으실 수 있었겠지요. 아니, 적어도 첫째로 태어나셨더라도 첫 아이에게 부모가 쏟기 마련인 사랑을 누리셨겠지요. 그러나 어머니가 태어나셨을 때에는 이미 위로 오빠와 언니가 있었습니다. 없는 집의 둘째 딸, 이보다 더 하찮은 처지가 있을까요. 어머니는 갓난아기 때부터 괄시와 홀대를 받으시다가 조금 크신 뒤로는 집안의 온갖 잡일을 맡아 하셔야만 했으며, 급기야 '내다 팔 물건'이 되시고야 마셨습니다. 일곱 살 되시던 해에 생각시, 즉 견습 궁녀가 되시어 입궁하신 것입니다.

여러분 중에는 그렇게 생각하시는 분도 있겠군요. '아니, 궁녀가 되었다고? 끼니도 잇기 어려운 형편이었다면서 훨씬 잘 풀린 게 아닌가?' 뭐, 입궁한 이상 끼니 걱정은 덜었다고 할 수 있겠지요. 그러나 당시 궁녀란 여러분이 상상하듯 그리 편한 자리도 아니었고, 귀한 대접을 받는 처지도 아니었답니다. '항아님'하는 표현이나 여러분 시대에 인기를 끌었다는 연속극의 그림 같은 장면과는 전혀 다르게, 궁궐의 온갖 잡일을 맡는 천한 잡직雜織이 궁녀의 본질이었고, 그럼에도 명목상 '왕의 여자'이었기에 임금과 그 밖의 왕실 남정네들의 변덕스러운 관심의 대상이 되지 않는 한 평생 처녀로 늙을 수밖에 없는 숙명을 감수하지 않으면 안 되는 입장이었습니다. 여러분의 시대에는 여자도 남자와 다름없이 교육받고, 직업을 선택하고, 자기 인생을 개척할 수 있지만 당시의 여자란 남자의 부속물처럼 심한 차별을 받았습니다. 어떤 남자를 만나느냐에 따라 귀한 팔자도 되고 천한 팔자도 되었는데, 이때 귀천의 기준은 얼마나 편안히 호의호식을 누리며 주변의 공대를 받느냐는 것이었습니다. 그런데 궁녀는 평생 남자를 만날 기회조차 갖지 못하는데다가(왕의 관심을 받기란 눈을 감고 돌을 던져 지나가는 새를 맞추는 일과 다름없었으니 말할 필요가 없지요), 늙어 죽도록 힘들고 더러운 일에서 해방되기 어려웠으니, 궁녀가 되느니 차라리 봉사의 아내가 되는 게 낫다고 해도 좋았습니다. 이렇게 궁녀가 인기가 없으니 당시는 노비 같은 천민 출신만 궁녀로 선발될 수 있었고, 현종대왕 때 궁녀가 모자라서 부득이 양인 출신도 궁녀로 뽑기로 하자 큰 반발이 일었을 정도였습니다.

대사간 남구만 등이 아뢰기를,

"궁녀 뽑는 것을 형조로 하여금 법전에 의해 각사의 하전^{下典}으로 하되, 별감이 사사로이 여염에 나가 양인을 뽑아 들이는 폐단을 어제 탑전에서 아뢰었는데, 성상께서 삼의사^{三醫司}(조선시대 궁중을 담당한 내의원^{內醫院}, 전의원^{典醫院}, 일반 서민을 담당한 혜민서^{惠民署}를 통틀어 일컫는 말) 이외는 형조로 하여금 뽑아 들이게 하라고 하교하셨습니다. 신들은 폐단을 개혁하려는 전하의 성대한 뜻을 흠앙하면서도 폐단을 일으키는 원인을 통쾌히 제거하지 못한 것을 애석하게 여기었습니다. 조종조의 옛 제도는 다만 각사의 하전에서 선발하여 후궁의 인원을 보충할 뿐이었으나 그 당시 부리는 사람이 부족하다고 걱정하지 않았습니다. 그런데 지금 전하께서는 어찌하여 궁녀를 선택하는 데에만 꼭 옛 제도를 어겨 양인에까지 미치게 하여 일후의 폐단을 만들려 하십니까. 궁인을 각사의 하전으로 선택하고 양인을 뽑아 들이는 일을 폐지하여 훗날의 규식으로 삼으소서."

–『현종실록』 제9권. 현종5년 12월 4일.

그렇다면 무수리란 무엇일까요? 방금 말씀드렸듯 이런저런 이유로—돌림병 등으로 궁녀들이 한꺼번에 여럿이 궐을 나가게 되거나, 전대에 비해 모셔야 할 왕실의 귀인들이 늘어나면서 전대에 선발한 궁녀로는 손이 모자라거나—궁녀가 부족할 경우, 궁녀의 일손을 돕기 위해 민간에서 '차출'된 여성이었습니다. 이들은 신분상 궁녀와 별 차이가 없었으나 궁녀는 궁에서 먹고 자며 시체가 되기 전에는 궁 밖으로 나갈 수 없는 것이 원칙이었고 무수리는 출퇴근을 했습니다. 그들은 성격상 근력이 좋고 일솜씨가 뛰어난 여자여야 했고, 따라서 대부분 혼인한 아낙이었지요. 그러다 보니 궁녀는 무수리가 부럽기도 하고 별다르기도 하여, 공연히 심술을 부리고 강짜를 놓는 일이 많았습니다. 따라서 무수리는 궁녀보다 못하고 천한 신분이라는 인식이 생길 법도 했던 겁니다.

그런데 어머니께서는 생각시시면서 무수리와 다를 바 없는 일을 강요받아야 했습니다. 왜냐하면 바로 천인이 아닌 양인 출신이시기 때문이었죠. 말씀드린 대로 조선의 궁녀는 본래 천인 출신이고, 따라서 대부분 성씨도 없이 이름으로만 불렸습니다. 저 유명한 '장금이'조차 그랬죠. 그런데 어머니는 최씨라는 성이 있고 이름뿐이지만 그래도 가문이라고 할 만한 것이 있으십니다. 자연히 보통 무수리들에게 겨눠졌던, 자신들과 이질적인 사람에 대한 경계와 적대감이 어머니에게도 겨눠질 수밖에 없었습니다. 무수리가 아니면서 무수리 일을 해야만 했던 어머니…. 그래서 어머니가 무수리였다는 잘못된 이야기가 만들어진 것인지도 모르겠습니다만. 아무튼 어머니께서는 채 열 살을 넘기시기도 전에 삼십대 아낙네들이 하던 일을 떠맡아 하시며, 생가에 계실 때 이상으로 힘겨운 하루하루를 보내셔야 했습니다.

참으로 다행히도 신유년(1681)에 새로 인현왕후께서 입궁하시어 내명부의 구성이 대대적으로 바뀌고, 왕후께서 '아직 어린아이들이 큰 짐을 지고 힘겹게 다니는 모습이 간혹 보이는데, 궁궐의 지엄한 법도라 해도 너무 몰인정하다'는 말씀을 하시어 어머니께서는 침방나인으로 옮기게 되셨습니다. 그래서 뒤에 말씀드리겠지만, 어머니께서는 인현왕후 마마를 평생 은인으로 잊지 않으셨던 것입니다. 침방나인이라 해서 결코 편한 처지는 아니었으되, 적어도 자칫하면 과로로 목숨까지 잘못되실 뻔한 위기에서 벗어나셨던 것이니까요.

그럼 당초에 왜 규칙에서 어긋나게 양인이신 어머니께서 입궁하실 수 있었느냐? 그것은 어머님 친가의 비정함이 빚은 결과였습니다. 궁궐은 늘 일손이 모자라고 궁녀를 하겠다는 사람은 없으니, 군식구 이상 취급을 받지 못하던 어머니를 천인으로 속여 팔아넘기지 않겠느냐는 제안이 인현왕후에 앞서 세자빈과 중전을 지내신 인경왕후(仁敬王后) 마마의 아버지, 김만기 대감 집안사람으로부터 나왔던 것입니다. 김만기는 『사씨남정기(謝氏南征記)』라는 소설을 통해 폐비가 되신 인현왕후를 은근히 옹호한 것으로 유명한 서포 김만중의 친형이기도 했습니다. 그래서 나중에 궁중에서 벌어진 '여인들의 전쟁'에도 중요한 역할을 담당하게 됩니다. 김씨 집안과 어머니의 인연은 이렇게 시작되지만 당시에는 큰의미가 없었고, 김만기 대감이 어머니의 이름 석 자를 알 리도 만무했습니다. 그런데 웃지 못할 소문 중에 어머니께서 입궁 전에 김만기 대감의 손자인 김춘택의 몸종이었다는 이야기가 있습니다. 아니 그보다 한술 더 떠 어머니의 소생인 연잉군(延礽君), 바로 저도 왕가의 핏줄이 아니라 김춘택의 자식이다! 라는 소문도 있었습니다.

　그 근거로 숙종대왕까지의 선왕들께서는 수염이 성글었으나 금상(저)은 수염이 풍성하다! 이런 어처구니없는 이야기가 훗날 제가 즉위한 뒤에 팔도에 떠돌지 않았겠습니까! 심지어 여러분의 시대에도 그 헛소문을 믿는 분이 적지 않을 정도라 한 말씀 드리고 넘어가겠습니다. 어머니께서 입궁하실 때 연세가 일곱이셨습니다. 어머니와 부적절한 관계에 있었다는 쑥덕공론의 주인공인 김춘택은 그 당시 몇 살이었을까요? 역시 일곱 살이었습니다! 두 사람은 동갑이었고, 정분을 쌓네 마네 할 나이에 이르렀을 때 어머니는 이미 궁궐 생활이 십여 년이 넘은 무렵이었습니다! 그런데 누가 언제 누구의 몸종이 되고 샛사랑을 해서 사생아를 낳았다는 겁니까? 수염 이야기도 헛웃음이 나옵니다. 선왕들께서 수염이 성근 편이셨음은 사실입니다. 하지만 그것은 저도 마찬가지였습니다! 저는 여러분의 시대까지 초상화가 남아 있는 몇 안 되는 조선 왕 중 하나이며, 특히 젊은 시절과 나이든 때의 초상화가 모두 남은 경우로는 유일합니다. 그런데 그 초상화의 수염이 어떻습니까? 어딜 봐서 풍성하던가요? 외탁이란 것도 있으니 어차피 중요한 근거가 될 것이 아니나, 수염 양이 다르니 핏줄이 다르려니 하는 것은 생전 실제로는 임금의 얼굴을 단 한 번이라도 보기 어려웠던 여염 잡배들이 멋대로 지어낸 잡소리에 불과합니다.

아무튼 인현왕후께서 중궁전에 좌정하시면서 한 차례 크게 바뀌었던 내명부內命婦(조선시대 궁중에서 봉직하던 빈嬪 · 귀인貴人 · 소의昭儀 · 숙의淑儀 등 여관女官의 총칭이다)의 질서는, 그 3년 뒤에 숙종대왕의 모후이시며 제게는 친할머니 되시는 명성왕후께서 서거하신 뒤로 다시 새로운 파란에 직면하게 됩니다. 그것은 바로 여러분의 시대에도 악명이 자자한 옥산부대빈玉山府大嬪 장씨, 장희빈張禧嬪이라 널리 알려진 여인이 점점 두각을 나타내면서 발생한 파장이었습니다.

사실 옥산부대빈은 인현왕후께서 입궁하시기 전에 이미 입궁하여 숙종대왕의 눈에 들었으며, 인경왕후께서 서거하신 뒤 중궁전의 공백기에 대왕의 마음을 차지하심으로써 일찍부터 그 자리를 대신 차지할 꿈에 부풀었던 분이었습니다. 나이도 인현왕후보다 8세, 어머니보다는 11세 연상으로 당신의 입장에서는 인현왕후 마마가 '굴러온 돌'처럼 보였을 수도 있습니다. 그래도 정해진 질서와 위계는 잘 지켰어야 했는데, 그분은 미덕이나 정치적 배경 같은 것은 접고, 그야말로 순수하게 20대 초반의 무르익은 여인의 향기와 절세의 미모로, 그리고 어린 아이처럼 천진해 보이는 성품으로 대왕의 혼을 사로잡았습니다.

장씨는 곧 장현의 종질녀. 나인으로 뽑혀 궁중에 들어왔는데 자못 얼굴이 아름다웠다.

−『숙종실록』제17권. 숙종12년 12월 10일.

어느 날 임금이 그녀를 희롱하려 하자 장씨가 피해 달아나 내전의 앞에 뛰어들어와, '제발 나를 살려주십시오'라고 하였다.

−『숙종실록』제17권. 숙종12년 12월 10일.

어리, 장녹수, 김개시 등 조선왕조 5백년 역사에 임금의 마음을 호린 여성의 사례는 제법 됩니다만, 정식 사서인 실록에 '얼굴이 아름다웠다'고 적혀 있는 이는 장희빈이 유일합니다. 그만큼 그 누구도 감탄하지 않을 수 없는 미모의 소유자였던 그 분은 숙종께서 다소 민망할 정도의 희롱을 하시자, 나이로는 여덟 살 연하이고 품계로는 지엄한 중전마마인 인현왕후전으로 도망칠 만큼 천진스런 성품의 소유자이기도 했습니다.

그러나 그런 '후궁 언니'의 천진스러움에 인현왕후께서는 곧이곧은 법도대로 대하셨습니다. 행실이 점잖지 못하다고 냉엄히 꾸짖으셨을 뿐 아니라, 손수 종아리까지 치신 겁니다. 그것이 당신의 짝의 마음을 사로잡은 여인에 대해 어쩔 수 없이 느끼는 질투심이 빚은 행동이었을지는 잘 모르겠지만, 어쨌든 희빈은 그걸 그렇게 받아들였습니다. 그리고 인현왕후를 경멸하며 질시하게 된 듯합니다.

내전이 낯빛을 가다듬고 조용히, '너는 마땅히 전교(傳敎)를 잘 받들어야만 하는데, 어찌 감히 이와 같이 할 수가 있는가?' 하였다. 이후로 내전이 시키는 모든 일에 대해 교만한 태도를 지으며 공손하지 않았으며, 심지어는 불러도 순응하지 않는 일까지 있었다. 어느 날 내전이 명하여 종아리를 때리게 하니 더욱 원한과 독을 품었다.

－『숙종실록』 제17권. 숙종12년 12월 10일.

그 뒤에 벌어진 '여인들의 전쟁' 전 단계가 어찌 진행되었나는 여러분이 잘 아실 줄 압니다. 무진년(1688)에 옥산부대빈이 숙종대왕의 원자元子를 생산하셨으니 곧 저의 황형(왕이나 황제의 형)이시며 숙종의 보위를 잇게 되실 경종대왕景宗大王이십니다. 이로써 7년 동안 후사를 낳지 못하신 인현왕후에 비해 옥산부대빈의 입지는 크게 두드러지게 됩니다. 그리고 그 이듬해 기사년(1689), 황형을 원자로 책봉하고 옥산부대빈을 희빈으로 승격하는 문제를 두고 서인과 남인이 대립하며 숙종께서 송시열을 비롯한 서인들을 대거 조정에서 몰아내고 남인 천하를 만드신 기사환국己巳換局이 일어나게 됩니다.

이 과정에서 서인은 인현왕후를, 남인은 옥산부대빈을 내세우면서 가까이서 보면 여인들의 전쟁이지만, 멀리서 보면 당파싸움인 다툼이 기사년 내내 조정을 떠들썩하게 했습니다. 결국 '패배'한 인현왕후께서는 5월에 폐서인이 되어 궁에서 쫓겨나시고, 그 다음 달에는 서인의 지도자 송시열에게 사약이 내려집니다. 그리고 이듬해 6월에 황형께서 세자에 책봉되고, 10월에는 옥산부대빈이 인현왕후를 대신해 중궁전의 주인으로 들어앉았습니다.

이 과정에서 제 어머니의 역할은? 당연히 전혀 없었습니다. 일개 궁녀가, 그것도 이제 막 생각시를 면하고 정식 궁녀가 되려던 참이던 궁녀가 무슨 역할을 해낼 수 있었겠습니까. 그러나 이후 전개된 '전쟁 제

2단계'에서 어머니는 본의 아니게 결정적인 역할을 몇 차례 수행하시게 됩니다. 분명 '본의 아니게'요.

침방나인에서 숙원으로

선왕께서 하루는 야심한 시각에 지팡이를 잡고 궁궐 안을 다니시다가 나인들의 방을 지나가시었다. 그런데 유독 한 나인의 방에만 등촉이 환하게 밝혀져 있었다. 선왕께서 몰래 엿보니, 한 나인이 진수성찬을 벌여 놓고는 두 손을 마주잡고 절하고 있는 중이었다. 선왕께서 몹시 기이히 여기신 나머지, 문을 열고 그 연유를 물으셨다. 깜짝 놀란 나인이 그 자리에 엎드려 대답하기를,

"소녀는 옛 중전마마에게 각별한 보살핌을 받았나이다. 내일은 곧 그분의 탄일이신데, 폐위되어 서궁에 계시며 죄인이 어찌 스스로 봉양하리요, 하시며 조석으로 거친 현미밥만 들고 계신다 하옵니다. 탄생일이라 하더라도 누가 진미를 올려 드리겠습니까? 소녀의 도리로 창연함을 금할 수 없어, 이 상을 차렸사옵니다. 모두 그분께서 좋아하시는 것들이오나 진헌할 길은 없고, 다만 진헌하는 듯 소녀의 방에 차리고 작은 정성이나마 드리려 하였나이다."

선왕께서 그제야 돌이키시기를, 내일이 진정 중전의 탄일임을 아셨다. 느끼시는 바 있으매 그 성의를 가상히 여기셨으며, 마침내 그 나인을 가까이 하셨다.

−『수문록』

이것이 제가 알고 있는 어머니와 아버지의 첫 만남입니다. 실록에

는 따로 기록이 없고 이문정이라는 사람이 지은 『수문록隨聞錄』이라는 야사에만 전하는 이야기죠. 야사답게 일부 사실과 어긋나는 부분이 있지만(가령 인현왕후가 유폐된 곳은 당시 서궁이 아니었습니다), 제가 어머니께 들은 내용과 대부분 일치하고 있지요. 여러분이 보시기에는 그리 낭만적인 만남은 아닐지 모릅니다만, 충분히 극적이었습니다. 그것은 어머니와 제 삶에 결정적인 의미를 갖는 만남이었음은 물론이고, 정치적으로도 중요성이 작지 않은 사건이었지요. 생각해보면 '여인들의 전쟁'에서 아바마마, 숙종께서는 단순히 옥산부대빈을 사랑하셔서 인현왕후를 저버리신 것은 아니었습니다. 숙종께서는 임진란 이후 수그러들 줄은 모르고 격해지기만 하는 당쟁의 틈바구니에서 왕권을 지켜내시고자 노심초사하셨고, 앞서는 '경신대출척庚申大黜陟, 庚申換局'으로 남인을 억제하셨다가, 이제는 그 사이에 기세가 오를 대로 오른 서인을 견제하시기로 결정하셨던 겁니다. 그분이 인현왕후에게 남자로서의 열정은 느끼지 못하셨더라도—이른 나이에 자신의 뜻과는 무관한 혼인을 해야 했던 왕가에서는 흔한 일이었습니다—보기 드문 기품과 올곧음에 대한 경외심은 갖고 계셨습니다. 하지만 옥산부대빈에 대한 열정이 크셨던 데다, 내명부의 문제를 구실로 서인을 찍어내려면 끝내 인현왕후께도 매정하실 수밖에 없었던 게지요. 그러나 지나친 일을 했다는 미안함을 늘 가슴 한 구석에 갈무리해두셨던 마음이 어머니의 '주인 없는 생일상'으로 물과 양분을 얻고 날로 자라나는 계기가 되었던 것입니다. 그것은 당시 막 꽃다운 나이에 궁에 드시어 여인으로서의 향기를 잔잔하게 퍼뜨리고 계셨던 어머니에 대한 새로운 열정과도 함께했습니다. 그리하여 옥산부대빈과 남인의 일방적인 승리로 끝나는 듯했던 '전쟁'은 새로운 반격의 국면으로 접어들어 갔습니다.

그렇게 새로운 계기가 주어진 지 약 3년 만에 바람은 드디어 눈에 띄게 바뀌기 시작했으니, 어머니께서 회임하시고 숙원淑媛에 책봉되신 것입니다. 단 회임하신 아이는 제가 아니라, 영수라는 이름을 받으셨던 제 형님이셨습니다.

이리 되자 어머니에 대한 중궁전의 눈길이 사나워졌음은 말할 필요도 없습니다. 옥산부대빈은 본래 어머니를 좋게 보셨습니다. 그 까닭은 첫째, 성격이 다소 다르기는 해도 그분 또한 규칙에 어긋나게 천인이 아닌 몸으로 궁녀가 되었던 데 있었죠. 인동 장씨는 대대로 역관을 배출한 중인中人 집안이었습니다. 중인은 양인이기는 해도 양반과는 거리가 있는 신분이었죠. 그러나 그만큼 치부致富에 능했으며 성품이나 발상도 자유분방한 편이었는데, 옥산부대빈의 천진스러움과 꾸미지 않은 야성적인 매력도 그 소치일 겁니다. 아무튼 역관으로서 잡게 되는 사무역의 기회와 막강한 재력으로, 장씨들은 유력 양반 가문에 줄을 대기 시작했으며 옥산부대빈의 궁녀 입궁도 그에 따른 기획의 일환이었던 것 같습니다. 옛날 중국 전국시대의 거상巨商 여불위가 마침 불우한 처지에 있던 진나라 왕자를 보고 '기화奇貨는 사들여야지'하며 물질적 후원과 미녀를 주어 결국 진나라를 손아귀에 틀어쥐었다 하는데, 그런 식으로 왕의 마음을 사로잡아 장씨의 세상을 만들어보자는 뜻이 아니었을까요?

아무튼 이처럼 다른 입장이라 해도 천인 출신 궁녀들과는 다르다는 공통점 때문에 옥산부대빈은 어머니를 친근히 대했다 합니다. 그래서 어머니가 마지막에는 인현왕후전에서 일을 하셨음에도, 그분이 폐서인되었을 때 같이 퇴출시키지 않고 내명부에 남게 했겠지요.

그런데 사실 두 번째 까닭이 있습니다. 그것은 바로 어머니가 몸으로 익히고 마음으로 굳힌 당신 평생의 신념, '편을 만들지 않고 누구에게나 경의敬意와 화의和意로 대한다'는 신념의 실천입니다. 당신을 팔아넘긴 집안, 출신이 다르다 하여 박해하는 동료 나인들에게 어머니는 원한의 심정보다는 이해와 용서의 자세로 대했습니다. 그리고 존귀하고 화려하게만 보이던 궁중이 대신에서 나인까지 당파로 깊게 분열되어 있음을 아시고, 어느 편에도 속하지 않되 어느 편에나 진솔하게 대하시기로 작정하셨습니다. 그리고 그 도리로 저를 양육하셨습니다. '편을 두지 말아라' '쾌快함을 경계하라'는 가르침을 너무 융통성 없게 따른 탓에 저는 훗날 제 아내와 자식에게 그만 몹쓸 짓을 하게 됩니다마는…. 제가 보위에 오르고 어머니의 시호를 정할 때 '경敬'과 '화和' 자를 써서 '화경和敬'이라 하였는데, 그야말로 당신의 일생 도리를 제대로 요약했다고 생각합니다.

　　숙빈 최씨에게 화경이라고 추시하고, 묘廟는 궁宮, 묘墓는 원園이라 하였다. 시임 대신·원임 대신, 관각의 당상, 육조의 참판 이상의 관원을 명초하여 입시해서 시호를 의논하게 하였다. 영부사 김재로, 판부사 김약로, 좌의정 이천보, 우의정 김상로, 예조 판서 이익정, 병조 판서 김상성, 호조 판서 이창의, 형조 판서 윤급, 홍문 제학 서종급, 호조 참판 정형복, 예문 제학 남유용, 동춘추 심성진, 병조 참판 김광세, 예조 참판 한익모, 이조 참판 조명리, 공조 참판 이익보, 좌부승지 이지억, 우부승지 조명정이 입시하였다. 김약로가 말하기를,
　　"이른 아침부터 밤늦게까지 경계는 것을 경敬이라 하니, 경자가 좋겠습니다"
　　하고, 김재로는 말하기를,

"화和 자도 또한 좋겠습니다"

하니, 임금이 말하기를,

"화경和敬이라는 글자가 진실로 나의 뜻에 맞는다. 오늘 이후로는 한
이 되는 것이 없겠다. 내일 마땅히 내가 육상궁毓祥宮에 나아가 고유제
告由祭(중대한 일을 치르기 전후로 사당이나 신명에게 지내는 제사)를 지내고 친히
신주神主를 쓰겠으니, 이에 의거하여 거행하라" 하였다.

-『영조실록』 제79권. 영조29년 6월 25일.

그렇게 어머니는 전쟁의 한가운데서도 두 중궁전의 호의를 모두 잃
지 않으시며 버텨내셨고, 그 정성과 덕성이 결국 한낱 후궁을 넘어 '왕
의 여인'의 자리에 오르게끔 한 것이라 생각합니다. 정치에 휩쓸리지
않고 웃전에게 정성을 다하되 남몰래 패배자에 대한 배려와 의리도 잊
지 않는 모습이 숙종대왕을 감동시켜 그분을 한낱 나인이 아니라 하나
의 사람으로, 나아가 한 여성으로 바라보게끔 했을 테니까요.

하지만 일단 그분이 자신과 엇비슷한 반열에 오르자, 옥산부대빈의
호의는 악의로 돌변했습니다. 그럴 수밖에 없었겠지요. 자신이 임금의
총애로 중전을 몰아내고 그 자리에 올랐다고 여기는 이상, 다른 여인
이 같은 식으로 자신을 몰아낼 수도 있다고 여기지 않겠습니까. 그러
나 그것이 옥산부대빈의 실수였고 한계였습니다. '여인들의 전쟁'을 말
그대로 여인들끼리의 총애 다툼으로만 여기고, 그 이면의 정치적 흐름
을 셈에 넣지 않은 것입니다. 그래서 그녀는 아직 어머니에 대해 입장
이 서 있지 않던 서인들에 비해 결집되어 있던 남인의 힘을 이용하지
도, 반대로 어머니를 '세력 회복을 노리는 서인들의 앞잡이'로 몰아 억
제하지도 않고, 가장 직접적이면서도 유치한 방법을 택했습니다. 바로

'암수^{暗手}'를 말이죠.

> 해가 뜰 무렵에 갑자기 3인이 바로 차비문으로 들어와서 고변서를 올리므로, 임금이 그 글을 국청에 내리고는 그 사람을 묶어서 금오 랑으로 하여금 본부에 잡아서 보내게 했으니, 그 사람들의 성명은 김인 · 박귀근 · 박의길이었다.
>
> 그 글의 대략은, 먼저 때를 잃은 무리들이 자못 원망을 품고서 바야 흐로 은화를 모아서 계의한 바가 있다는 것을 말하고, 또 장희재가 돈으로 김해성에게 뇌물을 주어 꾀어내어 그 처모^{妻母}로 하여금 최 숙 원을 독살하려고 한다는 것을 말하고, 또 신천 군수 윤희와 훈국 별 장 성호빈 등이 반역을 도모하고 있는데도, 대장^{大將}이 참여하였다는 것을 말하고, 또 민암 · 오시복 · 목창명이 서로 연결된 형상을 들었 으며, 또 윤희가 여러 조신^{朝紳}(조정의 신하가 두르는 넓은 허리띠라는 뜻으로, 벼슬이 높은 관리를 이르는 말)들과 더불어 사사로이 서로 묻고 주는 서신 으로써 고변서 안에 동봉하여 증거로 삼게 했는데도, 윤희의 서신에 는 모두 다만 근복문안^{謹伏問安}이란 4글자만 썼으며, 김원섭과 민장도 에게 보낸 서신에는 앞에 모의한 일이 있었다는 말은 있지 않았다고 하였다.
>
> ─『숙종실록』제26권. 숙종20년 3월 29일.

이 '최 숙원 암살 모의'는 참여자들과 밀고자들이 복잡하게 꼬여 있 는 사건이어서 그 자세한 전말을 밝히기 어려웠습니다. 그래서 처음에 는 '폐비를 복위하려는 서인들의 음모'라는 시각에서 비춰지는 면까지 있었습니다만, 어머니를 해하려는 내용이 담긴 언문 편지가 옥산부대빈의 오라비인 장희재로부터 대빈에게 전해지려던 게 드러나는 등 음모의 윤곽이 드러나자 상황은 대빈과 남인에게 불리하게 돌아갔습니다.

어쨌든 어머니의 숙모, 제게는 외종조모 되시는 분이 당신의 조카를 살해하려는 데 한몫하려 했음은 뭐라 할 말이 없는 일이었지요. 일찍이 매몰차게 어린 딸아이를 팔아버린 집안인데 오죽하겠습니까? 제 어머니를 높이려는 일환으로 외가 분들의 작위도 높여 주긴 했으나, 저는 내내 외가 분들을 마땅찮게 생각하며 살았습니다.

『수문록』에는 영수 형님을 임신 중이던 어머니가 옥산부대빈에 의해 독 안에 가둬져 생매장될 뻔하다 심상찮은 꿈을 꾸시고 달려오신 부왕의 구원으로 가까스로 살아나셨다는 이야기도 나오지만, 그다지 신빙성이 없는 이야기입니다. 사람 하나를 잡아서 독에 가두고, 그걸 또 땅에 파묻으려면 한두 사람의 힘으로는 안 될 텐데 굳이 그렇게 일을 시끄럽게 벌일 이유가 무엇입니까? 부왕의 꿈에 용이 나타나 살려 달라고 빌었다는 이야기도 기괴하지만, 왕손을 회임한 궁녀를 잔인한 방법으로 죽이려 했음이 드러났다면 대궐이 발칵 뒤집힐 것은 자명합니다. 최소한 관련된 아랫사람 몇몇은 물고가 나야 당연했거늘 그런 기록이 전혀 보이지 않으니, 그 이야기는 허구일 가능성이 높습니다. 하지만 대빈이 어머니께 원한을 품고 끝내 해하려 했음은 사실이지요. 그게 허구의 모략이었다면, 그토록 대빈을 깊이 사랑하셨던 숙종께서 그토록 빨리 입장을 고치실 리 있겠습니까?

또 어머니가 김만중의 『사씨남정기』를 숙종께 드리고, 그 소설에 풍자된 인현왕후와 대빈의 이야기에 크게 느낀 바 있어 환국을 결심했다는 이야기도 있습니다만, 그 역시 신빙성이 떨어집니다. 그런 소설 하나로 그렇게 큰 결단을 내리셨을 턱이 없지요. 다만 앞에서 밝혔듯 어머니는 김만중 일가와 연이 있으셨고, 따라서 『사씨남정기』를 갖고 계셨다가 어머니께 들르신 숙종께서 우연히 그 책을 읽으셨을 가능성은 없지 않습니다.

어머니의 밀고?

아무튼 대빈이 그토록 악독한 짓을 모의했음을 아시게 된 숙종대왕의 가슴에는 찬바람이 불기 시작했습니다. 그것은 인현왕후와 서인의 입장에서는 고된 전투 끝에 부는 역전의 바람이었습니다. 한번 불기 시작한 역전의 바람은 급기야 돌풍이 되었습니다. 3월 말 위에서 말한 참혹한 일이 벌어진 후인 4월 6일에는 "공이 많은 상신인데 비록 불경하기는 했으나 나라를 위하는 마음에서 그리했을 것"이라며 송시열을 신원하라는 명이 내려지고, 9일에는 "죄는 무거우나 깊이 반성하고 있고 오랜 부부의 정을 외면하기 어려우니" 폐비 인현왕후를 사가에서 서궁으로 옮겨 살게 하고 매일 일정하게 봉양하라는 명이 내려집니다. 또 그 다음 날에는 앞서 대빈을 비판했다 해서 유배되어 있던 김만중이 풀려납니다.

그리고 4월 13일, 마침내 한 장의 비망기備忘記가 조정을 진동시켰습니다. "부원군府院君의 작호를 회복시키고, 여련輿輦 등 의장을 갖춰 서궁에서 중전을 모실 것이다. 예관을 시켜 길일을 가려 거행하게 하라! 이제 중전의 지위가 회복되고, 백성에게 두 임금이 없으니, 장씨의 왕후새수王后璽綬를 거두고 희빈의 옛 작호를 내리라!" 이 비망기 한 장에 옥산부대빈은 다시 희빈이 되어 창경궁 취선당으로 물러앉고, 인현왕후께서 복위하신 것입니다. 바로 갑술환국입니다.

이 일을 어떻게 풀이해야 할까요? 숙종께서 단지 대빈에게 싫증이

나시고, 인현왕후가 그리워져서 자리바꿈을 하셨다고는 생각할 수는 없습니다. 정치적인 뜻이 담긴 결정이었다고 하기에도 이해가 쉽지 않은데, 이전까지 조선왕조사에 폐비의 사례는 있으나 폐비를 복위시켜 다시 중궁전에 앉힌 사례는 없습니다. 애초에 특별한 과오도 없는 인현왕후를 폐비시키신 일도 상식에 어긋났는데, 이제는 세자의 친모가 되시는 새 중전을 도로 희빈으로 물리고 옛 중전을 복위시키는 일은 그야말로 입이 다물어지지 않을 만한 파격이었습니다. 왜 그러셨을까요?

이 일을 두고 부왕과 속 시원한 이야기 한 번 나눈 일 없는 저로서는 확언할 수 없으나, 결국 대립하는 두 당파 사이에 왕좌를 들어앉힐 틈을 내기 위함이 가장 큰 이유였을 것입니다. 서인이든 남인이든 유일한 집권당이 되게 하기도 꺼려지고, 서로 비등비등한 상태에서 끝없이 싸움을 거듭하게 두는 것도 마땅치 않습니다. 그렇다면 '여인들의 전쟁'이라는 형세를 활용하여 한 차례는 남인이, 다음 차례는 서인이 집권하도록 하고 그 시기와 계기는 당신의 손 안에 쥐어두심으로써 집권했다 해도 방심하지 못하도록 하려던 게 아닐까요? 대빈의 행동이 괘씸하여 중전에서 내친 것이라면 인현왕후를 복위하기보다 제3의 중전을 간택하는 편이 자연스럽습니다. 그러나 서인도 남인도 배경으로 없는 중전이라면 정치판 흔들기에 활용할 수 없을뿐더러, 뒷배경이 없다 보니 암살의 표적이 되기 쉽습니다. 바로 제 어머니처럼 말이죠! 그래서 정말 괴이한 모양새를 무릅쓰고 죄인으로 몰아 내쳤던 인현왕후를 복위시키셨던 것입니다.

하지만 그 과정에서 숙종께서도 미처 계산하지 못했던 변수가 있었습니다. 바로 저희 어머니셨죠. 어머니께서 그분의 눈에 들어 회임하지 않으셨다면, 그리하여 대빈이 불같은 질투 끝에 무리수를 쓰지 않았다면, 역사는 크게 달라졌을 수도 있습니다. 서인과 남인의 힘을 저울에 달아보면 그래도 서인이 더 아래로 처졌으니, 당분간 남인이 독주하도록 놔둬도 좋지 않을까 하고 생각하셨을 수 있죠. 그러나 대빈과 장희재의 음모가 '서인 남인의 문제가 아니다. 이들을 내버려 두면 장씨 천하를 만들지 모른다'는 경각심을 숙종께 일깨워주었고 큰 환국을 그토록 빨리 결행하셨던 것이죠.

하늘이 놀라고 땅이 뒤집어질 만한 환국이 이루어진 그해 갑술년 가을, 어머니는 다시 한번 당신만의 기쁨을 맞이하셨습니다. 일찍 세상을 떠나고 만 영수 형님을 대신할 두 번째 아들, 바로 제가 태어난 것이죠.

> 숙의 최씨가 왕자를 낳았다. 준례대로 호산청護産廳을 설치했는데, 임금이 호산청의 환시宦侍와 의관에게 내구마內廐馬(목장에 관한 일을 관장하기 위해 설치된 부서인 내구의 말. 임금의 하사품으로 자주 쓰였다)를 상으로 주었다. 우의정 윤지완이 듣고서 차자를 올려 진달하기를, "국조 고사故事를 신이 감히 알 수는 없습니다마는, 효종조부터 근친·의빈·장신 외에 일찍이 내구마를 내린 일을 듣지 못했습니다. 그러니 어찌 환시와 의관이 감히 받을 수 있는 것이겠습니까? 요사이 보건대 은전恩典을 조금도 아끼지 않으시는데, 이 일은 더욱 과람합니다. 전하께서 경계하시기 바랍니다" 하였다.
>
> ─『숙종실록』 제27권. 숙종20년 9월 20일.

윤지완이 특별히 간언을 드렸을 만큼, 부왕께서는 저의 탄생에 관례 이상의 기쁨을 표시하셨습니다. 그것은 제가 귀엽고 반가워서라기보다는, 어머니에 대한 사랑의 표현이셨을 것입니다. 자식으로서 이런 이야기를 꺼내놓기가 쑥스럽지만, 영수 형님이 돌아가신 때가 제가 태어나기 전 해 12월이었으니, 부왕은 자식을 잃은 어머니의 슬픔을 위로하시며 함께 밤을 보내셨고, 그 결과 제가 태어났으리라 짐작할 수 있습니다. 두 분의 금슬은 그 뒤로도 좋으셨던 것이 4년 뒤에는 제 남동생이 태어나지요. 비록 세상에 나온 지 사흘 만에 세상을 떠나고 맙니다만⋯. 그 이듬해인 기묘년(1699)에는 어머니께 정1품 빈嬪의 품계가 내려져, 최 숙빈으로서 후궁 가운데는 가장 높은 품계이자 장희빈과 동격이 되셨습니다. 또 여섯 살이 된 제게는 연잉군의 작위가 내려집니다. 이렇게 저희 모자에 대한 부왕의 총애가 두텁다 여겨지자, 그 이듬해에는 통제사 자리에 있던 민함이라는 사람이 고작 일곱 살짜리인 제 앞으로 부채 등의 뇌물을 보냈다가 물의를 빚기도 했습니다.

그런데 이처럼 평화롭고 행복하던 나날에 갑자기 또 평지풍파가 일어납니다. 신사년(1701) 8월, 인현왕후께서 급서하신 것입니다. 8월 4일에 "밤에 중궁中宮이 갑자기 가슴의 명치가 꽉 막히는 증세가 있었다"고 하며, 그 뒤 급속히 위독해지셔서 끝내 14일에 창경궁 경춘전에서 승하하셨습니다.

저는 당시 여덟 살이었습니다만, 왕후마마의 장례를 똑똑히 기억합니다. 제 생애 처음으로 서 본 장례식이었으니까요. 하늘 높이 휘날리던 사신四神의 깃발. 흰 건과 흰 옷 차림으로 불그스름한 등을 받쳐든 채 마마의 시신을 모신 여轝를 뒤따르던 사람들. 그들 사이에 계시던 아바마마. 아무 표정이 없으신 듯했지만 당신의 등은 여느 때보다 조금 더 굽어져 계셨습니다.

어린 제가 뭘 보고 뭘 느꼈는지는 중요하지 않았죠. 정치적으로 이는 매우 충격적인 사태였습니다. 서인과 남인이라는 두 균형점의 한

축이 무너진 것이었으니 말입니다. 인현왕후께서는 폐출되셨을 때 겪으신 심신의 고초 때문인지 복위 후 내내 시름시름 안 좋으셨습니다. 그래도 승하하실 때의 춘추 35세로 아직 젊으셨고, 승하하시기 직전까지는 건강이 크게 나빠지신 기색도 없으셨기에 숙종대왕과 신료들의 충격은 더욱 컸지요. 자연히 누군가의 음모가 아니냐는 말이 나오게 되었고, 또 너무나 자연히 화살은 취선당으로 겨눠졌습니다. 그러나 의심을 뒷받침할 근거는 없기에 모두들 쑥덕공론만 일삼을 뿐이었죠. 그런데 여기서 또 어머니가 결정적인 역할을 하시게 됩니다. 저번과는 달리, 이번에는 어머니의 선택에 의한 적극적 역할이었습니다. 그리고 제가 보기에는 이것이야말로 어머니의 실수였습니다.

이보다 앞서 대행왕비가 병들어 누워 있을 때에 민진후 형제가 입시하니, 왕비가 하교하기를,

"갑술년에 복위한 뒤 조정의 의논이 세자의 사친을 봉공하는 등의 절목을 운위하면서, '마땅히 여러 빈어嬪御(임금의 첩)들과는 구별이 있어야 한다'고 하였는데, 이때부터 궁중의 사람들이 모두 다 다 희빈에게로 기울어졌다. 궁중의 옛법에 의한다면 빈어에 속한 시녀들은 감히 대내大內 근처에 드나들 수가 없는데, 희빈에 속한 것들이 항상 나의 침전에 왕래하였으며, 심지어 창에 구멍을 뚫고 안을 엿보는 짓을 하기까지 하였다. 그러나 침전의 시녀들이 감히 꾸짖어 금하지 못하였으니, 일이 너무나도 한심했지만 어찌할 수가 없었다. 지금 나의 병 증세가 지극히 이상한데, 사람들이 모두 말하기를, '반드시 빌미가 있다'고 한다. 궁인 시영이란 자에게 의심스러운 자취가 많이 있고, 또한 겉으로 드러난 사건도 없지 아니하였으나, 어떤 사람이

주상께 감히 고하여 주상으로 하여금 이것을 알게 하겠는가? 다만 나는 갖은 고초를 받았고 지금 병이 난 두해 사이에 소원은 오직 빨리 죽는 데 있으나, 여전히 다시 더하기도 하고 덜하기도 하여 이처럼 병이 낫지 아니하니 괴롭다"

하고, 이어서 눈물을 줄줄 흘렸다. 이때에 이르러 무고^{巫蠱}의 사건이 과연 발각되니, 외간에서는 혹 전하기를,

"숙빈 최씨가 평상시에 왕비가 베푼 은혜를 추모하여, 통곡하는 마음을 이기지 못하고 임금에게 몰래 고하였다"하였다.

－『숙종실록』제35권. 숙종27년 9월 23일.

정말로 당시 자자했던 소문대로 어머니께서 부왕께 인현왕후와 대빈의 일을 고하신 것인지, 저는 어머니 생전에 딱 한 차례 여쭤보았습니다. 그러자 어머니는 얼음장 같은 눈빛을 하시며 '시중의 쓸데없는 말일 뿐이오' 하셨습니다. 그토록 무서운 어머니의 표정은 본 적이 없습니다. 그래서 저도 감히 더 이상 여쭙지 못했습니다만, 이런저런 정황을 볼 때 어머니가 밀고자였음은 분명해 보입니다.

"대행왕비가 병에 걸린 2년 동안에 희빈 장씨는 비단 한 번도 문병하지 아니하였을 뿐만 아니라, '중궁전'이라고 하지도 않고 반드시 '민씨'라고 일컬었으며, 또 말하기를, '민씨는 실로 요사스러운 사람이다'라고 하였다. 이뿐만이 아니다. 취선당의 서쪽에다 몰래 신당^{神堂}을 설치하고, 매양 2, 3인의 비복들과 더불어 사람들을 물리치고 기도하되, 지극히 빈틈없이 일을 꾸몄다. 이것을 참을 수가 있다면 무엇인들 참지 못하겠는가?"

-『숙종실록』 제35권. 숙종27년 9월 23일.

이처럼 내명부 사람이 아니면 알기 어려운, 당연히 부왕께서도 까맣게 모르고 계셨을 정보를 부왕께 감히 내밀히 올릴 수 있었던 사람이라면 달리 누구이겠습니까? 더욱이 어머니께서는 다른 자리에서 무심코 '뜻밖에 중전께서 승하하시고, 장씨의 무리들은 겉으로나마 애도하는 빛이 없이 만면에 희색을 띠고는 유상운, 이봉징 같은 자들이 발호하는 것을 보니 그만 참을 수가 없더라'고 말씀하신 적이 있으십니다. 실제로 8월 23일에 판부사 유상운이 장희재를 에둘러 두둔하는 상소를 올리고, 27일에는 행부사직 이봉징이 '희빈은 한때 중전이셨으니 장례 예법을 일반 후궁과 똑같이 쓰셔서는 안 된다'는 상소를 올려 조정을 시끄럽게 했었지요. 부왕께서도 직접 목격하셨다며 인현왕후를 마지막으로 염하는 현장에서 대빈이 웃음을 감추지 못하고 까불거렸다고 하셨으니, 어이없게도 '민중전이 죽었으니 이제 취선당이 다시 복위하리라'는 헛꿈을 꾸는 사람들이 옥산부대빈을 비롯해서 적지 않았나 봅니다.

이는 인간적으로나, 정치적으로나 용납할 수 없는 일이었습니다. 숙종께서는 중전 자리를 다시 바꾸시면서 장씨들의 발호를 결코 용납할 수 없다고 굳게 다짐하고 계셨습니다. 대빈 본인에 대해서는 신하들에게 하신 말씀처럼 "외조에서는 그 사람의 마음가짐을 알지 못하지만, 나는 그가 반드시 분수를 지키지 못할 것이라는 것을 분명히 알고 있다. 어찌 스스로 위험한 방도를 남길 수가 있겠는가?"라고 확신하셨습니다. 그런데 이제 와서 다시 대빈을 중전으로 올리고, 서인과 균형을 이루던 남인을 재집권하게 한다? 만에 하나도 있을 수 없는 일이었습니다. 그러나 단지 헛꿈이나 꾸고 있으라고 무시하면 끝날 일이 아니었습니다. 대빈과 그의 장씨 일가가 버젓이 살아 있는 한 그들의 야망은 끝나지 않을 것이다, 그리고 만약 내일이라도 용상에 변이 생기어 대빈 소생인 세자가 보위를 잇게 된다면, 그때는…!

저는 당시 아바마마를 드물게 진현했는데, 아바마마의 안색에서 전에 보지 못했던 무서움을 어린 나이에나마 읽을 수 있었습니다. 뭐라고 할까요. 살기? 냉혹함? 아니, 그것으로만 설명이 다 되지 않는 그 무엇인가를 안색에 가득 품고 계셨습니다. 저는 아주 먼 나중에야 바로 제 자신의 얼굴에서 그 기괴한 기색을 다시 발견하게 됩니다. 그것은 바로 사랑하는 사람을 매몰차게 해쳐야만 하는 사람이 억지로 끌어올린 독기, 스스로 지옥에 들어가는 심정으로 뒤집어쓴 악귀의 형상이었습니다.

먼저 장희재가 추상같은 어명을 받았습니다. 그 누이 이상으로 성격이 급하고 경박했던 장희재는 대빈이 아직 중궁전에 있을 때부터 이런저런 물의로 조정을 시끄럽게 했었는데, 그때는 이미 인현왕후를 모해했다는 의혹을 받고 제주도에 유배 중이었습니다. 그리고 9월 23일 그에게 사약을 내리라는 명이 떨어집니다. 그 이틀 뒤.

밤에 비망기를 내리기를,
"옛날에 한나라의 무제가 구익 부인을 죽였으니, 결단할 것은 결단하였으나 그래도 진선^{盡善}하지 못한 바가 있었다. 만약 장씨가 제가첩이라는 운명을 알아 그와 같이 아니하였다면 첩을 정실로 삼지 말라는 《춘추^{春秋}》의 대의를 밝히고 법령으로 만들어 족히 미리 화를 막을 수 있었을 것이니, 어찌 반드시 구익 부인에게 한 것과 같이 할 것이 있겠는가? 그러나 이 경우는 그렇지 아니하였다. 죄가 이미 밝게 드러났으므로 만약 선처하지 아니한다면 후일의 염려를 말로 형용하기 어려울 것이니, 실로 국가를 위하고 세자를 위한 데서 나온 것이다. 장씨로 하여금 자진하도록 하라."

-『숙종실록』 제35권. 숙종27년 9월 25일.

앞서 비망기로 중궁전의 주인을 다시 바꾸라는 명을 내리셨던 부왕께서는 이번에도 비망기로 궁중이 온통 뒤집어질 명을, 일찍이 성종대왕이 폐비 윤씨를 사사하라는 명을 내린 지 2백여 년 만에 다시 한때 국모였던 이의 목숨을 거두라는 명을 내리신 것입니다. 하지만 그 명은 당장 집행되지는 못합니다. 신하들의 완강한 반대 때문이었죠.

대체로 남인인 신하들이 일단 내건 반대 논리는 대빈의 죄가 사죄死罪에는 미치지 않는다, 잘 타이르면 될 일이 아니냐는 것이었습니다. 사실 애초에는 신당을 짓고 무고巫蠱했다는 일보다는 문안을 거부하고 민씨라 호칭하는 등등 인현왕후 마마를 중전 대접하지 않고 방자히 굴었다는 문제가 부왕이 대빈을 응징해야 마땅하다는 주된 이유였습니다. 그러나 신하들의 반대가 완강하자 그때서야 취선당 나인들을 친국하시고, '장씨의 무고로 중전이 화를 입었다'는 논리에 더 무게를 실으시게 됩니다.

과연 무고가 실제로 이루어졌는지도 명확치는 않습니다. 신당이라는 것이 있었던 흔적은 있었으나 '세자가 몸져누웠을 때 굿을 했던 것입니다. 당시 중궁전 등에도 그 사실을 고했습니다'라는 변명이 이치에 전혀 와 닿지 않는 것은 아니었고, 결국 나인들의 입에서 '무당을 불러와 민씨를 저주하며 활을 쏘게 했다' '장희재의 첩 등이 중궁전 주변에 매흉^{埋凶}을 했다' 등등의 말이 나오기는 했습니다만 모진 고문 끝에 나온 말이니 확실한 진실인지는 모를 일이었습니다. 명명백백한 사실은 직설적이고 경박한 성품이셨던 옥산부대빈이 인현왕후 복위 뒤 그분을 중전으로 인정하지 않고 모욕했으며, 승하하시자 당신의 복위를 꿈꾸며 좋아하는 티를 심하게 냈다는 것뿐입니다. 분명 그것이 죽음에 이를 정도의 죄는 아니었지요. 개인적인 차원에서는요. 하지만 대빈은 여느 여염집 아녀자가 아니었고, 부왕께서도 여느 남정네가 아니셨습니다. 종묘사직과 백성의 안녕을 위해 미래의 평지풍파를 방지하려면 다소 억지를 써서라도, 그토록 사랑하셨던 분의 생명을 빼앗아야만 할 필요성, 그분은 그 정치적 필요성에 부응하는 것이 제왕으로서 감당해야 할 업이라고 여기셨던 것입니다.

참이든 아니든 무고의 혐의가 굳어지자, 신하들은 "죄는 무거우나 세자 저하의 친모이시니, 부디 은혜를 베푸셔야 합니다"라는 논리로 바꾸어 연일 상소를 올렸습니다. 하지만 숙종께서는 "무제도 구익부인이 장차 나라를 어지럽게 할 조짐을 보이자, 그녀가 태자의 친모임에도 죽음을 내렸다"시며 완강하게 버티셨습니다. 끝내 영의정 최석정을 삭탈관직하고 유배 보내는 초강수를 두면서까지 부왕은 뜻을 굽히지 않으셨고, 끝내 10월 8일에 다시 전교를 내립니다.

승정원에 하교하기를,
"희빈 장씨가 내전을 질투하고 원망하여 몰래 모해하려고 도모하여, 신당을 궁궐의 안팎에 설치하고 밤낮으로 기축^{祈祝}하며 흉악하고 더러운 물건을 두 대궐에다 묻은 것이 낭자할 뿐만 아니라 그 정상이 죄다 드러났으니, 신인^{神人}이 함께 분개하는 바이다. 이것을 그

대로 둔다면, 후일에 뜻을 얻게 되었을 때, 국가의 근심이 실로 형언하기가 어려울 것이다. 전대 역사에 보더라도 어찌 두려워하지 않을 수 있으랴? 지금 나는 종사를 위하고 세자를 위하여 이처럼 부득이한 일을 하니, 어찌 즐겨 하는 일이겠는가? 장씨는 전의 비망기에 의하여 하여금 자진하게 하라. 아! 세자의 사정을 내가 어찌 생각하지 아니하였겠는가? 만약 최석정의 차자의 글과 같이 도리에 어긋나고 끌어다가 비유한 것에 윤기倫紀가 없는 경우는 진실로 족히 논할 것이 없겠지만, 대신과 여러 신하들의 춘궁을 위하여 애쓰는 정성을 또한 어찌 모르겠는가? 다만 생각에 생각을 더하고 또 다시 충분히 생각한 결과 일이 이미 이 지경에 이르렀으니, 이 처분을 버려두고는 실로 다른 도리가 없다. 이에 나의 뜻을 가지고 좌우의 신하들에게 유시하는 바이다."

–『숙종실록』 제35권. 숙종27년 10월 8일.

"어찌 즐겨 하는 일이겠는가" 아! 그로부터 수십 년 뒤에 바로 제가 똑같은 말을 내놓게 될 줄이야, 그때는 어찌 알 수 있었겠습니까?

삼종의 혈맥

이것으로 어머니처럼 궁녀의 몸에서 후궁을 거쳐 국모의 자리에까지 오르고, 보위를 이어갈 세자까지 낳았던 옥산부대빈, 장옥정은 그 이튿날 뒤에 쓸쓸한 최후를 마칩니다. '여인들의 전쟁'은 완전히 끝난 거였지요. 그런데 이보다 하루 앞서, 숙종께서는 또 한 가지 놀라운 전교를 내리셨습니다.

"이제부터 나라의 법전을 명백하게 정하여 빈어嬪御가 후비의 자리에 오를 수가 없게 하라."

─『숙종실록』제35권. 숙종27년 10월 7일.

첩을 정실로 삼을 수 없다는『춘추』의 대의가 그 명분이었으나, 실제 역대 군왕들은 이 나라와 중국을 막론하고 숱하게 후궁을 중전으로 올려왔습니다. 그런데 숙종께서는 대빈을 처단하시면서 그런 관례에 대못을 박아버리셨던 거지요. 그리고 그 대못은 아마도 어머니의 가슴에도 박혔을 것입니다.

대빈에게 품었던 타오르는 열정에는 못 미쳤을지 모르나, 어머니를 향한 부왕의 사랑도 컸습니다. 그러셨습니다. 아니라면 어찌 연달아 세 차례나 어머니의 몸을 무겁게 하셨겠습니까? 그러나 인현왕후와 옥산부대빈이 모두 고인이 된 지금 비어 있는 중궁전, 그 대망의 자리에 오를 가능성을 부왕께서는 허락하지 않으셨습니다. 왜 그러셨을까요?

첫 번째로, 광해군대의 비극을 되풀이하지 않으시려는 뜻이었을 겁니다. 선조대왕은 만년에 왕비를 여의시자 새로 인목왕후를 맞이하셨고, 세자였던 광해군보다도 나이가 어리셨던 그분은 영창대군을 생산하셨습니다. 그러자 세자이지만 후궁의 소생인 광해군과 영창대군은 불편한 관계가 될 수밖에 없었으며, 결국 광해군이 즉위한 다음에는 영창대군을 없애고 인목왕후를 폐서인해 서궁에 유폐하는 '폐모살제'의 변을 일으키게 된 것입니다. 만약 어머니가 새로 중전이 되신다면 세자이신 황형과 저의 관계가 또 그리될 터이니, 장차의 재앙을 예방하고자 대빈을 저버리신 것처럼 어머니 역시 저버리셨던 것입니다.

그러나 어머니의 가슴에, 비록 직접 말씀하신 적은 없지만, 대못이

박힌 것은 그런 정치적 고려 말고도 다른 고려가 후궁의 승급 금지령 뒤에 있지 않았나 하는 의혹 때문이었죠. 결국 어머니를 외면하신 부왕께서는 순안 현령 김주신의 따님이신 인원왕후 마마를 새로운 중전으로 간택하십니다. 김주신은 현령이라는 직책에서 보듯 현달한 사람은 아니었지만 서인이었고, 그중에서도 노론이었죠. 부왕께서는 '서인의 다소 우위'였던 인현왕후 승하 이전의 정국 구도를 유지하시려 했던 것입니다. 그런데 그렇다면, 되도록 당색에 물들지 않으려 하셨지만 이미 자의든 타의든 서인 진영이라고 가늠되신 어머니를 놔두고 새로 서인 출신에서 중전을 얻으셨는가? 광해군대의 악몽이 우려되어서라면 어차피 부왕께서 새 중전에게서 자식을 보신다면 마찬가지가 아닐지? 어머니의 인품을 믿고, 과거의 비극이 재연되지 않도록 단속하셨다면 충분하지 않았을까요?

그래서 어머니는, 아니 최소한 철든 다음의 저는 생각하지 않을 수 없었습니다. 출신 때문인가? 몰락 양반 또는 양인이라 하지만 천인하고도 딱히 구별되지 않을 정도로 보잘것없는 출신. 궁궐 내외에 퍼진 소문으로는 노비니 무수리니 하고 실제보다 더 비하된 출신. 그래서 내명부의 으뜸이자 국모의 자리에는 어울리지 않는다고 여겨졌는가? 그래서 서인들도 어머니를 인현왕후를 대신할 자신들의 대표로 인정하기 꺼려했는가? 만약에 어머니께서 번듯한 집안 출신으로 궁녀를 거치지 않고 바로 후궁이 되셨다면, 그리고 임금의 사랑을 독차지해 저를 비롯해 여러 자식을 낳으셨다면, 그래도 후궁이 중전으로 오르는 길을 막아버리셨을까?

이런 우울한 상상은 그것으로 그치지 않았습니다. 이 전교가 나오기 직전부터, 어머니에 대한 부왕의 태도가 싸늘해졌음이 점점 더 분명해졌기 때문입니다. 그분은 어머니께 '연잉군은 두고, 궁을 나가 사시오'라고 말씀하셨습니다. 나이가 찬 왕손은 궐 밖에서 살아야 하는 게 법도인데, 대개 혼인을 하여 일가를 이루면 그때 나가는 법이었으므로 아직 어리던 저를 돌봐야 할 어머니를 다소 무리하게 궁에서 내보내신 것입니다. 그리고 당신께서는 영빈 김씨, 명빈 박씨, 소의 유씨를 잇달아 새로 책봉하셔서 인원왕후 마마 아래 내명부의 면목을 완전히 일신하셨습니다. 이렇게 말하면 여느 조직 개편처럼 들리실 테지만, 사적으로는 어머니를 내치고 새로운 여인들을 가까이 두셨다 할 수 있겠지요.

그게 다가 아니었지요. 2년 뒤, 숙종께서는 제 나이가 찼다며 금혼령을 발하시고, 달성 서씨 집안의 규수와 짝을 지어 주셨습니다. 바로 정성왕후이지요. 그런데 이번에는 '새로 가정을 이루었으면 따로 제택第宅을 가지는 게 마땅하다'며 저희 부부에게 새로 창의궁을 내어 주시고, 어머니는 여전히 이현궁에서 홀로 사시게 하셨던 것입니다. 한창 나이에 남편과 궁궐 생활을 모두 여읜 분. 오로지 자식 하나만으로 보고 사는 것을 모르실 리 없건만, 부왕께서는 그렇게 조치하셨습니다.

그렇게 어머니를 홀로 사시게 한 지 9년 뒤, 부왕은 다시 어명을 내리십니다.

> "옛날의 이현궁梨峴宮은 곧 지금의 숙빈의 처소. 주위의 넓고 큼이 다른 궁에 비교할 바가 아니어서 연輦(임금이 타던 가마)을 타고 지날 때마다 마음이 항상 미안하다. 이제는 연잉군의 제택이 이미 정해져 있으니, 그 집에 동거하여도 불가할 것이 없다. 이러한 뜻으로 분부하라."

-『숙종실록』제50권. 숙종37년 6월 22일.

　이 어명으로 어머니는 사시던 이현궁을 나라에 환수하시고 제가 지내던 창의궁으로 옮겨 오십니다. '모자가 다시 지낼 수 있게 배려하셨거니…' 어머니는 이리 받아들이셨습니다만, '숙빈이 거하는 집이 너무 커서 거슬리니 다시 내놓으라고 해라' 하신 말씀은 너무도 야박하게 들렸습니다. 당시 틈만 나면 왕실의 지출을 줄이라고 건의하던 게 일이던 삼사三司에서도 당황하며 "저희가 말씀도 드리기 전에 비용 절감을 솔선하시니 황송합니다"라고 밝혔을 정도였습니다! 이맘때 저는 부왕의 마음을 헤아릴 수가 없어 불만과 의심이 가득했습니다. 어머니께 "어찌 그리 바느질 솜씨가 좋으십니까?"라고 여쭙고 다시 "침방에 계시던 때 무슨 일이 가장 힘드시던가요?"하고 여쭈었을 때도 이 무렵입니다. 어머니는 제 질문에 "중누비, 오목누비, 납작누비가 모두 어렵지만, 세누비(겉감과 안감 사이에 솜을 넣어 기운 것으로, 그중에서도 세누비는 누빈 줄이 촘촘하고 고운 누비를 일컫는다)가 가장 힘들었다오"라 대답하셨지요. 저는 그 말씀을 듣고 좋은 집에서 태어나셨더라면 한참 노리개를 갖고 놀 나이에 오도카니 앉아 세누비 바느질을 하느라 밤을 새시던 어머니의 모습이 떠올라, 그만 눈물을 흘렸습니다. 그리고 제 처소에 돌아가 부인에게 말했지요. "이제 다시는 세누비 옷은 입지 않겠소" 그렇게 힘들게 사신 분께 겨우 편안함이 찾아왔거늘, 아바마마는 어찌 그리 냉정하시단 말인가? 정녕 아바마마는 이 여인, 저 여인의 품에 그때그때 머무실 따름인 호색가에 지나지 않으신 것일까?

　하지만 부왕의 냉정함에는 다른 까닭도 있었습니다. 작위적인 분노를 품으시고 인정으로는 못할 명을 내리시면서, 아바마마의 가슴은 갈

기갈기 찢어지셨을 것입니다. '나는 왜 제왕이 되었는가? 왜 여염의 남정네처럼 속 시원히 하고픈 대로 하지 못하고, 이런 일에도 종묘사직과 백성을 앞세워야만 하는가?' 그리고 당신을 그런 지경으로 몰고 간 정치를, 당쟁을 저주하셨겠지요. 그러자 다음 순간, 어머니에 대한 못내 꺼림칙한 마음이 솟아오르지 않으셨을까요. '천한 출신이지만 그 때문지 않은 순수함이 고와서 가까이 하였더니만… 당쟁의 앞잡이가 되어 상대편의 비리를 고해바치는 모습이 참모습이었더냐? 인현이 죽고 취선당도 사라지면, 중궁전은 내 것이 되겠거니, 하는 마음이 그 가지런해 보이는 몸가짐 속에 온통 들어차 있었겠지?'

어머니는 평생 존경해 온 인현왕후께서 비명에 가시고 그 죽음에 대빈 일파가 직접적 책임은 없을지 몰라도 최소한의 애도 표시도 없이 희희낙락하는 것이 너무도 원통하여 듣고 보신 내용을 부왕께 밀고 하신 것인데, 부왕께서는 그 행동으로 그때까지의 어머니에 대한 시각을 뒤틀고 마셨던 거지요. 그래서 제가 앞서 그 행동은 어머니 당신께는 일생일대의 실수였다고 했던 것이랍니다. 단단히 오해를 하신 부왕은 어머니에 대한 마음을 접으셨을 뿐 아니라, 어머니를 중궁전에 앉힐 수 없음은 물론 궐내에 둘 수도 없다고 결정하시고 말았습니다. 물론 다른 이유들도 고려한 끝의 결정이었겠지만.

어머니께서는 그에 대해 끝내 확실히 말씀을 안 하셨으나, 늘 제게 훈계하셨습니다.

"파당을 만들지 마시오. 자신도 상하고 나라도 상할 뿐이오"

"쾌(快)함을 경계하시오. 저하는 총명하고 기개도 있으되, 성정이 다소 급하시오. 당장 치미는 뜻에 따라 행해 버린다면 평생 후회할 일이 남게 될 것이오."

저는 그 말씀을 받들어, 살면서 언제까지고 '쾌'라는 글자 하나를 경계하며 살았습니다. 그리고 신하들과 자식들에게도 쾌함을 경계하라 늘상 당부했습니다. 그 결과가 과연 최선이 되었는지는 모르겠습니다만. 그리고 파당을 없애고 탕탕평평蕩蕩平平한 조정을 만드는 일에 왕업의 전부를 걸다시피 했습니다. 그러나 그것은 나중에 더 나이를 먹고 생각지도 않게 왕위에 올랐을 때의 일이고, 당시 저는 막 약관의 나이로 새파랗게 젊고 혈기가 한창 뻗칠 때라 어머니의 훈계를 머리로는 새기고 가슴으로는 지우곤 했습니다. 뒤에 말씀드리겠습니다만 황형을 뵈러 다니다가 동궁전 소속 무수리와 눈이 맞아, 정분이 지나쳐 회임까지 시키는 바람에 어머니의 꾸중과 부인의 말 없는 원망을 듣기도 하던 때였죠.

말없이 제 자리만 지킬 따름인 제 처가 그때는 공연히 눈꼴시었고, 그런 처를 감싸고돌며 훈계를 그치지 않는 어머니도 점점 부담스러워졌던 저는 어머니와 다시 살기 시작했던 때의 애틋한 마음을 잃어갔습니다. 문안도 차차 형식적이 되고, 쾌함을 경계하라는 어머니의 훈계도 짜증스럽기만 했죠. 모자간에 점점 대화가 적어지는 나날을 어머니는 한숨으로 받아들이셨습니다. 그리고 조금씩 작아져 가셨어요.

그렇게 약 6년이 흐르고 난 다음의 어느 날, 여느 때처럼 문안을 드리러 가자 어머니께서는 제 손을 어루만지시며 말씀하셨습니다.

"삼종三宗(효종, 현종, 숙종을 일컫는다)이오. 삼종의 혈맥이시오. 아무리 천하고 하찮은 어미에게서 나왔다고 해도, 이 세상에 더없이 소중한 혈맥이 여기 흐르고 있는 것이오."

저는 아무 말없이 고개만 작게 끄덕였습니다. 당신은 뒤에서 손가락질을 받을 정도로 보잘것없는 출신이라도 제 몸에 흐르는 피의 반은 효종대왕과 현종대왕, 그리고 지금의 아바마마의 것이므로 여느 방계 왕손에 비해 한층 귀하다! 대빈 소생인 세자를 제외하면 보좌를 물려받기에 가장 적합한 왕손인 것이다! 이를 잊지 말아라! 어머니의 가슴속에 고이고이 접어두고, 응어리지고 곪아터져서 마침내 흘러나오는 말씀일진대, 저는 마냥 덤덤히 들었습니다. 하긴 그럴 수밖에 없지 않겠습니까. 아침저녁으로, 아니 하루 종일 시도 때도 없이 잠시 들라 하고는 똑같은 어조로 똑같은 말씀을 하시는 판에야.

어머니는 치매에 걸려 계셨던 것입니다.

어릴 때부터 심한 심적, 신체적 부담을 짊어지고 생활해야 하셨으며, 성장하신 다음에도 잠깐의 사랑과 한 번의 쾌함에 대한 빚을 너무 오래, 크게 치르셔야 했던 어머니. 최 숙빈 마마는 아직 오십이 못 된 춘추이심에도 머리가 하얗게 세시고, 얼굴엔 칼로 그은 듯 주름이 지셨으며, 급기야 치매까지 걸리고 마셨습니다. 그런데도 저는, 이 몹쓸 놈의 불효자는 그런 어머니가 힘들기만 했답니다. 안쓰러움보다 부담감이 더했답니다. 당시 황형과 저의 거취를 놓고 노-소간의 당쟁이 점점 격렬해지고 있던 상황 때문이기도 했지만, 근본적으로 제 성품이 이기적이고 무정하여, 어머니의 끝없이 계속되는 '유언'을 성의 있게 들어드리지 못했습니다. 그렇게 무술년(1718) 3월 9일.

불효자의 눈물, 백성의 눈물

> 숙빈 최씨가 졸卒하였다. 임금이 예장禮葬 등의 일을 예에 의하여 거행
> 하게 하였다. 관판棺板을 수송하게 하고 또 제수祭需를 넉넉히 보내도록
> 명하였다.
>
> ─『숙종실록』제61권. 숙종44년 3월 9일.

누가 그러던가요. 불효자일수록 부모의 장례 때 서럽게 운다고. 제가 바로 그랬답니다. 왜 좀 더 자주 말씀을 나누지 못했던가. 왜 매번 똑같은 말씀일망정 진지하게 들어드리지 못했던가. 그게 뭐가 어렵다고. 한동안 잠자고 있던 어머니에 대한 애석함과 측은함이 한꺼번에 일어서면서, 동시에 그 부음에도 예장이나 제수만 간단히 언급하시고 평소와 다름없이 정무를 보고 계시는 아버지에 대한 분한 마음도 고스란히 되살아났습니다. 후궁이라 해도 왕자를 생산할 정도로 중한 위치였던 후궁의 상사에는 하루 정도 정무를 쉬고 애도 기간을 갖는 게 관례였음에도…!

그러나 부왕 역시 편안치는 못하셨습니다. 춘추가 예순에 이르시어 임금 중에는 이미 장수자의 반열에 드셨던 숙종께서는 평생 거듭해오신 정치적 갈등과 결단으로 지칠 대로 지치신 상태였지요. 어머니께서 가시기 전부터 자주 아프시고 한번 아프시면 일어나시기가 갈수록 힘드시더니, 배에 복수와 부기가 차시어 뵙기 민망할 정도로 부풀어 오르는 포만증飽滿症과 등의 창증瘡症, 안질 등으로 고생하셨습니다. 마지막 때가 이르기 대략 1년 전쯤에는 이런 일도 겪으셨죠.

이날 밤 파루^{罷漏}(지금의 새벽 네 시 무렵인 오경삼점^{五更三點}에 큰 쇠북을 서른 세 번 치던 일. 인조반정 이후, 서울 도성에서는 야행을 금했다가 파루 이후에 풀었다) 때 임금의 환후가 갑자기 도져 호흡이 고르지 못하므로, 약방에서 흥정당에 입진하니, 임금이 종모^{騣帽}를 쓰고, 작은 옷을 입고 이불을 두르고 베개에 기댄 채 침상 위에 앉아 있었다. 도제조 이이명이 나아가 엎드려 문후하자, 임금이 말하기를,

"밤중에 잠이 들어 겨우 눈을 붙이자마자 누군가가 꿈에 나타났는데, 보기에 지극히 해이^{駭異}하였다. 그 때문에 깜짝 놀라 깨어났는데, 이처럼 호흡이 고르지 못하여 진정시킬 수가 없다"

하였다. 이이명이 말하기를,

"의법^{醫法}에 꿈 때문에 병을 얻는 경우가 있다고 합니다. 보신 내용이 두려운 일이었습니까? 추악한 일이었습니까?"

하니, 임금이 말하기를,

"두려운 일이었다"

하였다. 여러 의관들이 진후를 마치고 안신환^{安神丸}을 조제하여 바치니, 임금이 여러 신하들에게 물러가도록 명하였는데, 이튿날 비로소 진정되었다.

－『숙종실록』 제64권. 숙종45년 7월 28일.

부왕께서 꿈에 보신 두려운 존재는 과연 무엇이었을까요. 저승사자? 악에 받친 옥산부대빈? 사약을 내린 송시열? 아니면 어머니? 어찌 되었든, 몇몇 개인에게 무정한 일을 하셨더라도, 사십여 년 동안 나라를 잘 이끌고 백성을 보듬어 오신 한 위대한 왕의 길 끝에는 그런 정체 모를 두려움이 도사리고 있었습니다. 이듬해인 경자년(1720) 6월 8일,

부왕은 저와 황형이 간호하는 앞에서 영영 깨어나지 못하실 침수에 드셨습니다.

그렇게 저희 부모님의 시대가 끝났습니다. 그런데 부왕의 상을 치를 때, 저는 사소한 듯하지만 평생 뇌리에 새겨질 불쾌한 일을 겪게 됩니다.

> 임금이 말하기를,
> "나는 번저藩邸(임금이 왕위에 오르기 전에 거처하던 집)에서 입승入承하여 궁중에서 생장하였으므로 일찍이 예를 읽지 못하였고, 다만 조종조祖宗朝의 예법을 따랐을 뿐이다. 일찍이 경자년 대상大喪 뒤에 전도前導 없이 대궐로 가다가 길에서 대신을 만났는데, 앞에 있으면서 끝내 길을 비키지 않았기 때문에 내가 뒤따라가지 않으려고 피하여 다른 길로 갔었다. 내가 왕자인데도 오히려 이와 같았다. 돌아보건대 지금 나라에 저사儲嗣가 없고 종실은 고단孤單하여 세력을 부릴 만한 기운이 없는데 또 제재하고 억누르고자 하니, 내가 붙들어 주지 않으면 누가 다시 돌아보겠는가?"
> ─『영조실록』제36권. 영조9년 11월 7일.

부왕의 상중에 입궐하는 길이었는데, 어떤 대신의 행차가 바로 앞에 가며 길을 막고 있었습니다. 저는 말하자면 상주로서 빨리 입궐해 맡아야 할 일이 있으므로 마음이 급했고, 뒤에서 기다리면 알아서 비켜주려니 했지만 그 대신은 바로 뒤의 가마에 누가 탔는지 뻔히 알 텐데도 끝끝내 느긋하게 움직이며 길가로 비켜나지 않더군요. 시간이 없었던 저는 할 수 없이 골목길에서 가마를 돌리라 하고, 그 길을 우회해 겨우 때를 맞춰 입궐했습니다. 하지만 그날 내내, 아니 장례를 다 치르기까지 분하고 괘씸한 마음이 가실 줄 몰랐지요. 내가 세자는 아니고 이제 보위를 이을 몸도 아니지만 당당한 왕자고 이제 임금의 동생도 될 입장인데, 그 따위로 업신여길 수 있다니! 그와 저 둘만 있을 때라면 몰라도 가마꾼과 시종들 앞에서, 더구나 길가의 백성들도 보는 앞에서 그런 창피를 당한 것이 더욱 억울했습니다. 아마 그 대신의 당색이 그런 오만방자한 행동의 원인일까도 싶었지만, 그래도 너무 백일하에 무례하게 굴기를 서슴없었음은 결국 나의 출신을 깔보아서가 아니겠느냐, 저는 생각했지요.

본래 조선의 신분제는 양인과 천인을 구분하는 양천제良賤制로 노비나 백정, 무당 같은 소수 천인들만 소외시키게 되어 있었습니다. 그러나 왜란 이후 점점 반상제班常制가 되었죠. 벼슬에 따른 등급이었지 출신에 따른 신분은 아니었던 '양반'이 귀족처럼 되어가고, 그 밖의 평민들은 천민과 그게 그거인 '상놈'으로 떨어졌습니다. 그래도 옥산부대빈의 인동 장씨처럼 기술과 재력을 갖춘 중인이라면 준 양반 대우도 받을 수 있었지만, 저희 친정 같은 경우에는 갈데없는 상놈 집안이었습니다. '무수리는 아니셨다. 무수리라는 건 와전이다'고 아무리 변명해봤자 코웃음 치며 '그래서 뭐? 불쌍놈 집안이기는 마찬가지야' 할 터였죠. 결국 저는 그날의 치욕 이후 황형의 불운 때문에 생각지도 않게 보위를 계승해 조선 제21대 왕이 됩니다만, 역대 임금 중 가장 미천한 핏줄에서 나왔다는 멍에는 어쩔 도리가 없었습니다.

제가 이 문제를 놓고 얼마나 오래 고민했던지, 왕이 되고서도 한참토록 불안을 지우지 못했습니다. 제 앞에 공손히 고개 숙이고 "전하!"라고 말하는 저 신하들도, 어전을 나서자마자 자기들끼리 "저 천한 종놈의 자식!"하고 비웃는 게 아닐까, 하고 되도 않는 망상을 했던 것이지요. 그러다 보니 이미 재위 13년이나 되던 정사년(1737)에는 지금 생각하면 부끄러운 일, 애꿎은 사람을 괴롭히는 일까지 저지르고 말았습니다.

바로 '김성탁 사건'이 그것입니다. 김성탁은 영남 안동 출신의 선비로, 재주가 뛰어나 제가 특별히 발탁해서 조정에 두고 있었습니다. 그런데 정사년 5월에 그가 상소를 올려 스승 이현일을 변호하는 주장을 하자 조정이 발칵 뒤집혔습니다. 이현일은 제가 태어날 무렵 숙종대왕께 죄를 입어 쫓겨났던 사람이자 남인의 중심인물로 장희빈이 세도를 부리던 때에는 위세가 대단했었는데, 기사년(1689) 9월에 폐비 처분을 받고 있던 인현왕후를 위해 올린 상소가 나중에 자기 목을 죄었습니다. 이현일은 그 상소에서 인현왕후께서 "부녀자의 도리를 따르지 않아 스스로 하늘에서 끊어졌다."고 언급했는데요. 문맥을 보면 '그처럼 잘못이 있으니 폐비를 시킨 것은 잘 하신 일입니다. 하지만 그래도 거의 10년이나 중궁의 자리에 있던 분인데, 어느 정도의 예우를 해 주셔야 하지 않을까요'하는 말을 아뢰려다가 나온 언급이므로 사실 인현왕후께서 고마워하시되 원한을 품으실 만한 일은 아니었습니다. 그러나 당쟁의 전문가들이 어디 가겠습니까? 앞뒤 문맥을 자르고 그리 중요하지 않은 말꼬리를 잡고는 죽일 듯 덤비는 게 장기 아닙니까? 제가 듣기로 여러분 시대의 정치인들도 그런다더군요. 아무튼 나중에 인현왕후께서 복위되시자 이현일은 그 "여덟 글자의 흉언" 때문에 삭탈관직당할 뿐 아니라 고향에 내치는 放歸田里 처분을 받았습니다. 국모를 모욕하고 비하했으니 죽여야 한다는 상소가 이어졌습니다만, 숙종께서 그렇게까지 하시지는 않았지요. 따져 보면 인현왕후를 위해서 올렸던 상소이고 수십 년 동안 죄인 취급을 했으니 이제 그만 신원시켜 달라는 상소가 김성탁 이전에도 몇 차례 있었지만 매번 물리쳤습니다. 명분상 "어머니 되시는 인현왕후를 능멸한 일"을 아들인 제가 용서한다고 할 수 없는 일이었고, 그 이면에서는 남인들이 다시 일어서는 일을 한사코 막으려는 노론의 집념을 살펴야 했기 때문이지요. 아무튼 내심으로는 이현일이 말실수 한 번에 지나친 벌을 받은 셈이라 보았기 때문에 처음에는 김성탁 문제에 건성으로 임했습니다. 그런데 그러다 보니 정신이 번쩍 드는 것이 튀어나오지 않겠습니까?

> 임금이 의금부 당상을 시켜 이현일의 국안鞠案을 가져오게 하여 보기를 마치고 여러 신하들에게 보였으며, 이어서 말하기를,
> "지금 국안을 보고 처음으로 적서嫡庶를 분명히 하자는 일이 있었음을 알았으니, 이것을 보고 놀라서 통탄스러워 어쩔 줄을 모르겠다. 위로는 성모(인현왕후)를 해하고 아래로는 경종과 나를 해하였으며, 임금의 마음이 서인西人을 등용하려는지 여부를 몰래 엿보고 탐지한 것은 더욱 극도로 놀랍고 분하다."
> -『영조실록』제44권. 영조13년 5월 28일.

옛날 이현일이 상소문 때문에 시골에 쫓겨나 있던 갑술년(1694)에 '김인의 고변 사건'이 있었습니다. 제 어머니를 장희재 쪽에서 해하려 했다는 내용으로, 이 일로 갑술환국이 이루어져 인현왕후께서 복위되고 남인이 몰락했는데 문제는 이 사건을 심리하는 과정을 살피다 보니 이현일도 이 일에 연루되었다는 증언이 발견된 것입니다. 이현일이 "최 숙원이 왕자를 낳는데, 주상의 의중이 어떠한지 알기 위해 숙종

께 '적서의 명분을 분명히 해야 합니다'는 말씀을 아뢰었다"는 것이었습니다.

적서의 명분을 분명히 하라는 말은 이미 세자에 책봉되어 계시던 황형 대신 총애하시던 저희 어머니 소생의 왕자를 세워서는 안 된다는 말이었습니다. 그런데 사실 그 때의 왕자란 제가 아니고(저는 그 몇 달 뒤에야 태어났으니까요) 먼저 태어나셔서 일찍 돌아가신 영수 형님인데, 어쨌든 저는 그 기록을 몰랐다가 김성탁 사건을 심의하던 중 비로소 보고는 충격과 분노에 휩싸였습니다. 손이 부들부들 떨리는 것을 멈출 수 없었습니다. 적서의 명분이 어쩌고 어째? 황형은 적통이고, 나는… 나는 서출이다? 아니, 서출이란 말도 가당찮은, 천한 몸에서 난 잡종이다? 그러니까 절대로 임금 자리에 앉혀서는 안 된다?

저는 그 기록을 가지고 추국청으로 가서, 참석해 있던 대신들에게 돌려 읽혔습니다. 그리고 김성탁을 매섭게 닦달했습니다. 김성탁은 돌변한 제 태도에 당황하며 자신은 기사년의 상소문만 알고, 적서 운운 이야기는 모른다고 변명했습니다. 그러나 저는,

"네가 이현일의 난역亂逆을 알지 못하였다니, 그것이 바로 난역이다. 감히 잘 모르겠다는 말로 넘기려 하느냐?"
―『영조실록』제44권. 영조13년 5월 28일.

이렇게 평소와는 달리 말이 안 되는 말까지 쏟아내며 김성탁과 이현일을 비난했습니다. 그리고 김성탁을 멀리 유배 보내고는 이현일을 기려 만든 서원을 때려 부수도록 했습니다.

이렇게 제 출신에 관련된 이야기가 조금이라도 비치면 저는 그만

이성을 잃는 때가 많았습니다. 나이가 많이 들고, 더 이상 저를 업신여기며 임금 자리에서 끌어내리려는 사람을 찾기 어렵게 되었을 때까지도 경전에서 미천한 출신 어쩌고 하는 대목을 경연 강독관이 무심코 읽거나 하면 눈을 부릅뜨고 성질을 부리곤 했지요. 생각하면 정성왕후에게 살가운 남편이 못 되었던 것도, 그리고…그리고 좋은 애비조차 되지 못했던 것도 이 병통, 여러분이 쓰는 말로는 '콤플렉스'가 한몫했습니다. 은근히 좋은 가문 티를 내는 듯한 아내가 정겹게 다가오지 않았으며, 평생 '천한 피가 어디 가겠나' 소리를 면하려고 조심조심 쌓아온 공든 탑을 자식놈이 사정없이 무너뜨린다 싶으니 실망과 분노를 이길 수 없었던 게지요.

그러나 병통으로만 제가 내린 결정을 풀이하시려 하면 안 됩니다. 그렇게 개인감정으로 매사를, 아니 중대사를 처리하기에는 임금의 자리가 너무도 무거운 자리였으니까요. 그렇습니다. 무도無道한 임금은 쫓겨나도 됩니다. 무능한 임금도 그렇습니다. 무학無學한 임금 역시 제대로 된 임금이라고는 할 수 없습니다. 그것이 조선이라는 나라가 살아 있는 헌법의 자리인 왕의 자리에 앉는 사람에게 부여해온 책임입니다. 그러나 무류無類의 임금이라면? 어미의 핏줄이 천하다 하여 임금 자격이 없다는 이야기는 받아들일 수 없습니다. 그런 식이 된다면 임금의 짝을 내노라 할 명문대가 출신으로만 정해야 할 것이고, 결국 그런 명문대가는 왕을 사위로, 또는 매부로 여기게 되어 왕실과 다를 바 없는 권세를 누리게 될 것입니다. 정치권력이 한줌도 안 되는 귀족 집안들에 독점되고, 왕이란 서양처럼 그런 귀족들 가운데 대표자에 지나지 않게 될 것입니다. 그러면 과연 공정한 세상이 되겠습니까? 백성들이 기댈 곳이 있겠습니까? 왕이 힘없는 백성의 눈물을 닦아 줄 힘과 마음

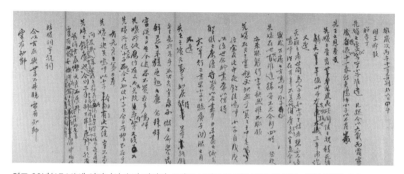

영조 20년(1744)에 어머니인 숙빈 최씨의 소령묘 묘갈문을 짓기 위해 쓴 원고. 보물 1631-2호.

서울 종로구 궁정동에 있는 육상궁. 1725년에 짓고 1883년에 재건했다. 1908년부터 장희빈의 대빈궁, 정빈 이씨의 연우궁 등이 옮겨와 지금은 칠궁이라고도 부른다. '여인들의 전쟁'에서 불꽃을 튀겼던 최숙빈과 장희빈이 한 집에 동거하고 있는 격이 되어 공교롭다.

을 지닐 수 있겠습니까? 결국 이런 원칙이 무너져서 특정 명문대가에서만 왕비를 내게 된 말기의 조선이 어떻게 되었는지 생각해보면, 무류의 임금은 안 된다는 주장을 어떻게 해서든 억누르고 꺾어야 마땅했음을 알 수 있습니다.

아무튼 어머니의 신분이 보잘 것 없을 뿐 아니라 규례상 낳아주신 어머니보다 법적인 어머니, 인현왕후에서 인원왕후에 이르는 부왕의 정비正妃 분들을 더 중시해야 할 입장이다 보니, 제가 즉위한 뒤로도 어머니를 추숭하는 사업은 신중에 신중을 거듭할 수밖에 없었습니다. 즉위 후 1년을 조금 지났을 때 경복궁의 북쪽에 어머니를 기리는 사당을 세웠는데, 그 품격을 높여 육상묘毓祥廟라 한 것은 그 뒤 20년이나 지났을 때입니다. 그리고 8년쯤 더 지나서야, 비로소 화경和敬이라는 시호를 올리고 육상묘를 육상궁이라 고쳐드렸습니다. 또 잠들어 계신 소령묘昭寧墓를 소령원으로 고쳤는데, 후궁의 묘에 능陵보다 한 단계 아래인 원園이라는 표현을 쓴 것은 조선에서 처음이었습니다. 돌아가신 다음에야 그런 일이 다 무슨 소용이겠습니까만, 그렇게라도 당신 생전의 설움을 위로해드리고 싶다는 마음이었지요.

환궁할 때에 하교하기를, "오늘 예를 펴니, 내 감회가 한층 더하다. 증贈 영상領相의 손자로서 진참進參(제사나 성묘에 참석함)한 자는 다만 최진형 한 사람이 있을 뿐이니, 해당 관청으로 하여금 곧 준직準職에 제수하도록 하라" 하고, 또 하교하기를, "이미 봉원封園하고 나니, 마음이 날개를 떨쳐 나는 듯하다. 더구나 하루가 이틀 같은 내 마음이 어찌 내년을 기다리랴마는, 이번 국역은 두어 해 동안 거듭되었으니, 만약 백성을 돌보지 않으면 어떻게 우리 사친께서 옛적에 마음 쓰시던 뜻을 본받겠는가? 내년에 장릉^{長陵}에 전알^{展謁}할 때에 소령원^{昭寧園}에 전배^{展拜}하겠다. 아! 내년에 전배하는 데에는 뜻이 또한 있는 데가 있다. 아! 이 마음을 저 하늘이 안다"

하고, 여^輿를 멈추고 외쳐 마음을 나타낼 때에 눈물이 옷깃을 적셨다.

–『영조실록』 제80권. 영조29년 8월 6일.

예순이 된 나이에 다시 한번 어머니를 생각하며 흘린 눈물. 불효자의 눈물은 어머니 생전의 가르침을 반드시 따르리라는 다짐도 나타내는 것이었습니다. 그 가르침이란 당쟁을 억제하며 쾌함을 경계하는 것, 그리고 어려운 백성들을 잘 보살피라는 것이었지요. 생각하면 저는 역대 임금 중 가장 천한 피를 받았지만, 동시에 가장 낮은 곳에 가깝기도 했습니다. 궁을 나와 생활할 때는 서민 자제들과 어울리면서 백성의 삶과 희로애락을 직접 보고 느꼈고, 어머니의 검소함과 자중함을 본받아 서민과 별 차이 없이 소박하게 살았습니다. 만년에도 궁중에서는 지저분하게 여기는 고추장에 밥을 비벼 먹어야 입맛이 돌았던 것은 그때 몸에 밴 서민의 생활방식 때문이었죠. 구중궁궐에서 거의 나오는 법이 없이 밤낮 글공부와 엄격한 예법에만 몰두해야 하는 세자들과는 사뭇 다른 삶을 살았던 셈입니다.

유달리 낮은 태생은 줄곧 저의 콤플렉스로 남았지만, 한편으로는 그만큼 백성의 처지를 더 잘 이해하고, 백성을 위해 뭔가 도움이 되고 싶다는 마음의 원천도 되었습니다. 그것은 먼저 제 스스로 검약하여 백성의 부담을 최소화하는 행동으로 이루어졌습니다. 어머니의 고초를 생각하면 차마 세누비 옷을 입을 수가 없었고, 백성들의 고난을 생각하면 고량진미와 화려한 궁실을 마음 편히 누릴 수가 없었습니다.

제가 얼마나 근검절약을 실천하며 살았는가는 제가 세상을 마친 뒤 약 백 년 뒤에까지도 사람들의 뇌리에 또렷이 기억되었답니다.

> 강관 조석우가 아뢰기를, "[……] 삼가 생각하건대, 예로부터 검소한 임금으로서는 우리 영묘英廟와 같은 분이 없었습니다. 평상시에 입는 의복은 꼭 빨아서 다시 입었고 창문에 문종이가 찢어진 곳도 통째로 다시 바르지 않고 뚫어진 구멍만을 발랐습니다. 그릇 등속도 금이나 은은 가까이하지 않고 전체가 사기沙器였을 뿐만 아니라, 여마輿馬와 궁실에 있어서도 혹 사치하지 않은가 염려하였으니, 이것은 모두 전하께서 본받아야 할 점들입니다."
> ─『고종실록』제1권. 고종1년 8월 3일.

저는 백성을 위해 실질적인 개혁도 힘써 실행하였습니다. 그렇게 부족한 제가 현군의 길을 걷기로 다짐하게 된 데는 어머니의 한과 바람이, 그리고 또 한 분의 기대와 신뢰, 또 희생이 있었습니다. 제가 그런 기대, 신뢰, 희생을 딛고 분에 넘치는 자리에 앉아 최대한의 노력을 쏟게 되는 이야기는 이제부터 들려드릴 제 하나뿐인 형님의 죽음에 대한 이야기입니다.

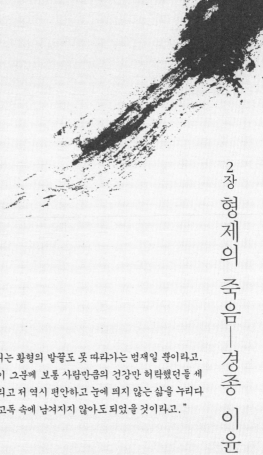

2장 형제의 죽음—경종 이윤

"저는 지금도 생각합니다. 저 따위는 황형의 발끝도 못 따라가는 범재일 뿐이라고. 진정한 천재는 황형이셨고, 하늘이 그분께 보통 사람만큼의 건강만 허락했던들 세상은 보다 좋아졌을 것이라고. 그리고 저 역시 편안하고 눈에 띄지 않는 삶을 누리다 이곳에 와서 이처럼 수백 년 넘는 고독 속에 남겨지지 않아도 되었을 것이라고."

나뭇가지의 우애

> "태백은 지극한 덕을 지닌 분이라고 할 수 있다. 세 번이나 천하를 사양하였지만 백성들이 그 덕을 칭송할 길이 없었다."

『논어』 태백편에 나오는 공자의 말씀입니다. 제가 유독 좋아하는 말씀 중 하나지요. 황형과 저의 일을 떠올릴 때마다, 저는 이 말씀을 나직이 외곤 했습니다. 태백은 중국 주나라의 왕자였습니다. 그러나 부왕의 뜻이 그의 동생에게 있음을 알자 나라를 떠나 먼 변방으로 가서 숨어 살았지요. 그리고 이후 왕이 되어 달라는 부탁을 두 번 받고 두 번 거절함으로써 천하를 사양하는 뜻을 거듭거듭 확인했다고 합니다.

저는 태백의 이 마음, 이 덕이야말로 모든 왕실의 형제들이 본받아야 할 바가 아닌가 하고 생각해왔습니다. 천하의 주인이 되는 기회를 저버리기란 참으로 어려운 일입니다. 하지만 그 자리가 갖는 의미와 무게를 생각한다면, 권력의 욕망에 어두워지지 않은 눈으로 그 막중한 책임을 바로 바라본다면, 자신이 자칫하면 추한 골육상쟁의 도가니에 빠질 수 있다는 것과 더 훌륭한 사람이 그 자리를 맡아야 나라와 백성의 복이 되리라는 것이 명백할 때에는 미련 없이 형제에게 그 자리를 양보해야 할 것입니다. 물론 그렇습니다. 말하기는 쉬워도 실천하기는 어려운 일이겠지요. 그러나 우리 조선왕실에서도 이 지극한 덕을 실천하신 분이 계셨습니다.

> 지덕사^{至德祠}에 치제^{致祭}하도록 명하였다. 지덕사는 바로 양녕대군의 묘로, 남관왕묘^{南關王廟} 앞에 있는데, 환궁할 때 이 사실을 듣고서 하교하기를,
> "양녕대군은 우리 동방의 태백이시니, 따라서 '지극한 덕^{至德}'이라는 이름을 붙였으리라"
> 하고, 승지를 보내어 그 사우^{祠宇}를 살펴보게 하고, 대궐에 돌아오기에 이르러서는 곧바로 관왕묘와 지덕사의 제문^{祭文}을 친히 지어서 날짜를 정하지 말고 치제하도록 하였으며, 또 그 사우를 수리하고 후손을 적절히 기용하도록 명하였다.
> ―『영조실록』제89권. 영조33년 2월 2일.

태종대왕의 맏아들이신 양녕께서는 부왕의 뜻이 동생 충녕에게 있고 그의 총명함을 알자 거짓으로 망령이 난 척을 해 왕위를 양보했다는 이야기는 많이들 아실 것입니다. 어떤 이는 그것이 거짓된 망령이 아니었고 쫓겨날 만한 일을 해서 쫓겨났을 뿐이라고도 합니다만, 저는 그것이 그분의 지극한 덕에서 비롯되었다고 믿고 싶었습니다. 그리고 그렇게 쭉 믿어왔습니다. 그래서 양보할 형제도 없는데 망령을 부리는 사람에 대해서는 더 가혹한 눈길을 주게 되었는가도 싶습니다만…. 아무튼 그렇다면 뭔가 이상하지 않느냐는 분도 계실 겁니다. 왜 황형을 생각할 때 태백을 떠올리느냐? 두 사람은 왕위를 사양하거나 한 일이 전혀 없지 않았느냐?

아닙니다. '전혀 없지'는 않았습니다. 그러나 황형과 저와의 사이에서 있을 뻔했던, 그래서 또 하나의 지극한 덕의 사례로 남을 뻔했던 일이 그만 잡스러운 정쟁으로, 인간의 추한 마음으로 얼룩져버려 두고두고 아쉬움으로 남은 일이 되고 말았지요. 그래서 저는 지금도 태백편의 말씀을 되뇌며 한스러워 하는 것입니다.

연잉군 이금(李昑)의 초상. 영조 임금은 드물게도 즉위 전과 후의 어진이 모두 현존한다.

황형과 저는 여섯 살 차이였습니다. 황형께서는 숙종대왕 재위 14년째이시던 무진년(1688)에 나셨고, 저는 갑술년(1694)에 태어났지요. 황형을 낳으신 분은 여러분도 잘 아실 옥산부대빈, 즉 희빈 장씨셨고, 황형께서 태어나실 무렵에는 인현왕후께서 중전의 자리에 계셨습니다. 그런데 불과 6년 사이에 강산이 두 차례나 바뀌었지요. 바로 황형이 태어나시고 백일이 채 되기도 전에 원자에 책봉되시자, '중전께서 아직 젊으신데 경솔한 처사'라며 우암 송시열을 앞세운 서인들의 반대 상소가 빗발쳤고, 이에 노하신 숙종께서 서인을 조정에서 크게 물리치시는 기사환국을 황형이 나신 이듬해에 단행하셨습니다. 그 여파로 인현왕후마저도 폐서인이 되신 다음 옥산부대빈께서 중전의 자리에 앉으셨고 말입니다.

하지만 잘 아시다시피, 옥산부대빈과 남인들의 세상도 오래지 않았습니다. 그 뒤 약 2년이 더 지난 다음 저희 어머니께서 대왕의 눈에 드시고, 장씨의 질투 때문에 하마터면 목숨을 잃을 위기까지 맞으셨다가, 저를 낳으시던 해에 인현왕후께서 돌아오시는 갑술환국이 일어났음은 이미 말씀드린 대로입니다.

이런 판국에서 태어난 이상, 귀한 왕손의 몸으로 옹알이를 하고 배냇짓을 하는 저를 바라보는 시선은 반쪽만 고울 수밖에 없었습니다. 특히 옥산부대빈께서는 여인으로서는 연적의 씨요, 정치인으로서는 정적의 현재 최대 무기이자 장차 우두머리가 될 사람인 제가 아기 얼굴을 한 야차나 요괴처럼 보이셨겠지요.

그러나 달랐습니다. 황형은, 우리 형님께서는 삐뚤어진 눈으로 저를 보지 않으셨습니다. 그 생모 되시는 분의 급한 성정으로 미루어 어리신 황형을 잡아 앉혀놓고 틈만 나면 저와 제 생모에 대한 험담과 저주를 퍼부으셨을 터인데, 제가 기억하는 어린 시절이란 어린이에게는 벅찰 수밖에 없는 법도가 엄한 궁궐 생활 틈틈이 형님과 놀고 장난치며 보내던 세월이었습니다.

> "(너와 나는)궁궐에서 함께 애쓰며 지낸 지 오래더니, 여러 해를 윗분들께 드릴 상약常藥을 함께 걱정하였었지. 동궁에서 가까이 지내는 세월이 길었으니, 코흘리개일 때 서로 나뭇가지를 꺾어 들고 뛰어다니며 놀기도 하지 않았느냐."
>
> ─『경종실록』제4권. 경종 원년 9월 27일.

이것은 나중에 제가 황형으로부터 왕세제에 책봉될 때 내리신 교서의 일부인데, 의례적이고 엄숙한 표현 가운데 이처럼 애틋하면서 아련한 추억을 떠올리게 하는 표현도 들어 있었습니다. 나뭇가지 이야기는 조정의 관리들의 눈에 옛날 주나라의 고사를 따서 형제에게 지위를 내리는 경우에 활용한 것으로 비쳤을 것입니다. 주나라 성왕이 어릴 때 장난으로 오동나무를 깎아 왕홀 비슷하게 만들고는 아우인 숙우에게 주며 '이것으로 너를 봉하노라'라고 했는데, 이를 본 주

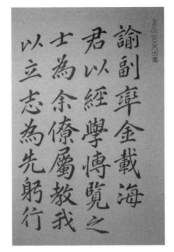

경종이 동궁으로 있던 1713년, 부솔 김재해에게 문방구를 내려 사의를 표한 글.

공께서 "왕자의 일에는 농담이 있을 수 없습니다"하며 두 사람을 훈계하고는 숙우를 제후에 봉하게 했다는 고사가 있으니까요. 그러나 아직도 그 철없던 시절의 놀이가 눈앞에 선히 떠오르는 제게는, 동궁 후원의 나뭇가지를 꺾어들고,

  "이얍, 이얍! 나는 관우다!"
  "에잇! 그럼 나는 여포다! 방천화극을 받아라!"

이렇게 뛰어놀고 구르며 날이 저물도록 칼싸움을 했던 그 시절만을 아무 꾸밈없이 상기시키는 문장이었을 따름입니다. 그것이 황형의 마음이었고, 우리 형제의, 그 누구도 더럽힐 수 없는 순수의 시절이었습니다.

장희빈의 아들이란 걸림돌, 천출이란 걸림돌

그렇지만 하늘은 저희의 순수함을 마냥 편하게 봐주지 않았습니다. 오히려 사람들은 그 점을 단단히 움켜쥐고 악착스레 이용했습니다. 하늘의 무정함, 그것은 황형의 건강에 있었습니다. 황형은 병약하셨습니다. 그것도 도가 지나치다 싶을 정도로. 황형께서는 세 살 때 세자에 책봉되시고 일곱 살 때 처음 서연書筵(왕세자에게 유학의 경전과 사서史書를 강의하던 교육제도)을 여셨는데, 몸이 불편하셔서 매일 열어야 할 것을 하루 건너 열도록 조처하고, 그나마 얼마 뒤부터는 중지할 수밖에 없었다고 『실록』에 기록되어 있습니다. 12세 되시던 해에는 연초에 마마를 앓다가 회복되시어 잔치를 벌이고 죄인을 특사하는 등 축하를 했으나, 두어 달 만에 다시 역에 걸리셔서 부왕 이하 모두를 당황케 하시기도 했지요. 그 역이 나으시자 이번에는 또 눈병에 걸리셔서, 서연관들은 거의 매일 대기만 하고 있다가 하릴없이 퇴궐하고는 했습니다. 그때 저는 '우리 형은 왜 맨날 아프담. 자주 못 놀잖아'하는 생각만 하며 형님 계신 전각을 기웃거리고 그랬습니다만. 거기에 14세 되셨을 때는 참으로 망극한 일을 겪으셨습니다. 바로 생모이신 옥산부대빈께서 사약을 받으신 것이지요. 저 연산군은 어려서는 모친의 불운을 몰랐다가 장성한 다음에 알고서 번뇌를 이기지 못하고 결국 타락했다고 하는데, 황형께서는 십대 초에 생모의 죽음, 그것도 망극한 죽음을 대하셨으니 얼마나 충격이 크셨을까요. 그래도 연산이나, 제 집안의 그 누구처럼 성마르지 않고 조용하고 내성적이셔서 충격은 밖으로 표출되지 않고 안으로만 곪아가셨습니다. 그래서 마음이 몸을 망치고 몸이 다시 마음을 괴롭히는 일이 이어져, 성년의 나이에 이르셨을 때에도 툭하면 병석에 누우셨을 뿐 아니라 주의가 산만하고 말더듬이 심하여 신하들에게 좀처럼 권위를 나타내지 못하셨습니다.

"신이 생각한 바가 있어서 감히 진달합니다. 저하께서 대리하신 지 지금 이미 4년이 되었습니다. 국사에 대해서 아마 이미 명백히 익히 셨을 듯한데, 언제나 신료를 인접할 때면 너무 심하게 침묵을 지키 시고, 말씀을 내리실 때 간혹 분명함이 결여되어 있습니다. 그러므 로 여러 신하들이 마음속으로 자못 답답하게 여기고 있습니다. 삼가 바라건대 이 점에 유의하시어 비록 승지가 입대할 때라도 크고 작은 장독章牘에 대해 반드시 그 가부를 논하시고 그 진달하는 바를 들고서 논란에 대해 분별해 주신다면 보탬이 되는 바가 어찌 적겠습니까?"

"조금 전에 두 대신이 진달한 바는 근간懇懇하고 절실하며, 저하께서 는 이미 '유의하겠다'고 허락하셨으니, 다시 더 진달할 필요가 없겠 습니다. 다만 종전부터 연중筵中에서 진계陳戒하는 것이 있으면 저하께 서 언제나 '유의하겠다'고 답하였으나, 그 뒤에 특별히 '유의'를 더 하는 실효가 있음을 보지 못하였습니다. 그리고 들건대 승지가 입대 할 때에 크고 작은 장주章奏를 대충 한 번 읽고 나면 저하께서는 일찍 이 유의하지 않으시고 번번이 예에 따라 답하시는 경우가 많다고 하 니, 이 점은 더욱 여러 신하들이 마음에 민망하게 여기는 바입니다. 이 뒤부터는 종전처럼 대충 듣지 마시고, 채 이해되지 않는 곳이 있 으면 승지로 하여금 다시 읽도록 해주시길 바라며, 비록 여러 차례 읽게 된다 하더라도 무방할 것입니다. 그렇게 하신다면 국사는 매 우 다행스러워질 것이고, 대조大朝(왕세자가 섭정하고 있을 때의 임금을 일컫 는 말)께서 부탁하신 뜻도 위로할 수가 있을 것입니다. 그리고 또 삼 가 보건대 저하께서는 신료를 대하는 즈음에 자못 엄하고 굳센 태도가 결여되어 있고, 때로는 간혹 피곤하여 기대시기도 하십니다. 대신이 지금 바야흐로 입시하고 있으니 그 공경히 대우하는 도리에 있어서 더욱 마땅히 이와 같이 해서는 안 될 것입니다."

-『숙종실록』제65권. 숙종46년 1월 5일.

이는 나이 서른이 되시던 해(1717년)부터 병이 심해지셨던 부왕을 돕고 또 당신께서도 정무를 익히시고자 대리청정을 하시던 때 나온 신하들의 이 건의입니다. 영의정이던 김창집은 다소 무례하게 들릴 수도 있는 이 건의에서 "말씀에 분명함이 결여되어 있다"라고 언급했는데, 신하들에게 내리던 황형의 말씀이 심하게 더듬거리고 어물거려서 알아듣기 쉽지 않았던 사실을 완곡하게 가리키는 것입니다. 응교 김상옥 역시 신하를 대할 때 "엄하고 굳센 태도가 결여되고, 피곤하여 몸을 기대시기도 한다"며 허약하셔서 주의집중을 하기 힘드신 탓에 중후한 인상을 주지 못하시는 점을 지적하고 있습니다. 그리고 대리청정과 관련해 수없이 계속되는 신하들의 건의는 "제발 말씀을 아뢰면 귀담아 듣거나 고민해보지도 않으시고 '그렇게 해라' '알아서 해라' 하지 마시고, 신중하게 임해 주십시오"하는 것이었습니다.

그러나 황형께서는 병약하심에도 대리청정이나 윗전들의 환후를 살피는 일은 미루지 않으셨고, 할 수 있는 한 책임을 다하려 하셨습니다. 청정을 하실 때도 신하들의 건의를 듣고 무조건 고개만 끄덕이지 않고, 아니다 싶은 일은 단호히 아니라고 하셨습니다. 그러나 워낙 병이 깊으시니 주의를 오래 집중할 수가 없고 조금만 시간이 지나도 쉬이 피로해지셨으므로, 신하들이 네댓 가지 일을 논의드리면 그중 하나만 겨우 판단하시고 마는 때가 있었습니다. 그리고 당신께서도 말씀이 분명치 않아 제대로 전달되지 않음을 아시다보니 말씀을 아끼시고 침묵으로 일관하실 때가 많아, 이 또한 일부 신하들의 불만을 초래했습니다.

"삼가 생각하건대 저하께서 정사를 청단聽斷하신 지 비록 오래되었다 하나, 아직 대정령大政令과 대시조大施措가 스스로 결단하신 데에서 나온 적이 없었고, 승지가 입대할 때에 '달達' 자를 찍어 내리는 데에 지나지 않았으며, 전례에 따라 글로 서답할 따름이었습니다. 대저 어찌 덕을 잃음과 정치의 폐해에 있어 재앙을 초래하는지요? 신이 생각해 보건대 저하의 과실은 너무 지나치게 말이 적고 잠잠하시는 데에 있으니, 『서경』 열명편說命篇에도 이르기를, '말을 하지 않으면 신하들은 명령을 받을 수 없게 된다' 하였습니다. 신이 작년에 날마다 서연·소대에 모시면서 매번 문의文義를 강독할 즈음에 저하께서는 토론하고 문난問難하는 일이 전혀 없으므로, 신이 일찍이 답답한 채로 물러나지 않은 적이 없었으며, 전후로 강관講官의 반열에 있던 자로서 근심하지 않는 이가 없었습니다.

대저 만기萬機를 대리하신 후에 미쳐서는 더욱 사체事體가 전일과 크게 다름이 있습니다. 무릇 호령을 낼 때에는 반드시 말을 기다린 후에 선포하고, 제정한 일이나 재결하는 일도 또한 말을 기다린 후에 결단하는 법이니, 말씀을 하지 않으시면 어떻게 정사를 다스릴 수 있겠습니까? 지난번 비국備局(조선 중후기 국정을 총괄했던 최고 관청인 비변사)에서 차대次對하였을 때 태보台輔(백관을 다스리는 대신. 재상)·빈객賓客(조선시대에 세자의 교육을 담당하던 세자시강원 소속의 정2품 관직)의 신하들과 옥당玉堂(홍문관)·대각臺閣(사헌부와 사간원)의 관원들이 모두 앞에서 번갈아

아뢰었으나 저하께서는 좌우를 보시며 듣지 않으시는 것과 같았고, 마침내 한 마디 결정해 끝내신 것이 없었으니, 결국 여러 신하들이 이끄는 바와 저하께서 응하시는 바는 아뢰고 의견을 모으는 두 가지를 벗어나지 못하고 있습니다. 신이 감히 알지 못하겠지마는, 저하께서는 혹 그 말이 자잘하고 번거로워 죄다 마음에 족히 둘 것이 없다고 여기셔서 그런 것입니까? 아니면 절목의 편부便否를 미처 잘 이해하지 못하셔서 그런 것입니까? 어찌 그다지도 한만하고 답답하기만 하여 한 번 과단성을 발휘하여 운용할 기회를 잃는단 말입니까?"

－『숙종실록』 제64권. 숙종45년 10월 7일.

이런 기록을 두고 의심이 많은 사람은 조작, 왜곡이 아니냐고 할지도 모르겠습니다. 하지만 『숙종실록』은 황형을 옹위하는 입장이었던 소론이 주도하여 편찬되었음을 잊지 말아야 합니다. 그 점이 불만이었던 노론은 나중에 세력을 잡고 나서 계속해서 문제를 제기해 『숙종실록보궐정오』를 편찬했을 만큼 원래의 『숙종실록』은 소론적 시각을 반영한 점이 없지 않았습니다. 그런데 그 내용에서도 황형의 옥체에 문제가 있음과 그 때문에 신하들 사이에 황형에 대한 불신이, 심지어 업신여기는 분위기마저 있음을 숨기지는 못했던 것입니다.

그래도 황형, 제가 보고 대했던 황형은 결코 용렬한 분은 아니셨습니다. 말씀드린 대로 스스로의 주견이 뚜렷하신 분이셨고, 그것은 웬만한 문제는 신하들의 의견에 맡기되 탕평蕩平과 민생의 안정과 관련해서는 끝까지 양보하지 않으신 점에서 알 수 있습니다. 저도 어느덧 약관의 나이에 들었고, 늦게나마 시작한 공부가 재미있어서 짬짬이 황형과 제왕의 도리에 대해 토론하고는 했습니다. 그러면 황형은 제 열띤 주장을 고개를 끄덕이며 경청하시다가 이렇게 말씀하셨습니다. "어쨌든 지금처럼 조정이 이런 저런 색(色)으로 나뉘어 서로 싸우기만을 일삼아서는 안 될 것이다. 결국 그 때문에 나는 천고에 다시없을 망극한 일을 당했거니……" 당신의 생모께서 비명에 가시는 모습을 보아야만 했다, 이 말씀을 차마 잇지 못하시는 황형 앞에 저도 고개를 들 수가 없었습니다. 계속해서 황형께서는 설령 신하들의 싸움을 말리지는 못해도, 우리까지 패를 갈라 싸워서는 안 된다. 우리는 누가 뭐래도 형제니까. 이렇게 힘주어 말씀하셨습니다. "세상이 무엇을 꾸미고 무엇을 내밀더라도, 너와 나는 끝까지 형제인 것이다. 그것만은 절대로 잊지 말아야 할 것이다."

그럴 때의 황형께서는 조금도 병든 사람처럼 보이지 않았습니다. 말씀도 전혀 막힘없이 물 흐르듯 하시는 듯했습니다. 아니, 사실은 조금 더듬거리신 것을, 감동과 존경에 찬 제가 깨닫지 못했을 것이겠지요. "백성들의 사정도 챙겨야만 한다. 세상에 가장 불쌍한 자들이 백성이지만, 또 가장 귀한 하늘과 같은 존재가 그들이니라."

역시 경청하고 삼가 받들지 않을 수 없는 말씀이셨습니다. 그러나 불행히도 신하들의 대부분은 이런 황형의 영명하심을 몰랐습니다. 그리고 또 하나의 불행은, 조정 밖에서는 황형이 영명하신지 모를 뿐 아니라 병약하신 것도 모르고 있었다는 점입니다. 여러분의 시대처럼 정보통신이 발달했다면 그럴 수가 없었겠지요. 당시에는 중앙에서 중요 행정사항만 써서 내려보내는 조보(朝報) 외에 궁궐 소식을 알 방법은 직접 보고 듣거나 그런 사람의 이야기를 듣는 게 고작인데, 한양에 한 번 가려면 큰마음을 먹어야 하던 시절이다 보니 일부러 드러내고 알리지 않는 이상 보통 사람들은 세세한 사정을 잘 모를 수밖에 없었지요. 이것이 결국 비극으로 이어지게 됩니다.

아무튼 이처럼 우리 두 사람의 정이 깊었고, 황형의 영명함도 익히 알고 있었기에, 저는 이따금 '과연 형님께서 보좌의 중책을 잘 감당하실 수 있을 것인가?'라는 의문이 들 때마다 고개를 저으며 '하늘이 돌보실 것이다. 나는 힘껏 돕고 받들기만 하면 되는 것이다'라고 다짐하고는 했습니다. 하지만 하늘의 무심함을 그냥 두고 보지 않는 것이 사람의 간사함이었습니다.

숙종대왕의 보령이 환갑에 가까워져갈 무렵, 조정 인사들의 최대 관심사는 후계자였습니다. 어엿이 세자께서 계신 마당에 원래는 관심조차 없어야 했으나, 황형에 대한 신료들의 신뢰가 크지 않다는 점, 그리고 황형께서 옥산부대빈의 아들이라는 점이 걸림돌이었습니다. 특히 황형께서 지금은 온화하시지만 즉위하신 다음에는 저 연산군의 예를 따라 생모의 복수를 해야 한다고 부추기는 무리들에 밀려 어떤 일을 하실지 모르잖은가? 이렇게 생각한 주로 노론 쪽 사람들은 노심초사했습니다. 그렇다면 대안은? 네. 바로 연잉군, 저였습니다. 하지만 저 역시 출신이 미천하다는 점이 걸림돌이었습니다. 과연 무능 또는 무도해질 가능성이 있는 임금이 나은가? 아니면 무류의 종자가 나은가? 결국 당파가 선택을 좌우했지요. 저희 형제의 우애와 서로간의 믿음은 아랑곳없이, 황형의 뒤에는 소론이, 제 뒤에는 노론이 줄을 서기 시작하면서 대궐의 분위기는 나날이 묘해져 갔습니다.

먼저 포문을 연 쪽은 노론이었습니다. 병신년(1716)에 부왕께서 윤증-송시열 사이에 빚어졌던 '회니시비懷尼是非(조선 후기 숙종 대에 윤증과 송시열이 서로를 비방했던 사건. 이 사건을 계기로 서인은 송시열의 노론과 윤증의 소론으로 분열하게 되었다. 회니시비라는 명칭은 송시열이 살던 지금의 대전시 대덕

송시열(좌), 윤증(우). 송시열, 윤선거, 윤휴는 원래 오랜 친구였으나, 송시열과 윤휴가 점차 학문적, 정치적으로 갈등을 빚게 되자 윤선거는 중재를 시도했으나 실패했다. 윤선거 사후, 그의 아들 윤증은 스승이자 아버지의 친구인 송시열에게 아버지의 묘갈명을 부탁했는데, 도리어 아버지를 비판하는 글을 받게 되자 스승과 반목하게 되었다.

구 일대인 회덕懷德과 윤휴가 살던 지금의 충남 논산시 일대인 이성尼城의 앞 글자를 딴 것이다)'와 관련 송시열을 두둔하심으로써 노론의 입장을 세워주신 일이 있었는데, 이를 '병신처분丙申處分(숙종이 소론을 견제하기 위해, 과거 송시열과 윤증 사이에 벌어졌던 회니시비를 빌미로 송시열과 노론의 손을 들어준 사건)'이라 합니다. 이에 고무된 노론은 그 다음 해에 '정유독대丁酉獨對'를 시도합니다. 좌의정 이이명이 승지와 사관을 배석시키지 않은 상태로 홀로 부왕을 뵈었는데, 그 자리에서 세자를 교체하는 문제가 논의된 것입니다. 그것이 실행에 옮겨지지는 않았고 그것이 거론된 사실도 곧바로 퍼지지는 않아 난리가 나지는 않았습니다만, 소론 쪽에서는 신경을 한껏 곤두세울 수밖에 없었습니다.

　　그리고 3년 뒤, 부왕께서 위독해지셨습니다. 황형과 저는 밤낮으로 부왕의 침전을 지키며 약을 올리고 손을 주물러드리며 정성을 다해 간호했습니다. 그러나 결국 보람 없이, 부왕께서는 경자년(1720) 유월 여드레 되던 날에 붕어하셨습니다. 지금도 생각납니다. 제가 필사적으로 주물러드리던 아바마마의 손이 점점 푸른색으로 변해가던 모습과, 슬프고 지친 나머지 거의 쓰러질 듯한 황형을 내시들이 붙들어 일으켜서 상복으로 갈아입히던 모습 등이.

이제 황형이 보좌를 이어받으셨습니다. 당연했습니다. 그러나 노론을 비롯한 일부 신료들에게는 그것이 '당연'하지 않았으며, 적어도 자신들이 하루아침에 조정에서 쓸려나가지 않도록 뭔가 보험이라도 들어둬야 한다는 생각이 가득했습니다. 게다가 황형께서 즉위하신 지 한 달이 조금 더 되었을 때 누가 봐도 소론의 부추김을 받은 유학^{幼學} 조중우라는 사람이 옥산부대빈의 복위를 상소하고 나섰습니다. 아직 부왕의 묘에 풀도 자라지 않은 시점에서 거론할 일이 아니었으므로 건의는 묵살되고 조중우는 유배형에 처해졌습니다만, 바야흐로 연산군 시절의 일이 반복되려는가 싶었던 노론은 등줄기에 식은땀이 흐르지 않을 수 없었지요.

그리하여 그로부터 1년이 조금 더 되던 신축년(1721) 8월, 노론은 망극한 건의를 황형께 드립니다. 조중우를 내세웠던 소론의 수보다 한층 더 망극한 수를 쓴 것이지요.

왕세제로 책봉되다

　　정언 이정소가 상소하기를,

　　"지금 우리 전하께서는 춘추가 한창이신데도 아직껏 세자가 없으시니 다만 안팎 신하와 백성들이 근심스럽게 걱정하고 탄식할 뿐만이 아닙니다. 삼가 생각건대 우리 자성慈聖(대비)께서는 슬픔과 괴로움이 크신 와중에도 반드시 더 걱정을 하실 것이요, 우리 선왕의 하늘에 계신 혼령께서도 반드시 돌아보시고 답답해하실 것입니다. 하물며 우리 조종께서 이미 행하신 영전令典이 있으니, 어찌 오늘날 마땅히 따를 바가 아니겠습니까? 바야흐로 국세는 위태롭고 인심은 흩어져 있으니, 더욱 마땅히 나라의 대본大本을 생각하고 종사의 지계를 꾀해야 할 것인데도 대신들은 아직껏 왕세자 세울 것을 청하는 일이 없으니, 신은 이를 개탄하는 바입니다. 원컨대 전하께서는 빨리 이 일을 자성께 상품上稟하시고 대신들에게 의논케 하시는 것이 바로 사직의 대책을 정하는 것이며, 억조 신민의 큰 소망을 매두는 일이 될 것입니다"

하니, 임금이 대신에게 의논하여 품처稟處하라 명하였다.

[……] 김창집이 말하기를,

"성상께서 춘추가 한창 젊으신데도 아직껏 왕세자가 없으시니, 신은 부끄럽게도 대신으로 있으면서 주야로 걱정이 됩니다. 다만 사안이 무겁기 때문에 감히 앙청仰請하지 못하였습니다. 지금 대신臺臣의 말이 지당하니 누가 감히 이의가 있겠습니까?"

하니, 조태채가 말하기를,

"송나라 인종이 두 황자를 잃으니 춘추는 비록 늦지 않았지만 간신諫臣 범진이 왕세자 세울 것을 청하고 대신 문언박 등이 힘써 찬성하여 대책을 정한 바 있습니다. 이제 대신의 말이 이미 나왔으니 오래 끌 수는 없습니다. 청컨대 빨리 처분을 내리소서"

하였고, 이건명은 말하기를,

"자성의 하교에 매양 이르시기를, '국사가 걱정이 되어 억지로 미음을 든다' 하셨으니, 비록 상중이라도 종사를 위한 염려가 깊으신 것입니다. 이 일은 일각이라도 늦출 수가 없으므로 신 등이 감히 깊은 밤중에 소대[召對]를 청한 것이니, 원컨대 전하의 생각을 더하시어 빨리 대계를 정하소서"

하였다. 여러 신하들도 차례로 진청하고 진정이 끝나자, 김창집·이건명·조태채가 다시 청하여 마지 않았다.

－『경종실록』제4권. 경종1년 8월 20일.

황형께서 "춘추가 한창이신데도 아직 저사가 없으신" 것이야 사실이지만, 그것을 그렇게 말하면 안 될 일이었지요. "춘추가 한창이시니까 아직 저사가 없으셔도 걱정할 일이 아닙니다"라고 말해야 하지 않았겠습니까? 황형이 유난히 병약하시기는 하셨지만, 그 연세에 아직 후사가 없는 예는 그리 드물지도 않았습니다. 저만 해도 정부인인 정성왕후에게서는 끝내 자식을 못 얻었으며, 숙종께서도 인현왕후 마마께 어머니가 되는 기쁨을 허락하지 않으셨으니까요…. 아무튼 왕의 자리가 갖는 막중함을 생각하면 그 자리의 주인이 병약한 가운데 후계자가 정해져 있지 않은 일은 분명 심각하기야 했습니다. 하지만 그러면 황형께 후궁을 맞이하실 것을 권할 일이지, 삼종의 혈맥을 이은 왕손이 황형 말고는 저밖에 없는 상황에서 이처럼 대놓고 "빨리 대계를 정하소서"한다면 "빨리 연잉군을 세제로 책봉하소서"하는 말이 아니겠습니까? 신하로서 차마 생각할 수 없는 생각을 하고, 말할 수 없는 말을 했던 것입니다…! 그래서 이때 황형을 사실상 겁박했던 김창집, 이건명, 조태채와 이이명은 나중에 '노론 4대신'이라 불리며 소론의 집중

공격을 받아 유배되고 끝내 제 명에 죽지 못했으며, 저 역시 어찌 보면 '그들 덕에' 임금이 된 셈입니다만 노론을 신뢰하지 않았습니다. 그리고 처음부터 끝까지 탕평을 이루고자 갖은 노력을 다했습니다. 헌법과 같은 존재가 임금인데, 그것을 몇몇 사람이 자기네 이익을 위해 멋대로 정하고 바꾼다면 어떻게 되겠습니까.

아무튼 대비마마의 허락까지 받아낸 김창집 등이 황형을 움직여 저를 세제로 세운다고 하니, 저는 황공하고 불안한 마음을 이기지 못하고 명을 거두어 달라는 상소를 올렸습니다.

> "신의 성질은 본래부터 성기고 어설퍼 오직 제 분수를 지키면서 성세盛世에서 편안하게 사는 것만이 마음속에서 항상 뜻했던 바입니다."
> "내가 변변치 못하여 이미 나이 서른이 넘었는데도 후사가 없으며, 또 기이한 병마저 있으니 국사를 생각해 보면 무엇을 어떻게 해야 할지를 모르겠다. 그래서 자성께 품하고 뭇 신하들의 청에 따라 저 이儲貳(왕세자)의 중한 명을 맡기는 것이니라."

황형께서는 안온한 비답을 내리셨고, 저는 그로부터 십여 년이 흐른 다음에 이때 일을 술회하며 이렇게 말했습니다.

> "나의 마음은 얼음이나 옥처럼 깨끗하다. 황형에게 만약 후사가 있었다면, 나는 본래의 뜻을 굳게 지키면서 나의 분수대로 산야에서 살았으리라. 이것이 나의 지극한 소원이었으나, 자성의 지극하신 하교에 감동하고 경종의 지극하신 우애를 입었으며, 또한 삼종의 혈맥의 중대함을 저버리지 못하여, 나 자신의 무덕함도 헤아리지 않고

감히 나의 뜻을 굳게 지키지 못하였다.”

-『영조실록』 제33권. 영조9년 1월 19일.

네, 그것이 제 솔직한 심정이었습니다. 성격이 화통하지 않고 공연한 걱정이 많은 제 성격으로는 구중궁궐에 들어앉아 억조창생을 두루 살펴야 하는 막중한 책임을 맡는 일을 생각만 해도 눈앞이 캄캄해지고 귀가 먹먹해질 지경이었습니다. 제가 어찌 세조나 효종의 길을 따를 생각을 꿈에라도 했겠습니까.

그러면 또 의문을 갖는 분이 계시겠지요. 당신은 방금 경종의 나이가 아직 한창이므로 후사가 없다면 후궁을 들이는 게 사리에 맞았다고 하지 않았소? 그런데 또 이제 와서는 '황형에게 후사가 있었다면 결코 세제의 자리를 받아들이지 않았을 것이다'라고 하는 거요? 분명 그러는 게 사리에 맞았지요. 하지만 그것은 신하들의 입장인 것이지, 저는 알고 있었습니다. 황형께서 내리신 비답에서 언급하는 '기이한 병'이라는 게 무엇인가를!

이런 이야기도 있더군요. 표독한 성질의 옥산부대빈이 끝내 사약을 받고 죽게 되자, 마지막 가는 길에 낳으신 아드님을 보고 싶다 하고는 경종께서 가까이 가자 남자의 소중한 곳을 움켜잡고 사정없이 잡아당겼다더라. “내 손으로 이씨의 핏줄을 끊어 버리겠다!”고 외치며. 그래서 경종은 사내 구실을 할 수 없는 몸이 되었다더라.

궁궐 담벼락을 둘러싼 다른 많은 쑥덕공론처럼 이것도 말이 되지 않는 뜬소문에 불과합니다. 일단 실록의 기록대로, 대빈은 사약을 받은 것이 아니라 자결을 명받고 본인의 처소에서 목을 매었습니다. 그리고 아무리 생모라고 사약을 받는 중죄인에게 귀한 세자를 가까이 가도록 한다는 것도 언어도단이거니와, 대빈이 아무리 성정이 악독하기로 자신이 낳은 아이에게 그런 짓을 하겠습니까? 더구나 그리하면 이씨의 핏줄을 끊기는커녕, 당신께서 죽도록 미워했던 숙빈, 즉 제 어머니의 핏줄에게만 유리한 일을 시켜주는 셈일 텐데? 하잘것없는 이야기입니다. 하지만 분명 황형께서 음양의 일에 어려움을 겪고 계심은 사실이었습니다. 이것은 저만 아는 사실이었습니다. 함께 나뭇가지를 꺾어 칼싸움을 하던 시절부터 격의가 없었던 저에게만 눈물과 한숨으로 털어놓으신 말씀이었습니다.

왜 그랬는지는 저도 잘 모르고, 당신께서도 모르셨습니다. 뜬소문과는 달리 겉으로는 아무 문제가 없어 보였습니다만, 중요한 때만 되면 여지없이 음양의 조화를 부리실 수가 없다고 하셨습니다. 생모의 처참한 일을 어린 나이에 겪으시고, 그 뒤로 세자는 세자이되 늘 누군가 뒤에서 죄인의 자식이라고 쑥덕거리는 것 같고, 노론 대신들은 겉으로는 공손하면서도 호랑이나 늑대처럼 언제고 물어뜯으려고만 하는 것이 느껴지는 것 같았겠지요. 황형께서는 몸보다 마음이 더 아프고 괴로우셔서, 스스로도 어쩔 수가 없으셨던 것이겠지요. 황형께서는 말씀하셨습니다.

"첩에게 얻은 딸자식이나마 벌써 둘이나 얻은 자네가 너무 부러우이."

제가 뭐라 드릴 말씀을 찾지 못해 고개만 숙이고 있자, 다시 말씀하셨지요.

"제왕의 사업은 수신제가치국평천하라, 하하. 그러나 나는 수신이 안 되는 병신일세. 수신이 병신이니 제가가 어찌 되겠으며, 수신제가 가 되지 않으니 어찌 치국을 하겠는가."

저는 이마에 식은땀을 흘리며 황형 앞에 엎드렸습니다. 신하로서, 어찌 이런 말씀을 들을 수 있겠습니까. 형제로서, 어찌 이런 말씀에 대 꾸할 수 있겠습니까. 우리 형제는 한동안 말없이 그렇게 있었습니다. 언제나처럼 말없이 무심히 새파랗기만 한 하늘을 원망하며.

이렇게 저는 처음으로 사모를 벗고 익선관을 쓰며, 가슴의 흉배를 백택에서 네 개의 발톱을 가진 용으로 바꾸며, 세제가 되었습니다. 황 형께서는 제게 신하들을 대하고 정무를 의논할 때 배석하게 함으로써 나랏일을 빨리 보고 배우도록 하셨습니다. 황송한 마음으로 황형의 곁 을 지킨 지 두 달이 채 안 되었을 때, 노론은 여세를 몰아 단숨에 고지 를 점령하자는 생각이었던지 다시 한번 망극한 건의를 드렸습니다. 집 의 자리에 있던 조성복을 내세워, "세제에게 대리청정을 명하소서"라 고 주청한 것입니다.

집의 조성복이 상소하기를,
"전하께서 종사의 큰 계책을 생각하시고 형제애의 지극한 사랑을 미 루어 위로는 선왕의 뜻을 체득하고 안으로는 자전의 뜻을 품稟하시 어, 국본을 빨리 정하여 능히 원량元良 맡기셨으니 전하의 이러한 거 조는 진실로 백왕百王보다 탁월하시며 사첩史牒에서도 보기 드문 바입 니다. [……] 일찍이 선조先朝 정축년 무렵에 조정 신하가, '신하를 인 대하는 즈음에 전하로 하여금 곁에서 모시고 참여해 듣게 하여 나라 일을 가르치고 익히도록 하라'는 뜻으로 글을 올려 청한 적이 있었는데, 신은 이 말을 한 사람이 세자를 교도하는 법을 진실로 알았다고 생각합니다. 전하께서는 그때 아직 나이가 어렸으나 오히려 이렇게 말하였는데, 오늘날 동궁은 장성한 나이가 전하의 당년보다 갑절이 될 뿐만 아니니, 각 방면의 정무를 밝게 익히는 것이 더욱 마땅히 힘써야 할 급한 일이 아니겠습니까? 전하께서 신료를 인접하실 즈음이나 정령政令을 재결하는 사이에 언제나 세제를 불러 곁에 모시고 참여해 듣게 하고, 가부를 논의하며 일에 따라 가르쳐 익히게 한다면, 반드시 서무에 밝고 익숙하여 나랏일에 도움 되는 바가 있을 것입니다. 엎드려 원하건대 전하께서는 성의聖意를 깊이 두시고 우러러 자전께 품하여 그렇게 하소서."

-『경종실록』제5권. 경종1년 10월 10일.

황형 당신이 부왕의 대리청정을 했다는 점을 들어 황형께서도 제게 그렇게 하셔야 한다는 논법이었으나, 누가 들어도 제게 실권을 넘기고 황형은 허수아비 노릇이나 하라는 말로 들렸습니다. 황형도 몹시 불쾌해 하실 만했는데, 의외로 "좋은 말이다. 가납하겠다"하시고는 곧바로 대리청정을 시행하자고 말씀하셨습니다. 아마도 제 생각으로는, 저를 세제의 자리에 앉히실 때부터 제게 실권을 나눠주시고 황형 당신께서는 몸과 마음의 편안함을 얻으실 뜻이 있으셨던 게 아닌가 싶습니다. 그만큼 황형의 반응은 마치 그런 건의가 나오기 기다렸다는 듯 긍정적이고 적극적이셨습니다.

그러나 이를 두고만 볼 소론이 아니었습니다. 당장 이기익, 남도규, 신절, 이중협 등 젊은 관리들이 "전하, 아니되옵니다!"라며 황형 옆에 엎드렸고, 얼마 뒤에는 소식을 듣고 야밤에 버선발로 달려나와 입궐한 소론의 영수, 좌참찬 최석항이 눈물을 흘리며 대리청정은 말도 안 된다고 간곡히 주청을 드렸습니다.

"예로부터 제왕이 이와 같은 처분을 한 경우가 혹 있었으나, 모두 춘추가 아주 많거나 혹은 재위한 지 이미 오래 되어 피로가 병이 되었거나 혹은 몸에 중한 병이 있어 여러 해 침고沈痼한 나머지 만부득이해서 한 것입니다. 하지만 지금 전하께서는 춘추가 겨우 서른이시고 재위하신 지 1년이 안되었습니다. 만약 병환 때문이라면 신이 약원藥院에 있어서 매양 문안問安에 대한 비지批旨를 보건대, '무사하다'고 하교하셨고, 이른바 편찮으신 증세라는 것은 담화인음痰火引飮(담으로 해서 나는 열로 인해 물을 자꾸 켜는 병)으로 소변이 잦은 것에 불과한데, 이것이 어찌 침고한 병이겠습니까? 이 세 가지의 일이 없는데도 즉위 원년에 갑자기 이런 하교를 내리심은 무엇 때문입니까? 선왕께서 전하로 하여금 청정聽政하게 하여 무강無疆하며 아름답고 어려운 왕업을 부탁하신 것은 국사에 근려勤勵하여 지극한 정치를 이루고자 하신 것인데, 이제 전하께서 즉위하신 초기에 세제에게 부탁하시니, 어찌 선왕의 뜻에 어긋남이 있지 아니하겠습니까? 전하께서 질병이 선왕과 같으시고 춘추가 선왕과 같으시다면, 오늘날의 일이 진실로 괴이할 것이 없겠지만, 한창인 나이에 드러난 병환이 없으신데도 이런 일을 하시니, 신 등이 근심하고 황급하여 망극해 하는 것입니다. 청컨대 세 번 생각을 더하시어 빨리 성명을 거두소서."
－『경종실록』제5권. 경종1년 10월 10일.

최석항의 말 중에서 황형이 별로 편찮으신 데가 없다는 것은 그리 적절하다고 하기 힘든 말이었으되, 나머지는 모두 사리에 맞았습니다. 즉위하신 지 이제 겨우 1년 정도밖에 안 된 임금이 동생에게 사실상 실권을 물려준다는 일이 어찌 타당하겠습니까? 저는 궁중에서 이런 이야기가 오가고 있음을 듣고 두렵고 속상해서 눈물을 흘렸습니다. 그리고 "이 지경이 되었으니, 이제 죽어서 선왕을 우러러 볼 면목도 없게 되었구나!"하고는 대리청정을 사양함은 물론 아예 왕세제의 자리에서 물러나고 싶다는 뜻을 황형께 올리려 했습니다. 그러나 "주상께서 최석항의 주청을 듣고 대리청정의 명을 거두셨습니다"는 소식에 안도하며 상소를 그만두었죠. 그런데 사실 안도할 때가 아니었습니다. 풍파는 이제 막 시작된 것이었으니까요.

날이 밝은 다음, 소론 계열 신하들은 대리청정 상소를 올린 조성복을 힘껏 성토함은 물론 노론계 대표 인물인 좌의정 이건명까지 비판했습니다. 이건명이 최석항의 입궐을 두고 "심야에 임금을 귀찮게 해드렸다"며 공연히 트집을 잡은 게 빌미가 되었는데요. 노론이 해도 너무 한다는 공론이 들끓자 노론의 영수였던 영의정 김창집이 "소신은 늙었으니 이만 쉬고자 합니다"며 치사致仕(벼슬을 사양하고 물러남)를 주청했습니다. 분위기를 바꿔보려는 것이었지요. 그런데 놀랍게도 김창집의 사의를 황형께서 제꺽 받아들이시는 게 아닙니까? 노론은 물론 소론까지 놀랄 지경이었습니다. 이건명, 조태채 등이 "그러시는 게 아닙니다"라고 물고 늘어지니 김창집의 사표를 못내 반려하시기는 했지만, 처음 조성복의 건의가 나왔을 때 너무도 흔쾌히 받아들이셨던 것만치나 예상 밖의 모습이셨습니다.

황형이 노소를 막론하고 신하들을 어리둥절하게 만드신 일은 그것으로 끝이 아니었습니다. 10월 13일에 다시 대리청정을 명하신 것입니다. 그때는 조성복은 죄인이라는 소론 신하들의 주청을 받아들여 그를 귀양 보내고 난 뒤였고, 따라서 이 문제는 모두 끝났거니 했었는데 다시 대리청정 이야기가 나올 줄이야. 저도 그렇고 신하들도 그렇고 당황하지 않을 수가 없었습니다.

저는 곰곰이 생각해 보니 황형의 마음에 의심의 그림자가 드리우기 시작한 것이 아닐까 싶었습니다. 처음에는 당신께서 뜻을 두고 계신 일이었기에 조영복의 주청을 반갑게 받아들이셨지만, 최석정을 비롯한 소론계 신하들의 말을 들으시고 또 이건명이나 김창집의 뻔뻔스러운 행동을 보니 노론에 대한 반감이 고개를 드셨겠지요. 그리고 어쩌면, 철석같이 믿고 계시던 동생, 저에 대해서도 고개를 갸웃하게 되신 것이 아닐지? 황형께서는 제가 사양하는 상소를 올리려 했음을 모르셨을 것이고, '이 녀석, 이제 보니 노론의 늙은 구렁이들과 작당을 한 게 아닌가?'하는 의심이 드실 수도 있었던 거겠지요. 그래서 저는 마치 유서를 쓰는 심정으로 사양하는 상소를 올렸습니다.

"명을 거두어 주시지 않는다면 차라리 자결하고 말겠습니다!"
"너는 나의 병을 알지 않느냐? 어째서 내 뜻을 몰라주느냐?"

저는 답답함 속에서도 그래도 황형은 나를 믿어 주신다고 여겨 한 가닥 안도의 숨을 쉬었습니다만, 김창집은 황형의 뜻을 알 수 없다고 여기고 영의정으로서 뭇 신하들을 이끌고 명을 거두어주시기를 바라는 일종의 연합시위, 정청庭請을 펼쳤습니다. 일이 순조롭다 싶을 때는 굿이나 보고 떡이나 먹자는 태도로 방관하다가 일이 이상하게 되어서야 정청에 나섬으로써, 김창집은 이미 망신살이 뻗쳐 있었습니다만 어쩔 수 없었겠지요. 그러자 황형께서는 신하들에게 이렇게 하교하셨습니다.

> "경 등의 정성은 내가 이미 안다. 나의 병세가 만약 수응할 수 있으면 어찌하여 이 지경에 이르렀겠는가? 근래에 화증이 점점 치밀어 올라 깨닫고 살피지 못하며, 하루에도 자주 나타나 장차 좌우로 하여금 전례를 상고하여 거행하게 하는 지경에 이르렀으니, 이와 같다면 어찌 나라를 다스릴 수 있겠는가? 이것은 내가 지성으로 하는 말이다. 좌우가 하는 것이 옳겠는가? 세제가 하는 것이 옳겠는가? 경 등은 깊이 생각해보라. 앞서 내린 비망기대로 거행하여 우리 형제가 괴로움과 아픔을 나누어 한편으로는 내 병을 조리하기에 편리하게 하고, 한편으로는 장차 망하려는 나라를 부지하게 하라."
> ─『경종실록』 제5권. 경종1년 10월 16일.

이 말씀은 실로 의미심장했습니다. "좌우가 하는 것이 옳겠는가? 세제가 하는 것이 옳겠는가?" 당신께서 보좌를 감당할 수 없어 장차 은퇴하고자 하시지만, 그때 실권이 세제인 저에게 넘어가야지, 좌우의 대신들의 손에 넘어가서는 절대로 안 된다는 의미가 아니겠습니까! 저는 그 말씀 중에 황형께서 대신들, 특히 노론 대신들에 대해 품으신 혐오와 불신을 읽을 수 있었고, 한편 그런 가운데서도 제게 대한 믿음과 기대를 접지 않으셨음도 알 수 있었습니다. 저는 바닥에 엎드려, 황형이 계신 곳을 향해 눈물을 흘렸습니다.

그런데 김창집 등의 노론 대신들은 이때 치명적인 실수를 저지르고 맙니다. "저렇게까지 말씀하시는데 받들어야 하지 않겠소?"하며 정청을 풀고 대리청정의 명을 따르자고 주장한 것입니다. 사람은 아무리 현명하더라도 스스로 강렬히 바라던 것 앞에서는 이성을 잃게 마련입니다. 그래서 김창집이나 이건명처럼 노회한 자들도 그런 악수를 둔 게지요. 자신들이 꾀하던 일이 성사될 것 같으니 그만 섣불리 덤비고 말았던 게지요. '쾌快, 한 글자를 언제나 조심해야 한다!' 저의 평생 좌우명의 진가가 그때도 입증되었다고 할 수 있었습니다.

결국 소론의 우의정 조태구가 눈물을 흘리며 엎드려 간원한 뒤 대리청정의 명은 최종적으로 취소되었고, 김창집 등에 대한 조정의 분노와 비난은 물 끓듯 했습니다. 마침내 12월 6일, 사직 김일경 등의 상소는 그들의 운명을 결정했습니다.

"강綱에는 삼강三綱이 있는데 '군위신강君爲臣綱'이 삼강에 으뜸이 되고, 윤倫에는 오륜伍倫이 있는데 '군신유의君臣有義'가 오륜의 으뜸이 됩니다. 이것은 하늘의 떳떳한 이치요 백성의 떳떳한 법칙입니다. 공자孔子가 《춘추春秋》를 저술하여 대강大綱을 바로잡고 인륜을 밝혀서 군주를 섬기는 의리를 엄정히 하고 신하된 직분을 한결같이 하였습니다. 은미한 데 삼가고 싹이 틀 때 살펴서 배반하면 역적이 되고 모해하려 하면 반드시 주살됩니다. 몇 마디의 붓대를 움직여 삼척의 율을 게시하였으므로 난신과 적자가 두려워하니, 진실로 천하 만세의 대경 대법입니다. 아! 《춘추》를 이 세상에서 강론하지 않은 지 오래되었습니다. 은미할 때 방지 하지 않고 싹이 터서 또 자라나 기강을 무너뜨리고 윤리를 타락시킨 것이 오늘날 같은 때가 없었습니다. 조성복이 앞에서 느닷없이 머리를 쑥 내밀었는데도 현륙顯戮의 형벌을 오히려 시행하지 않았고, 사흉[四凶]이 뒤에 방자하게 굴었으나 목욕하고 토벌을 청하였다는 것을 아직까지 듣지 못하였습니다. 군주의 형세는 날로 외롭고 흉도는 실로 번성하여 다시 군신의 분의가 있지 않으니, 사직이 폐허가 되는 것은 단지 다음 차례가 되는 일일 뿐입니다."

–『경종실록』 제5권. 경종1년 12월 6일.

대리청정의 말문을 꺼낸 조성복에서부터 시작해서, "신하된 도리로 목숨을 걸고 받들 수 없는 명을 받들지 말아야 하거늘"하며 기회주의적 태도를 취한 노론 정승들을 맹렬히 성토한 이 상소는 숙종대왕 시절 이이명의 독대까지 끄집어내며 김창집, 이이명, 이건명, 조태채를 사흉이라고, 만고의 역적이라고 규정했습니다. 이런 소론의 독을 품은 공격에 황형께서는 뭐라고 대답하셨을까요? 단 한 번의 망설임도 없이, "가납하겠다" 하셨습니다! 노론 계열의 승지들이 "원로 정승에게는 다소 잘못이 있더라도 예우를 하셔야 합니다"라고 건의 드리자, 황형께서는 그들까지 모조리 파직해버리셨습니다! 끝내 '노론 4대신'은 삭탈관직되고, 얼마 뒤에는 목숨까지 잃고 말게 됩니다. 그리고 조태구가 영의정, 최석항이 우의정이 되는 등 '대리청정 사태'를 진정시킨 소론의 대표자들에게 힘이 실리게 되었습니다.

일련의 과정 속에서 저의 위치가 거론된 적은 한 번도 없었습니다만, 저는 바늘방석에 앉은 듯한 기분을 지울 수 없었습니다. 저로서도 노론의 능구렁이들은 싫었지만, 어쨌든 그들은 '제 진영'이었고, 황형께서는 제 진영을 가차 없이 박살내신 셈이니까요. 혹시 형님이 정말로 저를 오해하시는 게 아닌가? 그래서 저까지 겨냥하고 계신 것은 아닐까? 이런 불안에 대해 황형께서는 늘 따스한 미소와 부드러운 말씀으로 어루만져 주셨습니다. 주위의 눈이 많다 보니 구체적으로 "네게는 아무런 감정도, 의심도 없다"고는 말씀하지 않으셨어도, 저를 대하는 태도는 조금의 구김살도 없었기에 저는 황형을 배알하고 때마다 저의 괜스런 의심증을 자책하고는 했습니다.

그런데, 뜻밖의 일이 벌어지기 시작했습니다.

문고리 내시들의 벽

"이리 오너라! 왕세제 저하 납시었다!"

"……"

"이리 오너라! 이리 오너라!"

"……"

"아무도 없느냐? 한 나라의 세제에게 이게 무슨 벼락 맞을 짓이란 말이냐?"

"……"

"열어라! 열어! 제발 좀 문을 열란 말이다!"

언제부터인가, 이것이 제가 매일같이 겪는 지겨운 공방전이 되어 있었습니다. 어찌된 일인가 하면 박상검이라고 하는 환관 놈이 저 소론의 강경파, 노론 4대신을 실각시킨 상소를 쓴 장본인인 김일경과 뜻을 통해서는 매일 황형을 뵈러 입시하려는 저를 청휘문에서 가로막던 것입니다. 그래서 저는 한동안 황형의 용안을 우러를 수 없었습니다.

말도 안 되는 소리다. 일국의 세제가 내시 하나가 문을 막는다고 대책 없이 알현을 포기한단 말이냐? 하시는 분도 있겠지만 그게 그렇지도 않았습니다. 험한 말로 문지기를 위협하거나 문을 함부로 치거나 하면 '세제가 주상 전하를 우습게 알고, 대궐을 범하려 한다'는 소리를 할 것입니다. 집으로 돌아가서 '내시 아무개가 문을 안 열어 줘서 문안을 못 드렸습니다'라고 하면, 저는 아무리 피를 나눈 형제라 해도 하루에 잠깐 보는 사람이요, 내시는 항상 곁에 두고 보는 사람이니, '억울하옵니다. 제가 목이 몇 개라고 어찌 그런 참람한 짓을 하겠습니까?'라고 읍소하면 내시의 말이 더 그럴듯하다고 여길 수밖에 없을 것입니다. 하물며 김일경 같은 이들이 '세제의 말이 황당합니다'라고 옆에서 부추긴다면!

그렇다고 어차피 못 들어가려니 하고는 제 처소에 앉아 있을 수도 없는 노릇이라, 저는 매일처럼 제발 청휘문을 열어달라고 미천한 내시에게 애걸복걸을 하는 꼴을 궁중의 뭇 사람들에게 보여야만 했습니다. 세제로서 있을 수 없는 망신, 견딜 수 없는 치욕이었습니다.

그런데 더욱 괴로웠던 것은 청휘문 앞에서 발길을 돌릴 때마다 제 가슴 속에 먹구름처럼 피어나는 의심이었습니다. 그래, 한 몇 차례는 황형께서 저 간악한 내시 놈에게 속으실 수 있겠지. 그러나 어찌 이런 일이 매일 이어질 수 있다는 말인가? 그토록 다정했던 형제인데, 벌써 십여 일이 넘도록 문안을 '중단'하고 있는데도 왜 어찌 된 일이냐는 기별 한 번 없으신 것인가? 참다못해 완곡하게 '제 문안을 방해하는 무리가 있습니다'는 뜻을 써서 상소를 올렸건만, 형님께서는 아무런 대답도 주지 않고 계신다. 아니 애당초 아무리 간이 부었기로 하찮은 내시 따위가 한 나라의 세제를 이토록 집요하게 모욕할 수 있는 것인가? 뭔가 믿는 것이, '내가 보복을 받는 일은 없으리라. 저놈은 절대로 왕이 못 될 테니까!'하는 확신 같은 것이 있지 않은 다음에야?

아니다, 그럴 리가 없다. 나의 고질병인 의심병이 또 도진 것이다…. 이렇게 생각하려 애쓰고 또 애썼습니다만, 날마다 되풀이되는 굴욕과 아무 소식 없는 대전大殿의 침묵에 제 인내심은 바닥을 향했습니다. 더군다나 황형께서는 이 무렵, 전부터 저와 친하게 지냈던 환관들인 장세상, 고봉헌, 송상욱 등을 사소한 트집을 잡아 내치시는가 하면, 저 승냥이 같은 김일경을 이조참판에 제수하시어 관료 인사를 담당하는 실무자 자리를 맡기셨습니다. 그뿐 아니라 노론 계열이던 훈련대장 이홍술, 총융사 이각, 부제학 홍계적 등을 파직하고 중히 처벌하시는 등, 날이 갈수록 저를 불안하게 만들 행동만 하셨습니다.

결국 신축년이 저물어가던 무렵, 저는 실로 오랜만에 황형을 찾아뵐 수 있었습니다. 제 딱한 입장을 보다 못한 대비께서 저를 먼저 대비전으로 부르시고, 다시 그쪽 길을 거쳐 대전까지 가도록 힘써 주신 덕분이었습니다. 저는 못 뵙는 사이에 더 여위신 듯한 황형의 앞에 엎드려 눈물을 주룩주룩 흘렸습니다. 그리고 그동안의 사정을 낱낱이 고했습니다. 그래도 김일경 등의 소론 신하들까지 언급하지는 않고, 박상검, 그 만 번 죽여도 시원찮을 놈이 우리 형제를 이간질하고 왕실을 모독했으니 밝은 처분을 앙망할 뿐이라고 간곡하게 말씀드렸습니다.

황형은 제 말을 들으시는 동안 아무 말씀이 없으셨습니다. 눈물이 그렁그렁한 눈으로 살짝 올려다보니, 뭔가 골똘히 생각에 잠기신 표정이셨습니다. 마침내 제가 고하기를 마치자 한동안 대전에는 침묵이 감돌았고, 그 침묵이 꾸지람보다도 견디기 힘들어 제가 자신도 모르게 몸을 떨고 있노라니 나직한 옥음이 들렸습니다. 네가 그동안 고충이 심했구나, 박상검을 잡아들이도록 하겠다. 그런 간단한 내용이었습니다. 물러난 뒤에야 그날따라 황형의 목소리가 전혀 어물거리지도, 더듬거리지도 않고 맑고 또렷했음을 깨달았습니다.

그러나 저는 다시 한 번 믿지 못할 소식을 들어야 했습니다. 황형께서 제게 말씀하신 대로 박상검과 그 한패 내시들을 잡아들이라고 지시하셨다가, 곧바로 취소하시고 직접 그 지시가 적힌 문서를 찢어버리셨다는 것입니다! 게다가 동시에 제게 "세제라면 세제의 본분을 지켜, 경거망동하지 마라"는 냉정한 하교까지 전하셨고요! 이게 대체 무슨 일인지? 그동안은 주위의 요망한 자들에게 막혀서 제 상황을 모르고 계셔서 그랬다고 해도, 직접 뵙고 그토록 간곡히 아뢰었건만 왜 이런 일을 하시며, 왜 그런 말씀을 하시는지? 저는 눈앞이 아득해졌습니다. 형님, 정말 그런 겁니까? 저를 믿지 않기로 하신 겁니까? 막대기를 들고 칼싸움을 하던 시절부터 오롯이 쌓아온 정과 믿음은 저버리시고, 당신의 권좌를 위협하는 한낱 정적으로만 저를 보시는 것입니까?

아아, 형님, 세상에서 단 하나뿐인 우리 형님. 형님은 진정 '세상이 무엇을 꾸미고 무엇을 내밀더라도, 너와 나는 끝까지 형제인 것이다'고 한 그날의 말씀을 잊으신 것입니까?

머리를 방안 벽에 쿵쿵 부딪치며 밤새 번뇌하던 저는 이제 제가 할 일은 하나밖에 없음을 알았습니다. 눈물을 훔치고, 책상 앞에 앉았습니다. 그리고 붓을 들어 써내려가기 시작했습니다.

> "전하의 하해와도 같은 성은으로 저는 감히 바랄 수 없는 광영을 누렸으며 앉을 수 없는 자리에 앉았습니다. 그러나 이제 하늘을 우러러 떳떳하다 하여도 떳떳하지 않고, 사방을 돌아보아 붙잡으려 하여도 붙잡을 수 없사오니…."

피를 토하는 심정으로 앉아서 왕세제에서 물러나 연잉군으로 돌아가겠다는 상소문을 쓰고 있는데, 밖에서 무슨 소리가 들렸습니다. 세제빈! 바로 제 안사람이었습니다. 이 야심한 시각에 여기까지 무슨 일이냐고 물으니, 걱정이 하도 심해 자리에 누워도 누운 것 같지 않아 대체 어떻게 되어가는 건지 말씀이라도 들으려 왔다고 하더군요. 그러다가 제가 쓰고 있던 상소문을 보더니, 대경실색하며 이게 뭐냐고 했습니다.

"보면 모르시오? 사양 상소요. 이 지경까지 와서 달리 어찌하겠소?"

"왜 자식까지 두고 계신 어엿한 저이儲貳께서 철부지처럼 행동하십니까? 저하께서 물러나시면 누구 좋은 일이 되겠습니까?"

"누가 좋은 일이 되든지, 전하께서 나를 믿지 않으시니 더 이상 이 자리에 있을 수가 없소. 다시 한갓 왕손이 되어, 초야에 묻혀 살아갈 것이오."

"참으로 순진하십니다. 지금 물러나시면 초야에서 사실 수나 있을 줄 아십니까? 아무튼 속단하지 마십시오. 전하께서 그렇게 암우한 분이 아니시지 않습니까? 분명 뭔가 곡절이 있을 것입니다."

"곡절이 있든 없든 관계없소. 이 마당에 사양하지 않고 퍼질러 앉아 있는 것은 도리가 아닌 것이오."

"저하 혼자 편하시겠다고 물러나 버리는 게 더 도리가 아닙니다! 저하께서 없으시면 전하 주위에는 누가 남습니까? 저 사악한 무리들이 무슨 짓을 하겠습니까?"

"어쨌든 지금 나는 이럴 수밖에 없소. 바깥일에 부인이 이래라저래라 하지 마시오!"

"그저 바깥일이 아닙니다. 나랏일입니다! 나라를 망치고 말 일을 하

려 하시니, 소첩이 미련하나 가만히 있을 수가 있습니까? 정 그러시
다면 궁관들과 상의라도 하고 상소를 올리든가 하십시오."

대략 이런 실랑이가 있었습니다. 저는 부인의 말이 조리에 맞는다고
한편으로 생각하면서도 과연 그것이 나를 위한 조언인가? 아니면 자기
친정을 포함한 노론의 입장을 더 생각해서인 말인가? 하는 의심을 지울
수가 없어 괜스레 통명스레 굴었습니다. 그래도 결국 그녀의 말대로 가
까이 지내던 궁관, 김동필, 권익관과 익위사^{翊衛司}(세자의 시위^{侍衛}를 맡은 관
직)의 관원 홍우현, 이세환을 불러들여 의논해보기로 했습니다.

"한두 명의 환관이 나를 제거하려고 하므로, 자성^{慈聖}께서 나로 하여
금 대조^{大朝}께 입고하도록 하였다. 내가 눈물로 대조께 청하였더니,
처음에는 잡아다가 추고^{推考}하라고 명하셨다가 곧바로 또 환수하셨
다. 이 일이 일어나지 않았다면 그만이지마는 이미 일어난 이후에
는 임금 곁의 악당을 제거하지 않을 수가 없겠기에 다시 진달하였더
니, 쾌히 좇아주시어 마음에 몹시 기쁘고 다행스럽게 여겼다. 그런
데 물러나 나의 거처에 돌아와 보니, 앞에 내린 분부를 곧바로 환수
하였고, 또 차마 들을 수 없는 하교를 내리셨다. 내가 장차 합문을 나
가 석고대죄하여 사위^{辭位}하려 하는데, 강관^{講官}으로 하여금 나의 거취
를 알게 하려고 한다. 이것은 일조일석의 사고가 아니며, 점차 쌓여
온 지 이미 오래 되었다. 내가 이미 주상 앞에 고한 이후에는 비록 잡
아다 추고하라는 분부를 회수하였더라도 저들의 무리가 마땅히 쭈
그려 엎드려 대죄하여야 하는데, 이에 도리어 조금도 기탄함이 없이
의기양양하게 금중^{禁中}에 출입하고 있다. 오늘에 있어서는 문안^{問安}·

시선視膳까지도 이 무리들로 인하여 저지되었으니, 내가 만일 이 지위를 피하지 않는다면 반드시 저 무리들의 독수를 만나게 될 것이므로, 지위를 피하여 대죄하는 길 이외에는 다른 도리가 없다. 내가 곡하여 혼전魂殿(임금이나 왕비의 국상 중 장사를 마치고 나서 종묘에 입향할 때까지 신위神位를 모시는 곳)을 하직하고 이내 사저로 나가야 하는 것을 모르는 바 아니나, 이것은 성상의 하교를 받들지 못하였으니 감히 내 마음대로 할 수가 없다"

하였다. 김동필·권익관 등이 말하기를,

"저하께서는 대조께 군신과 부자의 의리가 있으니, 비록 일시적으로 미안한 하교가 있다 하더라도 다만 마땅히 공경하는 마음과 효도하는 마음을 가져야 할 따름입니다"

하고, 또 말하기를,

"대내로부터 명백하게 진청陳請해서 전형典刑을 바르게 하고 바깥사람으로 하여금 알도록 하지 마소서"

하였다. 또 말하기를,

"양전兩殿(임금과 왕비를 가리키는 말)께서 몸이 편안하지 않으시므로, 깊은 밤중에 수선스럽게 할 수가 없으니, 조금 기다려 내일쯤 가서 조정으로 하여금 처리하도록 하소서"

하니, 왕세제가 듣지 않고 사위소辭位疏의 초본草本을 꺼내보였다. 김동필·권익관 등이 앞서와 같이 진달하기를 여러 천 마디의 말을 하고, 또 말하기를,

"신 등은 마땅히 물러가 사부·빈객과 외정의 여러 신하들에게 말하여 죄인을 성토하기를 청할 것입니다. 그들이 법에 의해 처단된 뒤에는 저하께서 어찌 불안한 단서가 있겠습니까?"

하니, 왕세제가 비로소 내일 사부와 여러 궁료와 서로 만나서 이에 자기의 뜻을 시행시킬 것을 허락하였다.

–『경종수정실록』제2권. 경종1년 12월 22일.

그리하여 이 일은 저와 황형 사이의 문제를 넘어 조정의 공론을 필요로 하는 문제가 되었고, 영의정 조태구 이하 중신들이 진수당에 모여 황형을 뵙고 의논을 드렸습니다. 그런데 뜻밖에도, 소론의 대표들이며 당연히 저와는 대립하는 입장이라 여겨졌던 정승들이 저를 감싸고 나섰습니다.

조태구가 말하기를,

"[……] 옛사람은 환관을 가노家奴에 비하였습니다. 시험 삼아 사가私※로써 말한다면, 종의 말을 듣고 믿어 형제가 화목하지 못하다면 그 가정이 흥하겠습니까, 망하겠습니까? 전하께서는 어찌 한 명의 가동만을 사랑하여, 곧바로 엄하게 국문해서 동궁의 마음을 위로하지 않을 수 있겠습니까?"

하고, 최석항이 말하기를,

"예로부터 성왕은 효우로써 근본을 삼지 않은 이가 없었습니다. 더구나 선왕의 골육으로는 다만 전하와 춘궁春宮(세자를 가리키는 말)만이 계실 뿐입니다.

새로 세자를 세워서 국본이 아주 정해졌는데, 한두 명의 환관이 감히 이간질하여 춘궁으로 하여금 불안하게 하였습니다. 춘궁의 마음이 불안하다면 선대왕의 하늘에 계신 혼령이 어찌 몹시 서러워하지 않겠으며, 자전慈殿의 자애로운 생각도 또한 어찌 근심하지 않겠으니까? 종사의 존망의 기틀이 호흡에 닥쳐 있으니, 청컨대 조속히 국청을 설치하여 엄중하게 신문한 뒤 실정을 알아내어 사형에 처하도록 하소서"

하고, 여러 신하들도 차례대로 극력 청하였다. 심단은 말하기를,

"세제께서 '내 몸을 제거하려 한다'는 하교까지 있으셨으니, 이 무리들은 바로 대역입니다. 신은 굳이 국문할 필요가 없으며 마땅히 조속히 방형邦刑을 바로 해야 한다고 생각합니다"

하니, 여러 신하들도 모두 심단의 말을 옳게 여겼다. 삼사의 여러 신하들도 또한 합사하여 계청하기를,

"엄명하게 밝혀 유사有司에게 회부하여 사형에 처해야 합니다"

하였으나, 임금이 모두 답하지 않았다.

－『경종수정실록』제2권. 경종1년 12월 22일.

저는 당시에는 참 뜻밖이라고 생각했습니다만, 뒤에 돌이켜 보니 아마 이 문제가 불거지자 조태구, 최석항 등은 모여서 쑥덕공론을 벌였을 것입니다. 그래서 이런 결론에 이르렀겠지요.

첫째, 이 일을 놓고 박상검 등을 두둔하는 태도를 보인다면 한낱 환관을 위해 세제를 범하려 한다며 대내외에서 역풍을 맞을 수 있다.

둘째, 노론 뿐 아니라 세제까지 공격 대상으로 삼는다? 안 될 말이다. 왜냐면 우리가 주장은 그렇게 해왔지만 사실 주상께서는 매우 병약하셔서 언제 어찌될지 모르고, 소문처럼 자식을 보실 수 없는 몸이실 가능성도 크다. 그렇다고 다른 먼 왕가의 씨를 양자로 들이거나 해서 세제를 대신하려 해도, 삼종의 혈맥 운운하는 대비 이하 왕실 사람들과 노론의 완강한 반대에 부딪힐 것이다. 결국 지금으로서는 세제가

보위에 오를 가능성이 매우 높은데, 미래의 권력을 적으로 돌려서야 되겠는가?

셋째, 후환이 두려워 아예 이참에 세제를 끌어내리려 하면, 노론과 전면전을 벌일 수밖에 없게 된다. 그러면 광해군 때의 일이 되풀이될 것이다. 수없이 많은 사람을 역모로 엮어 죽여야 할 것이며, 그러면 우리가 이긴다 해도(그동안 우리 소론이 조정에서 세를 많이 불렸어도 아직 소수 파이니 이길 가능성도 높지 않지만) 광해군이 인조반정을 맞았듯 원한에 가득 찬 야당들의 연합공격에 결국 파멸하게 될 것이다. 그래서 광해군 이후로는 어떤 당파가 집권해도 반드시 야당에게 일정한 세력을 배분해오지 않았던가? 결국 지금은 싫어도 세제 편에 서야 한다. 그래서 소론 전반이 아니라, 박상검 등 몇 놈에게만 화살이 돌아가게 해야 한다!

그리하여 박상검 사건은 대략 정리되었습니다. 박상검과 문유도를 처형하고, 그들의 손발이 되었던 나인 석렬과 필정은 모진 문초를 받다가 자결했습니다. 그래서 저는 무척 찜찜하기는 했습니다만 세제의 자리에 머물러 있게 되었습니다. 다시 드리게 된 문안과 시선 자리에서 황형은 별로 말씀이 없으셨습니다만, 저를 바라보는 눈길이 전에 비해 차가와졌다고는 여겨지지 않았습니다. 그래서 저도 박상검 일은 없었던 일이라 치고, 황형에 대해 가졌던 원망과 의심은 가슴에 묻어두기로 했습니다.

목호룡의 고변

그러나 또 일이 터집니다. 소론의 원로들은 나름 합리적인 판단을 내려 저와 공존하기로 결정했습니다만, 합리적으로 생각하지 못하는 자들도 있게 마련입니다. 박상검 사건의 사실상 배후였던 김일경, 그놈은 끝내 저를 해하고 소론의 세상을 만들려는 흉한 야망을 버리지 못했던 것입니다.

> 목호룡이란 자가 상변하여 고하기를,
> "역적으로서 성상을 시해하려는 자가 있어 혹은 칼로써 혹은 독약으로 한다고 하며, 또 폐출을 모의한다고 하니, 나라가 생긴 이래 없었던 역적입니다. 청컨대 급히 역적을 토벌하여 종사를 안정시키소서" 하고, 또 말하기를,
> "역적 중에 동궁을 팔아 씻기 어려운 오욕을 끼치려 하는 자가 있습니다. 역적의 정상을 구명해서 누명을 씻어 국본을 안정시키소서" 하였다. 승지 김치룡 등이 변서變書를 가지고 입대하여 왕옥王獄에 회부하고 대신을 불러서 처리하게 할 것을 청하니, 드디어 내병조에 정국을 설치하였는데 [······] 목호룡의 공초 끝에 동궁을 핍박하는 단서가 되는 말이 있었으므로, 국청의 추안에는 삭제해 버리고 기록하지 않았다. 목호룡은 남인의 천얼賤孽로서 백망과 체결하여 김용택·이천기·오서종·유경유의 사이에서 순간순간 형적을 바꾸며 노닐어 흉역의 계획과 음비한 모의에 어지럽게 참여하여 관계하지 아니함이 없었다. 그리고는 마침내 또다시 김일경·박상검과 투합하여 동궁을 위태하게 할 계책을 도모하였으니, 고변서 가운데 있는, '네가 기꺼이 임금이 되고자 하는 마음이 없음을 캐냈다'는 말과 공사供辭 가운데 있는, '동궁의 심사를 환히 안다'는 말은 뜻이 지극히 흉참하였다.
> ─『경종실록』 제6권. 경종2년 3월 27일.

김일경이 내세운 목호룡이라는 자는 본래 청릉군 집의 노비였다고 하는데, 신분이 낮은 반면 기이한 재주가 많고 사람 사귀는 데 뛰어나서 노론과 소론, 남인에 두루 인맥이 있었고, 제 어머니의 묏자리를 알아봐주었을 만큼 한때 제 쪽과도 친분이 있던 자입니다. 그런데 그 무렵에는 김일경, 박상검과 가까워지더니 끝내 제게 발톱을 드러낸 것입니다. 그는 황형을 시해하려는 역모를 고변한다면서 칼로 베는 대급수, 독약을 쓰는 소급수, 선왕의 교지를 위조해 폐출시킨다는 평지수 등 삼수의 음모가 있다고 고했는데, 처음에는 제가 자신도 모르는 사이 이 일에 연루된 듯 말했으나 뒤에 가면서는 거의 정면으로 저를 주모자로 지목했습니다. 그러나 이른바 대급수니 소급수니 하는 이야기는 조사해 보니 사실과 맞지 않는 부분이 수두룩했고, 결국 다 허무맹랑한 이야기에 지나지 않았습니다.

사신은 논한다. "삼수三手의 역안逆案은 3, 4명의 대신을 무함한 것일 뿐만 아니라, 그 의도는 실로 동궁을 해치기 위한 것이었다. 이른바 칼로 해친다고 한 것은 목호룡의 말에 의하면 김용택이 백망에게 보검을 주어 궁중으로 숨어 들어가서 거사하게 하려 했다는 것으로, 곧 이른바 대급수인 것이다. 그 칼을 수납한 것은 실지로 포청에서 한 것이니, 그에 대하나 허실은 원래 알 수가 없다. 그러나 역적 목호룡의 이른바 2척의 비수라는 것이 변하여 자루가 부러지고 이끼가 낀 작은 칼이 되어 가죽 칼집에 들어 있다는 것은 조금도 근사한 점이 없는 것이 되니, 이른바 대급수라는 것은 이미 허황된 공론인 것이다. 이른바 폐출시킨다고 한 것은 목호령의 말에 의하면 이희지가 교지를 초하여 나인 백열·업이와 환자 장세상으로 하여금 국상國喪

에 임하여 폐출시키는 일을 행한다는 것으로 곧 이른바 평지수인 것이다. 이 일의 핵심은 지열에게 달려있는데, 국청에서 잡아들이기를 청하자, 지열은 이미 사망한 지 오래라고 하교하였다. 이른바 장세상의 결안에 의하면 은밀히 이상궁 열이와 내통하여 교지를 들여보냈다고 하였는데, 그때 국청에서 다시 이열을 잡아들일 것을 청하니, 본래 이상궁 열이는 없다고 하교하였다. 이는 지^地가 변하여 이^李가 된 것인데, 하나는 사망하고 하나는 본래 없었으니, 이른바 평지수라는 것은 도무지 허망한 것이었다.

이른바 약으로 해친다고 한 것은 목호룡의 말에 의하면 백망이 은 5백 냥으로 중국의 환약을 사들였다고 했고, 또 약을 쓰는 일을 위해 정인중 등 7인이 은을 백망에게 주어 지열에게 건네주게 했다고 했고, 또 이는 경자년에 반년 동안 경영해온 것이라는 것으로 곧 이른바 소급수인 것이다. 이 옥사를 단련^{鍛鍊}하여 죄를 얽어 만든 것은 오로지 약을 쓰려 했다는 한 가지 일에 있었던 것인데, 사설이 여러 번 바뀌어 어긋나는 단서가 잇따라 나왔으니, 없는 죄를 날조한 정상이 곳에 따라 탄로가 났다. 목호룡은 말하기를, '5백 냥으로 사들였다' 했는데, 서덕수는 공초기를, '2백 냥으로 이름을 모르는 장성^{張姓}의 역관에게서 샀다'고 했으니, 이는 양수가 서로 어긋나는 것이다. 정우관은 말하기를, '환약의 크기는 큰 콩만 하다'고 했는데, 업봉은, '크기가 계란만 하다'고 했으니, 대소가 서로 어긋나는 것이다. 목호룡은 말하기를, '환약의 빛깔은 청색이다' 했는데, 이영은 황색이라고 하고 업봉은 황흑색이라고 했으니, 약을 빛깔이 서로 어긋나는 것이다. 조흡은 말하기를, '약을 쓰는 것은 서덕수의 무리가 주관하여 먼저 동궁의 별실에게 시험하였다' 했고, 목호룡은 말하기를, '경자년에 반 년 동안 경영했다'고 했는데, 조흡은 신축년 겨울에 이소훈이 죽은 것을 가지고 말했으니, 두 말이 서로 모순이 되고, 이는 선후가 서로 어긋나는 것이다.

[……] 김성절의 공초에 말하기를, '서덕수의 말을 들건대 정유년 금평위가 연경燕京에 사신으로 갔을 적에 이기지 부자가 역관 장판관을 시켜 약을 사가지고 오게 했었다'고 했는데, 국청에서 철저히 조사하였으나, 알아내지 못하였다. 심지어 사역원의 부경안赴京案을 가져다 조사했지만, 원래 장성의 역관은 없었다. 그리하여 대계臺啓에 의거 수년 동안 연경의 사행에 동행한 역관들을 적발하여 보았지만, 장성을 가진 사람은 끝내 발견되지 않았으니, 이른바 약을 사왔다는 역관은 본디 그런 사람이 없었던 것이다. 그렇다면 그가 약을 사왔다고 하는 것은 마치 가죽이 없는데 털이 있다고 하는 것과 같으니, 이는 언증이 허망한 것이다. 김성절이 또 말하기를, '장세상이 수라간의 차지인 김상궁과 동모하여 약을 썼다'고 했는데, 국청에서 잡아서 내어보내도록 계청하니 없다고 하교하였다. 약을 쓴 것은 동일한데 혹은 지열이라고도 하고 혹은 김상궁이라고도 하였다. 그런데 이들은 모두 없는 사람이었으니 그렇다면 안에서 약을 쓴 사람은 누구란 말인가? 이는 더욱 매우 허망한 일이다. 이미 말하기를, '백망이 모은 은을 지 상궁에게 봉납하여 약을 쓰도록 도모했다'고 하였는데, 백망이 체포된 뒤에 이를 덕사에서 찾아낸 것은 무슨 까닭인가? 그리고 은을 덕사에다 묻었다는 이야기는 처음 목호룡과 백망의 입에서 나온 것이 아닌데, 포청에서 어떻게 알고서 곧바로 달려가서 발굴해내었겠는가?

또 말하기를, '이이명이 독약을 사가지고 와서 이것으로 행흉하여

(경종이) 누런 물을 토해 낸 일이 있었다'고 했는데, 누런 물을 토한 것은 경자년 12월에 있었고, 이이명이 봉사^{封事}를 끝내고 돌아온 것은 신축년 정월이었으니, 연월이 서로 틀린 데에서 끌어댄 증언이 거짓이라는 정상을 알 수가 있다. 대저 옥사의 전체는 모두 삼수에 있었는데, 대급수와 평지수의 허망한 것이 위에서 거론한 바와 같았으니, 많이 변론할 것도 없다. 독약을 썼다고 하는 한 가지 일은 더욱 저들이 구실로 삼아 옥사를 완성시킨 큰 단서였는데, 절절이 사리에 어긋나고 일마다 허망한 것이 이 지경에 이르렀으니, 그 옥사의 전체가 날조와 무함에 의한 것임은 너무도 분명하여 의심의 여지가 없는 것이다. 그리고 지난번에 이른바 궁성의 호위에 대한 이야기도 또한 거짓이요 망령된 것임을 알 수가 있다. 백세 뒤에도 삼수가 허위였음을 알 수가 있을 것이니, 목호룡의 기망한 정상이 드러났다."

–『경종수정실록』제2권. 경종2년 3월 29일.

그렇게 영 미심쩍은 고변이었음에도 저는 살아도 산 것 같지 않은 나날을 보내야 했고, 세제를 사양하겠다는 상소를 이제야말로 올렸습니다. 이번에는 서씨도 말리지 않았습니다. 말릴 수가 없었지요. 그 사람의 조카인 서덕수가 음모자의 하나로 입에 오르내리고 있었으니까요. 저는 불안과 울화를 견디다 못해 부인의 면전에 붓을 내던지며 "당신 집안 사람들이 그렇게 천방지축 날뛰더니만 이게 뭐요? 대체 무슨 짓을 했단 말이오!"하고 고함을 지르기도 했습니다. 목호룡이 제가 음모의 몸통이라고 천연덕스레 주장하는데다 제 처조카가 의심을 받고 있고, 대급수니 평지수니는 일찌감치 신빙성이 없다는 판정을 받았으되 소급수라고 하는 것은 공초 내용 중에 "김씨 성의 상궁을 시켜 주상께 독약을 올렸으나 주상께서 크게 토하기만 하셨으므로 더 독한 약을 구하려 하였다"는 말이 나왔습니다. 그런데 해당 일자 일기를 찾아보니 정말로 황형께서 크게 토하신 기록이 있고, 서덕수의 공초에서 그 독으로 소훈 이씨가 죽었다는 내용까지 나왔으므로 가볍게 넘어갈 문제가 아니었습니다. 유배되어 있던 노론 4대신이 목숨을 잃은 것도 이 와중이었고, 황형께서 쫓아내신 제 측근인 이홍술이나 홍계적 등도 붙잡혀와 모진 고문 끝에 죽어나가는 판이었지요. 김일경 등은 서슬이 퍼래서 옥사를 이끌었으며, 조태구 같은 소론 대신들은 제 입장을 세워주려 하면서도 은근히 "역모의 실체가 밝혀져도 전하의 친인親人까지 모질게 대해서는 아니될 것입니다" 하며 제 혐의가 기정사실인 듯한 투로 황형께 말씀드리고 있었습니다! 이제 저는 의지할 데라고는 하나도 없었습니다. 오직 황형의 뜻에, 형님의 생각 하나에 모든 것이 달려 있었지요.

그럼 황형께서는 어떤 태도를 보이셨는가 하면, 뭐랄까, 이중적이셨습니다. 우선 이 사건으로 저까지 연루되는 일을 알게 모르게 막으시고, 저를 지켜주셨습니다. 약 한 달여 동안 진행된 추국 과정에서 수십 명이 넘는 사람들이 처형되거나 옥사했는데, 저는 무사했습니다. 처조카인 서덕수는 살아남지 못했지만 말입니다.

그러나 미심쩍은 구석이 한두 군데가 아니고, 대급수건 소급수건 결국 의심이 가는 정황만 있을 뿐 맞아떨어지는 증거라고는 하나도 나오지 않은 이 역모 사건 자체는 부정하지 않으셨습니다. 목호룡은 부사공신扶社功臣이라는 영전에다 동중추부사의 벼슬, 동성군東城君의 작위를 받았습니다. 또한 황형은 김일경에게 대필시킨 '역모를 일망타진한 교서'를 반포하게 하셨는데, 이런 내용이었습니다.

"천지에 용납하지 못할 죄는 난역이 으뜸이다. 그래서 『춘추』에 '무장無將의 주벌誅罰'을 규정하여, 후세까지 내려오는 전형이 되고 있다. 이에 추악한 역적을 잡았으므로, 이런 명명明命을 선시하노라. 돌아보건대 나는 일찍이 험난함을 갖추 겪고, 외람되게 어렵고도 중대한 서업緖業을 이어받았다. [······] 저 양기·곽현·왕망·조조 같은 간신인 이이명·김창집·이건명·조태채가 멋대로 날뛰었다. 그들은 왕실의 우익羽翼을 잘라내어 조정에 사람이 없이 텅 비게 만들었고, 복심인 사당私黨을 요로에 배포시켜 관작을 팔아 사람을 모집하였다. 나인과 연줄을 트고 내관과 체결하여 은화와 전재錢財로 거리낌 없이 금액禁掖에 뇌물을 뿌렸고, 요인과 검객을 모두 궁장 안에 데려다 놓았다. 한 자루 비수를 끼고 깊은 궁궐로 들어간 것은 밖으로 예양豫讓(중국 전국시대 진晉나라 지백智伯의 신하로, 지백을 죽인 조양자趙襄子를 죽이려다 실패해 자결했다)이 변소를 수리하던 방법을 모방한 것이고, 천금을 가지고 대국大國에 가서 구매한 것은 안으로 곽현霍顯(중국 전한 선제宣帝 때 사람으로, 황후를 독살하고 막내딸을 황후에 오르게 하려 했다. 훗날 반역을 도모하다가 실패해 멸족되었다)이 술잔에 독을 탄 것을 도모하기 위함이었다. [······] 만일 궁성에 군대를 진열하는 일이 이루어졌다면 금정禁庭에서 피를 흘리는 일을 어떻게 면할 수 있었겠는가? 다행히 선경先庚에 개기改紀하였으니 신감神鑑이 밝게 비추었고, 소망小望을 기다렸으나 길이 지체되자, 이지異志를 실행하려 하였으니, 아! 또한 참혹하도다. 어찌 통분스러운 일이 아니겠는가? [······] 대저 사흉의 연차聯箚는 실로 삼수의 음모에서 시작된 것이니, 임부가 시해를 모의했다고 진달한 내용은 본디 근거없는 맹랑한 말이 아니었다. [······] 나는 팔다리 같은 구신舊臣 때문에 낭패가 되었고, 저들은 도리어 근밀近密에서 급변을 만들었다. 선조에서 돌보아 총애하던 은혜를 차마 저버리고 역심을 멋대로 품고 있었던 것인데, 오늘날 형장을 용서할 수 없으니, 내 마음이 분하고도 상심된다. 그러나 일이 종사에 관계되므로 이미 화색^{禍色}이 소멸됨을 보았고, 경사가 신민에 흡족한데 어떻게 덕음을 내리는 것을 늦출 수가 있겠는가?"

–『경종수정실록』 제3권. 경종2년 9월 21일.

교서는 이른바 '사흉' 운운하며 김창집 등을 왕망, 조조 같은 간신이자 역모의 괴수로 못박고 있는데, 목호룡이 고변한 '삼수' 사건과는 직접 연관이 없는 그들이건만 일찍이 선왕 때 독대를 통해 세자 교체를 논의한 일이나, 황형의 치세 초에 제게 대리청정을 맡기는 일을 논한 것 등을 모두 역모라고 몰아버렸습니다. 또한 '삼수'도 그 중 대급수, 평지수는 이미 신빙성이 없는 것으로 나왔고, 소급수라는 것도 영 실체가 모호함에도 명백한 사실처럼 규정했으며, 처조카 서덕수를 비롯한 "내옥^{內屋}의 척속^{戚屬}"을 흉수에 포함함으로써 제 처가에 죄인의 가족이라는 멍에를 씌웠습니다.

또한 비록 저를 직접적으로 걸고넘어지지는 않았지만, 저를 제 부모의 원수이기라도 하듯 미워하던 김일경이 쓴 글이니 오죽했겠습니까? 교서 첫머리에 "무장의 주벌"이라 한 것부터 문제였습니다. 무장의 주벌이란 『춘추 공양전』에 "임금의 친척에게는 장^將이 없어야 하고, 장이 있으면 반드시 베어 죽인다.^{君親無將將而必誅}"라고 언급한 것인데요. 여기서 '장'이란 '장차 이리이리 하리라', 즉 '역모를 꾸미리라' 하는 마음을 의미합니다. 말하자면 임금의 친척은 마음속으로 역모를 생각만 해도 안 되며, 만약 그렇다면 실제 행동에 옮긴 것이 없더라도 반드시 처형해야 한다는 말이지요. 이게 누구를 공격하려는 표현이겠습니까?

더욱이 교서 중간에 "만일 궁성에 군대를 진열하는 일이 이루어졌다면 금정에서 피를 흘리는 일을 어떻게 면할 수 있었겠는가?"라 한 것도 저를 간접적으로 걸고넘어지는 표현이었습니다. 바로 당나라의 태종 이세민이 궁궐에 군대를 이끌고 들어와 잠복했다가 태자이던 형을 시해하고 황제 자리에 앉은 이야기를 가리키고 있는 것이니까요. 글을 조금만 배운 사람이면 이 교서를 읽고 "세제에게 역모 혐의를 씌우는구나"라고 생각하지 않을 수 없는 표현들이었습니다. 그때 제 심정이 어땠겠습니까. 억울함과 분노를 어찌 말로 다 할 수 있겠습니까?

그러나 한편으로 황형께서는 목호룡에게 공신의 지위를 내리는 교서에서 "역적들의 정형情刑이 하나도 누락되지 않았고 [……] 흉역을 제거하여 화인禍因을 없애니 국세國勢가 반석처럼 편안해지게 되었다"라고 언급하셨습니다. 이른바 역모에 관하여 처결할 사람은 남김없이 처결하였으며, 이제는 더 이상 이 문제를 따질 필요가 없음을 분명히 하신 셈이지요. 또한 한 달쯤 뒤에는 청나라에 "이러저러하게 역모를 분쇄했다"는 주문奏文을 올렸는데, 그 내용 중에 "지금 국본의 자리는 확고 부동하니, 설령 새로 왕자가 태어나는 일이 있더라도 바뀌지 않을 것이다"라는 언급도 있었습니다! 대체 형님께서는 이 아우를 살리시려는 건가, 죽이시려는 건가? 미련한 저는 갈피를 잡을 수가 없었습니다.

제가 황형의 깊고도 높은 뜻을 깨달은 것은 한참이나 지난 뒤였습니다. 처음에 황형께서는 당신의 병약하심에 비추어, 제게 실권을 넘기고 아마 얼마 지나서는 양위까지 하실 생각이셨던 것 같습니다. 그러나 그 순간 황형의 눈에 들어온 것은 노론 4대신을 비롯한 대신들의 검은 뱃속이었습니다. 그런 상황에서 제게 보좌를 넘겨주신다면 그들이 저를 허수아비로 만들고 나라를 좌지우지할 위험이 있다고 판단하신 황형께서는 먼저 왕권의 기틀을 든든히 해놓으신 다음에 그 자리를 물려주셔야 한다고 결심하셨겠지요. "좌우가 하는 것이 옳겠는가? 세제가 하는 것이 옳겠는가?"는 말씀의 참뜻이 거기 있었습니다.

바라던 일을 눈앞에 두고 눈이 멀어버린 노론 4대신을 대리청정 파동을 통해 쳐내신 황형께서는 그렇다고 소론을 집권시켜서는 안 된다고 여기셨습니다. 그것은 노론에서 소론으로 권신들의 본거지만 바뀔 따름일 테니까요. 또한 기세가 오른 소론이 저까지 적으로 돌려서도 안 되었고 말입니다. 그래서 소론이 자진해서 저를 인정하게끔 수를 쓰셨고, 그것이 '박상검 사건'이었던 것입니다. 당시 저는 황형이 제게 대한 믿음을 잃으신 줄 알고 가슴앓이를 했으나, 황형께서는 참으로 교묘하게, 저를 궁지에 모심으로써 도리어 소론 대신들의 지원을 받을 수 있게 하셨던 것입니다.

그러나 황형으로서도 저에 대한 김일경의 집요한 적대의식과 그로 말미암은 목호룡의 고변까지는 예상하지 못하셨을 것입니다. 그리고 난감하셨겠지요. 저를 믿으시고 저를 당신의 후계자로서 이 나라를 짊어지고 갈 사람으로 여기시는 이상, 고변이 불러일으킨 광풍을 내버려둘 수도 없는 일이요, 그렇다고 섣불리 고변이 거짓이라고 해버리시기도 어려웠습니다. 그러면 소론이 무너지면서 노론 4대신을 포함한 노론 세력이 다시 고개를 치켜들 소지가 있으니까요. 그래서 황형께서는 '이중대응'을 하신 것입니다. 결코 제 신변에까지 파장이 확산되지 않도록 막으시고 청나라에도 저의 세제 지위가 확고부동하다고 통보하시되, 한편으로는 노론 골수파와 닿아 있는 저의 처가까지 내치시면서 역모 자체는 사실로 인정하신 것이지요. 이것으로 저의 세제 자리는 누구도 감히 흔들 수 없게끔 굳어지고, 또 동시에 저를 업고 노론이든 누구든 못된 생각을 품지 못하게 됨으로써 선왕께서 가신 뒤로 불안하기만 했던 옥좌가 비로소 안정을 얻어 그야말로 "화인을 없애니 국세가 반석처럼 편안해지게 되었다"고 말할 수 있게 되었던 것입니다. 아, 이 얼마나 위대한 심려입니까. 얼마나 기막힌 우애입니까! 형님은, 우리 형님은 끝까지 이 못난 아우를 버리지 않으셨던 것입니다!

저는 지금도 생각합니다. 저 따위는 황형의 발끝도 못 따라가는 범재일 뿐이라고. 진정한 천재는 황형이셨고, 하늘이 그분께 보통 사람만큼의 건강만 허락했던들 세상은 보다 좋아졌을 것이라고. 그리고 저역시 편안하고 눈에 띄지 않는 삶을 누리다 이곳에 와서 이처럼 수백년이 넘는 고독 속에 남겨지지 않아도 되었을 것이라고.

게장과 생감에 얽힌 곡절

그러나 하늘이 너무나도 야박하게 정한 그 때는 급하게 찾아왔습니다. 목호룡의 고변 사건이 일단락된 지 2년 만인 갑진년(1724)이었습니다.

> 임금의 병환이 계속 여러 날 동안 낫지 않아 수라 올리는 것마저 싫어하였는데, 이에 이르러서는 또 한열寒熱의 징후가 있어 약방에서 입진하고 약을 의논하여 시진탕柴陳湯을 지어 올렸다.
>
> ―『경종실록』제15권. 경종4년 8월 2일.

약하신 몸으로 큰일을 치러내셨기 때문인지, 황형은 목호룡 사건이 마무리된 임인년 말에 심한 병환으로 자리보전을 하시느라 한 달이나 신하들을 대하지 못하는 모습을 보이셨습니다. 그 이듬해에도 그런 일이 이어졌는데, 갑진년이 되자 점점 심각해져갔습니다.

> 임금이 병환으로 잠과 식사량이 날로 줄어들고 소변이 점점 단축되
> 므로 약방에서 약의 조제를 의논하고 시령탕柴苓湯을 올렸다.
> -『경종실록』제15권. 경종4년 8월 16일.

> 약방에서 입진하여 다시 약의 처방을 의논하고 육군자탕六君子湯을 올
> 렸으니, 비로소 임금의 환후가 허하고 피곤함을 염려하였다.
> -『경종실록』제15권. 경종4년 8월 19일.

> 밤에 임금이 가슴과 배가 조이듯이 아파서 의관을 불러 입진하도록
> 하고, 약방 제조가 합문 밖에 나아가 문안을 하였다.
> -『경종실록』제15권. 경종4년 8월 20일.

> 약방ㅇ에서 입진하고 여러 의원들이 임금에게 어제 게장蟹醬을 진어
> 하고 이어서 생감生柿을 진어한 것은 의가에서 매우 꺼려하는 것이라
> 하여, 두시탕豆豉湯 및 곽향정기산藿香正氣散을 진어하도록 청하였다.
> -『경종실록』제15권. 경종4년 8월 21일.

여기서 그놈의 '게장과 생감' 이야기가 나옵니다. 제가 80여 평생을
사는 동안 지겹도록 듣고 또 들어야 했던 그 이야기. 간단히 말해서, 제
가 황형을 독살하려고 한방에서 상극이라고 보는 게장과 생감을 올렸
다, 그리하여 결국 황형께서 비명에 가셨다는 것입니다.

그러나 이는 억울하기 짝이 없는 오해이며, 모함입니다. 제가 그해

8월에 황형께 게장을 올린 것은 맞습니다. 그러나 그것은 황형의 비위가 몹시 허약해지셔서 하루 종일 수라를 입에 대지 않으시는 날도 있을 정도로 거의 식사를 못 하시고 계셨기 때문에, 예부터 밥도둑이라는 말이 있을 정도로 입맛 당기는 찬으로 유명한 게장을 올린 것입니다. 실제로 황형께서는 게장을 드시고 모처럼 수라를 맛있게 드셨다고 합니다.

그런데 여러분도 아시겠지만, 이 게장이라는 놈은 맛깔스럽기는 해도 쉽게 상하는 음식입니다. 게다가 당시는 여름철이었는데, 여러분 시대처럼 냉장 기술이 발달했던 때도 아니니 자칫하면 탈이 날 소지가 있었죠. 그러면 아무리 입맛 돋우는 음식이기로 그런 위험한 음식을 황형께 올렸느냐? 황형께서 드신 게장은 제가 올린 게 아니었습니다. 바로 방금 스스로 올렸다고 해놓고 그새 발뺌이냐고 하시겠지만, 정확히 말해 저는 가장 신선한 게장을 충분히 살핀 다음에 올렸었지요. 그러나 어찌 된 일인지 수라간에서는 제 게장이 아니라 보관하고 있던 게장을 올리고 말았습니다! 그러므로 제가 올린 게 아니라는 겁니다.

수라간에서 뭔가 나쁜 뜻을 품고 올렸다고는 생각하지 않습니다. 또 완전히 상했다면 당초에 그걸 드셨겠습니까? 황형께서 건강한 몸이셨다면 아주 약간 상한 게장을 드셨다고 큰 탈이 나시지는 않았겠지요. 그러나 워낙 허약해지셨기 때문에 극심한 복통과 설사에 시달리게 되었습니다. 그러면 또 왜 거기에 게장과 상극이라고 알려진 생감을 올렸느냐고 하면, 일단 생감은 제가 올리기는커녕 황형께서 그걸 드시는지 알지도 못했던 일입니다. 감이 설사를 멎게 하는 효과가 있기에 아랫것들 중 누군가가 생감을 권해드렸던 모양입니다. 한방에서 함께 먹지 말라고 정해 놓은 것들 중 하나가 게와 감이라는 사실을 모른 채 말입니다.

사실 여기 와서 알게 된 일이지만, 서양 의학에서는 게와 감을 같이 먹어도 별 문제는 없다고 여긴답니다. 게와 감을 함께 먹으면 해롭다는 한방의 말은 상한 게를 먹고 탈이 난 사람이 마침 감도 먹었으므로 그걸 잘못 유추해서 만든 설이라는 것이지요. 아무튼 저는 만에 하나도 황형을 노리고 부러 게장과 생감을 함께 드시게 한 게 아닙니다. 만약에 흉한 뜻이 있었다면, 상극의 음식을 먹는다고 반드시 죽는 것도 아닌데 그렇게 효과가 확실하지 않은 수를 그렇게 대놓고―약방에서 진료할 때 그동안 무엇을 드셨는지를 바로 밝히게 마련이니―쓰겠습니까? 쥐도 새도 모르게 극약을 썼겠지요. 하지만 어찌됐든 제가 올린 것으로 되어 있는 게장이 황형의 마지막 길과 이어지는 결과가 되어서, 저는 그 후로도 오랫동안 누명을 뒤집어쓰고야 말게 된 것입니다.

어쨌거나 황형의 용태는 급속히 위중해졌습니다. 사흘 내내 복통과 설사가 멈추지 않더니, 나흘째에는 아예 의식을 잃으셨습니다. 저는 중신들과 의관들 사이에서 황형의 손을 부여잡고 어쩔 줄을 모르고 있었습니다. 그때 황형께서는 눈을 뜨시더니, 제가 이마에 진땀을 흘리고 있는 것을 지그시 보시더니만, 가냘프지만 또렷한 목소리로 이렇게 말씀하셨습니다.

"우리 동생이 덥겠구나. 창문을 열어라. 시원한 공기를 쐬게 해라"

아아! 결국 생애 마지막 말씀이 되신 그 말씀을 듣고 제 심장은 터지는 줄 알았습니다. 결국 지키셨던 것입니다, 형님께서는. 그날 동궁의 후원에서 제게 하신 말씀대로, 마지막까지 저에 대한 우애와 의리를 잃지 않으셨던 것입니다. 그럼에도 혹시나 하며 황형에게 의구심을 품었던 저는 어떤 사람이란 말입니까.

절대로 형님을 이렇게 보낼 수는 없다. 저는 이를 악물고 형님의 손을 꽉 쥐었습니다. 그리고 그 말씀을 끝으로 다시 혼수상태에 빠지신 황형에게 빨리 인삼차를 드리라고 소리쳤습니다.

그런데 이공윤이라는 의관이 불쑥 몸을 앞으로 내밀더니, "안 될 말씀입니다"하는 것이었습니다. "제가 쓴 약이 있거늘 또 인삼차라뇨? 그러다가는 기가 안 돌아갑니다."

비와 눈이 내렸다. 임금의 환후가 피곤하고 위태함이 더욱 심하고 맥이 낮아져서 힘이 없었다. 4경四更(오전 1~3시)에 약방에서 입진하여 삼다參茶를 올리고 물러나와서는 주원廚院(사옹원司饔院의 다른 말. 조선시대 임금과 궐 안의 식사 공급을 관장하던 부서다)으로 옮겨서 입직하기를 청하였으며, 사각巳刻(오전 10시 무렵)에 다시 입진하였다. 임금이 병환이 있은 뒤로 여러 신하들이 성후를 문안하면 임금이 번번이 응수하여 대답을 하였는데, 이에 이르러서는 임금의 음성이 점점 미약하여졌다. 도제조 이광좌와 제조 이조가 미음을 진어하기를 권하였으나 모두 응답하지 않았으며, 세제가 일어나서 청하매 임금이 비로소 고개를 들므로 미음을 올렸다. 제조 등이 물러나와 여러 의원들과 약을 의논하였는데, 이공윤이 공언하기를,

"삼다를 써서는 안된다. 계지마황탕桂枝麻黃湯 2첩만 진어할 것 같으면 설사는 금방 그치게 할 수 있다"

하므로, 마침내 다려 올려 복용하였다. 유각酉刻(오후 6시 무렵)에 의관이 입진하고 물러나와 말하기를,

"환후의 증세가 아침에 비교해 더욱 위급합니다"

하자, 모든 신하들이 희인문으로 달려 들어갔고, 대내로부터 제조의 입진을 재촉하여 이광좌 등이 입시하였는데, 임금이 내시를 의지하고 앉아서 눈을 몹시 부릅뜨고 보았다. 이광좌가 문후를 하였으나 임금이 대답하지 않자, 세제가 울면서 말하기를,

"인삼과 부자를 급히 쓰도록 하라"

하였고, 이광좌가 삼다를 올려 임금이 두 번 복용하였다. 이공윤이 이광좌에게 이르기를,

"삼다를 많이 쓰지 말라. 내가 처방한 약을 진어하고 다시 삼다를 올리게 되면 기를 능히 움직여 돌리지 못할 것이다"

하니, 세제가 말하기를,

"사람이란 본시 자기의 의견을 세울 곳이 있긴 하나, 지금이 어떤 때인데 꼭 자기의 의견을 세우려고 인삼 약제를 쓰지 못하도록 하는가?"

하였다. 조금 지나자 임금의 안시眼視가 다소 안정되고 콧등이 다시 따뜻하여졌다. 세제가 또 말하기를,

"내가 의약의 이치를 알지 못하나, 그래도 인삼과 부자가 양기를 능히 회복시키는 것만은 안다"

하였다. 어제 쓰던 삼을 바로 멈추었던 것은, 생각건대 반드시 이공윤의 말 때문에 미루었던 것 같다. 2경二更(오후 9~11시)에 임금의 호흡이 다시 미약하므로 이광좌가 삼다를 올렸으나 임금이 스스로 마시지 못하여 의관이 숟가락으로 떠서 넣었다. 이광좌가 종묘와 사직에 기도하기를 청하고 이내 눈물을 흘리면서 말하기를,

"신이 어리석고 혼미하여 증후에 어두워서 약물을 쓰는 데도 합당함

을 잃은 것이 많았으니, 그 죄는 만 번 죽어 마땅합니다."

—『경종실록』제15권. 경종4년 8월 24일.

여기서 또 제가 본의 아니게 황형의 죽음에 관해 의심을 받는 빌미가 생깁니다. 바로 '의관의 주장을 무시하고 인삼과 부자를 써서 경종을 죽음으로 몰았다'는 것입니다. 언뜻 보면 그리 보일 수도 있겠지요. 하지만 당시의 맥락을 제대로 보아야 합니다. 그러려면 이른바 인삼과 부자를 반대했다는 의관, 이공윤이라는 자가 어떤 자인지 알아야 합니다.

이 이공윤은 정식으로 의술을 배운 사람이 아니고 강원도에 살던 향반인데, 스스로 익힌 의술을 자부하는 것까지는 좋았으나 그것으로 사람들을 현혹하고 말썽을 일으키기를 서슴지 않는 자라는 게 문제였습니다.

춘천春川의 방죽을 쌓는 일을 주모한 사람은 바로 사인士人 이공윤인데, 그는 의술을 믿고 한 세상을 농락하였습니다. 본주本州 5백여 석 대동미를 재해를 입었다고 핑계하여 거짓으로 해청에 보고하고 대납하기를 조급히 청하여 가벼운 데 따라 돈으로 바꾸니, 돈이 이공윤에게 지출되어 쌀이 이공윤에게 들어갔습니다. 그런데 방백을 지시해 부려서 4, 5고을 연군烟軍을 독려해 내어 문득 위협을 가했으며, 또 도사都事에게 부탁해 스스로 적간摘奸하도록 하였으니, 포의布衣로서 권세가 있다고 할 만합니다. 이공윤 및 방백·수령은 엄중히 조사하여 처리하지 않을 수 없습니다.

—『숙종실록』제54권. 숙종39년 윤5월 2일.

이처럼 선왕 시절에 야료를 부리다가 체포되어 귀양살이를 하던 이공윤인데, 선왕께서 말년에 건강이 나빠지시자 널리 용하다는 의원을 찾던 중 그 죄를 용서하고 조정에 불러들이기로 했습니다. 그리고 궁중에서 일을 시켜보니 어느 정도 재주가 있어, 결국 어의의 반열에까지 올려주었습니다. 그런데 그의 의술도 심술 못지않게 문제가 있었던 것입니다.

> 약방에서 입진하였다. 임금이 도인승기탕桃仁承氣湯을 복용했는데, 유의儒醫 이공윤의 말을 따른 것이다. 이공윤은 의술이 비록 조금 정밀하기는 했지만, 사람됨이 망령되고 패려하여 가까이할 사람은 못되었다. 또 감수산甘遂散이나 승기탕承氣湯은 준열峻烈한 약제로서 시험 삼아 쓰는 것이 부당한데도 경솔하게 올리니, 식자들이 염려하였다.
> ―『경종실록』 제12권. 경종3년 6월 19일.

여러분의 시대에도 그런 의사들이 있다지요? 감기에든 뭐든 일단 가장 센 약을 처방하고 보는 의사 말입니다. 가장 독한 약이니만치 웬만하면 앓던 병이 바로 떨어지는데, 대신 그만큼 몸이 상할 수 있지요. 그래서 더디게 회복될망정 몸을 달래가며 치료가 되는 약을 쓰는 사람이 좋은 의사라고도 하는데, 이공윤은 바로 자기 성질만큼이나 늘 공격적인 처방을 쓰는 의사였습니다. 좀처럼 낫지 않던 궁궐 식솔들이 이공윤의 약 한 첩에 대뜸 차도를 보이니까 명의로구나 했던 것이지만, 사실 장기적으로는 오히려 환자의 몸을 해칠 수 있는 나쁜 의사였던 것이지요. 몸이 워낙 허약한 사람에게는 치명적일 정도로!

목호룡 사건 뒤로 황형의 건강이 점점 나빠지자 약방 제조를 맡은 대신들은 이런저런 말이 있어도 일단 이공윤에게 맡겨 보자며 그의 처방을 오래 채택했습니다. 하지만 그게 문제였습니다! 가뜩이나 허약하신 체질에 준열한 약재가 계속해서 들어가니, 황형의 기력은 갈수록 쇠해지다가 1년쯤 뒤인 갑진년 8월에는 수라도 거의 들지 못하실 정도까지 되신 것이죠. 저는 혹 준열한 약재가 형님의 건강에 누가 되고 있는 것이 아닌가 해서 시탕을 할 때 종종 그런 의견을 제시했지만, 이공윤이란 자가 워낙 그럴듯하게 말을 잘 하고(그러니 지방관들까지 속여서 대동미를 갈취했겠지요) 약방 제조 대신들과 다른 어의들이 '괜찮습니다'라고 입을 모아 편을 드니 저도 어쩔 수가 없었습니다. 제가 의술에 그리 밝은 것도 아니고, 목호룡 사건을 생각하면 자숙해야 마땅한 입장이었으니까요. 이공윤, 그 자는 나라의 운명이 제 손에 맡겨져 있음을 아랑곳하지 않고 황형의 건강을 책임지고 있는 몸이면서도 도무지 성실한 태도가 아니었습니다. 그래서 계속 안 좋은 말이 나오는데도, 이공윤에게 넘어가버린 대신들은 곧이듣지 않았습니다.

사헌부에서 전에 아뢰었던 일을 거듭 아뢰었으나, 윤허하지 않았다. 또 논하기를,

"광흥창 봉사 이공윤은 괴벽하고 미련한데다가 행동과 모습마저 대체로 해괴한 데가 많습니다. 내국에서 의약할 즈음에 이르러 그를 유의醫儒라 하여 동참을 허락하였으니, 매양 차례가 되는 날마다 병을 핑계로 나오지 않다가 누차 부른 뒤에야 느릿느릿 들어와서 다만 다른 여러 의관들의 입만 쳐다보다가 묻는 말에만 마지못해 대답할 뿐, 정성들여 깊이 연구해 보려는 뜻이 전혀 없고 괴로워하고 소홀한 태도가 현저히 보였습니다. 청컨대 사판仕版에서 삭제토록 하소서"

하였으나, 따르지 않았다.

－『경종실록』제12권. 경종3년 6월 19일.

사인 이공윤은 성질이 광망하였으나 의업으로 명성이 있었는데, 그의 의술은 대체로 준리攻利(강력한 약재로 병을 제압함)를 위주로 하였다. 임인년 이후로 천거되어 약방에 들어가 임금의 병환을 모시었는데, 이공윤이 스스로 말하기를 '도인승기탕桃仁升氣湯을 자주 복용하여 크게 탕척盪滌해내면 임금의 병환이 금방 나을 수 있다'고 하여 그것을 시험해 보았지만 효험이 없었다. 그런데도 이공윤은 오히려 방자하게 노기 띤 눈으로 보면서 스스로 의술을 자랑하며, 다시 시평탕柴平湯을 의논하면서 대황大黃 · 지실枳實 등 몸을 힘들게 하는 재료로 주된 처방을 삼아 계묘년에 시작하여 올봄에 이르도록 계속하여 1백 수십 첩을 올렸다. 그러자 비록 임금의 신체 외형은 왕성하나 비위 등 내장이 허하였고, 음식을 싫어하는 날수가 오래 되어 마침내 한열의 증세가 발생하였다. 그런데도 이광좌는 이공윤의 망령됨을 깨닫지 못하고 도리어 대비의 병이 나은 것도 그 의약의 공을 이공윤에게 돌리고 논상을 청하기까지 하였으니, 식자가 이를 애석하게 여겼다.

－『경종실록』제15권. 경종4년 8월 2일.

이렇게 이공윤에게 맡겨놓은 황형의 몸이 탈이 나서 바야흐로 위급한 지경이 된 것인데, 그는 반성 없이 자기 처방이 옳다고만 뻗대고 있었던 것입니다. 제가 인삼차와 부자를 주장하던 날도 고집을 부려 인삼차를 못 올리게 하고 자신의 약만 쓰면 금방 나으리라 했는데, 결과적으로 저녁이 되자 더욱 상황이 급박하게 되었으니 누가 봐도 그 자가 사단을 낸 것이었지요. 우의정으로서 약방 제조를 맡아온 소론의 이광좌도 '제가 이공윤을 믿어 이리 되었으니 만 번 죽어도 죄를 씻을 수 없다'며 감읍하지 않았습니까. 그래서 제가 선왕의 임종 때 보고 익혔던 대로 환자의 기력을 되살리는 처방인 인삼과 부자를 급히 올리려한 것인데, 이놈이 그 순간까지도 딴죽을 걸며 나선 것이었으니 정말 어느 악귀가 인두겁을 쓰고 나타나서 저러고 있나 싶었습니다.

저는 그를 마구 꾸짖었으며, 그 오만하고 독선적인 자가 찔끔하고 물러설 때까지 굽히지 않았습니다. "지금이 어떤 때인데 꼭 자기의 의견을 세우려고 인삼 약제를 쓰지 못하도록 하는가?" 아무리 제가 세제이기로 의관을 그렇게 정면으로 밀어붙이면 나중에 말이 나올 수 있음을 모르지 않았지만, 형님의 목숨이 걸려 있었기 때문에 그런 것을 따질 참이 아니었지요. 결국 제 주장대로 인삼과 부자를 올리자 형님은 조금 차도를 보였습니다. 그러나 이미 너무 늦어 있었습니다.

자시子時.

황형의 낯빛이 백랍처럼 하얘지다가 다시 푸르러졌으며, 제가 힘껏 쥐고 있던 손이 짧은 경련으로 몇 차례 뒤틀렸습니다. 밖에서 누가 소리치는 소리가 들렸습니다. "유성이다! 별이 떨어진다!"

축시丑時.

황형이 마치 일어나 앉으시려는 듯 어깨를 크게 한 번 움찔 하셨습니다. 그리고 다시 잠잠해지셨습니다. 무릎을 꿇은 채 언제까지고 기다리고 있던 제게 누군가 말했습니다. "호흡이 없으십니다. 이미 오래 되었습니다."

코 밑에 솜을 대어 정말 절명하셨는지를 확인하는 속광屬纊, 밖에 대기하고 있는 신하들에게 붕어의 사실을 알리는 상대점上大漸, 내관이 전각 지붕 위로 올라가 황형의 어명을 세 번 부르며 초혼하는 고복皐復. 선왕의 붕어 때도 보았던 이 모든 일을 저는 마치 꿈속에서 보는 듯 멍청히 바라보고 있었습니다. 바로 옆에서 '이 경우에 세제가 피발被髮(머리를 풀어 헤침)의 예를 하는 것이 옳은가?'하고 의논을 하는 것을 들으면서도 저는 넋이 나간 채 앉아 몸을 앞뒤로 흔들거리고 있었습니다. 이렇게, 저는 단 하나뿐인 형님을 잃었습니다.

그리고 닷새 뒤,

저는 인정문 앞에 서 있었습니다. 제 손에는 하얀 홀이 들려 있었고, 제 몸에는 검은 면복冕服이 입혀져 있었으며, 제 머리에는 여덟 줄을 드리운 면류관이 씌워져 있었습니다. 갑진년(1724) 8월 30일, 저는 황형의 뒤를 이어 조선의 스물한 번 째 왕으로 등극했던 것입니다.

싫었습니다.

거짓말이 아닙니다. 제가 왕세제의 자리를 사양하는 소를 황형께 올리며 "오직 제 분수를 지키면서 성세에서 편안하게 사는 것만이 마음속에서 항상 뜻했던 바입니다"라고 드렸던 말씀에는 추호의 과장도, 거짓도 없었습니다. 저는 호기롭지 못한 사람입니다. 제왕이 짊어져야 할 큰 책임이 제 어깨에는 너무도 무거웠습니다. 어려서부터 어머니, 아버지, 그리고 형님이 그 옥좌의 무게 때문에 행복하지 못한 삶을 사셔야 했던 모습을 역력히 지켜보기도 했습니다. 할 수 있다면 누구에게 그 자리를 줘버리고 멀리 달아나고 싶었습니다.

> 세제가 여차廬次(상중에 상주가 거처 하기 위해 지은 초막)에서부터 눈물을 흘리면서 차마 면류관을 쓰지 못하다가 전문殿門에 임하여는 슬피 부르짖으며 자리에 기꺼이 오르지 않았고, 또 자리를 물리치라고 명하여

대신들이 번번이 많은 말로 간곡히 청해서 허락을 하였다.
-『경종실록』 제15권. 경종4년 8월 30일.

성복成服하는 날에 이르러 외부 의식이 이미 마련된 다음에 원상 이광좌가 여차 앞에 이르러 면복冕服으로 갈아입기를 간청하였으나, 왕세제가 눈물을 흘리며 점침苫枕(상중에 있는 사람의 거처)에 엎드려서 끝내 허락하지 아니하였다. 이광좌가 왕대비전과 왕비전의 승전색을 불러 구전口傳으로 내전에서 나아가도록 계청하니, 왕대비전과 왕비전에서 언문 교지를 내려 나아가도록 권유하였다. 그제야 왕세제가 남여籃輿를 물리치고 걸어서 어좌 앞에 이르렀는데, 그래도 울부짖으며 어좌에 오르지 않고 말하기를,

"내가 옛날에 여기에서 영고寧考(선왕을 높여 부르는 말. 여기서는 경종)를 모셨었는데 지금 무슨 마음으로 어좌에 오를 수 있겠는가?"

하고, 목이 메어 소리를 내지 못하였다. 이광좌 등이 누누이 간청하니, 한참 후에 등극하였다.
-『영조실록』 제1권. 영조 즉위년 8월 30일.

대비마마의 교지는 전에 제가 왕세제를 사양하려 할 때 하시던 말씀과 비슷했습니다.

"삼종의 혈맥을 이을 사람이 지금 그대 말고 누가 또 있소? 어찌 한 사람의 슬픔과 괴로움 때문에 억조창생의 시름을 외면하려 하시오? [……] 대행왕의 뜻을 받드는 일이 무엇일지 부디 유념하시오."

그렇겠지요. 그분의 자리에 제가 대신 앉아서, 그분이 못 이루신 일을 사력을 다해 해내는 일이야말로 그분의 뜻이겠지요. 이 못난 아우의, 생전에 얻은 태산과 같은 은혜는 그렇게 해서라도 조금이나마 갚아야겠지요.

결국 저는 왕의 즉위 복색을 갖춰 입고 인정문 앞에 섰습니다. 그리고 인정전에 올라 옥좌에 앉고, 천지신명과 열성조列聖祖께 즉위했음을 고하고는, 다시 최복으로 갈아입고 여막에 돌아가 앉았습니다. 그리고 천하 만민에 반포할 즉위 교서를 써내려갔습니다.

"왕은 말하노라. 하늘이 어찌 차마 이런 재앙을 내리는가? 거듭 큰 상喪을 만났는데, 나라에는 임금이 없을 수 없으므로 억지로 군하의 청을 따랐노라. 지극한 슬픔을 억제하기 어려운데 보위가 어찌 편하겠는가? 삼가 생각하건대, 대행 대왕께서는 타고난 천성이 관대하고 어질었으며 그 마음은 효우하였다. 저위에 있은 지 30년에 온 국민이 목숨을 바칠 정성이 간절하였고, 조정의 정사를 대리한 지 4년에 성고聖考께서는 수고로움을 나누는 기쁨이 있었다. 남몰래 부각된 실덕實德은 지극히 어려움을 겪으면서도 마침내 정고貞固하게 대처하셨고, 말없이 운용한 신기神機는 지극히 비색한 처지를 돌려서 태평하게 하였다. 하늘이 널리 덮어서 만물을 길러주어 모두 형통하게 하고, 태양이 높이 매달려 퍼지는 불길한 기운을 신속하게 쓸어버림과 같았다.

놀이와 사냥과 음악과 여색은 하나도 좋아함이 없었으므로, 정령政令을 시행함에 있어 모두 그 적절함을 얻었다. 위대하신 선왕의 덕을 크게 이어받았으니, 거의 삼대三代(중국 고대의 하夏, 은殷, 주周의 세 왕조)의 다스림을 회복할 수 있었으나, 기거도 못하고 잠도 이루지 못하다가 문득 구령九齡의 징조(장수할 징조)를 잃었도다. 한밤중에 갑자기 빙궤憑几의 유명遺命(빙궤지명憑几之命. 임금이 남긴 유명遺命을 이르는 말)을 받게 될 줄 누가 알았겠는가? 불행하게도 5년 안에 두 번이나 승하昇遐의 슬픔을 품게 되었으니, 애처로운 나는 고아로서 이렇게 혹독한 벌을 받게 되었다. 여차廬次에서 소리내 슬피 울며 명령을 내릴 경황이 없었는데, 왕위에 오를 면복 차림으로 어찌 차마 대통大統을 계승할 생각을 할 수 있겠는가? 비록 백료들의 요청이 더욱 간절하다 하나, 다만 슬픈 감회만 더할 뿐이다. 돌이켜 보건대, 양전兩殿께서 특별히 간곡하게 권유하시니, 감히 초지初志를 고집할 수 있겠는가? 윤리로는 형제이고 의리로는 부자이니, 진실로 지극히 애통함이 끝이 없다. 조종을 계승하여 신민의 주인이 되었으나 보잘것없는 몸이 감당하기 어려움을 어찌하겠는가? 지금 나는 홀을 잡고서 삭엽의 희롱을 생각하고, 법전에 임해서 동기간에 쓸쓸함을 슬퍼하노라.

갱장羹墻의 사모함이 간절하니 차례를 계승하는 생각 잊을 수가 없고, 근심이 더욱 깊었으니 임금이 되는 것이 어찌 기쁘겠는가? 높은 지위에 오르니 두려움이 마음을 놀라게 하고, 성대한 의식을 보니 끊임없이 눈물만 흐른다. 선왕의 성덕과 선행에 뒤따라 이어가기를 어찌 바라겠는가? 열성의 대업과 큰 규모를 무너뜨릴까 매우 걱정이로다. 조종께서 잇따라 멀리 떠남을 슬퍼했으니, 나라를 장차 어떻게 다스릴 것이며, 인종·명종처럼 서로 계승하기를 내가 어찌 감히 본받을 수 있겠는가? [……] 아! 편안하고 위태로움과 다스려지고 혼란스러운 계기가 처음 시작에 있지 않음이 없으니, 협력하여 도와주어 유지할 수 있는 힘은 오직 여러 신하에게 기대하노라. 그래서 이렇게 교시하니, 잘 알 것으로 생각한다."

-『영조실록』 제1권. 영조 즉위년 8월 30일.

교서의 본문은 대제학 조태억이 지었습니다만, 제가 부분 부분을 고쳐서 반포하게 했습니다. 특히 "삭엽의 희롱"은 제가 눈물을 떨어트리며 첨가한 부분입니다. 또 "갱장의 사모함"이란 옛날 요임금이 돌아가시자 뒤를 이은 순임금이 요임금을 간절히 그리워하여, 국(갱장)을 먹으려 하면 국그릇에 요임금의 얼굴이 떠올랐다는 이야기를 통해 애간장이 끊어지던 당시 저의 심정을 표현한 것입니다.

그런 심정은, 그리고 제가 애써 세우고 있던 다짐은 넉 달 뒤에 황형의 장례를 치르던 때도 마찬가지였습니다. 그날도 황형이 돌아가시던 날처럼 비가 내렸지요. 마구 쏟아지는 비를 맞으며 저는 생각했습니다. 그래, 그것뿐이다. 황형의 기대를 저버리지 않음이, 나라와 백성을 위하여 좋은 왕이 되는 것이 황형께 보답하는 길이다. 내가 비록 성군의 재목이 아니나, 성군을 지향해야 한다. 탕평을 해야 한다! 민생을 붙들어 일으켜야 한다! 그리고 나의 남은 날들이 얼마가 될지는 모르나, 결단코 쾌快를 추구하지 않으리라. 이공윤의 효과가 빠르지만 몸을 상하게 만드는 약처럼, 내 아집에 얽매여 나라와 백성을 궁지로 모는 일이 없으리라.

뗄 수 없는 꼬리표

즉위하고 나서 제일 먼저 한 일 중 하나는 이공윤을 잡아 가두고 엄히 처결하는 일이었습니다. 마음 같아서는 목을 치고 싶었으나 법을 마음대로 할 수는 없어 변방에 귀양을 보냈고, 너무 너그럽다는 지적이 나오자 다시 외딴 섬에 귀양 보내라 명했습니다.

그런데 이 악마의 혀를 가진 자를 먼 지방까지 압송했으니, 그자가 그동안 잠자코 앉아만 있었겠습니까? 저와 황형의 일에 대해 있는 말 없는 말을 지어내며 자신은 천하의 명의이자 만고의 충신인데 억울하게 누명을 썼노라, 대행왕의 죽음 뒤에는 음모가 있노라, 따위의 소문을 퍼뜨렸습니다. 그렇지 않아도 황형의 건강이 실제로 얼마나 위태로웠는지, 병이 나시고 붕어하시기까지의 실제 과정이 어떠했는지 알 길이 없던 백성들은 이공윤의 말이나 그 밖의 경로로 전해지는 말을 듣고 엉뚱하게 이해하고 갈수록 비틀리고 부풀려지는 소문을 퍼뜨려나갈 수밖에 없었습니다.

> "대행왕께선 그냥 돌아가신 것이 아니랴. 지금 용상에 앉은 사람이 독살했다던데."
> "아무 병도 없이 멀쩡하시던 분이 게장이랑 생감을 함께 올린 걸 드시고 돌아가셨다고 하더라고."
> "숨이 넘어가시려 할 때도 어의들의 만류를 뿌리치고 인삼이랑 부자를 억지로 드시게 했다던데."
> "사람도 아니야! 아무리 용상이 좋아도 그렇지, 어떻게 형님을 죽이고 그 자리에 앉는다는 말인가? 천벌을 받을 일이지!"
> "연산, 광해보다 더한 폭군이 나와버렸어!"

이런 뜬소문을 이용하는 무리도 있었습니다. 왜 없었겠습니까. 김일경, 목호룡의 무리가 버젓이 조정에 남아 있었는데! 더구나 박상검 일파도 아직 상당수가 잔류해 있었습니다. 오죽하면 제 즉위 날에까지 아예 대놓고 불만을 표시하는데, 제가 죽은 뒤 지어진 제 행장行狀(죽은 사람의 친구, 동료 또는 아들이 죽은 사람의 세계·성명·자호·관향·관작·생몰 연월·언행 등을 서술한 것)에까지 기록될 정도였습니다.

> 왕께서 책보冊寶를 받으시려 할 때에 환시·궁인 중에 아직 박상검, 필정의 무리가 많아서 방자하게 헐뜯는 것이 부도했으며, 보록寶盝을 섬돌 모퉁이에 던지는 소리가 어좌까지 들렸으나, 왕께서 못 들은 체하셨다.
>
> ─『영조실록』 부록. 「영조 대왕 행장」

그래서 저는 이대로는 아무 것도 안 되겠구나, 탕평을 추구하더라도 일단 용납할 수 없는 무리들은 쳐낸 다음에야 추구할 수 있겠구나 싶어서 마음을 독하게 먹었습니다. 그리하여 즉위 후 석 달 정도 지난 때부터 "노론 4대신을 신원하고 당시 그들을 죄인으로 본 진짜 죄인들을 처단하자"는 노론의 주장은 억누르면서도, 김일경, 목호룡 등에 대해서는 죄를 묻기 시작했습니다.

김일경 등이 이른바 '삼수의 역모'를 조작하고 나를 처치하려 했던 일을 놓고 제가 친히 국청에 임하여 국문했을 때도, 저들의 태도는 오만하고 뻔뻔하기 그지없었습니다. 김일경은 제 앞에서 자신을 이를 때 "저"라고 하지 않고 "나"라고 했으며, "시원하게 나를 죽이시오!"라고 사뭇 호기를 부렸습니다. 목호룡도 "내가 공신의 작호를 받았는데 내게 이럴 수 있느냐? 나는 종사를 위해 공을 세웠을 뿐 아무 잘못도 하지 않았다"고 뻗대었습니다. 그래도 공초가 거듭되자 저들도 죽음의 두려움이 실감나기 시작했던지, 목호룡은 "사실 제가 전하게 공을 세우지 않았습니까? 제가 아니었던들 어떻게 전하께서 청천백일^{靑天白日} 같은 덕을 지니셨음이 드러났겠습니까?"하고 궤변을 늘어놓았고, 김일경도 "내가 지은 교문의 문구가 전하를 핍박하는 것이었다고 하시는데, 오해이십니다. 결코 그런 뜻은 없었습니다"라고 스스로를 변명하는 말을 내놓기 시작했습니다.

결국 김일경을 베고 목호룡은 옥중에서 죽은 것을 효시하는 것으로 끝을 냈습니다만, 저들을 포함한 무리들이 낼 대로 내놓은 소문 탓에 민심은 흉흉했습니다. 심지어 이듬해 1월에는 이천해라는 일개 군졸이 제 어가 행렬을 막아서더니만 "소급수가 무슨 말이오? 게장은 무슨 일이오? 세상에 어찌 그런 부도한 일을 할 수 있소? [······] 당신이 임금이오?"하며 폭언을 퍼붓는 일까지 생길 정도였습니다.

이런 민심을 이용하려는 무리들은 마침내 큰일을 내고 말았습니다. 제가 즉위한 지 3년째가 되던 무신년(1728) 3월, 김일경과 연이 닿아 있었던 이인좌^{李麟佐}라는 자가 충청도에서 난을 일으킨 것입니다. 난은 전라도와 경상도에서도 정희량, 이웅좌 등이 봉기하면서 순식간에 널리 확산되었으며, 청주성이 저들의 손에 떨어지고, 연인원으로 20만 명에 이르는 백성이 가담했을 만큼, 실로 병자호란 이래 최대의 난리가 되고 말았습니다.

그래도 여러 날이 지나지 않아 진압이 성공하고 이인좌, 정희량 등을 체포해 처형할 수 있었던 것은 반란의 수괴들이 준비가 부족한 채 서둘러 일을 벌였으며 난리 중에도 서로 손발이 맞지 않았던 덕분입니다. 하지만 자칫했으면 호남-호서와 영남의 반군이 한데 집결해 왕성을 향해 진군했을 것이고, 그렇다면 여러분이 아는 역사는 엄청나게 달라졌을 수도 있었습니다.

제게는 이 '무신년의 난리'가 오래도록 마음의 상처로 남았는데, 그 주모자들이 대행왕의 원수를 갚는다며 제가 황형을 게장과 생감으로 시해했을 뿐 아니라, 아예 제가 숙종대왕의 자식이 아니라고 주장하는 등 헛소문들을 퍼뜨렸기 때문입니다. 그들은 저뿐 아니라 제 어머니까지 욕보였던 것입니다.

그러나 저는 분노와 원한을 조용히 안으로 삭였습니다. 저 한 사람의 감정을 넘어서 이렇게 난리가 크게 일어나게 된 원인이 무엇인지 냉정하게 따져보려 했습니다. 제일 큰 원인으로는 아무래도 벌써 백년도 넘게 계속되면서 수그러들기는커녕 더 심해져만 가던 당쟁을 먼저 생각하지 않을 수 없었습니다. 그런 점에서 저는 부왕과 황형의 뜻을 이어 그분들이 하시던 대로, 어느 한 당파에 장기집권의 기회를 주지 않고 노론과 소론을 번갈아 집권시키는 방식으로 정국을 이끄는 것만으로는 부족하다고 생각했습니다. 정권이 교체되는 과정에서 많은 무리와 소요가 따르게 되고, 밀려난 쪽은 그 원한을 잊지 못해 기필코 정권을 되찾으려 이를 갈 수밖에 없으며, 집권당 역시 보복이 두려운 나머지 철저히 야당을 억압하려고 들기 마련이기 때문입니다. 이는 다시 더한 무리수와 원한을 품은 보복으로 이어질 수밖에 없습니다. 일찍이 부왕대의 몇 차례의 환국에서부터 제가 보고 겪은 노론 4대신의 독단과 그 최후, 김일경의 음모, 목호룡의 고변, 그리고 무신년의 난리 등은 다 그런 식으로 당파 사이에 증폭된 적대감과 상호불신의 산물이었던 것입니다.

저는 탕평을 제 필생의 과제로 삼아 어느 당파에도 확고한 힘을 실어주지 않고 각 당파에서 비교적 온건하고 합리적인 사람들을 모아 '탕평당'을 만듦으로써, 제가 중도적이고 선도적인 입장에서 정국을 이

끌어가는 지지기반으로 삼자고 구상했습니다. 그래서 저는 무신년 난리의 주도세력과 깊이 연관되어 있던 소론과 남인에 대해 숙청을 벌이지 않았습니다. 그들이 새 왕으로 내세웠던 밀풍군에 대해서도 용서하려고 했습니다. 결국 그것만은 열화와 같은 조정의 요구를 끝내 뿌리치지 못했지만….

사실 이 난리의 배후에는 황형의 둘째 부인이자 제게는 형수가 되시는 선의왕후 마마의 책동이 있었다는 의심을 품을 만했습니다. 이인좌 등에게 형수께서 밀지를 내렸다는 소문이 나돌았기 때문입니다. 하지만 저는 그것이 단지 헛소문일 뿐이라고 보았습니다. 아니, 그리 보기로 했습니다. 그래서 추국 과정에서 대비전과 관련된 추궁은 일체 하지 않았지요. 마마의 부친으로 함풍 부원군의 자리에 있던 어유귀魚有龜에 대해서도 난리 기간 중에 궁성 수호 임무를 맡기며 결코 의심하지 않는 뜻을 보였습니다. 사실은 어유귀가 그 사건에 앞서 저를 해하려 했던 행동을 했음을 알고 있었음에도 말이지요.

사신은 말한다. 신임사화辛壬士禍의 일을 외부 사람들은 모두 부원군 어유귀가 작용한 것이라고 한다. 대개 어유귀가 저위를 세울 때를 당하여 마음에 심히 불만스럽게 여겨 몰래 망측한 뜻을 품고 안으로는 필정과 박상검의 무리를 지휘하고 밖으로는 조태구·김일경·이진유·박필몽 등과 결탁하여, 무릇 뒤흔들고 위핍한 계획이 이르지 않는 곳이 없었다. 박상검의 일이 실패하게 되자 또 역적 목호룡을 사주하여 변서를 올리도록 한 그 사이의 정절은 임금이 동궁에 있을 때에 이미 환히 알고 있었다. 그래서 손형좌와 심정옥의 일에 대하여 끝까지 규명하려 들지 않았는데, 실은 옥사가 만연될 것을 염려한 것이니, 어유귀의 죄는 의안疑案을 면하기 어렵다. [……] 어유귀 형제는 과거에 고故 판서 김창협을 스승으로 삼았었다. 어유귀의 무리는 원래 명류名流가 아니었는데, 한갓 김창협의 문하에 출입하였다는 것만으로 사류에 낄 수가 있었다. 신임사화 때에 김씨를 장살한 일이 도리어 그 손에서 나왔으니, 그의 나라에 흉심을 품고 스승을 배반한 죄는 만 번 죽어도 속죄하기에 부족할 것이다. 그러나 시종 목숨이 살아남아 늙어서 집에서 죽었으니, 또한 어떻게 군흉의 마음을 복종시킬 수 있겠는가?

-『영조실록』 제5권. 영조1년 4월 29일.

제가 보기에 어유귀라는 사람은 경망스런 소인이라, 김일경과 한때 한패가 되어 저를 밀어내려 하였으나 나중에 제게 잘 보이기 위해 김일경의 자식에게까지 역률을 베풀어야 한다고 주장했던 사람입니다. 그런 사람 하나쯤 조정에 있으면 어떻고 없으면 어떻겠습니까? 김일경이라면 뭐가 쓰인 사람처럼 자기 목숨을 걸고라도 저를 해치려 할 사람이니 용납할 수가 없지만, 어유귀 같은 사람은 대접을 잘해주기만 하면 간도 쓸개도 빼서 바칠 시늉을 할 사람이니 굳이 그 허물을 드러내어 황형의 처가에까지 오명을 씌울 필요가 없었지요. 옛날 박상검에게 협력했던 내관, 나인들 역시 마찬가지로 대부분 그 죄를 모른체하고 놔두었습니다. 그런데 그것이 나중에 화근이 될 줄이야….

그렇게 정치 보복은 최소한으로 하며 최대한 관용을 베푸는 모습을 보였음에도 왕위 계승에 부정함이 있었다는 쑥덕거림은 끈질기게 이어져 내려갔습니다. 무신년의 난리로부터 무려 30년도 더 지난 뒤에까지, 그것도 제가 한때 총애했던 신하의 입에서 저는 또 그 말을 듣게 됩니다.

　신치운이라는 자가 있었습니다. 저보다 여섯 살 연하로, 제가 세제에 책봉되던 황형의 재위 첫 해에 과거에 급제해 벼슬살이를 시작한 사람입니다. 매우 총명하고 용모도 빼어났으며 옳다고 생각하는 일에는 굽히지 않는 강단과 패기마저 있어서 저는 일찍부터 그에게 감탄하며 언제고 함께 많은 일을 하리라 생각했었습니다. 제가 목호룡 사건 때 세제를 그만두겠다고 하고는 사람들의 접견을 거절했을 때는, 저를 찾아와서 끝까지 면담을 요청하고 다시 생각해보시라고 설득한 적도 있었을 만큼 저와는 은근한 교분이 있었지요. 다만 그는 소론에 속해 있었습니다. 그래서 노론의 정신적 지주인 송시열과 그 권상하를 비난하는 상소를 올려 여러 차례 물의를 일으킨 끝에 끝내 파직되었는데, 제가 보위를 이어받은 뒤로 다시 기용했습니다.

　그는 타협을 모르는 성정 때문에 빈번히 구설수에 올랐습니다만, 저는 재위 기간 내내 그를 감싸 주었습니다. 그 뛰어난 자질과 저와 일찍이 맺었던 친분은 물론, 출신 성분의 결함(그는 김자점의 일당이라 하여 효종대왕 때 역모 혐의로 처벌받은 신면의 자손입니다)으로 늘 뒤에서 손가락질을 받던 모습도 동병상련을 느끼게 했습니다. 그가 곧잘 삐딱하게 구는 성정이 문제이기는 해도, 잘만 이끌면 송인명이나 박문수 등과 함께 저를 도와 제 시대를 빛낼 탕평의 주역이 되리라 믿었습니다.

　그러나 워낙 말썽이 끊이지 않는 사람이라 중신들 사이에서 "이런 사람을 기용하심은 탕평이라는 정책의 대의를 스스로 훼손하시는 것입니다"는 말이 거듭 나오고, 심지어 성균관 유생들까지 신치운에게 벼슬을 주어서는 안 된다며 권당^{捲堂}, 요즘 말로 동맹휴업을 해버리는 지경이다 보니 아무리 그를 감싸려 해도 높은 벼슬에 오래 기용할 수는 없었습니다. 대사간의 자리를 맡겼다가 조정의 여론이 하도 악화되자 면직시키고 얼마 후 다시 승지로 기용했는데, 그러다 보니 현달하지 못하는 설움이 울분이 되고 그 울분이 저에게까지 미쳤던 모양입니다. 재위 말년에 일어났던 가장 중대한 역모 사건인 을해년(1755)의 '나주 벽서 사건'에 바로 신치운이 연루된 것입니다. 저는 기가 막힌 심정으로 국청에 나가, 여러 죄인과 함께 꿇어앉아 있던 신치운을 보았습니다. 그때 그의 나이가 쉰여섯. 옥으로 다듬은 듯했던 얼굴에 어느새 주름살이 잡히고, 칠흑 같던 머리도 백발이 되었으니, 그보다 여섯 해를 더 늙은 저로서는 세월의 무상함이 새삼 느껴져 가슴이 먹먹해졌지요. 그러나 곧 정신을 차리고 죄인을 심문했습니다.

"내가 너를 얼마나 아꼈거늘 내게 이러느냐?"

제가 힐문하자 그가 별안간 고개를 번쩍 들더니 저를 쏘아보며 이렇게 말하는 것이었습니다.

신치운이 말하기를,
"성상께서 이미 이처럼 저를 믿지 않으시니, 신이 모두 털어놓고 말씀드리겠습니다. 신은 갑진년(경종이 승하한 해)부터 게장을 먹지 않았습니다. 이것이 바로 신의 역심逆心입니다. 심정연의 흉서라는 것도 역시 신이 한 것입니다"
하니, 임금이 분통하여 눈물을 흘리고, 시위侍衛하는 장사들도 모두 마음이 떨리고 통분해서, 곧바로 손으로 그의 살을 짓이기고자 하였다.
-『영조실록』제84권. 영조31년 5월 20일.

의릉(懿陵). 경종과 그의 계비 선의왕후 어씨의 능이다. 서울시 성북구 석관동에 있다.

아아, 게장, 게장, 그놈의 게장! 수라조차 들지 못하신 채 나날이 야위어 가는 황형의 속을 달래드리려는 한 조각 마음이 저의 수십 년 멍에가 될 줄이야 어떻게 알았겠습니까. 저는 그 말을 그 사람의 입에서 듣는 순간 모든 것이 다 귀찮아졌습니다. 그 자리를 떨치고 나와 어디 산속에라도 숨어버리고 싶었습니다. 평생의 진심을 짓밟힌 저는 그 뒤로도 오랫동안 상처 입은 마음을 홀로 달래야 했습니다. 그렇습니다. 언제나처럼, 오직 홀로.

왕이 가야하는 길

사실 글줄깨나 읽었다는 사람들의 의심과 당파 의식을 깔끔히 지워 없애는 일은 근본적으로 불가능하다는 게 탕평을 계속 추구하던 제게도 거듭 실감나던 사실이었습니다. 그래도 할 수 있는 데까지 해야만 했지요. 무진년의 난리를 겪고 난 제게 필생의 과제로 재인식된 또 한 가지는, 바로 선비니 양반이니 하는 사람들이 아닌, 무지하지만 그만큼 순박한 민초들의 마음을 얻어야 한다는 것이었습니다. 물론 나라님이 부당하게 시해되었다는 인식이 촉매가 되었겠지만, 그들이 살기 편하고 생활이 윤택했다면 과연 수십만이나 되는 사람들이 반란군을 따라 곡괭이와 쇠스랑을 치켜들었을까요? 조정이 노론이니 소론이니 하며 쓸데없는 당파싸움에 세월을 보내는 동안 백성의 삶은 피폐해질 뿐이었고, 거기서 쌓인 불만이 이인좌 같은 사람들이 한번 불을 당기자 화르륵 하고 큰 불길로 치솟았던 것입니다! 따라서 작게는 황형이 물려주신 옥좌를 튼튼히 해 종묘와 사직을 반석 위에 올리고, 살아 있는 헌법으로서 왕의 책임을 다하여 백성을 편안하게 해주는 일, 이것이야말로 탕평 이상으로 중대한 저의 과제였던 것입니다. 개혁이 절실했습니다. 그것도 정말 실용적인, 백성들의 실제 생활에 도움이 되는 개혁이! 그것이 바로 황형이 말씀하신 바이며, 어머니께서 소망하신 바가 아니겠습니까?

제가 추진했던 개혁은 다음과 같습니다. 먼저 청계천 준설을 비롯한 각종 치수 사업이 있습니다. 웬일인지 여러분의 시대에는 치수 사업이라는 것이 그다지 인기가 없고, 오히려 불신의 대상이 되는 모양입니다만. 옛날에는 수해를 예방하고, 가뭄에 대처하며, 농사를 돕는다는 점에서 치수 사업처럼 제왕이 힘써야 할 주요 사업도 없었습니다. 오죽하면 옛 중국의 우禹 임금이 치수에 성공한 공로로 요와 순 임금의 뒤를 이어 천자가 되고, 하夏 왕조를 세울 수 있었겠습니까?

먼저 각 도의 둑을 정비해 가뭄에 대비하도록 한 조치는 보위에 오르고서 몇 달도 지나지 않아 바로 시행하였습니다. 그러나 제가 가장 공을 들어서 추진한 치수 사업은 청계천 준설이었지요. 당시 개천開川이라 불리던 청계천은 세종대왕 시대에 수로를 정비한 이래 수백 년 동안 관리를 하지 않다 보니 흘러든 오물과 토사가 쌓여 하천의 폭이 좁아져 있었습니다. 따라서 장마철에는 범람하여 민가에 피해를 주며 평소에는 전염병의 원천이 됨으로써 대대적인 준설이 절실한 실정이었습니다. 따라서 준설 사업에 대한 논의가 이미 선대왕부터 이루어졌으나, 큰 공사를 진행하는 데 소요되는 물자와 인력이 부족하고 "상당수의 민가를 철거해야 하는데, 백성을 위해 공사를 벌이면서 백성에게 폐를 끼치면 안 된다"며 여러 신하들이 소극적으로 나옴에 따라 계속 미뤄져 온 사업이었습니다. 결국 저로서도 왕권이 어느 정도 안정된 후기에 가서야 시작할 수 있었지요. 제 재위 34년째인 무인년(1758)부터 대소 관료들에게 청계천 준설의 가능성과 필요성을 질문하며 물밑 작업을 시작해서, 이듬해 10월부터 공사에 들어갔습니다.

> 임금이 명정전 월대에 나아가 준천 당상과 오부의 백성들을 소견하고 하교하기를,
> "도랑을 파내는 일절은 오직 백성을 위한 것이니 한번 호령하여 시행하는 데에 지나지 않으나, 이런 등속의 큰 역사는 즉위한 뒤에 처음 있는 일이다. 절목을 강정講定한 후에 음식이 달갑지 아니하고 잠자리도 편치 못하였으니, 역시 너희들을 위한 일이기 때문이다. 이것은 군사의 행진하는 것과 달라서 비록 내 친히 가래와 삽을 잡고 여러 사람을 용동聳動하려고 하나, 역시 마음대로 되지 않는다. 내년 봄에 비록 역을 시작하더라도 지금 미리 정리한 뒤에 이 일을 시행할 수 있을 것이다. [……] 만일 부관으로 하여금 미리 성책을 받을 것

같으면 부예^{部隷}와 임장^{任掌}들이 반드시 임의로 조종할 것이니, 너희들이 먼저 임장과 부예에게 곤욕을 받을 것이고 다음으로 나라의 역사^{役事}에 곤욕을 받을 것이다. 만약 분명히 깨우치지 아니하면 이것은 한갓 백성들을 저버리는 것일 뿐이 아니라 역시 오르내리시는 영령을 저버리는 것이다. 너희들은 역시 석년^{昔年}의 유민^{遺民}이니, 이 말을 들으면 어찌 감동하지 않겠는가? 너희들이 일하러 가고자 하는 자는 자원하여 해당 부에 성책하고 나에게 아뢰면 그 많고 적은 것을 보고 그 임금의 정성스럽고 정성스럽지 못한 것과 그 백성의 즐거워하고 즐거워하지 않는 것을 알 수 있다. 만약에 불편한 마음을 가졌다면 각기 생각한 바를 진달하고 억지로 따르거나 물러가지 말도록 하라" 하니, 백성들이 대답하기를,

"어찌 불편한 마음이 있겠습니까? 자원하여 성책하도록 하겠습니다"하였다.

-『영조실록』 제94권. 영조35년 10월 15일.

홍인지문 밖의 영도교 아래서부터 강바닥을 파내기 시작해서 돈의문 가까이의 송기교에 이르기까지 모두 5개의 구간으로 나누어 공사를 벌였습니다. 저는 이때 이미 나이가 예순 여섯이라 직접 몸을 쓰기 어려웠습니다만, 공사를 시작한 직후 현장에 친림하여 인부들에게 음식을 제공하고, 직접 가래를 잡고 물속으로 들어가 바닥의 모래를 파내는 시범을 친경^{親耕}하듯 해보였습니다. 그 뒤로도 여러 차례 현장에 나가 상황을 살피고 실무자들의 의견을 들었으며, 또 공사 과정에서 해당 지역에 임의로 집을 짓고 살고 있던 사람들에게 나라에서 새 집터를 찾아 집을 지어주도록 함으로써 백성의 불편이 최소화되도록 힘썼

습니다. 공사가 경진년(1760) 4월에 마무리되자 준천사濬川司를 설치하여 지속적으로 청계천을 관리하게 하고, 하천에 흘러드는 오물과 토사를 막기 위해 개천 양쪽에 나무를 심도록 했습니다. 모든 공사가 끝나고, 악취 나는 실개천에서 푸른 물이 넘실대는 당당한 하천 옆길의 나무들 사이를 지나보니, 절로 마음이 뿌듯해지고 편안해졌습니다. 많은 어려움이 있었지만 기어코 해냈으니, 돌아가서 황형을 뵐 때 조금은 자랑을 할 수 있으려나 싶었지요. 청계천은 정말로 제가 죽은 뒤로도 수십 년 동안 막힘없이 흐르며, 백성들의 그 물을 떠다 밥도 지어 먹고, 빨래도 하면서 평온한 일상을 누릴 수 있도록 힘이 되어 주었습니다.

한편 이렇게 말하는 사람도 있습니다. "국가가 뭔가를 해 주려고 애쓰기보다, 우리 것을 빼앗아 가지나 말았으면 좋겠다" 그런 면이 있지요. 정당하지 못한 정부는 강도나 마찬가지라고 누군가가 말했다던데, 특히 당시처럼 경제에 특별한 기술이나 제도가 많이 필요 없던 농업 사회에서는 국가가 이런저런 명목으로 뺏어가는 것만 줄여주면 그저 고마웠을지 모릅니다. 다시 말해서 세금을 줄여 주는 게 당시의 백성에게는 최대의 복지였을 것입니다.

그러나 당시의 세정은 백성들의 입장에서 결코 너그럽지 않았습니다. 아니, 너그럽지 않은 정도를 떠나 아주 악랄했지요. 전통에 따라 국가의 세는 토지의 소산 일부를 내는 전세田稅, 군역이나 공역 등 노동력을 제공하는 역役, 각 지역의 특산물을 내는 공납貢納으로 나뉘었으며 그 중에서도 가장 오랫동안 백성을 괴롭혔던 것이 공납이었습니다. 그러나 다행히 그 고통은 선왕들의 오랜 노력으로 대동법이 시행됨으로써 어느 정도 누그러져 있었고, 제가 즉위하던 시점에서 백성들이 가장 어려워했던 것은 역이었습니다.

우윤 이정제가 소를 올렸는데, 대략 이르기를,

"이제 양역良役(평민이 부담하는 나라의 부역)의 폐단을 논하는 자가 매번 말하기를, '폐단을 바로잡는 방책은 오직 1필의 군포軍布를 감하고 용도를 절약함에 있다'고 하는데, 그 말은 그럴 듯하나 실은 그렇지 않습니다. 대개 오늘날 수봉收捧하는 군포가 대략 70여 만 필인지라, 만약 반액으로 감한다면 35만여 필이 되는데, 국가의 경비를 반액으로 감하지 않는다면 반액으로 감한 군포로써는 결코 수용需用에 충당하기 어려워서 그 형세가 장차 부세賦稅를 더하는 데에 이를 것입니다. 2필의 수봉이 비록 무거우나 유래된 지 이미 오래 되었고, 부세를 더하는 폐단이 새로 생긴다면 온 나라 백성들이 모두 놀라서 장차 토붕와해土崩瓦解에 이르를 것이니, 오직 균역均役하는 한 가지 일만이 조금이나마 이 고질적인 폐단을 구제할 것입니다. 아! 온 팔도의 창생蒼生이 전하의 적자赤子 아닌 자가 없는데도 신역身役의 경중은 현저하게 같지 않은지라 그 경사京司에서 곧장 정해 주는 자도 있고 각 영문營門에서 사사로이 옹호하는 자도 있으며, 각역의 보인保人과 그리고 향교·서원·둔전·목장 및 각읍·각청에서 혹은 모입이라 일컫고 혹은 보솔保率이라 일컫으며 혹은 장인이라고 일컫는 자가 비록 군보보다는 많지 않으나 거의 4, 5분의 1, 2에 밑돌지는 않을 것입니다. 신역이 가벼운 자는 백 가지 계략을 내어 뚫고 들어가 몸을 마치도록 편안하게 지내고 신역이 무거운 자는 거의가 침탈을 입어 가산을 탕진하고 유리표박流離漂泊하다 죽으니, 성명聖明의 세대에 백성을 통제하는 법이 어찌 이럴 수가 있겠습니까?"

－『영조실록』 제14권. 영조3년 11월 2일.

국초에는 신역법身役法이 매우 엄하여 위로 공경公卿의 아들에서부터 아래로 일반 백성에 이르기까지 각각 소속되어 있지 않은 이가 없었습니다. 음덕蔭德이 있는 사람은 충순위나 충찬위에 예속되고, 음덕이 없는 사람은 정병正兵이나 갑사甲士가 되었으므로 민지民志가 안정되고 민역이 고르게 되었었습니다. 근래에는 세도世道가 점점 변하고 법망이 점점 해이해져서 사대부의 자제들은 이미 다시는 그 이름을 제위諸衛에 예속시키지 않았고, 향품鄕品의 냉족冷族들 또한 양반이라고 일컬으면서 신역을 면하기를 도모하게 되었으므로 이에 군역이 모두 피폐하고 의지할 데 없는 가난한 백성들에게로 돌아가게 된 것입니다. 피폐하고 의지할 데 없는 가난한 백성으로 날로 불어나고 달로 가중되는 군역을 충당시켰으니, 이 백성들이 어찌 날로 더욱 곤고하여져 지탱할 수 없는 지경에 이르지 않을 수 있겠습니까? 지금 백성들 가운데 양역에 응하는 사람들은 모두 기내畿內(경기도) · 삼남三南(충청도, 전라도, 경상도) · 해서海西(황해도) · 관동關東(강원도)에 있는데, 이 여섯 도의 민호가 모두 1백 34만인데 그 가운데서 잔호殘戶 · 독호獨戶 72만을 제하고 나면 실호는 겨우 62만입니다. 그런데 사부 · 향품 · 부사 · 서도 · 역자 · 치곤 등 양역에 의의擬議할 수 없는 사람들이 또 5분의 4나 되기 때문에 양역에 응하는 사람은 단지 10여 만 뿐입니다. 10여 만의 민호로 50만의 양역을 충당해야 하니, 한 집에 비록 4, 5인이 있다고 해도 모두 면할 수가 없습니다. 그리고 한 사람의 신포에 드는 비용이 4, 5냥의 돈인데, 한 집에 있는 4, 5인이 모두 들어 있을 경우 거기에 해당되는 비용은 20여 냥이 됩니다. 이들은 세업世業도 없고 전토田土도 없어 모두 남의 전토를 경작하고 있기 때문에 1년에 수확하는 것이 대부분 10석을 넘지 못하는데, 그 가운데 반을 전토의 주인에게 주고나면 남는 것이 얼마나 되겠습니까? 그것을 가지고 20여 냥의 돈을 판출할 수 있겠습니까? 비록 날마다 매질을 가하더라도 판출하여 바칠 수 있는 계책이 없기 때문에 결국에는 죽지 않으면 도망가게 되는 것입니다. 도망한 자와 죽은 자들을 또 그 대신으로 충당시킬 방법이 없기 때문에 이에 백골징포^{白骨徵布}(죽은 사람을 생존해 있는 것처럼 하여 군적^{軍籍}과 세부^{稅簿}에 강제로 등록하고 군포를 받아가던 일)와 황구첨정^{黃口簽丁}(생후 3일된 갓난아기까지 군적에 올려 세금을 거두었던 일. 본래 국법에서는 14세 이하의 소년은 군적에 올리지 않았다)의 폐단이 있게 되었으며, 따라서 징족^{徵族}·징린^{徵隣}(백성들이 관에 세금을 바치지 못할 때, 그 사람의 일가친척이나 이웃들에게 강제로 징수하던 일)하게 되어 죄수들이 감옥에 가득하게 되고 원통하여 울부짖는 것이 갈수록 심하여져 화기^{和氣}를 손상시키게 되었습니다. 이것이 양역을 변통시키자는 의논이 있게 된 이유인 것입니다.

－『영조실록』 제75권. 영조28년 1월 13일.

그리하여 백성이 져야 할 역을 줄이고, 고르게 하는 최선의 방법을 신하들과 논의하고 또 논의한 끝에 마침내 균역법이 시행된 것은 제 집권 후반기인 재위 26년째 되던 해(1750)였습니다.

그렇게 개혁을 한다고 해놓고 어떻게 실행할 때까지 20년이 넘는 시간이 걸렸느냐고 물으실 분도 많을 것입니다. 하지만 여러분의 시대와는 달리, 저의 시대에는 자그마한 것 하나 바꾸는 일에도 힘이 보통 드는 게 아니었지요. 특히 마음속에 사람보다는 글만 들어차 있는 '썩은 선비'들은 '대동법이니 균역법이니 모두 사서삼경에 나와 있지도 않고, 공자님도 주자님도 말씀하시지 않은 제도다. 어떻게 감히 옛 법을 고쳐서 듣도 보도 못한 새 법으로 바꾼단 말이냐?'라며 개혁을 결사적으로 반대하고는 했지요. '부모가 이룩한 일을 자식이 바꾸지 않는다'는 효 관념을 너무 곧이곧대로 지키려는 생각 역시 개혁을 막았습니다. 여기에 개혁으로 손해를 볼 기득권자들의 압력과 국정을 멀리 내다보기보다 당장 눈앞의 일에만 급급한 일선 관료들의 강짜 역시 개혁의 걸림돌이었습니다. 개혁의 논의 역시 일치하지 않아서, 양반에게까지 과감히 세를 매겨야 한다는 급진 개혁론에서부터 은결隱結(탈세를 위해 부정·불법으로 누락된 토지)을 찾아내고 부당하게 면제받는 경우만 잘 단속하면 된다는 온건 보수론에 이르기까지 다양한 의견이 부딪치며 좀처럼 의논이 끝나지 않았습니다.

그런 우여곡절을 거쳐 마침내 균역법을 제정하기에 앞서, 창경궁의 정문인 홍화문 누각에 올라 도성의 선비와 서민들을 두루 불러 모으게 했습니다. 그리고 그들에게 균역법의 취지를 설명하고, 의견을 기탄없이 이야기하게 했습니다.

> 임금이 홍화문에 나아가 양역의 편부를 묻고 임금이 대소 신료와 사서士庶 및 백성들에게 하유하기를,
> "아! '백성은 나라의 근본이니 근본이 튼튼해야 나라가 태평하다'고 성훈에 실려있다. 오늘날에 나라의 근본이 튼튼하다고 할 것인가 못할 것인가? 백성들이 편하다고 할 것인가 못할 것인가? 아! 양민은 지금 도탄에 빠져 있다. 옛날 이윤伊尹(중국 은나라의 재상으로 탕왕을 도와 폭군인 하나라의 걸왕을 멸망시키고 선정을 베풀었다고 한다)은 한 사람이라도 제 자리를 얻지 못하면 저자에서 매를 맞는 것처럼 부끄럽게 여겼다. 하물며 몇십 만의 백성이 바야흐로 못살겠다고 아우성인데 그

임금이 되어 구제해주지 못하고 있으니, 이 어찌 백성의 부모된 도리라 하겠는가? 아! 지금의 이 일은 하나는 열성조^{列聖朝}의 뜻을 본받으려는 것이고, 하나는 백성을 중히 여기려는 것이며 하나는 나라의 근본을 튼튼하게 하려는 것이다. 내가 임어^{臨御}한 지 30년 동안 익히 이 폐단을 알면서도 손을 쓰지 못한 것은 어찌 백성을 소홀히 여겨 그랬겠는가? 법을 경장^{更張}함에는 반드시 폐단이 따르게 되고 새 법은 또 묵은 법만 못하기가 쉽기 때문이었다. 아! 창백한 얼굴 흰 수염에 나이 또한 늙었다. 지금 하지 않으면 또 어느 때를 기다린단 말이며, 후일 무슨 낯으로 지하에서 열성조를 뵙는단 말인가? 한밤 중 생각해보면 아찔함을 깨닫지 못하겠다. 이에 대신과 여러 신하에게 명하여 좋은 대책을 강구하게 한 것이다. 하나는 호포^{戶布}요 하나는 결포^{結布}요 하나는 유포^{遊布}요 하나는 구전^{口錢}이다. 그러나 유포와 구전의 불편함은 지난번 궐문에 임하였을 때에 이미 하유하였다. 한편 결포는 간편할 것 같기는 하나 세를 더 부과시키는 인상을 주기 때문에 지금에 강구할 것은 호포를 호전^{戶錢}으로 바꾸어 실시하는 것이다. 이는 호포와 호전이 그 근원은 하나인데 경한 쪽을 택한 것이다. 무슨 법이건 처음에는 좋지 않은 것이 없으나 오래되면 폐단이 생기기 마련이다. 삼대^{三代} 때에 충후와 질실과 문채를 가감한 것도 모두 이런 뜻에서였다. 이제는 계획도 상세하게 검토되었고 두서도 이미 가려졌지만 공자가 말하기를, '일에 다다라서는 두렵게 여기고 계책을 충분히 검토하여 성취시킨다'고 하였으니, 두렵게 여긴다는 것은 조심하는 것이고, 계책을 충분히 검토한다는 것은 중지^{衆知}를 모은다는 뜻이다. 바야흐로 삼복의 더위를 맞아 또 백성 앞에 나선 것도 이러한 뜻에서였다. 아! 하늘이 굽어보고 조상들이 살피고 계시다. 내가 비록 성의가 얕고 덕이 모자라기는 하지만, 이번의 이 마음은 하늘을 두고 맹세할 수 있다. 순 임금이 순 임금다웠던 것은 두 끝을 절충하여 중간을 취했기 때문이다. 친히 물음에 있어서 나는 긍정도 부정도 하지 않겠다. 아! 우리 경사卿士와 군민軍民은 각자 소회를 다 말하고 물러가서 허튼 말을 하지 말라. 나의 솔직한 심정을 다하여 하유하노니, 모두 모름지기 다 알지어다"

하였다. 또 유생에게 하유하기를,

"너희들은 유생에게 호전을 부과하는 것을 불가하게 여길 것이나 위로 삼공에서부터 아래로 사서인에 이르기까지 부역은 고르게 해야 하는 것이다. 또 백성은 나의 동포이니 백성과 함께 해야 한다. 너희들 처지에서 백성을 볼 때에는 너와 나의 구별이 있을지 모르나, 내가 볼 때에는 모두가 나의 적자赤子인 것이다. 피차간에 어찌 애증이 다를 수 있겠는가? 내가 만일 잠저에 있을 때라면 나도 의당 호전을 내야 하는 것이다. 한 집에서 노비나 주인이 똑같이 호전을 내는 것은 명분을 문란시키는 일이라고 말하지만, 호戶가 있으면 역役이 있는 것이 상례이다. 또 양민은 오래도록 고역에 시달려 왔으니, 기어코 부역을 고르게 하고자 한 것이다. 이는 나의 뜻이 아니다. 이미 옛날부터 열성의 뜻은 간절하였지만 임금의 뜻을 받드는 신하가 없어서 지금까지 행하지 못했던 것이다. 이번에 변통하려고 한 것은 실로 백성을 위하려는 데서 나온 것이지 내 자신을 위해서가 아님을 너희는 이해하겠는가? 공자가 말하기를, '병兵을 버리고 먹을 것을 버릴지언정 신信은 못 버린다. 신이 없으면 서지 못한다'고 하였다. 내가 이미 한 필을 감하겠노라고 말을 하였는데 어떻게 백성에게 차마 실신失信이야 하겠는가?"

하였다. 유생 이봉령은 말하기를,

"호포와 결포가 모두 폐단이 있습니다. 더구나 지금은 역질이 요 임금 때의 홍수와 탕 임금 때의 가뭄 같으니 성상께서는 의당 애처로운 마음으로 더 돌보아야 하실 텐데, 도리어 온 나라의 백성을 전에 없던 새로운 역으로 바로 몰아넣고 계십니다. 성상의 뜻은 비록 백골의 징포를 없애려 하시지마는 앞으로의 폐단은 자못 더 심한 바가 있을 것입니다"

하고, 이규응은 말하기를,

"호전의 폐단은 앞으로 양역보다도 더 심할 것이니, 작은 폐단을 고치려다 큰 폐단을 낳게 할 수는 없습니다"

하고, 정양원은 말하기를,

"호전은 심히 불편합니다. 여러 궁가宮家의 절수折受를 억제하고 쓸데없는 잡비를 없애며 제번 군관除番軍官을 도태하고 은결을 찾아내는 것이 변통의 한 대책이 될 것입니다."

다른 유생들도 모두 호전은 시행할 것이 못된다고 말하니, 임금이 방민坊民에게 들어와서 소회를 아뢰라고 명하였다. 방민들은 호전이 편하다고 말하는 자가 많았는데, 이후배란 자가 나서서 말하기를,

"방민들이 모두 거짓을 말하고 있습니다. 밖에서는 입술을 삐쭉거리면서 불평하다가 엄위嚴威 아래 나서자 황공하여 편하다고 말하니, 이러한 백성은 모두 죽여야 합니다."

-『영조실록』제71권. 영조26년 7월 3일.

이제 균역의 입법은 확정했으되 구체적으로 어떻게 할 것인지 정하는 일이 남았는데, 저는 일찍이 세종께서 널리 백성의 의견을 조사하

여 공법貢法을 정했던 사례를 본받아 백성이 더 선호하는 쪽을 따르려고 했습니다. 본래 선택지는 넷으로, 호포戶布, 결포結布, 유포遊布, 구전口錢이었습니다. 유포제는 역을 면제받던 양반들에게도 군포를 물리는 제도로 어찌 보면 균역의 이상에 가장 맞았으나, 양반들의 반발이 불길 같을 것이라 포기했습니다. 사람 개개인에게 매기는 구전제 역시 양반과 상인常人을 막론하고 모두 공평하게 세를 부담하는 것인데, 역시 양반들의 반발이 심해 제쳐두고, 호포제와 결포제 둘 가운데서 더 나은 쪽을 고르라 했습니다.

호포제는 집(호)마다 군포를 부과하는 것으로 구전제와 비슷해 보이지만 흥부네 집처럼 가족이 많은 집에게 상대적으로 유리한 셈이었고, 결포제는 농지를 보유한 규모에 비례해 내도록 하는 것으로 가난한 집에 유리했습니다. 그러고 보면 결포제가 더 서민들의 마음에 들 것 같은데, 여론은 호포제를 선호했지요. 왜 그랬는지는 정확히 모르지만 결포제로 가면 지주들의 눈을 피해 일구던 은결이 드러날까 꺼렸는지도 모릅니다. 아무튼 어느 쪽을 선택하더라도 양반에게도 역의 부담을 지우게 될 터인데, 그래서 양반들은 오랜만에 노론과 소론, 관리와 유생을 가리지 않고 대동단결하여 호포제와 결포제에 모두 반대했습니다. 이들은 "박문수가 서민들에게 호포제가 좋다고 하라고 강요하여 여론 조작을 시도했다더라" "임금 앞에서만 좋다 하면서 뒤에 가서는 딴 소리를 하는 게 상놈들이다" 따위의 소문까지 퍼뜨리며 균역법 제정을 막으려 안간힘을 썼습니다. 두 차례에 걸친 홍화문에서의 여론 조사에서 양반들의 그런 자세가 역력히 드러나자, 저는 신료들과 지방에서 불러 모은 향리, 군졸들을 대상으로 따로 책문策問을 실시해 물어보았습니다만, 역시 어느 쪽이든 한사코 반대함을 알게 되었습니다. 저는 한심해서 미칠 것 같았습니다만, 나랏일의 실무를 맡고 있는 자들이 저리도 결사반대하는 일을 아무리 임금이기로 밀어붙일 수는 없는 노릇이었습니다. 애초에 세종대왕처럼 각지를 다니며 여론을 조사하지 않고 궁궐에 사람들을 모아 물었던 까닭도 조사 실무자들이 내용을 조작할 가능성을 염려했기 때문이었으니까요. 세종대왕 시절보다 왕권이 약화되고, 사람들의 이악스러움은 강해졌음을 인정해야 했습니다. 그리고 마침내 시행한 균역법은 근본적인 개혁은 뒤로 미루는 대신 일단 백성의 고통을 줄이는 목적을 갖고 있었습니다.

> "정섭靜攝 중에 재차 궐문에 임한 것이 그 성의는 비록 보잘것없지만 그 뜻만은 백성을 위해서였다. 당초의 뜻은 양민의 괴로움을 없애주고 싶어 대동大同의 정사를 행하려던 것이었으나 거리낌이 있어 감필減正에 그치고 말았다. 아! 옛날의 성의聖意를 받들어 양민을 구제하려 하였는데, 이도 또한 중지하면 이는 백성을 속인 것이다. 어찌 백성뿐이랴? 나의 마음도 속이는 것이다. 창백한 얼굴로 늙은 만년에 어찌 차마 이런 짓을 할 수 있으랴? 후일 무슨 낯으로 지하에 돌아가서 선왕을 뵐 수 있겠는가? 이번 이 일은 나라의 대사였다. 당초의 하교를 여러 신하 이하 모두가 수수방관하였으니, 매우 한심스러운 일이다. 비변사로 하여금 날마다 본사에서 회합하고 전심으로 강구하여 어공御供에서부터 경외의 긴요치 않은 지출에 이르기까지 민역에 보탬이 될 만한 것은 함께 자세히 검토하여 만년에 백성을 위하려는 나의 뜻에 부응하게 하라."
>
> ─『영조실록』 제71권. 영조26년 7월 3일.

백성들이 부담하던 군포 2필을 1필로 줄이고, 그 부족분은 일단 왕실 소유의 궁방전들에서 거둔 것과 어세, 염세 등의 잡세로, 그리고 양반 중에서 약간 글공부만 하고서는 양반입네 특권을 주장하고 있던 유학幼學들과 보유 농지가 많은 부농들에게 '선무군관'이라는 명칭을 주고 대신 거둬들인 군포로 충당하기로 한 균역법 최종안. 그것은 왕실과 일부 양반층의 고통 분담을 통해 백성의 부담을 덜었다는 의미는 있었지만, 호포제든 결포제든 근본적인 개혁은 미루고 만 미완의 개혁으로 남고 말았습니다. 저는 참담한 심정에서 "백성을 속이는 일"이라고까지 표현했습니다만, 현실의 선에서 최선을 다했다는 것으로 만족해야 했습니다.

그래도 이런 미흡한 개혁에도 저항은 만만치 않아서, 원성이 끊이지 않자 주위의 대신들도 옛 법으로 돌아갈 것을 권하는 지경이었습니다. 그러나 저는 단호히 거절했습니다. "나라가 망해도 이 법은 개혁하지 않을 수가 없다!"

> 이를 시행한 지 반년 만에 원망과 비방이 사방에서 일어나 상서하여 불편함을 말한 것이 날마다 공거公車로 모여들게 되었다. 대저 군관은 여러 해 동안 한유閑遊하던 나머지 갑자기 징포徵布당하기 때문에 원망하게 된 것이며, 수령은 은결을 자수한 뒤 사용私用이 궁핍하기 때문에 원망하는 것이며, 해민海民은 정해진 세금이 조금 가벼워져 혜택이 진실로 컸지만 중간에서 이익을 얻던 자들은 모두 거개 그 이익을 잃었기 때문에 원망하게 된 것이다. [……] 신미년 5월 영의정 김재로가 상소하기를, '각처에 분정한 것은 혁파하지 않을 수 없고 어염과 군관에 관한 것은 이정釐正하지 않을 수 없습니다' 하였고, 또 연석

筵席에서 아뢰기를, '고친 법에서 도리어 한없는 폐단이 속출되고 있으니 도로 옛 법을 보존시키는 것이 나은 것이 되는 것만 못합니다' 하니, 대조께서는 '나라가 비록 망한다고 하더라도 결코 백만의 군민에게 신의를 잃을 수 없다'고 하교하셨다.

-『영조실록』 제75권. 영조28년 1월 13일.

결국 문제는 양반이었습니다. 옳지 않은 일은 목에 칼이 들어와도 하지 않는 '선비'는 국가의 원기元氣이지만, 특권에 집착하고 변화를 거부하는 '양반'은 국가의 암과 같은 것. 그 중에서도 가장 잘난 양반들이라는 문벌들은 나라와 백성을 위해 이바지하기는커녕 허구한 날 당파 싸움으로 세상을 피곤하게 했을 뿐이었습니다! 천한 여인의 몸에서 태어난 저는 제 생애에 신분의 차별을 없애고 싶었습니다만, 힘이 부족함을 알고 하다못해 천한 신분의 멍에를 평생 안고 살아야 하는 사람들만이라도 줄여보자고 생각했습니다. 그래서 나온 것이 '노비종모법'입니다. 노비는 분명 양반이나 상민과 똑같은 사람이건만, 평생 힘들게 일해야 할 뿐 아니라 마치 가축처럼 매매되고 물건처럼 상속되는 슬픈 존재였습니다. 아이를 낳아도 먼 곳으로 시집가는 주인의 딸에게 딸려 보내거나, 주인이 빚을 갚느라 팔아버리면 졸지에 생이별을 해야 했으니, 인정을 무엇보다 중시했던 조선의 어두운 그림자였지요.

경기도 암행어사 김상성이 복명하니, 임금이 인견하였다. 김상성이 음죽 현감 김도언의 매우 법에 어긋난 실상을 진달하니, 임금이 먼저 파면하고 뒤에 잡아오기를 명하였다. 김상성이 군역과 인족隣族의 폐해를 통절히 진달하고 이어 금년 이후로는 모든 종의 양처良妻 소생은 공천^{公賤}·사천^{私賤}을 막론하고 모역^{母役}에 따르게 하여 양정^{良丁}의 수

효를 늘릴 것을 청하므로, 임금이 대신들에게 하문하니, 우의정 조문

명이 힘주어 찬성하였다. 전교하기를,

"어사의 진달한 바를 들으니, 양민의 날로 줄어든 폐단이 오로지 여

기에 연유한 것이다. 사소한 폐단 때문에 대체^{大體}를 소홀히 할 수는

없는 일이니, 금년부터 소생은 영갑^{令甲}으로 정하여 공천·사천을 막

론하고 모역에 따르게 하라."

−『영조실록』제28권. 영조6년 12월 26일.

노비종모제^{奴婢從母制}는 부모 가운데 어머니가 노비일 때 자식이 노비
가 된다는 것으로, 태종대왕 시절 시행한 종부제와는 반대였지요. 그러
나 세종 때 종모제로 바뀌었다가, 중기 이후부터는 일천즉천^{一賤則賤}이라
해서 부모 가운데 하나만 노비이면 자식은 모두 노비가 된다는 규정이
행해졌습니다. 그러다 보니 세금을 내고 병역을 담당할 양인은 점점
줄고 노비의 숫자만 갈수록 늘어나게 되어 사람은 있으되 백성이 없는
지경까지 되고 말았습니다. 이 또한 자신들의 '재산'을 늘리려는 양반
들의 탐욕에서 비롯된 결과였지요.

그래서 종모제로 다시 개혁한 것인데, 사실 종부제에 비하면 노비
가 되는 비율이 많은 제도였습니다. 당시 사회 풍토상 한 남자가 여러
여자를 아내 또는 첩으로 삼을 수 있었으니까요. 또한 장차 노비제도
를 아예 없애는 길로 가야 하지 않았을까요? 저도 그리 생각했습니다.
사실 어머니의 출신으로 겪은 설움이 백발이 되어서까지 사무쳤던 저
이니 만큼 좀 더 진전된 개혁을 내놓고 싶었습니다. 하지만 그것은 자
칫 신분제도 자체를 뒤흔들 수 있을 만한 무게를 지녔기에 함부로 도

모할 수 없었습니다. 이미 국초부터 "노비 또한 사람이거늘 어찌 짐승이나 물건처럼 대한단 말이냐"라는 이상론에 맞서 "사람은 다 사람이나 직무의 귀천이 있을 수밖에 없고, 선비가 손수 허드렛일을 하느라 나라와 백성을 위한 공부를 소홀하게 할 수는 없다"는 알량한 논리가 언제나 정론처럼 승리를 거두었던 것입니다.

그래서 어떤 사람들은 '자식이 어미의 신분을 따른다면 지금 임금은 어찌된담?'하는 비아냥거림을 예상하면서도, 저는 종모제를 시행하고 아버지만 노비였던 사람들을 양인으로 돌림으로써 적으나마 노비의 운명을 뒤집어쓸 사람들을 줄이는 개혁을 했던 것이죠. 명분은 나라를 위해 양인의 숫자를 확보해야 한다는 것이었으나, 제 마음은 불행한 운명을 타고난 사람들에 대한 안타까움과 죄스러움에 젖어 있었습니다. 그래서 제도적인 틀 밖에서도 노비들의 사정을 챙기려고 애를 썼습니다.

> 순제군 이달이 '도망한 노비를 추심하다가 사람을 죽여 우물 속에 집어넣었다'고 형조에서 논계하였다. 임금이 말하기를,
> "사람의 목숨은 중한 것이다. 세상 사람들이 '종친은 물금첩勿禁帖(무슨 짓을 해도 체포하지 말라는 명령장)을 가지고 있다'고 한다지만, 어찌 이렇게 잔인할 수 있단 말인가?"
> 하고, 귀양 보내라고 명하였다.
> -『영조실록』제109권. 영조43년 7월 29일.

자신이 소유한 노비의 생사는 주인 마음대로라는 불문율이 당시 존재했고, 더구나 종친의 비리는 나라에서 웬만하면 눈감아 주는 것이

통례였지만, 저는 이런 처분을 통해 '노비도 사람이다!'라는 목소리를 방방곡곡에 전하려고 했던 것입니다.

이 밖에 전가사변율全家徙邊律(본래 죄인을 가족과 함께 국경 근처 변방에 옮겨 살게 한 정책으로, 세종 때 4군 6진 개척 이후 지역 거주민이 부족하자 삼남지방의 백성들도 강제로 옮겨 살도록 했다)은 세종 시절에 북방의 인구를 늘리려고 남쪽 백성들을 강제로 북방에 이주시키는 법률이었는데, 잘 살고 있던 고향을 떠나 척박하고 황량한 고장에서 살라고 강제하는 법률이라 원성이 그치지 않았으므로 제가 결단을 내려 폐지했습니다. 또 팔뚝이나 이마에 문신을 새기는 자자형刺字刑, 범죄 혐의자를 심문할 때 해하던 악독한 고문인 낙형烙刑, 압슬형壓膝刑 역시 폐지했지요. 그리고 이미 죽은 죄인에게 사후에 추가로 벌을 내려 유족들을 괴롭히던 관행도 폐지했습니다. 앞서 이야기했지만, 양반이 일반 백성의 집을 빼앗는 악습을 엄히 단속한 일도 제 대에 이루어진 일입니다.

이처럼 몇몇 경우에는 '절반의 성공'에 그친 감이 있지만, 조선 임금 중 가장 오래 재위했다는 기록에 부끄럽지 않게 나라와 백성을 위하는 개혁을 임기 중에 많이 이뤄놓은 편이므로 황형께 부끄러움이 좀 덜 할 수 있게 되었습니다. 자화자찬인 것 같습니다만, 당시 개혁의 성과를 제 다음 시대에서 평가한 예를 보아도 제가 나름대로 노력했음을 아실 것입니다.

> "영종(영조)대왕이 나라를 다스린 52년 동안 백성에게 은혜를 베푼 정사가 헤아릴 수 없을 정도로 많다. 그 중에는 여러 세대를 거치면서도 고치지 못한 고질적인 폐단을 혁파한 일도 포함된다. [……] 그 밖에도 각종 폐단을 개혁한 정사가 매우 많다. 영종의 깊은 사랑과

은택이 백성들의 골수에까지 스며들어 사직의 장구함이 실로 그에 힘입었으니 아, 거룩하도다!"

－성대중, 『청성잡기』

"우리 영종대왕은 노비법과 군포법을 고치고, 한림천법도 고치셨다. 이것은 모두 천리에 합당하고 인정에 화협하여, 사시가 변하지 않을 수 없는 것과 같았다. 그런데 그때 회의하던 신하들의 발언이 뜰에 가득했고, 기세를 올려 힘껏 간하여 임금의 소매를 잡아끌고, 대궐 난간을 부러뜨리던 옛사람의 일을 본뜨고자 한 자가 있기까지 하였다. 그러나 그 법을 시행한 지 오랜 후인 지금 그 즐거움을 누릴 수 있으며, 그 덕분에 비로소 백성의 뜻이 조금 안정되었다. 만약 임금이 근거 없는 논의에 의혹되어서 시일만 보내고 끝내 고치지 않았더라면, 그 법의 이해득실은 마침내 천고에 밝혀지지 않았을 것이다. 영종께서 균역법을 제정할 때에 저지하는 자가 있었는데, 영종께서 말씀하기를, "나라가 비록 망한다 하더라도 이 법을 고치지 않아서는 안 된다" 하셨다. 아아! 이것은 대성인^{大聖人}의 정대한 말씀이다. 시속^{時俗} 임금으로서는 꿈에도 입 밖에 낼 수 없는 말이 아니었던가!"

－정약용, 『경세유표』

성대중과 정약용은 모두 제 손자인 정조대의 사람이었고, 특히 정약용은 여러분도 잘 아시는 남인 출신의 대학자요 경세가였습니다. 그에게 이처럼 아낌없이 극찬을 받은 일은 역시 남인 출신인 목호룡이나 이인좌 등에게 임금 자격을 인정받지 못해 얻은 제 마음의 상처를 어느 정도 달래주고 있습니다.

문득 생각납니다.

전에는 꿈을 종종 꿨습니다. 황형과 함께 막대기를 들고 뛰놀던 때의 꿈을. 백발이 성성해지고 뺨에 저승꽃이 만발한 나이가 되어서도 그런 꿈을 꾸곤 했습니다. 그런 무구한 시절이야말로 제 생애에 가장 아름다웠던 시절, 다시는 오지 않을 시절이었기 때문일까요? 아니면 그 시절에 모든 것이 시작되었고, 저는 그때부터 저도 모르게 태산처럼 무거운 책임의 자리로, 또한 살벌하고 잔혹한 투쟁의 자리로, 차츰 차츰 다가가게 되었기 때문일까요?

아무튼 이제는, 이곳에 온 뒤부터는 꿈을 꾸지 않습니다. 이곳에서는 더 이상 잠을 자는 일이 없으니까요. 그리고 때로는 그 시절 자체가 하나의 꿈이 아니었을까 하는 생각마저 들곤 합니다.

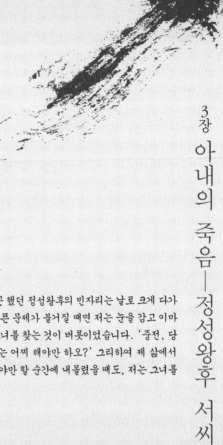

3장 아내의 죽음—정성왕후 서씨

"풀리지 않는 난제가 있을 때면 찾아가곤 했던 정성왕후의 빈자리는 날로 크게 다가왔습니다. 국정이든 집안일이든 골치 아픈 문제가 불거질 때면 저는 눈을 감고 이마에 내 천 자를 그린 채로, 마음속으로 그녀를 찾는 것이 버릇이었습니다. '중전, 당신이라면 뭐라고 하시겠소? 이럴 때 나는 어찌 해야만 하오?' 그리하여 제 삶에서 어쩌면 가장 잔혹하고 피로운 선택을 해야만 할 순간에 내몰렸을 때도, 저는 그녀를 생각했습니다."

한 마디 말이 빚은 비극

이번에 들려드릴 이야기는 대부분 부끄러운 이야기입니다. 제가 인정하고 싶지 않지만, 대부분 인정할 수밖에 없는, 그러나 솔직하게 말씀드릴 수밖에 없는 이야기를 주로 하겠습니다.

앞서 말씀드렸듯, 저는 열한 살에 혼인을 했습니다. 신부는 저보다 한 살 많은 열두 살이었고요. 친정인 서씨 집안은 명문대가라고는 하기 어려웠습니다. 제 장인인 서종제徐宗悌는 군수였고, 서종제의 아버지는 장례원에서 정6품인 사평까지 지냈다 하니 말이죠. 그래도 먼 조상으로 거슬러 올라가면 자랑할 만한 집안이었습니다. 고려시대에 이미 명문의 반열에 들었고(그렇게 보면 우리 이씨 왕실보다도 급이 높았다고 하겠지요), 조선조에서는 당대 최고의 문장가이며 조선 전기의 명신 가운데 한 사람이었던 서거정徐居正이 제 부인의 9대조 직계 조상이었습니다. 그 뒤 판중추부사를 지낸 5대조 서성徐渻까지 가문의 위세를 이었습니다만 그 다음부터는 자손들의 버슬 운이 그리 신통치 못했던 셈이지요. 하지만 의식은 풍족했으며, 제 아내는 남부럽지 않은 생활을 하며 곱게 자라고 넉넉히 배운 몸으로 제게 시집왔습니다. 그런데 그 점이 그만 처음부터 저의 못난 성정과 어긋나고 말았습니다.

혼인 첫날밤이었습니다. 저는 아직 음양의 도를 모르는 풋내기 소년이었습니다만, 그래도 남녀의 차이는 듣고 짐작한 게 제법 되었습니다. 어쩌다 안뜰에서 일하는 종년의 허연 다리라도 보는 날이면 괜스레 하루 종일 마음이 싱숭생숭해지던 때였습니다. 연지 곤지 곱게 찍고 색색의 옷을 입고 제 앞에 날아갈 듯 앉아서 고개를 숙이고 있는 소녀를 보자, 가슴이 두근거리고 절로 입가에 미소가 어리는 것을 어쩔수가 없었습니다. 하지만 이제 뭘 어떻게 하는 거지? 저는 공연히 예복자락의 주름만 접었다 폈다 하고 있었고, 각시도 고개를 숙이고 앉은그대로 돌이라도 된 양 잠잠하여 시간만 속절없이 흘렀습니다.

이러다간 날이 새겠다. 아니 화촉 불이 다 꺼져버리겠다 싶었던 저는 그제야 조심스럽게 각시에게 손을 뻗었고, 용기를 내어 넓은 소맷자락 속에 숨겨진 작고 부드러운 손을 덥석 잡았습니다. 각시는 흠칫했지만 손을 빼지는 않더군요. 저는 가능한 가장 환한 미소를 지으려노력하며, 잡은 손을 어루만지면서 첫마디를 꺼냈습니다.

　　"낭자, 아, 아니, 임자…. 손이 무척이나 곱소이다"
　　"…아닙니다. 놀리지 마시옵소서"
　　"정말이오. 내 비록 여인네의 손을 잡아본 건 이번이 처음이오만, 이렇게 하얗고 부드러운 손은 처음이오. 어쩌면 이리도 고우시오?"
　　"귀한 집에서 자라다 보니 그런가 봅니다"

어색함을 깨보려 붙인 제 말에 첫날밤 색시로서는 수줍음과 설렘을담아 보낸 화답이었겠습니다만, 저는 그 순간 눈앞에서 벼락이 번쩍한것 같았습니다. 등을 꼿꼿이 펴고, 자기 쪽으로 은근히 기울이고 있던몸을 뒤로 빼버리는 신랑의 서슬에 그녀도 그만 수줍음도 잊고 놀란토끼눈으로 저를 똑바로 쳐다보았습니다. 그 눈과 오뚝한 코, 그린 듯한 입매가 뛰어난 자색이라는 생각이 순간적으로 스쳤습니다만, 제 가슴을 순식간에 뒤덮어버리는 감정은 당황스러움이었습니다. 당황스러움은 이내 노여움으로 바뀌었고, 저는 그녀를 외면하고 잠시 부들부들 떨다가 급기야 훌쩍 떨치고 일어서고 말았습니다.

영문을 모른 채 저를 쳐다보고만 있는 그녀에게는 이 한 마디를 던지고, 저는 신방의 문을 박차고 나와 버렸습니다.

"귀한 집안 출신이시라 좋겠구려"

네, 그렇습니다. 치졸한 행동이었습니다. 지금도 그때를 떠올리면 얼굴이 화끈거립니다. 저는 겨우 열한 살의 소년이었지만 영혼 깊이 제 출신에 대한 열등감이 촘촘히 꿰매져 있었던 것이며, 그 열등감에 그만 자제력도 무엇도 날려 버리는 피보라가 마음속에 솟구쳤던 것입니다. 그녀의 다소곳한 성정과 아리따움조차 저를 놀리고 업신여기는 색깔과 향내인 듯 여겨졌습니다. 어이없이 첫날밤 소박을 맞힌 다음날에는 벌써 그녀에 대한 미안함과 제 자신의 철없음에 대한 창피함이 들었지만, 저는 그럴수록 더욱 그녀를 외면했습니다. 어머니께 어디까지나 공손하고 상냥하게 대하는 모습조차 역겨운 위선처럼 느껴졌습니다. 그리하여 제 평생의 반려자여야 할 그 여인은 영영 '버림받은' 여인이 되고 말았습니다. 그녀는 연잉군의 처인 달성군부인으로서, 세제빈으로서, 또 중전으로서 제 곁을 계속 지켰습니다만 그뿐이었으니까요. 그녀는 자식을 낳지 못했습니다. 사실 낳을 수가 없었지요. 제가 그녀를 평생 석녀 아닌 석녀로 만들었으니 말입니다.

첫날밤에 말실수 한 번 했다고 어찌 그리 가혹할 수 있었냐고요?

그게 그렇습니다. 당시에는 어차피 코흘리개 시절이었죠. 아직 어린 제게 그녀는 '촌에서 왔다고 은근히 무시하는 티를 내는 부잣집 소녀'처럼 얄밉고도, 마냥 심통만 부리고 싶은 존재였습니다. 그래서 외면하며 지내다보니, 이듬해부터는 엄격한 스승 밑에서 본격적인 공부를 시작해 자연히 그녀와는 거리를 유지했습니다. 그렇게 몇 년이 지나고 나니 그녀는 제게 '가까이하기 어려운 여자 동료' 비슷한 존재로 남았던 것이죠.

부담 없는 여인

처음 제가 정을 주고받은 여인은 나중에 정빈靖嬪으로 봉해지는 이씨 성의 동갑내기 소녀였습니다. 그녀는 형님이 계시는 동궁전에서 잡일을 맡아보던 무수리였는데, 형님을 뵈러 출입하다 보니 자연히 자꾸 눈에 띄었습니다. 그녀를 보는 제 눈빛이 예사롭지 않은 것을 알아차리신 형님이 웃으시며 "다리를 놓아주랴?"하셨고, 그리하여 어찌어찌 둘만의 담화를 나누게 되고 남자와 여자 사이가 되고 말았습니다. 그녀는 아주 천한 집안에서 자라지는 않았고 가난 때문에 궐에 들어온 경우였는데, 제 어머니와 비슷하구나 싶었지요. 힘들게 일하면서도 늘 웃음을 잃지 않고, 제 처인 서씨에 비하면 무식하여 때로는 답답하게도 보였습니다만 그만큼 대하기에 부담이 없고 유쾌했습니다. 그래서 저는 제게 정해진 여인, '귀한 집안 출신'의 재녀가 아닌 어머니처럼 보잘것없는 출신의 평범한 여인의 품에서 진정한 '첫날밤'을 치렀던 것이지요.

그 뒤로 이씨와의 만남은 정해진 틀을 넘어서 이어져갔고, 저는 어리석게도 언제까지나 그럴 수 있다는 듯 생각했습니다. 마냥 봄날이었다고 할까요. 하지만 결국 아바마마에서부터 조정 중신들, 어머니와 그 사람까지도 모두 알게 될 때가 왔습니다. 이씨의 배가 불러오기 시작했으니까요. 당연히 어머니께서는 몹시 화를 내셨지요. "그토록 입이 닳도록 일렀거늘, 자숙해야 할 입장임을 정녕 모른단 말이오? 이제 대궐 사람들을 어찌 보며, 또 하필 세자저하의 아랫사람이라니, 저하를 어찌 보겠소? 저 착한 아이는 또 어찌하라고?"

저는 고개를 숙이고 입이 백 개라도 할 말이 없다는 듯 나 죽었소, 하고 있었습니다만, 그 와중에도 어머니 곁에서 말없이 담담한 표정으로 앉아 있는 아내가 밉다는 생각이 들었습니다. 말도 안 되는 말인 줄 알면서도, 마치 저 사람이 투기를 한 나머지 어머니께 속살거려서 이처럼 혼이 나고 있는 것만 같았지요. 어머니는 며칠 동안 저를 쉬지 않고 야단치셨지만, 부왕께서는 별 말씀이 없으셨습니다. 다만 저를 보는 표정에서 '너도 무수리더냐?' 하시는 듯했는데, 저의 착각이었는지 모르겠습니다. 황형께서는 자칫 일이 이상해지지 않게 잘 주선해주셔서, 이씨는 부푼 배를 안고 궁을 나와 정식으로 저의 작은집으로서 함께 살게 되었습니다.

이렇게 아무 탈 없이 제 불장난이 마무리된 줄 알았습니다만, 나중에 들어보니 이 일로 신하들 사이에서, 심지어 노론 대신 가운데서도 '연잉군은 음탕하다'는 평판이 퍼지게 되었다고 합니다. 마침 그 무렵에 세자 교체까지 논의했던 이이명과 아바마마의 독대가 있었는데, 어쩌면 그런 평판 때문에도 세자 교체까지 가지 않았다는 이야기가 있습니다.

그러나저러나 이듬해 저의 첫 아이인 귀여운 딸이 태어나, 비록 황형의 대리청정 등을 둘러싸고 어두운 구름이 피어나기 시작하는 와중에서도, 저의 기분은 가벼울 수 있었습니다. 그러나 나중에 화억옹주和

億翁主라는 칭호를 붙여 준 그 아이는 오래 살지 못했으며, 돌도 되기 전에 그만 슬피 우는 어미의 품에서 숨을 거두고 말았습니다. 저도 몹시 슬펐지만 당시에 어린애가 일찍 죽는 일은 왕가에서 민가까지 흔한 일이었으니, 천명이니 너무 애끊지 말라고 정빈을 위로할 수밖에 없었죠. 그것이 제가 앞으로 지겹도록 종종 맞이하게 될 제 피붙이들과의 영별, 그 첫걸음일 줄이야. 그때는 어찌 알았겠습니까만.

정빈은 그 해에도, 다음 해에도, 또 그 다음 해에도 아이를 낳아 주었습니다. 두 번째는 역시 딸아이였고 화억만큼도 살지 못하고 죽어서 나중에 칭호조차 붙여주지 못했습니다. 하지만 그 다음으로 낳은 자식은 사내아이였으니, 저는 동생 연령군延齡君이 앓다가 결국 세상을 떠나고 다시 어머니마저 세상을 떠나시는 참척慘慽(자손이 부모나 조부모보다 먼저 죽는 일) 가운데서도 마음의 위로를 얻을 수 있었습니다. 이처럼 계속 아이를 생산하는 정빈. 그녀에 대한 저의 정분이 얼마나 두터웠는지는 미루어 짐작하실 것입니다. 우리의 정분과 연달아 맺어지는 결실. 그것을 지켜보는 세 가지 시각이 있었습니다. 부왕과 어머니의 감출 길 없는 기쁨의 시각, 김일경 등 일부 소론 강경파의 초조함과 증오의 시각, 그리고 괴롭다고 할 수는 없으되 그렇다고 마냥 기쁘지만은 않는 쓸쓸함과 부러움을 이길 수 없는 황형의, 그리고 서씨 부인의 시각.

시대를 호령했을 여인, 정성왕후

이렇게 말씀드리면 서씨가 말없이 참고 순종하는 비련의 여인으로 그려지실지 모르겠습니다만, 사실 그 반대에 가까웠습니다. 제 여성 편력에 대해 그녀가 직접적인 강짜를 놓는 일은 한 번도 없었습니다만 그녀는 여자 외 다른 문제에 대해서는 거침없이 의견을 내놓곤 했습니다. 그녀는 보기 드문 달변이었으며 놀랄 만한 정치적 식견의 소유자였습니다. 정말이지 그녀가 남자로 태어났더라면 한 시대를 호령할 수도 있었으리라고 생각합니다. 앞서 제가 황형에 대한 믿음이 흔들리며 세제에서 물러나겠다는 상소를 올리려 할 때 그녀가 현실을 얼마나 냉정하게 분석하고 있었던가를 말씀드렸지요? 그만큼 그녀는 정치의 수를 읽는 데 빨랐고, 또 이야기를 꺼내기만 하면 매끄러운 언변으로 상대를 설복시키는 점에서 제가 아는 누구보다 뛰어났습니다. 그래서 부부 아닌 부부로 보낸 그 오랜 세월 동안, 그녀의 조언 덕분에 위기에서 벗어났던 일이 여러 차례였지요. 비록 그녀를 눈앞에 두고서는 '나를 무시하는 것이오? 내가 그런 일도 알아서 못할 것 같소?'하며 공연히 심통을 부리는 체도 했지만, 결국 그녀의 조언대로 결정하는 저였습니다. 안타깝게도 여인의 몸이라 그런 귀한 재주를 묘당에서 마음껏 펴볼 수가 없어 평생 아무도 알아주지 않은 채로 지내고 말았던 것이지요. 유일하게 그녀의 재주를 알고 있던 저조차도 그 점을 한사코 드러내지 않으려 했으니 말입니다. 오직 은밀하게나마 드러낼 때는, 그녀가 죽고 한참 뒤에 저 또한 죽음을 앞두고 있을 무렵의 일입니다. 임금이 될 세손에게 "정성왕후의 시호는 마땅히 단목장화端穆章和가 되어야 하리라"고 유훈을 남긴 일입니다. 단목端木은 공자의 제자로 언변이 매끄럽기로 유명했던 자공의 성이고, 장화張華는 진나라 때 『박물지』를 써 '박물군자'로 불렸을 만큼 학식과 문장이 뛰어났던 사람입니다. 저는 동음의 한자를 써서 그녀의 뛰어났던 재주를 기린 것입니다.

왜 드러내려 하지 않았는가? 생각해보면 현명한 부인의 조언과 협력의 힘으로 대업을 성취했던 제왕이 많이 있습니다. 옥타비아누스나 유스티니아누스 등 서양의 제왕들은 말할 것도 없고, 동양에서도 주무왕의 왕업을 도운 열 명의 현명한 신하 가운데 왕비였던 읍강邑姜을 꼽으며, 오랑캐들의 침략과 분열로 얼룩졌던 오랜 혼란기를 정리하고 중국을 다시 통일했던 수문제도 독고황후라는 여걸의 큰 도움을 받았다고 하지요. 우리나라만 해도 원경왕후의 노고가 태종께서 조선을 세우고 그 기틀을 다지는 일을 성취하시는 데 힘이 되었으며, 제 후손인 고종 역시 명성왕후의 뒷받침을 받아 나라를 이끌었지요.

하지만 저는 세 가지 이유에서 그렇게 할 수 없었습니다. 첫째, 당시의 조선은 아무리 능력이 있어도 여자가 목소리를 내기 힘든 사회였으며, 그것을 허용하는 남자가 있다면 손가락질을 받을 수밖에 없는 풍토였습니다. 태종께서도 결국 배은망덕이라는 비난을 무릅쓰며 원경왕후와 그 일족의 권력을 깎아내셨으며, 고종이 무능한 군주라고 오명을 쓴 까닭도 명성왕후가 너무 마음대로 하도록 놔둔다는 점 때문이었으니까요. 태종께서는 조선 초기, 고종은 말기의 임금이라 성리학적 명분 질서가 제 시대보다는 훨씬 약한 때였음에도 말입니다.

둘째, 제 치졸한 개인적 감정 때문입니다. 첫 만남에서 상해버린 자존심이 그녀의 조언을 '물정 모르는 여인네의 참견'으로 타박하게 했습니다. 왜 한 가지 점에서 미운 게 다른 모든 것까지 밉게 보이도록 하는 걸까요. 그녀가 결코 '귀한 집안 출신'이라는 티는 내는 일 없이 어머니와 그 밖의 사람들에게 늘 공손하고 정성을 다하는 모습까지도 미웠습니다. 그녀의 고고함, 정숙함, 도량, 그리고 지혜로움까지 모두가 '귀한 집안 출신'임을 여실히 나타내 주었기 때문에 그녀를 한 '인간'으로서 질투하고, '여인'으로 끝내 받아들이지 않았던 것이라고 생각합니다.

그런데 마지막 이유가 있습니다. 그녀는 결코 귀족 티를 내지는 않앗지만, 티가 저절로 나는 부분이 확실히 하나는 있었던 것입니다. 그리고 그것은 제 정치적 포부와 정면으로 충돌했습니다. 다름이 아니라, 그녀는 자기 집안이 소속된 노론의 입장을 철저히 대변하려고 했고, 저를 그 노선에 맞춰 움직이게끔 종용했습니다. 그녀가 얼마나 노론의 당색에 젖어 있었던지는 제 며늘아기인 혜빈, 혜경궁 홍씨의 기록에도 잘 드러나 있습니다.

> 정성왕후께서는 당신 친정이 어려운 일을 많이 겪었으니, 한 당파에 치우치시려는 것이 아니라 노론을 친척같이 위하셨다. 그러므로 동궁이 우리 집과 혼인한 일을 몹시 기뻐하셨는데, 아버지께서 문과에 급제하시자 진실로 기꺼하시어 눈물까지 머금으셨으니 내 마음이 더욱 헤아릴 수 없이 감탄스러웠다.
> ─『한중록』

그러기에 앞서 말씀드린 대로, 저는 위기 상황에서 세제를 그만두겠다는 상소를 말리던 그녀가 진정 저를 위해서 그러는지, 아니면 노론의 이해관계를 생각해서 그러는지 헷갈려 그녀의 진심을 의심했던 것입니다.

그러면 혜빈이 언급한 "친정의 어려운 일"이란 또 무엇일까요? 그 역시 노론의 당파싸움과 관련이 깊었고 저와도 이어지는 사안이었기에, 저를 안절부절 못하게 했습니다. 또한 그녀에 대한 저의 마음이 다시 얼음장처럼 차가워지게 만든 계기가 되기도 했지요. 이 이야기를 자세히 말씀드리자면, 효장세자로 불리게 될 제 맏아들을 낳은 뒤 정빈 이씨가 어찌되었는지부터 말씀드려야 합니다.

저와 맺어지고 나서 연거푸 1남 3녀를 낳았던 정빈은 효장과 화순옹주를 낳은 이듬해 8월에 황형께서 저를 세제에 책봉하시자, 뒤따라 내명부 종5품의 소훈昭訓에 책봉되었습니다. 동궁전의 무수리였다가 부푼 배를 안고 궐문을 나서고, 이제는 종5품의 신분으로 다시 궁궐에서 살게 되었으니 나름 감개무량했을 것입니다. 한 달쯤 뒤에는 창경궁 후원에서 황형과 저를 비롯한 왕실 어른들과 함께 꽃을 따서 전을 부쳐 먹으며 시와 술을 함께 즐기는 화전놀이를 하려 했는데, 황형의 건강 때문에 개최하지 못하자 스스로 국화전을 부쳐 제게 보내며, '내년 봄에는 부디 전하의 옥체가 강녕해지셔서 진달래 화전놀이를 하기를, 소첩의 작은 바람입니다'라고 귀여운 마음을 전하기도 했습니다. 그러나 그해 28세였던 그녀는 두 번 다시 진달래꽃을 볼 수 없게 되었습니다.

그해 11월, 궁궐 생활을 다시 시작한 지 석 달 쯤 지났을 때 정빈은 별안간 심한 복통을 호소했습니다. 어의가 진맥과 처방을 했으나 소용 없이 계속 누런 물을 토하고, 결국에는 피를 토하더니만 하루 만에 그만 속절없이 세상을 떠나고 말았습니다. 청천벽력이 따로 없었지요. 아무리 사람 목숨은 알 수 없다지만, 며칠 전만 해도 건강해 보였던 한창 젊은 나이의 정빈이 그렇게 급사하다니 믿어지지가 않았습니다. 그래도 입궐한 지 얼마 안 된 '세제의 첩'이 죽었다고 온 궁궐이 요란하게 상사喪事를 일으킬 수도 없어서, 저는 정상적으로 공무를 마치고는 몰래 처소에서 눈물을 흘려야 했습니다. 사저였더라면 좀 더 눈치 보지 않고 슬퍼할 것을….

그런데 이듬해 3월, 죽은 정빈이 화전놀이를 하고 싶어 하던 그때, 또 다른 청천벽력이 터졌습니다. 바로 목호룡의 고변인데, 그 말 중에서 "이 소훈의 죽음은 노론이 독살한 것"이라는 말이 나왔던 것입니다.

그 내용은 비록 오서종, 유경유 등 황형을 모해하려던 잡배들이 "동궁이 이 소훈의 상喪이 났을 때 노론이 독약을 써서 죽인 데 노하여 장차정국을 뒤집고 다시 남인을 불러들인다고 말하였다"고 헛소리를 떠들었다는 것이었습니다만, 생각해보면 수상했던 것입니다. 젊고 병도 없던 그녀가 그렇게 빨리 죽었던 이유가? 독살되었다고 보기에 충분한정황이 아닙니까? 뒤이어 목호룡이 지목한 음모자들에 대한 공초에서제 처조카 서덕수의 이름이 나오자, 저의 의심은 극에 달했습니다.

국청에서 조흡이 한 가지도 변명하지 못하고, 또한 어긋나는 단서가있다 하여 형문刑問하기를 청하였다. 형문이 3차에 이르러 위차威次를베푸니, 발고하기를,

"[……] 독약을 쓰는 것은 스스로 해당되는 사람이 있는데, 서덕수 · 김창도 · 이정식 세 사람이 주관하였습니다. 먼저 동궁의 별실에 시험한 뒤 서덕수가 심상길을 찾아왔는데, 그때 심상길이 마침저의 집에 와 있었으므로, 서덕수가 뒤따라 와서 심상길에게 이르기를, '그대는 어제 동궁 별실의 상이 난 것을 아느냐?'고 하자, 심상길이 '나는 알지 못한다'고 하였습니다. 인하여 병이 없었는데도 갑자기 죽은 까닭을 물어보았더니, 서덕수가 '그 약이 신통한 효험이 있어 다른 곳에 다시 시험해보려고 하는데, 반드시 천여 금이 있고 난뒤에야 시험해볼 수가 있겠다. 전라 병영에서 만약 오는 것이 있으면 꼭 나에게 주라'고 하였습니다."

–『경종실록』 제7권. 경종2년 4월 20일.

역적 이정식이 죽임을 당했다 처음에 조흡의 초사招辭로 문목問目을 내

었더니 숨기고 곧바로 공초供招하지 않았는데, 조흡과 면질시키자 말이 막혔다. 1차의 형문 제20도度에야 곧바로 공초하였는데, 그 결안에 이르기를,

"저는 서덕수와 7촌의 친척이 되고 김창도와는 사돈 간이 되며 장세상과는 평소에 절친하게 지냈으므로, 무릇 관계된 정절을 두루 통하여 알지 못함이 없습니다. 제가 지난해 11월 무렵에 김창도와 함께 장세상의 집에 갔더니 장세상이 말하기를, '이 소훈이 독약을 마시고 바야흐로 목숨이 끊어지려고 하는데, 이 계집이 죽는다면 어찌 좋지 않겠는가?'라고 하였습니다."

–『경종실록』 제8권. 경종2년 5월 12일.

황형을 살해하려던 무리가 먼저 독의 효력을 시험하기 위해, 정빈을 희생물로 삼았다는 이 사건의 옥안獄案(죄인의 범죄 사실을 조사한 서류)은 타당성이 없다고 생각했습니다. 독의 효력을 시험할 목적이라면 대궐 밖에서 이름 없는 자에게 쓰는 게 맞지, 왜 궐내에서 상당한 지위가 있는 인물에게 굳이 쓴단 말입니까? 애초에 황형께서 저를 신임하시고 노론이 아직 조정에서 다수를 차지하고 있는 터에, 굳이 노론이 황형을 해하려 모험을 할 까닭도 없었습니다.

그러나 이 모든 정황에도 불구하고 그녀를 독살했다는 것만큼은 사실이 아닐까? 내가 서씨를 멀리하고 이씨를 사랑한다는 점, 이씨가 이미 맏아들을 생산했다는 점은 모르는 사람이 없다. 그러면 아무리 부왕께서 후궁 출신을 왕비로 삼지 말라는 유훈을 내리셨다 해도 내가 왕이 되면 언젠가 서씨를 끌어내리고 이씨를 올려 인현왕후의 비극을 되풀이할지 모른다는 우려가 노론 가운데 있을지도 모른다…. 거기에

저 사람, 서씨 부인의 속으로 품었던 질투가 하나로 이어짐으로써, 마침내 서덕수의 손에 이씨가 희생된 것은 아닐까? 이런 의심이 가슴속에서 뭉게뭉게 솟아올랐습니다.

의심은 거의 확신으로 변해서 세제빈 서씨가 '삼수의 역모'로 궁지에 몰린 저와 앞날을 의논하기 위해 들렀을 때 저는 그만 그녀에게 일방적인 분노와 울화를 터뜨렸습니다.

"당신 집안사람들이 그렇게 천방지축 날뛰더니만 이게 뭐요? 대체무슨 짓을 했단 말이오!"

"오해이십니다. 부디 오해를…"

"오해는 무슨 놈의 오해? 당신네 서씨 집안, 아주 역겹소! 노론이라는 인간들도 지긋지긋해! 그러고 보면 목호룡이 충신이오. 충의지사요! 그가 아니었으면 내 집에서 얼마나 추하고 얼마나 잔혹한 일이 있었는지 영영 모를 뻔하지 않았소? 좋소이다. 어디 갈 데까지 가보십시다! 내가 만약 보위에 오른다면 목호룡이 했다는 말처럼 노론은 일체 쓸어버리고 남인의 천하를 만들 테니 두고보시오! 그게 싫으면 어디 이번엔 나까지 죽여보든지!"

그때까지만 해도 아직 목호룡이 김일경과 결탁했음을 몰랐기에 내뱉은 소리였습니다. 그녀는 다급하게 말했습니다.

"아닙니다. 아닙니다. 그리 여기시면 아니 됩니다. 목호룡은 사악한 무리와 손잡고 저하를 모해하려고…"

그녀는 채 말을 잇지 못했습니다. 분을 주체 못한 제가 내던진 붓에 얼굴을 맞았으니까요. 언제나 단정하던 그녀의 이마와 눈두덩에 먹물이 검정색 피처럼, 죄수의 낙인처럼 찍히고, 그녀는 마치 제가 쇠망치를 던져서 머리에 맞추기라도 한 듯 그 자리에 와르르 무너져 비통하게 울기 시작했습니다. 저는 살짝 가여운 마음이 들었으나 노여움이 몇십 배나 컸습니다. 서덕수를 비롯한 그녀의 피붙이들이 노론 강경파들과 손발이 맞아서, 부왕 시절부터 황형을 깎아내리고 저를 추켜세우는 운동을 하고 다녔음은 알고 있었습니다. 그래서 몇 번이고 그런 짓을 하지 말라고 일렀건만, 끝내 이런 천벌 받을 일을 저질러? 게다가 어쩌면 정말로 황형의 목숨을 노렸을 수도 있지 않은가? 저는 마치 그동안 쌓인 한과 괴로움을 눈물로 바꿔 쏟아내기라도 하는 듯 하염없이 울고 있는 그녀에게 사갈蛇蝎 같은 계집, 천하의 악녀, 사람을 잡아먹는 야차夜叉라고 머리에 떠오르는 모든 악담을 퍼부었습니다. 그리고 여전히 목 놓아 우는 그녀를 남겨두고 동궁전을 박차고 나가, 밤이 새도록 후원을 걷고 달리고 뛰었습니다. 새벽에 들어가 보니, 그녀는 어지럽게 흩뿌려진 먹물이며 붓을 깔끔하게 정리하고 돌아갔더군요.

　　이미 말씀드렸다시피, 이 삼수의 역모 사건은 조사 과정에서 많은 의문점과 앞뒤가 맞지 않는 점이 발견되었습니다. 그래서 일단 역모 자체는 사실로 인정되었으나 공신 책봉은 목호룡 한 사람에게만 주어지고, 김일경에게는 못내 아쉽게도 제게까지 여파가 미치지는 않았습니다. 그리고 저의 즉위 초년에 이 사건을 다시 조사하면서 목호룡 등이 저와 노론을 음해하려고 꾸며낸 무옥誣獄이었던 것으로 정리되었습니다.

민진원이 말하기를, "목호룡의 상변^{上變}은 없는 사실을 꾸며서 만들지 않음이 없습니다. [……] 이른바 약을 사용한 한 조항은 이정식의 초사 안에 '11월 무렵에 장세상이 말하기를, 「이소훈^{李昭訓}이 독약을 마시고 바야흐로 목숨이 끊어지려고 한다.」고 했다' 하였는데, 여기서는 이소훈은 11월에 죽었습니다. 서덕수의 초사에는 '6월 무렵에 은 3백 냥을 장세상의 처소에 보내어 그로 하여금 독약을 구하도록 하여 동궁의 주방 나인 이씨를 시켜 음식에 타서 사용하게 하였다'고 했는데, 여기서는 이 소훈이 6월에 죽었습니다. 6월과 11월은 이와 같이 서로 반대가 되며 더구나 신축년 6월에는 전하께서 바야흐로 잠저에 계셨는데, 어떻게 동궁의 주방이 있었겠습니까?"

–『영조실록』제4권. 영조1년 3월 25일.

이렇게 해서 서덕수의 자백은 고문에 못이긴 허위 자백으로, 정빈의 죽음도 그냥 자연사였던 것으로 마무리되었습니다. 그러나 저는 여전히 의문을 지울 수 없었습니다. 얼마간 앞뒤가 맞지 않는 부분이 있다 해도, 삼수의 역모 자체는 무옥이더라도 정빈의 독살 만큼은 진짜였다고 여겨졌으니까요. 그러나 이미 그녀의 죽음과 삼수의 역모는 서로 나누어 볼 수 없는 일로 되어 있었기에, 저는 납득하고 넘어갈 수밖에 없었습니다. 적어도 겉으로는 말이죠.

그리하여 저는 저와 함께 인정전에 올라 왕후가 된 정성왕후 서씨를 계속 차갑게 대했습니다. 그녀의 침전인 대조전은 용마루가 없습니다. 그것은 용으로 상징되는 군왕이 함께 잘 때를 대비해 '용 위에 또 용을 두지 않는다'는 의미로 그리한 것입니다만, 실제로도 제가 대조전에서 밤을 보내는 일은 없었습니다. 어쩌다 도저히 풀기 힘든 정치 문제가 있을 때 간간히 그녀를 방문해 잠시 다과를 나누는 일이 전부였습니다. 그리고 정빈을 잃은 슬픔에서 차차 벗어난 저는 또 다른 여인에게 눈을 돌렸습니다.

영빈 이씨

어려서 입궐하여 궁녀가 된 영빈 이씨는 저보다 세 살 어렸고, 저와 교제할 때에는 갓 서른이 되어 있었습니다. 그녀는 중전 서씨와 많이 달랐고, 정빈 이씨와도 달랐습니다. 정빈과 저는 갓 음양에 눈뜨는 나이에 만나 봄날의 꽃과 나비처럼, 한 쌍의 사슴처럼 유쾌하게 어울렸더랬지요. 그러나 영빈과 저는 삼십대였고, 세상의 단맛과 쓴맛을 웬만큼 본 몸과 마음으로 더 은근하고 잔잔하게 사랑했습니다. 그녀는 성격도 본래 차분했고, 궁녀의 몸이지만 책 읽기를 좋아하고 조용히 혼자만의 시간을 보내기를 좋아했습니다. 여러분의 시대에도 창덕궁 낙선재의 왕실 문고에는 영빈이 남긴 장서들이 상당수 있다고 하지요. 중전처럼 지략이 뛰어나거나 박학다식한 여걸과는 거리가 멀었지만, 정신적인 교감과 지적인 대화를 조금 나눌 수 있는 여인이었다고 하겠습니다. 그녀는 저와 잘 맞았으며, 당시 나랏일을 보며 날로 쌓이는 짜증과 불만을 시원하게 해소시켜주는 맑은 샘물과 같은 사람이었습니다.

그녀와의 사랑 역시 결실을 맺어, 재위 3년인 정미년(1727)에 화평옹주가 태어났습니다. 다음 해에도 딸아이가 태어났습니다만 이인좌의 난, 그리고 효장세자의 죽음을 둘러싼 어수선함 속에서 미처 몇 번 얼굴을 들여다보지도 못한 채 잃고 말았죠. 그리고 3년 사이에 세 딸이 또 태어났는데 앞의 둘은 또 몇 달 못 가서 세상을 떠났고, 세 번째가 잘 자라서 화협옹주가 되었습니다.

그 사이에 중전 서씨는 조용히 정해진 궁중의례를 수행할 뿐 아무런 사적인 감정을 드러내지 않았는데, 그 와중에도 또 본의 아니게 제 심기를 건드리는 일이 있었습니다. 경술년(1730) 정월, 효장세자의 빈궁인 현빈이 홍역에 걸렸습니다. 그런데 저를 비롯해서 왕실 사람들이 대부분 홍역을 앓은 뒤였지만 오직 중전만이 아직 홍역을 치르지 않았다 하여 경덕궁으로 이어^{移御}(거처하는 곳을 옮김)하게 했지요. 그런데 그게 또 괜스레 거슬리더란 말입니다. 다름이 아니라 제가 연잉군의 신분으로 사저에 있을 때 홍역을 아주 독하게 앓았었는데, 그녀는 저와 같은 연배였음에도 멀쩡했던 것이죠. 한 집에 있다고 해서 꼭 함께 앓아야 한다는 것은 아닙니다만, 어머니께서 '새아가는 혹시 홀몸이 아닐 수도 있으니 가까이 오지 말거라'하며 이마에 구슬땀을 흘리시면서 정성으로 간호하셨는데, 그녀는 간간이 물을 떠오고 수건을 갈고 하면서도 끝내 미열조차 없었지요. 그리고 이만큼 나이 들어서까지 마마를 만나지 않아서 세자빈의 홍역에 홀로 이어를 가신다? 물론 제 속이 좁아 그랬겠으나, 심통이 나는 것은 어쩔 수 없었습니다.

아무튼 무신년(1728)에 효장을 잃은 뒤 저이의 자리가 몇 년째 비어 있으니, 저는 속이 탈 수밖에 없었지요. 일찍부터 '삼종의 혈맥'의 중요성을 누누이 강조해 오신 인원왕후께서는 '후궁을 새로 보시는 게 어떠시오?'하는 말씀도 넌지시 하셨습니다만, 저는 비록 연거푸 딸이기는 해도 아이를 계속 낳고 있는 영빈을 두고 또 딴 곳을 돌아볼 이유도 없고, 정리에도 맞지 않는다고 생각했습니다. 그래서 경술년(1730)에 이씨에게 영빈의 첩지를 내려 그녀를 귀중히 여김을 보이고—당시 형수님 되시는 선의왕후의 상중이었으므로 도리에 맞지 않는다는 수군거림이 있었지만, 특별히 가례를 치르는 것도 아닌 바에야 상관없다고 생각했습니다—더더욱 영빈의 처소에 문지방이 닳도록 드나들고, 왕자를 점지해주십사 하고 명산대천에 기도드리는 일까지 벌였습니다. 이렇게 제가 후사를 보려는 '노력'을 하는 사이에, 점점 더 찬밥 신세가 되고 있던 중궁전은 갈수록 쓸쓸한 곳이 되어갔습니다.

그런 중전의 말 못하는 외로움, 괴로움, 한이 마침내 꽁꽁 처맨 상처에서 피고름이 배어나오듯 내외에 드러난 사건이 있었습니다. 제 재위 10년째인 갑인년(1734), 전라도 감사를 지내던 조현명이 상경하여 보고하던 중에 이렇게 언급한 것입니다.

"아내에게 본보기가 된 뒤에 나라를 다스릴 수 있는 것이고 집안을 다스린 뒤에야 나라를 통치할 수 있는 것이니, 이는 대개 인도人道의 큰 단서인 것입니다. 그러나 이런 등류의 이야기는 신이 말씀 올리기도 이미 지리할 정도이고 전하께서도 또한 싫도록 들었을 것입니다. 다만 한 가닥 비통한 마음이 있으면 부모 앞에서는 딱하게 여김을 받을 수도 있는 것입니다. 신이 지신사知申事(도승지)로 대죄하고 있을 적에 각전에서 으레 향낭香囊을 반하頒下(나누는 것)하는 전례가 있어 반하할 때 유독 내전에서 내온 것은 빛깔과 품질이 다른 전에 내온 것에 견주어 차이가 있는 것 같았습니다. 이는 반드시 우연한 일이었을 것이요, 반드시 그렇게 하려고 한 까닭이 있었던 것은 아닙니다. 그러나 받들어 완상玩賞하여 오면서 저절로 아픈 마음을 느끼게 되어 자신도 모르게 그것을 품에 안고 눈물을 흘렸습니다. 따라서 오늘날 신하들이 애통해 하는 마음은 천성에서 나온 것이므로 스스로 그만둘 수 없다는 것을 미루어 알 수가 있습니다. 더구나 이제 저사를 보기를 기원하는 것은 온 나라 사람이 다 같이 느끼는 마음인 것이므로 성자^{聖子}의 탄생을 더욱 임사^{妊娠}에게 기대하게 됩니다. 신이 엄한 자리여서 감히 그에 대한 말을 다할 수는 없습니다만, 전하께서도 혹 생각이 여기에 미치신다면 신의 말이 끝나기를 기다릴 것도 없이 개도^{改圖}할 바를 알게 될 것입니다."

-『영조실록』 제37권. 영조10년 1월 5일.

조현명은 소론으로서 일찍부터 저를 지지하면서 '탕평파'의 중심인물이 된 사람이며, 효장세자빈의 숙부가 되기도 했습니다. 따라서 그가 특별히 중전을 두둔할 까닭은 없었습니다만, 저는 그가 중궁전이 내린 향낭의 초라함을 보고 "저절로 아픈 마음을 느끼게 되어 자신도 모르게 그것을 품에 안고 눈물을 흘렸다"는 말을 곧이곧대로 받아들이지 않았습니다. 아니, 애써 그 진정성을 외면하려 했습니다. 그래서 "노론들이 또 무슨 불만이 많기에 경까지 그런 말을 하는가?"하며 불쾌한 반응을 보였지요. 임금이 왕비를 사랑하는 일은 당연하며, 더더욱 후사를 보기 위해 갖은 애를 쓰는 상황이라면 더더욱 중전을 가까이해야 할 텐데, 그러지 않고 영빈만 애지중지하는 저의 모습이 얼마나 한심한지. 아끼는 신하에게 아픈 곳을 찔린 셈이었습니다. 그리고 그것을 "중전 뒤에 있는 노론의 수작"이라며 사리에 맞지 않는 타박을 했던 것입니다. 저는 이 일 하나로 마냥 좋게 보던 조현명을 얼마간 내쳐둘 정도로 속 좁게 행동했으며, 한참 뒤에 가서도 다른 신하들에게 이렇게 말하며 뒷담화를 했습니다.

"향낭에 대한 일 또한 가소로우니, 풍원^{豊原}(조현명의 봉호. 영조 4년(1728)에 발발한 이인좌의 난을 진압한 공으로 풍원군에 책봉되었다)이 이름 내기를 좋아하기 때문에 이에 이런 말을 했던 것이다. 여항의 사람들은 의복이 아름답지 않으면 그 허물을 가모^{家母}에게 돌리지만, 대내에서는 그렇지가 않다. 각기 관장하는 곳이 따로 있기 때문에 중궁은 알 바가 아니다. 더구나 향낭은 본래 상방에서 직조하는 것이겠는가?"

–『영조실록』제43권. 영조13년 3월 26일.

향낭을 중전이 손수 만드는 것이 아니기 때문에 향낭의 초라함을 운운하는 게 잘못이라는 이야기였지만, 제 스스로 생각해도 궁색한 변명이었지요. 조현명이 향낭을 중전이 직접 자아냈다고 여겼다면 애초에 말도 꺼내지 않았겠지요. 중궁전에 속한 사람들이 자아낸 향낭의 초라함, 그것은 아랫사람들까지 중전을 얼마나 중시하지 않고 있는지를 보여주는 단서이며, 중전이 그런 푸대접을 받게 된 까닭이야말로 제가 그녀를 푸대접했기 때문 아니겠습니까? 그런데도 어린애 같은 소리를 하며 애써 진실을 외면하려 했던 사람이 바로 저였습니다. 중전에게는 더없이 못난 인간, 나쁜 남편, 형편없는 남자. 그게 저였습니다.

아무튼 그렇게 한 여인의 애간장을 끊어내는 한편에서 후사를 빌고 또 빌었던 저의 노력이 통했던지, 영빈은 향낭 사건이 일어났던 이듬해에 제 생애에 가장 행복했다고 할 수 있는 시간을 선물해 주었습니다. 사도세자의 탄생이었지요. 그것으로 열성조와 황형에 대한 죄송함을 풀어드렸다고 생각한 저는 다시 군왕으로서의 평생 과제인 민생 개혁과 탕평의 일에 집중했습니다.

외정^{外庭}의 동반자들

그러면 이쯤에서 제 내정^{內庭}의 동반자들 이야기를 잠시 접고, 외정^{外庭}의 동반자로서 개혁과 탕평의 사업을 함께 일궈나갔던 신하들 몇몇을 소개해드릴까 합니다. 방금 언급했던 조현명^{趙顯命}부터 먼저 말씀드릴까요?

그는 저보다 네 살 위였고, 제가 세제였을 때 세자시강원 겸설서^{兼說書}(세자시강원의 정7품 벼슬로, 경서의 해설을 맡았다)를 지내며 저와 교분을 쌓았습니다. 그리고 제가 소론 강경파의 공격을 당하자 같은 소론이면서 제 편에 서서 한사코 저를 감싸 주었습니다. 또한 제가 왕이 되고 무신년의 변란이 나자, 종사관에 임명되어 직접 현장에 나가 반란 진압에 공을 세우기도 했습니다. 이렇게 보면 '소론을 배신하고 실세에 아부했던 인물'처럼 여겨질 수 있겠지만, 제가 본 그는 참으로 진솔한 사람이었습니다. 저는 그를 볼 때마다 『삼국지』의 진궁을 떠올렸는데요. 세상을 구할 영웅으로 여겨 조조를 풀어주고 함께 도망치다가 조조가 여백사 가족을 무참히 해치는 것을 보고 그를 버렸다는 진궁. 그처럼 조현명도 제가 무조건 예뻐서도, 뭔가 이권을 바라서도 아니라 정국을 안정시키고 백성을 편안히 하기 위해 저를 지지했던 사람이었습니다. 그 증거로 향낭 이야기를 꺼내 제 심기를 건드렸을 뿐 아니라 제가 사정^{私情}에 빠지는 모습을 보일 때마다 따끔한 충고를 하여 제게서 "이 인정머리 없는 놈!"이라는 욕까지 들었던 사람이 조현명이었습니다.

"내국^{內局}에서 입시하니, 임금이 말하기를, "미음 같은 음식도 잘 넘기지 못하여 매양 답답한 때가 많다. 태묘^{太廟}(종묘. 역대 왕과 왕비 및 사후에 추존된 왕과 왕비의 신주를 모신 사당이다)에 전알한 연후에야 마음이 조금 안정될 수 있을 것 같다" 하였다. 도제조 조현명이 말하기를, "전하께서 한 귀주^{貴主}의 상사 때문에 슬퍼하는 것이 여기에 이르렀으니, 이런 내용을 사책^{史冊}에 기록한다면 전하를 어떠한 임금이라고 여기겠습니까?"

―『영조실록』 제68권. 영조24년 7월 1일.

좌의정 조현명이 차자箚子(격식을 갖추지 않고 사실만 간략히 적어 올린 상소문)를 진달하여 죄줄 것을 청했는데, 대략 이르기를, "전傳에 이르기를, '공자가 삼간 것은 재계齋戒이다'라고 했습니다. 이번 옹주의 집에 거둥하신 것이 마침 추향秋享의 청재淸齋(가을에 지내는 제사. 제사에 참여하는 헌관을 제외한 여러 사람들이 해당 관서에서 하루 동안 유숙하면서 재계하는 의식) 때를 당하였는데, 신이 엊그제의 진연診筵에서 일이 있기에 앞서 진계陳戒하지 못한 탓으로 드디어 임금으로 하여금 더없이 큰 잘못된 거조가 있게 하였으니, 죽어도 죄가 남습니다. 바라건대, 사패司敗에 내려 임금의 잘못을 바로잡지 못한 형벌로 감단勘斷하소서" 하니, 임금이 차자를 열람하고 땅에다 팽개치며 말하기를, "이 차자는 좌상의 문집에 있으면 빛남이 있을 것이다. 내가 일찍이 어제御製를 수집하였는데, 이제 좌상의 일을 보고 나니 그것을 모두 불태우고 싶다" 하였다.

―『영조실록』 제68권. 영조24년 7월 5일.

나중에 말씀드리겠지만 제가 늘그막에 여러 옹주들이 비명에 가는 걸 보며 슬픔이 지나쳐서 군왕의 체신을 잃거나 정무까지 폐하는 경우가 있자, 조현명이 그때마다 고개를 세우고 이렇게 밉살스러운 말로 제 복장을 터뜨리곤 했습니다. 그래서 한때 제 눈 밖에 나기도 했으나, 그래도 곧 조정에서 그의 목소리는 무게를 되찾곤 했습니다. 그의 충직함과 티 없는 인격을 제가 마음 깊은 곳에서 신뢰했고, 또한 그의 정견과 식견도 높이 평가했기 때문입니다. 가령 그는 일찍이 일개 청년 관료 시절, 탕평에 대해 이렇게 말했습니다.

> "군자는 군자의 당이 있고 소인은 소인의 당이 있으니, 구양수歐陽修(중
> 국 송나라 때 학자)의 붕당론과 주자의 저서 가운데에도 모두 이와 같이
> 말하였습니다. 그런데 근일에는 그렇지 아니하여 당파가 나뉜 지 이
> 미 5, 6대에 이르렀으니, 군자의 자손에 어찌 소인이 없겠으며 소인
> 의 자손에도 어찌 군자가 없겠습니까? 마땅히 그 사람의 평일에 행
> 한 일을 보아 어진 이는 등용하고 불초한 자는 버려야 할 뿐입니다."
> -『영조실록』제15권. 영조4년 1월 9일.

말하자면 그는 당파싸움의 사상적 기반이 된 주자학의 극단적인 군
자-소인 구분론을 일단 원칙적으로 수용했습니다. 그러나 그 응용에
서, "군자의 자손에 어찌 소인이 없겠으며 소인의 자손에도 어찌 군자
가 없겠습니까"라고 하여, 부모 또는 스승에 따라 당파가 갈리고 서로
를 소인의 무리로 몰아 비타협적으로 싸우는 현실을 비판했습니다. 아
직 수염이 파릇하던 시절 이리 말했던 그는 백발이 성성해졌을 때에
도 스스로 "파당破黨이 저의 평생 과제였습니다"라고 고백할 만큼 초지
일관 탕평을 위해 노력했습니다. 저는 그를 비난하는 다른 신하들에게
"거센 바람이 불어야 쓰러지지 않는 억센 풀을 알 수 있고, 나라가 혼
란할 때를 당해서야 충성스런 신하를 알 수 있는 것인데, 오로지 조현
명이 여기에 해당이 된다"라고 그에 대한 잡스러운 비난에 못을 박은
적이 있습니다.

그는 백성의 삶을 편안히 해주기 위한 개혁에도 적극적이었습니다.
홍계희, 박문수 등과 함께 균역법을 도입하는 일에 가장 중심적 역할

을 했으며, 그 시행 방안에서 결포론을 펴다가 이루어지지 않자 이왕 도입된 균역법의 현실적 문제를 해소하고자 어세, 염세 관련 개혁안을 제시했습니다.

사람됨에 있어서도 청렴하고 담백했으며, 집에서는 효성스럽고 조정에 나와서는 충직했습니다. 그래서 그의 시호를 충효忠孝라 지어 주었죠.

집안에 있을 때에는 청검清儉하여 장원墻垣을 꾸미지 않았으며, 소주疏奏에는 적절하며 참되고 속임이 없어 남이 하지 못할 말을 하였고, 전관銓官(이조吏曹와 병조兵曹에 딸려 문무관의 전형을 맡아보던 벼슬)을 맡은 지 6년 동안에 사람들이 감히 사사로운 부탁을 하지 못하였다. 다만 뽐내기를 좋아하고 들뜨기가 쉬워 더러는 남의 기만을 당하면서도 고집을 부리고, 홧김에 일을 저지르고서도 그 나쁜 짓을 따랐으니, 세상에서는 이 점을 흠으로 여기나 이것으로 그 어짊을 가리지는 못하였다.

–『영조실록』제76권. 영조28년 4월 26일.

그가 좀 성격이 급하면서 약삭빠르지는 못한 데가 있어 제 노여움을 사거나 구설수에 휘말린 적이 없지 않았음을 지적하면서도, 실록상 그의 졸기卒記는 그래도 그를 훌륭한 인물로 기리고 있습니다. 조현명은 제 조정에서 영의정까지 지낸 뒤 예순 세 살로 제 재위 28년째(1752)에 별세했습니다.

송인명宋寅明은 저보다 다섯 살 위였습니다. 그 역시 젊은 시절 세자 시강원에서 저와 뜻을 맞추기 시작했고, 누구보다 앞서서 탕평의 대의를 주장했습니다.

"이제 세도世道가 갈라지고 국사가 위태로워지니, 참으로 위망의 조짐이 있습니다. 만일 조금이라도 위급한 것을 구제할 방도를 논한다면, 오직 '붕당을 타파한다破朋黨'는 세 글자가 있을 뿐입니다. 예전부터 내려오면서 붕당이 성행하고도 나라가 망하지 않은 일은 없었습니다. 갑진년 겨울에 전하께서 여러 번 비망기를 내려 붕당을 타파하는 뜻을 심각하게 보이시고 전후에 처분하신 것이 지극히 공정하였으므로, 신은 전하께서 그때의 초지를 굳게 지키고 사람들의 말에 움직이는 바가 되지 않으셨다면 거의 변동 없이 유지될 희망이 있을 수 있으리라 생각하였으나, 불행하게도 마침내 한편의 말을 치우치게 듣고 한편의 사람만을 임용하는 지경에 이르렀습니다. 아무리 성상께서 살리기를 좋아하시는 덕으로 힘써 억제함을 더하시더라도 궐문 밖의 일을 전하께서 무엇으로 말미암아 죄다 아시겠습니까? 이 때문에 당동벌이黨同伐異를 방자하게 행하고 오로지 보복을 일삼아도 감히 문책하지 못합니다. 만약 오늘날 처분이 없으면 나라의 일이 참으로 어떠한 지경으로 돌아가는지 모르겠습니다. 신은 본디 '죽어야 한다殺'는 한 글자는 맹세코 입에서 낼 수 없으니, 성상께서도 유념하셔야 하겠습니다. 전국戰國 때의 제후는 다 왕을 참칭하였으므로 왕법으로 논하면 그 죄가 죽음을 면할 수 없으나, 맹자孟子는 '성왕聖王이 다시 나더라도 지금의 제후를 죄다 죽일 수는 없다' 하였습니다. 지금의 당론도 이와 같습니다. 오늘날 급히 힘쓸 일로는 붕당을 타파시키는 일보다 앞세울 것이 없습니다."

-『영조실록』제12권. 영조3년 7월 1일.

그는 특히 말로만 탕평을 외칠 것이 아니라 '조제보합', 즉 각 당파에서 타협지향적인 인물을 골라 골고루 조정에 배치함으로써 공평함 속에서 초당적인 광폭정치를 행하자는 구체적인 탕평의 실행방식을 제시했습니다. 또한 "아무리 거슬려도 반대 당파를 제거하고, 그 지도자를 죽여서는 안 된다"는 점을 분명히 해야 한다고 했습니다. 피로 피를 씻는 정치보복의 줄기를 잘라버려야 한다는 것입니다.

> "신축년·을사년 이후 시위試圍(과거시험장)의 고관考官을 순전히 한쪽 사람만 쓰고 있는데, 인정이란 절제를 잃기는 쉬워도 제재하기는 어려운 것이니, 이제부터는 고관의 망단자望單子에 반드시 반대편 사람을 참입參入시키게 하소서. 만약 까닭 없이 사진仕進하지 않을 경우에는 지위가 높은 사람은 고신告身(직첩職牒. 조정에서 내리는 벼슬아치의 임명장)을 수탈收奪하고 벼슬이 낮은 사람은 의금부에서 추문하여 결장決杖하게 함으로써 약삭빠르게 피하지 못하게 하소서."
> -『영조실록』제12권. 영조3년 9월 12일.

소론에 속해 있었던 그는 이 상소를 올릴 당시 이른바 '정미환국'이라 하여 탕평의 대의를 납득하지 못하는 노론을 견제하고 소론을 크게 등용하던 시절임에도 '인사에 공평함이 필요합니다'하며 정승 판서처럼 잘 드러나는 직책만이 아니라 과거시험의 관리자 임명에도 공평을 기해야 한다고 저를 깨우쳐 주었던 것입니다. 그는 이후 두 차례 이조판서를 맡으면서 자신의 지론대로 조제보합의 탕평인사를 두루 실천해보았습니다.

그러나 '까닭 없이 벼슬을 받지 않는 자들을 엄히 징계해야 한다'는 그의 말에서도 보이듯, 당파 의식이 골수까지 배어 있던 자들은 자신들은 군자의 무리요 상대 당파는 소인의 무리라는 인식에 따라 '그까짓 벼슬에 눈이 어두워 소인배들과 자리를 함께할까?'며 벼슬을 주어도 이 핑계 저 핑계를 대며 사절하고, 그것을 '대쪽 같은 선비의 기상을 보였다'며 자기네끼리 추켜올리는 일이 있었던 것입니다. 그래서 송인명은 곤장을 때려서라도 관직을 맡도록 해야 한다며 단호하게 탕평을 추진하려 했습니다만, 그것이 선비 관료들의 자존심을 건드리고, 탕평당에 대해 '임금에게 아부하여 잇속만 따내려는 집단'이라는 오명을 씌우는 결과로 이어진 점도 있습니다.

송인명은 나중에 정승이 되어서는 그런 기존 탕평책의 문제점을 통감하고, 재야의 이름 높은 선비들을 조정에 끌어들여 탕평당의 명목을 일신하려고 노력했습니다. 그러나 뜻을 이루지 못하고 오십팔 세가 되던 제 재위 22년(1746)에 세상을 떠났습니다. 벼슬은 좌의정까지 이르렀었는데, 영의정을 추증해주었습니다.

'암행'어사가 아닌 어사 박문수

제 시대의 관리 중에서 아마 여러분에게 가장 잘 알려진 사람은 박문수朴文秀일 것입니다. '암행어사 박문수' 들어보셨죠? 그런데 사실 박문수는 암행어사를 지낸 일이 없답니다. 암행어사란 아시다시피 왕의 밀명을 띠고 암암리에 방방곡곡을 다니는 사람인데, 박문수는 공개적으로 왕명을 받들어 지방을 시찰하는 어사의 임무만 몇 차례 수행했지요. 처음 서른일곱의 나이로 별견어사가 되어 약 반년 동안 영남을 돌면서 많은 일을 했습니다. 탐관오리들을 적발하고, 살림이 어려운 고을을 돕는 법을 세웠으며, 각 지역의 특별한 사정을 반영하여 중앙 행정

박문수(1691~1756). 영조 대의 명신. 소론에 속해 있으면서도 당론보다 공론을 중시했으며 균역법 제정에 앞장섰다. 어사로 파견되었을 때 백성들의 구휼에 앞장서, 오늘날까지 숱한 '암행어사' 전설의 주인공으로 존경받고 있다.

을 보완했습니다. 그리고 돌아와 제 앞에 이렇게 복명했습니다.

"구체적인 사안은 한두 차례 개정 건의를 드려도 고치는 시늉만 하다가 마는 경우를 지겹도록 보아왔습니다! 허락하신다면 한양과 지방을 오가며 일이 잘 고쳐지고 있는지 점검하겠습니다."

"그렇게 자주 왕래할 만큼 역참이 잘 정비되어 있지 않다."

"그럼 이참에 역참의 폐단까지 고치면 되지 않겠습니까?"

이렇게 제 말문을 막히게 했던, 그 당차고 호기로웠던 모습이 아직도 생생히 떠오릅니다. 이렇게 별견어사로서 누구도 따를 수 없는 업적을 세우고, 또 무신년의 난리 때는 조현명과 같이 종사관으로 복무하며 역적을 진압했을 뿐 아니라 난리로 흩어진 백성을 위무하고 진정시켰으며, 다시 충청도, 함경도의 진휼어사가 되어 그곳의 절망적인 기근을 해결하고, 관동과 영남의 균세사로서 세정의 폐단을 개혁하는 등 지방민들에게 급시우及時雨(때맞춰 내린 비) 같은 존재가 된 적이 여러 번입니다. 그러다보니 함경도에서 경상도에 이르는 여러 고장에 그의 이름이 우레처럼 알려지고, 백성 편에 서서 악당들을 때려잡는 암행어사의 상에 가장 들어맞는 사람처럼 여겨지다 보니 엉뚱하게 한 번도 맡은 적이 없는 암행어사의 대명사처럼 되어 여러 전설의 주인공이 되었을 것입니다.

저보다 세 살 연상이고, 역시 시강원 설서로 저와 처음 인연을 맺은 박문수는 이처럼 지방에서의 활약으로 명성을 쌓았습니다. 어사나 지방관은 다른 관료들도 많이 맡았지만 대부분 그냥 거쳐가는 자리라고만 여기고 중앙에서 출세할 생각만 했던 반면, 박문수는 철저히 지방을 위해 노력하고 지방을 기준으로 생각했습니다. 요즘 말로 하면 '현장 우선주의 경영자'라고나 할까요. 그래서 지방에 가서는 그 지방민들의 가려운 곳을 잘 찾아서 긁어주었고, 중앙에 와서도 지방의 경험을 토대로 정책의 타당성을 점검했습니다.

도순무사 오명항이 대군을 이끌고 추풍령을 넘었으나 영남의 도적이 이미 평정됨을 듣고 거창·안음·함양을 거쳐 팔량치를 따라서 가니, 장차 전라도에서 반사班師(군대를 이끌고 돌아옴)하려는 것이었다. 종사관 박문수를 남겨두고 난리를 겪은 네 고을을 진무케 하고 장계로 아뢰었다. 이때 네 고을의 군사와 백성들은 협박을 받아 도적을 따랐으나 도적이 평정되자, 모두 스스로 의구심을 품어 산골짝 사이로 도망하여 들어가서 전야田野와 촌락이 텅 비어 다시 인가에서 나는 연기가 없었다. 박문수가 단기單騎로 여러 고을을 두루 다녀서 달아나 피한 자를 불러오고, 조가朝家에서 협박을 받아 따른 자는 죄를 다스리지 않는다고 효유曉諭하여 모두 귀농케 하여 농사지을 양식을 주어 경작을 권면하니, 백성이 비로소 안도하여 인심이 차츰 진정되었다.

어떤 사람이 박문수에게 군사를 거느려 스스로 호위하여 다니기를 권하니, 박문수가 듣지 않고 말하기를,

"이는 위태로움과 의심을 진정시켜 편안히 하는 길이 아니다. 비록 뜻밖의 근심이 있을지라도 어찌 나라를 위하여 한 번 죽는 것을 겁내겠는가?"하였다.

−『영조실록』제17권. 영조4년 4월 8일.

부교리 박문수가 상소하였는데, 대략 이르기를,

"신이 명을 받들고 재를 넘어 여러 고을을 두루 다녔습니다. 대개 영남은 산에 동철銅鐵이 있고 바다에서는 어염魚鹽이 생산되면 토양도 비옥합니다. 그러나 오늘날 폐단이 천만 가지가 되어 있으니, 더욱 심하기는 여러 궁가宮家의 도장導掌(사궁장토司宮莊土의 관리를 맡은 궁방宮房의 직원. 매년 일정한 도조賭租를 관이나 궁에 바치는 일을 수행했다), 여러 상사上司의 차인差人, 각 군문軍門 각 영문營門의 감관監官보다 더한 것이 없습니다. 전하께서 이미 호남의 절수折受(국가로부터 토지의 수조권收租權을 지급받거나, 소유권 증명서인 입안立案을 발급받던 일)를 파하여 열성조에서 행하지 못한 성대한 은전을 거행하셨으니, 이제 영남만이 유독 의심을 가지게 해서는 안될 것입니다. 양역良役의 폐단이 오늘날 으뜸이 되고 각궁의 절수가 버금이 되고 있으니, 원하건대, 먼저 절수를 파하고, 곧 각영·각읍에 명하여 사사로이 모집하여 정군에 옮겨 충당하는 것을 모조리 파하게 하소서. 그리고 생각하건대, 만사가 모두 임금의 한 마음에 근본을 두니, 천리를 보존하고 자기의 사욕을 버리는 것보다 나은 것이 없습니다. 사람을 쓸 즈음에 이르러서도 언어가 민첩한 자가 반드시 모두 성실한 것이 아닌데도 개납하심을 많이 입고, 행동

거지가 지둔한 자가 반드시 순근純謹하지 못한 것이 아닌데도 문득 가볍게 보시는 경향이 있어 들뜨고 경박한 습성이 점차 자라나고 성정이 성실하고 두터운 풍습이 점차 더 쇠퇴해가고 있습니다. 이는 성상의 학문이 광대廣大한 지역에 이르지 못한 것입니다."

–『영조실록』제16권. 영조4년 3월 10일.

나중에, 제 손자인 정조의 신하였던 정약용이 『목민심서』에서 "백성은 더없이 천한 존재로 보이나 사실 하늘만큼 존귀한 존재 또한 백성이다. 관리가 어디까지나 백성의 실상을 근거로, 백성을 머리에 이고 싸우면 상관의 명령에도 이기지 못할 일이 없다"라고 쓴 적이 있는데, 박문수 같은 관리야말로 평생 백성을 머리에 이고 정치를 했다고 하겠습니다. 묘당에서 그가 사용하는 말은 조현명처럼 거친가 싶어도 사리에 맞고 간명했으며, 송인명처럼 원칙에 철저한가 싶어도 실질적인 면과 늘 부합했습니다. 민생정책을 놓고 저와 으르렁거리다가도 문득 한두 차례 농담을 던져서 굳어진 분위기를 부드럽게 풀곤 했는데, 그것이 이른바 고상한 선비들에게는 곱지 않았던지 실록에 적힌 그의 졸기에는 "연석筵席에서 때때로 간혹 골계滑稽(농담이나 재미있는 이야기)를 하여 거칠고 조잡한 병통이 있었다"고 되어 있습니다.

그러나 그는 결코 가벼운 사람은 아니었고, 일선에서만 능하고 대국을 보는 자리에서는 시야가 좁은 사람도 아니었습니다. 그는 국방과 경제 분야에 두루 능통했으며, 이를 바탕으로 그칠 줄 모르고 민생개혁안을 제시했습니다.

호조 판서 박문수가 상서하였는데, 대략 이르기를,

"지금 양역의 폐단은 하늘에 사무쳤으니, 어찌 소소한 경장更張과 추이推移로 구제할 수 있는 일이겠습니까? 당초에 신이 양역의 혁파를 제안한 것은 전부를 제감하자는 것이었지 1필만 감하자는 것이 아니었으며, 크게 변통하자는 것이었지 조금만 추이하자는 것은 아니었습니다. 반드시 용관冗官(실무 없이 녹봉만 주는 관직)을 줄이고 주현州縣을 합치며, 진보鎭堡를 감하고 불급한 군병을 도태시키며, 그 위에 어염세를 더 증설하여 부족한 양만을 헤아려서 아주 가볍게 호구마다 거두고 2필의 양역은 혁파하자는 것이었습니다. [……] 양역을 혁파하면 각 진영, 각 고을에서 사사로이 모집하던 것도 파하라고 하지 않아도 저절로 파해질 것입니다. 그러면 일국의 양정良丁이 모두 국가의 소유가 될 것이므로 양정마다 쌀 몇 말씩을 받아 정미丁米라고 이름하면 2필, 1필의 고역은 쌀 몇 말로 내려져서 백성의 힘이 펴질 것이며, 칠반군보七般軍保라는 천한 이름도 바뀌어 정丁이 되니, 민심이 즐거워할 것입니다. 감축된 것을 말하자면 용관이 줄고, 주현이 합쳐지며, 진보가 감소되고, 금위영이 혁파되며, 수군이 폐지되고 양역이 없어지는 것입니다. 얻어지는 것으로 말하면 용관이 줄어지니 소득이 있고, 주현이 합쳐지니 소득이 있으며, 진보가 감소하니 소득이 있고, 금위영이 혁파되니 소득이 있으며, 수군이 혁파되니 소득이 있고, 양역이 없어지니 소득이 있으며, 어염세가 생기니 소득이 있다고 할 수 있습니다. 이러한 소득을 가지고 아주 가볍게 호구마다 고루 부과하는 것이 신의 본뜻이었습니다."

-『영조실록』제71권. 영조26년 7월 3일.

이렇게 그는 단지 균역에 힘쓰는 데 그칠 게 아니라 정예군만 남기고 대부분의 군역을 혁파해 국방도 정예화하고 경제도 살리자고 했습니다. 그리고 숨통이 트인 민가를 상대로 호포세를 걷되 양반과 상인을 구분하지 말자고 했으니, 실로 조선 5백년 역사에 이처럼 급진적인, 그러면서도 포괄적인 개혁안을 내놓은 사람은 얼마 되지 않을 것입니다. 그 뜻은 비록 이루어지지 못했지만, 그가 꼼꼼하고도 일목요연하게 작성해 남긴 『탁지정례』와 『국혼정례』 등은 경비를 절감하고 세정을 개혁하는 데 큰 힘이 되었습니다.

그러나 그는 병조 판서와 호조 판서, 형조 판서를 두루 거치며 큰 공적을 쌓았으되, 최종적으로는 정승의 반열에 이르지 못하고 좌찬성에 머물렀습니다. 그것은 그가 너무 급진적인 개혁안을 내놓다보니 그를 꺼리고 깎아내리려는 사람이 많았는데, 그가 자숙하기는커녕 매번 맞받아쳤기 때문입니다. 아니, 그냥 맞받아치기만 했다면야 제가 어떻게든 힘을 실어서 의정부까지 올려주었을 것입니다. 그러나 그런 싸움에서 자신의 당색까지 드러냈으며, 그것이 제가 보는 그의 유일한 병통이었습니다.

박문수도 탕평의 대의에는 동감했습니다. 그러나 소론의 영수였던 이광좌를 평생 존경하고 공공연히 추종했던 만큼, 탕평을 실천하는 일에는 조현명이나 송인명보다 열의가 적었습니다. 부왕에서 황형 시절에 이어진 후계자 관련 정쟁은 익히 말씀드렸듯 치열하고 처절했는데, 조현명, 송인명은 그때의 물의를 덮고 상처를 치유하자고 한 반면 박문수는 "노론 4대신을 용서하면 안 되며, 조정에 남은 노론 중에서 죄질이 나쁜 역적들도 끝까지 처단해야 한다"고 고집했습니다. 그래서 노론 4대신 가운데 하나인 조태채의 아들 조관빈과는 평생 원수가 되었을 뿐 아니라 노론 계열의 명망 있는 산림으로 송인명이 어렵게 조정에 불렀던 박필주가 소매를 뿌리치고 돌아가도록 만들었지요. 그런데 그는 같은 소론인 윤유, 조재호 등과도 사이가 나빴으니, 꼭 당색에 따라 상대 당파를 공격했다기보다는 워낙 괄괄한 성미에 하고 싶은 말은 해버리는—그는 어전에서 저를 대할 때조차 눈을 마주보며 또렷한 목소리로 직언을 하고는 했습니다—성격 때문에 그랬는지도 모르겠습니다. 아마 요즘 정치인들 같으면 그런 성향이 오히려 인기의 요인이 되어, 특히 젊은이들 사이에서 인기가 높았을지도 모르죠. 하지만 그때는 공손함과 예의바름이 훨씬 중시되던 시절이었기에, 번번이 물의를 일으키면서 탕평의 노력조차 때로 물거품으로 만드는 그를 저도 역성들고만 있을 수는 없었습니다.

그러나 개인적으로 제가 가장 좋아하는 사람은 다름 아닌 박문수였습니다. 그래서 그가 제 재위 32년(1756)에 예순여섯의 나이로 죽자 피붙이가 죽었을 때보다 더 슬퍼했으며, 그를 기리는 제사에서 "나의 마음을 아는 사람은 영성(박문수)이며, 영성의 마음을 아는 사람은 나였다"라고 뭇 신하들에게 밝히기도 했지요.

원경하元景夏도 있습니다. 저보다 네 살 연하였고, 앞선 세 사람이 모두 소론임에 반해 그는 노론 출신이었습니다. 또 시강원 출신도 아니었고, 무엇보다 귀하고 부유한 집에서 자란 사람이었죠. 효종대왕의 제6공주 되시는 숙경공주와 인조반정의 주역이었던 원평부원군 원두표의 손자 원몽린의 혼인으로 낳은 아들이 그의 아버지였으니까요.

그러나 '공주의 손자'였던 그는 단 한 마디 때문에 본처를 일생 생과부로 만든 저 같은 사람의 마음에도 쏙 들었습니다. 그가 어느 누구보다 겸손하고 검소했으며, 또한 공명정대한 사람이었기 때문입니다.

그는 늘 아무 장식도 없는 허름한 옷을 입고 다녔으며, 지위고하를 따지지 않고 늘 소탈하게 사람을 대했고, 그에게 들어오는 어느 누구의 청탁도 받아들이지 않았습니다. 그렇다고 괴팍하거나 무지하지도 않았으니, 시문에도 뛰어나고 용모도 빼어나서 자연스레 배어나오는 기품이 느껴졌죠. 문벌을 혐오하던 저도 그의 도량과 풍모가 모두 뛰어남에 '세상에는 정말로 귀공자가 있구나'하고 감탄했으니까요. 그런 원경하는 탕평에 대해 조현명이나 송인명보다도 적극적인 주장을 내세웠습니다.

> "신은 일찍이 구양수의 논의도 또한 폐단이 있다고 여겼기 때문에 소식蘇軾(중국 송나라의 대문호. 호는 동파東坡)이 뒤이어 붕당론朋黨論을 지은 것으로 사료한 적이 있습니다. 그 뒤 천·삭川朔으로 붕당이 나뉜 것은 구양수의 붕당론에 연유되지 않았다고 기필할 수 없습니다. 비록 군자라 할지라도 한 번의 실수는 있는 것이고, 소인이라고 할지라도 조그만 장점은 있는 것이니, 진실로 잘못된 것이면 군자라도 공척攻斥해야 하고, 진실로 옳은 것이면 소인의 말일지라도 취해야 하는 것입니다. 호오好惡의 도리는 진실로 치우침이 있어서는 안 됩니다."
> ―『영조실록』 제63권. 영조22년 5월 2일.

앞서 조현명이 주희나 구양수의 성리학적 붕당론 자체는 긍정하면서 "군자의 자손에 어찌 소인이 없겠으며 소인의 자손에도 어찌 군자가 없겠습니까"라 하여 사람됨을 당색으로 몰아서 판단할 일이 아니라 한 것을, 원경하는 한 걸음 더 나아가 군자와 소인 자체의 뚜렷한 구분을 문제시했습니다. 그래서 군자 같은 사람의 실수를 나무라지 않을 수 없고, 소인 같은 사람의 옳은 의견을 받아들이지 않을 수 없다면서, 사람 중심에서 행동 중심으로 판단해야 한다는 주장을 한 것입니다.

이런 사상을 바탕으로, 그는 박문수가 역적으로 다스려야 한다고 했던 노론의 김용택, 이천기 등에게 관용을 베풀 것을 역설했습니다. 그리고 노, 소만이 아니라 남, 북까지 널리 등용하는 대탕평을 실시하자고 주장했습니다.

> 원경하가 말하기를,
>
> "탕평의 정사는 아름답지 않은 것이 아닙니다마는, 노론 · 소론을 공존하게 하는 것에 그친다면 어찌 인심을 복종시킬 수 있겠습니까? 동인 · 서인 · 남인 · 북인을 물론하고 재주에 따라서 쓴 뒤에야 공도^{公道}를 넓힌 것이라 할 수 있을 것입니다"
>
> 하니, 임금이 그 공정함을 칭찬하였는데, 이 뒤부터 임금이 또 남인과 소북을, 등용하려 하였다. 대개 원경하는 사람됨이 간사하고 누추하며 조정에서 논의하는 것이 자못 느슨하여, 이 때문에 동배^{同輩}가 시끄러이 공박하니, 원경하가 용납되지 않을 것이라 염려하여 드디어 무옥^{誣獄}을 반안^{反案}해야 한다고 말하여 스스로 동배에게 해명하고, 또 남인 · 북인의 당을 통용할 것을 말하여 임금에게 영합하려 하였으므로, 당시 사람들이 더럽게 여기고 이를 일컬어 대탕평이라 하였다.
>
> ─『영조실록』 제51권. 영조16년 6월 5일.

그런데 당색에 찌든 사람들이 당시 탕평의 본뜻을 오해해 송인명의 조제보합에 참여한 사람들을 모리배라고 비웃었듯, 인조반정 이래 소외되어 온 남인과 북인까지 널리 쓰자는 원경하의 대탕평론도 손가락질을 많이 받았습니다.

> 임금이 대신과 비국 당상을 인견하였다. 임금이 박춘보가 상소로 섭
> 향고葉向高의 일을 논한 것을 가지고 좌의정 송인명에게 물으니, 송인
> 명이 말하기를,
> "박춘보가 이처럼 상소하여 배척한 것은 대개 '탕평'이란 두 글자를
> 미워하기 때문입니다"
> 하였다. 우의정 조현명이 말하기를,
> "수백 년 전의 섭향고도 오히려 조제론調劑論을 주장했다는 이유로 지
> 금 물어뜯는 판인데, 하물며 살아있는 원경하야 말해 무엇하겠습니
> 까?"
> -『영조실록』 제57권. 영조19년 4월 20일.

섭향고는 명나라 때의 상신인데, 동림당이라 불리는 청류 사림들의
대표였습니다만, 재상이 되자 "당색을 가리지 않고 널리 사람을 써야
한다"는 조제론을 주장했습니다. 언젠가 원경하가 이 섭향고를 칭찬
하자, 박춘보라는 자가 섭향고의 조제론은 결국 간신배들이 조정에 날
뛰도록 하는 것이었다며 맹렬히 비난했던 것입니다. 이런 세태를 두고
"세상에서는 박춘보는 곧은 선비요, 원경하는 지저분한 간신배라고 하
겠지" 하며 함께 탕평을 이끌어온 조현명, 송인명과 한탄했던 때가 있
었습니다.

아무튼 원경하는 조현명, 송인명 등과 함께 제가 제 치세 중의 개
혁 중에서도 가장 값진 것의 하나로 꼽는 이조 낭청을 통청通清하는 법
과 한림翰林을 회천回薦하는 규례의 혁파를 이루어냈습니다. 이 두 가지

탕평비. 영조 18년(1742) 사도세자의 성균관 입학식 때 세워진 비로, 『논어』 위정편 14장의 구절을 활용해 탕평의 뜻을 세웠다. "두루 공평하고 치우치지 않는 것이 군자의 공정함이요, 치우쳐서 공평하지 못한 것이 소인의 사사로움이다.(周而弗比 乃君子之公心 比而弗周 寔小人之私意)"

규례는 본래 고위관료들이 정국을 쥐고 흔들지 못하도록 인사권의 일부를 하급관리에게도 부여하자는 뜻에서 나온 것이었으나, 당쟁이 심해지면서 상대 당파의 관직 진출을 막는 수단으로 악용되어 폐단이 심각했습니다. 그래서 제 재위 17년째(1741)에 저 세 사람의 세심한 준비와 적극적인 지지에 힘입어 이를 이뤄낸 것이지요. 이를 두고 『택리지』를 쓴 이중환처럼 "소장파 관료들이 목소리를 낼 길이 좁아져 국가의 권병이 정승에게 집중되었으며, 탕평책에 따라 벼슬을 바라는 자는 많은데 벼슬자리는 한정되어 있는 것을 그나마 정리할 전조의 권한마저 없어져 세상이 혼란해졌다"라고 본 사람도 있습니다만, 그래도 갈수록 치열해지던 당파간 대립을 어느 정도 완화하고 왕에서 정승, 판서로 이어져 내려가는 정부의 기강을 바로 세우는 데 기여했다고 생각합니다.

또한 원경하는 백성이 담당하던 신포와 대동미의 양을 줄이는 개혁과 과거제의 실행 과정을 좀 더 공정하게 하는 개혁도 주도했습니다. 그러나 그도 정승이 되지 못했는데, 반대의 목소리가 너무 컸기 때문입니다. 실망한 그는 벼슬을 그만두고 낙향했다가 2년 만에 울적함 속에서 숨을 거두니, 제 재위 37년(1761)이었고, 향년 예순 넷이었습니다. 박문수야 사람이 하도 괄괄하니 그랬다 하더라도, 원경하는 단지 공주의 손자일 때는 모두가 좋아하고 우러러보다가 조정에 나가 개혁의 선봉이 되자 온갖 오해와 비방의 표적이 되었으니, 정치라는 것이 얼마나 몰인정한지를 여실히 알 수 있습니다.

이밖에 노론의 홍계희, 신만, 소론의 정석삼, 정우량, 남인의 오광운 등이 탕평에 뜻을 같이하며 저를 보좌했던 신하들입니다. 이들은 비록 방금 들었던 네 사람보다는 인물됨이나 역량이 조금 떨어졌습니다만, 그래도 이런 신하들 덕분에 저의 자리가 외롭지만은 않았던 것 같습니다.

정성왕후의 마지막 말

내전에서는 애희愛姬와 자손들에 둘러싸여, 외정에서는 동지처럼 믿고 서로 아끼는 신하들과 벗하며 외로움을 달래온 긴 세월, 그러나 그 세월 동안 누구보다 외롭게 살도록 강요된 한 사람이 있었습니다. 바로 이 부끄러운 이야기의 주인공, 정성왕후입니다.

영빈은 사도세자를 낳은 뒤에도 옹주를 하나 낳았고—그 아이가 나중에 제 늘그막의 위로처가 되어준 화완옹주입니다—, 저는 또 주변을 두리번거리기 시작했습니다. 영빈에 대한 사랑이 완전히 식어버린 것은 아니었만 여러 아이를 낳고 궐내에서 지위가 안정되자 '잔소리'가 많아진 그녀 곁에서 점차 따분해하는 자신을 발견하게 되었죠. 그 잔소리라는 것은 '중전마마의 건강이 안 좋으신 듯하여 걱정되나이다' '전하께서 중전마마를 하도 찾지 않으시니 제가 송구스럽고 민망해 어쩔 수가 없나이다. 중궁전에도 종종 발걸음을 하소서' 같은 것이었습니다.

　그래서 새로 가까이한 사람이 뒤에 조귀인이 되는 궁녀 조씨입니다. 열 살이 되기 전에 궁에 들어왔다가 저와 가까이할 때는 서른이 넘어 있었지요. 특별히 빼어나게 아름답다거나 재덕이 뛰어나다거나 하지는 않았지만, 특별한 점이 '좋은 가문 출신'이라는 점이었습니다. 고려 개국공신을 시조로 삼는 유서 깊은 풍양 조씨였는데, 비록 그녀의 직계는 영달하지 못해 딸을 궁녀로 들여보냈습니다만, 당대에 제 총애를 받던 조문명, 조현명, 조재호 등과 일가친척인지라 그들과 오며 가며 인사하는 모습을 간간이 볼 수 있었습니다. 그러다보니 예쁘게 보이기 시작했고, 무엇보다도 정성왕후의 서씨 가문보다 한 수 위의 가문 출신이면서도 수수하고 온순해 보이는 점이 마음에 들었지요. 그래서 그녀에게서 두 옹주를 얻었는데, 먼저 태어난 옹주는 일찍 죽고 둘째가 화유옹주의 이름으로 살아가게 되었습니다.

　이후에는 제 나이도 반백이 한참 넘어가고 균역법 제정 등으로 일도 바쁘다 보니 영빈과 조귀인의 처소에 아주 가끔 들를 뿐, 한동안 여색을 그리 밝히지 않는 시절을 보냈습니다. 그러다가 제 나이가 쉰여덟이 되던 재위 27년째의 해(1751), 제 며느리이자 죽은 효장의 부인인 전 세자빈인 현빈이 세상을 떠났습니다. 현숙하기가 그지없는 아이였고 구중궁궐에 갇혀 과부로 살아가면서도 늘 명랑함을 잃지 않아, 딸처럼 귀여워했던 아이의 죽음이라 저는 몹시 심란해 했습니다. 그런데 그 아이의 빈소에서, 저는 그만 깜짝 놀라고 맙니다. "아니, 정빈……? 정빈이?"

　의문의 죽음을 당한 제 첫사랑, 정빈 이씨와 너무도 닮은 여인을 눈앞에서 본 것입니다. 정빈이 죽지 않았던가? 그러나 그럴 리가 없지 않습니까? 분명 제 손으로 그 눈을 감겼고, 염하는 과정을 예의에 어긋난다는 주위의 만류에도 불구하고 끝까지 지켜보았는데요. 또 살았더라면 지금은 쉰이 넘었을 텐데, 눈앞의 여인은 정빈과 한창 사귀던 때와 마찬가지의 꽃다운 나이로 보였습니다.

떨리는 목소리로 그녀에게 누구냐고 물으니, 그녀가 대답하는 목소리를 듣고 꿈에서 깨는 듯했습니다. 정빈은 마치 아기처럼 여리고 구슬처럼 튀는 목소리였는데, 이 여인의 음성은 낮고 어딘가 어둡게 깔리는 듯했으니까요. 그녀는 현빈을 모시던 궁녀였고, 성이 문씨라고 했습니다.

"그럼 혹시 모친의 성이 이씨 아니더냐?"
"아니옵니다."
"그러면, 김씨이시더냐?"

정빈의 모친의 성이 김씨였으므로 물은 말이었는데, 그녀는 역시 아니라고 했습니다. 보통 그렇게 물으면 무슨 무슨 씨라고 대답할 것을, 짧게 아니라는 말만 거듭하며 고개를 숙이고 있는 그녀가 그때는 그저 수줍어서인 줄만 알았습니다만…. 저는 그러냐 하고 몸을 돌려 그 자리를 물러나왔습니다. 하지만 처소에 들어서도 계속 그 여인의 얼굴이 떠올랐습니다. 여인네 때문에 잠을 설치기가 몇십 년 만이던가? 그래, 이것은 하늘이 정빈을 내게 돌려주신 것이다. 이렇게 생각한 저는 날이 새자마자 문씨 궁녀에게 손을 뻗쳤습니다.

이렇게 다시 저는 '바람'을 피웠습니다. 아니, 사실 '바람'은 아니지요. 제왕의 정욕은 무치無恥라던가요. 왕실을 번성시킨다는 명목에다, 국정의 과중한 부담에서 오는 번민을 해소한다는 방편으로, 제왕은 본처 외에 무수한 여인을 거느려도 원칙적으로 부정하다고는 할 수 없었지요. 저 세종께서 소헌왕후 외에 열세 명의 후궁을 두시고, 스물다섯의 자녀를 보셨듯 말입니다. 그러나 세종께서는 소헌왕후와 금슬이 돈독하셨고, 문종과 세조가 되시는 두 아드님을 비롯해 8남 2녀의 자식을 보신 반면, 저는 한 여인을, 그것도 가장 가까이해야 마땅할 여인을 끝없이 이어지는 외로운 밤에 묶어놓고 있었던 것입니다.

그것은 어찌 보면 구조적인 원인을 갖고 있었던 문제입니다. 조선 중기 이후 사림의 명분 정치와 파당 정치가 강해지고 왕권은 약해지면서 누가 중전을 배출하여 외척이 되느냐, 중전이 적장자를 낳을 수 있느냐 등이 전보다 더 중대한 정치적 의제가 되었습니다. 그만큼 국혼國婚은 아직 음양의 도리도 모르는 코흘리개 시절에 정치적으로 정해지고, 성장한 뒤에도 왕과 왕비의 잠자리에는 보는 눈과 듣는 귀가 늘 빼곡히 따르다 보니, 왕은 그것이 부담스러워서라도 다른 여인의 품에서 안식을 찾기가 쉬웠지요. 하지만 사실 저의 경우는 그런 변명도 하기 어려웠습니다. 저는 부왕이신 숙종대왕과는 또 다르게 사가에서 아내를 맞이했고, 아직 세제의 자리에도 오르기 전에 다른 여인을 품고 자식을 보았으니까 말입니다.

그렇다면 그녀는, 정성왕후는 어떠했을까요? 저는 그녀처럼 영민한 여인은 괜찮겠거니, 고독 따위 별 거 아니려니 생각했습니다. 반은 그런 무심한 생각으로 스스로를 정당화하고, 반은 아예 잊고 지냈지요. 그러나 그럴 리가 있겠습니까. 세상에 그 어떤 사람이 끝없는 무심을 무사히 견뎌내겠습니까? 중전으로서 정해진 규례대로 왕실의 의식을 오차 없이 해나가는가 싶었어도, 어느 날부터인가 그녀의 행동이 어딘가 어지럽고 위태롭다고 느껴지기 시작했습니다. 제기를 옮기다가 살짝 드러난 손목은 여위어 있었고, 두텁게 분을 발랐으나 거칠어진 살결을 감출 수는 없었습니다. 한때는 이제껏 제가 품어본 그 어느 여인네보다 고운 살결이었습니다만, 저는 그 살결이 쓸모없이 거칠어지고 검어지도록 두었던 것입니다.

그렇게 생각한 저는 마침 잠성부부인, 그녀의 친정어머니이시며 제게는 장모가 되시는 분이 별세함에 그녀에게 한 가지 선물을 주었습니다. 다름 아니라 황형의 대에 삼수의 역모 혐의를 쓰고 처형된 그녀의 조카, 서덕수를 신원해준 것입니다. 저는 계속 그가 역모는 하지 않았을지라도 정빈을 모살했을 가능성을 지우지 않았지만, 그만큼 세월이 흐른 이상 이제야 사실이 어떻든 어쩌랴 생각하여 그녀 집안에서 죄인의 멍에를 벗겨주기로 했습니다. 그것이 아마도 그녀가 제게 시집온 이래 함께한 지 수십 년 세월에 그녀에게 제게 참된 정으로 준 처음이자 마지막 선물이었을 것입니다.

그러나 그녀는 병들어 있었습니다. 대략 쉰 전후로 담증痰症을, 말하자면 속이 꽉 막힌 듯 답답하고 가슴이 뻐근하며, 기침이 계속 나오고 구토까지 하는 증세를 보이기 시작했습니다. 나이가 비슷한 저도 그 무렵부터 그런 증세가 생겼으므로 처음에는 나이에 따라 자연히 오는 병이려니 했습니다.

하지만 그녀의 증세는 훨씬 심각했습니다. 심한 구토를 하다 못해 급기야 피까지 토했습니다. 당시 그녀의 '사랑받는 며느리'로서, 또 남편의 사랑을 별로 받지 못하는 동병상련의 아낙으로서 가까이하는 시간이 많았던 혜경궁 혜빈의 기록이 있습니다.

정성왕후께서 숙환이 갑자기 위중해지셔서 손톱이 다 푸르게 변하고, 토하신 피가 한 요강이나 되었다. 그 핏빛이 선홍색이 아니고 검고 괴이하여 어릴 때부터 여러 해 동안 모인 것이 나오는 듯하였으니 놀라움을 어찌 다 헤아리리오.

―『한중록』

다만 그런 토혈 증세가 숨길 수 없을 지경까지 이르렀을 때는 이미 마지막이 가까웠을 때였고, 그녀를 별로 마주치는 일이 없던 저는 중전께서 담증을 앓는다는 어의의 말에 심드렁해 했습니다. 골치를 썩이고 있던 오만가지 정치 문제로 마음을 돌리면서. 그러다가 피로해지면 문 소원(옹주를 낳은 뒤 소원으로 승격시켜 주었고, 나중에는 숙의가 됩니다)의 품에서 쉬러 가고. 신뢰하는 신하들이나 예뻐하는 후궁하고만 주로 시간을 보내던 나날이었습니다.

이렇게 있어도 없는 듯 취급하던 시간을 거듭하다가, 제가 참으로 오랜만에 중궁전에 발걸음을 했습니다. 때는 제 재위 32년인 병자년(1756)이었습니다. 사도세자의 말썽이 날로 심해지고 있었고, 급기야 애비가 내린 금주령을 어기고 술판을 벌이는가 하면 궁궐에 고의로 불을 내는 불한당 짓까지 벌이는 판이었습니다.

저는 어찌하면 좋을지 알 수가 없었습니다. 아비의 정을 앞세워야 하나? 정치적으로 판단해야 하나? 정치적으로 한다고 치자. 그러면 대안이 무엇인가? 황형께서 맡겨 주신 옥좌를 불한당 같은 놈에게 넘겨 줄 수 없다는 생각은 또렷했지만, 그야말로 어렵게 얻은 하나뿐인 아들인 것을, 어쩐단 말입니까? 도저히 저는 혼자서 결단을 내리지 못하겠다, 누군가와 의논이 필요하다 싶었습니다. 하지만 이 문제는 아무리

신임한다 해도 대신들과는 의논할 수 없는 문제였습니다. 그렇다면 유일한 의논 상대는? 저는 실로 오랜만에 중궁전으로 행차하겠다는 명을 내리고, 혹시 잘못 들은 게 아닌가 싶어 머뭇거리는 내관을 한바탕 꾸짖고는 무거운 몸을 일으켰습니다.

한 집안인데도 낯설게까지 보이는 대조전에 드니 마치 오랫동안 사람이 머물지 않은 건물인양 을씨년스러웠습니다. 내관에게 들으니 중전은 평소에 대조전에서 잠들지 않고 그 서쪽에 붙은 작은 별채인 관리합觀理閤에서 먹고 자는 일이 많다고 했습니다. 왜 멀쩡한 침전을 놔두고 좁고 불편한 건넌방을 주로 썼을까요. 말이 왕비지 왕비의 본분을 다하지 못하는, 아니 하고 싶어도 할 수 없는 자신의 처지가 한스러워서였을까요. 아무튼 그때는 그런 생각을 할 겨를이 없었습니다. 대조전에서 저를 맞이하는 그 사람은 여전히 정숙하고 위엄 있게 보였습니다. 그러나 분을 바르지 않아도 바른 것 같던 낯빛은 이젠 하얗다 못해 파리하게 보일 정도로 바래 있었고, 다소곳이 앉아 있는 모습은 마치 해골에 옷을 걸쳐둔 것 같았습니다. 말랐다는 이야기가 아닙니다. 담증의 영향인지 오히려 몸은 꽤나 불어나 있었죠. 그 얼굴에서 몸 전체에 흐르는 기운, 그것이 마치 이미 죽어버린 망령을 대하는 듯한 기분이 들었다는 것입니다.

"…오랜만이오, 중전."
"…"

그녀는 살짝 내리깐 눈썹을 미동도 않으며, 정말 시체라도 된 듯 묵묵히 있었습니다.

"안색이 아주 좋지 않구려. 식사는 제대로 하시는 게요?"

"…"

"나도 요즘은 나이를 먹어서인지 입맛이 예전 같지 않더이다. 다행히 자전께서는 아직도 잘 잡수고 계셔서 대비전 음식이 궁중 제일이라고 소문이 자자한데, 세자 그놈까지 끼어서 할머니 밥을 먹다 보니 저렇게 뚱보가 되지 않았겠소? 하지만 내 입맛에는 그다지요. 그래서 요즘 식사를 잘 하는 비결이 뭔지 아시오?"

"…"

"고추장이오. 고추장! 이 대궐에서는 거의 먹지 않고 웃전에서는 상것들의 음식이라고까지 한다지만, 내 태생이 그러니 어쩌겠소? 어릴 때 즐기던 고추장을 밥에 비벼 먹으면 이게 밥도둑이거든! 이 나이에도 한 그릇 뚝딱이지 않겠소. 중전께서는 이해가 안 되실지 몰라도."

"…"

어색함을 견디지 못해 공연한 소리만 늘어놓아 봐도, 그녀는 아무런 대꾸도 조그만한 움직임도 없었습니다. 설레발에 지친 저는 대조전의 공기가 견딜 수 없이 무겁게 느껴졌습니다. 제기랄, 이러니까 내가 이곳을 찾을 리가 없지 않은가, 이런 생각마저 들면서 차라리 그냥 돌아갈까도 싶었습니다만, 결국 한동안 침묵하다가 본론을 꺼냈습니다. 아무런 두서도 없이.

"아무래도, 세자를 갈아야겠소."

"그리 마십시오."

이제껏 돌이 된 듯 묵묵히 앉아만 있던 그녀가 일각의 망설임도 없이 말했습니다.

　"중전도 아시지 않소. 한 나라를 짊어지고 가야 할 녀석이 갈수록 목불인견이오. 종묘사직을 위해서나 백성을 위해서나 가는 것이 맞겠소."
　"사랑받지 못해서입니다."
　"뭐요?"
　"풀이 물 없이는 자라지 못하듯, 사람도 사랑받지 못하면 살 수 없습니다. 반드시 병이 듭니다."

저는 그녀의 파리한 얼굴을 가만히 쏘아보았습니다. 이것은 혹시 자신을 두고 하는 말이 아닌가? 저는 저절로 눈살이 찌푸려지는 걸 애써 참으며 대답했습니다.

　"또 그놈의 사랑 타령. 중전도 홍봉한이와 같은 소리를 하시는구려. 그렇다 칩시다. 하지만 이제는 어쩔 수가 없소. 내 나이가 이제 몇이오? 내일이라도 잘못된다면 저 물건이 이 자리에 오를 텐데, 그러면 어찌되겠소? 나도 내 아들이 애틋하지 않은 게 아니오. 하지만 인정으로 봐줄 일이 있고, 공도_{公道}에 따라야 할 일이 있는 게요."
　"병은 고치면 되는 것이고, 사랑은 지금이라도 주시면 되는 일인데…. 그렇다 하시면, 누구로 그 자리를 메우시겠습니까? 삼종의 혈맥을 어쩌하시렵니까?"
　"…산_祘이가 있소."

"이제 다섯 살배기입니다. 무슨 생각을 하시는 것입니까?"

"신라의 진흥왕은 일곱 살에 즉위했으나 나라를 중흥시킨 영주英主가 되었고, 중국의 예를 들면 더 어린 나이에 즉위한 제왕도 많이 있소. 정 뭐하다면, 일단 세손을 삼은 다음 4, 5년쯤 뒤에 보위를 잇게 하면 되오."

"의소가 두 돌도 못 채우고 죽었기로 산이는 열 살은 되어야 세손에 봉하시겠다더니…. 그것이 끝내 공도라 여기신다면 그리하십시오. 하지만 반드시 세종대의 실수를 되풀이하셔서는 안 됩니다."

세종대의 실수라고? 저는 무슨 말인지 얼른 이해가 되지 않았습니다. 형님인 양녕대군께서 거짓 난행을 하여 세자 자리를 양보하심으로써 세종께서 보위에 오르실 수 있었다는 이야기 말인가? 세자도 그렇게 양보하는 모양새를 취하라는 것인가? 하지만 그것은 실수가 아니라 모범이잖은가?

"무슨 말씀인지 이해가 잘 가지 않소만. 세종께서는 당신을 닮아 명철하고 유덕했으나 몸이 워낙 병약했던 문종을 세자로 삼으시고 끝내 보위를 물려주셨지. 그 결과 일찍 문종께서 세종의 뒤를 따르시매 그 아우인 수양, 안평, 금성 같은 유능하고 야심만만한 대군들이 조카이신 단종의 보위를 노리게 되었고. 그러니까 병약한 문종께 대업을 맡기신 것이 세종의 실수다? 내가 그 실수를 되풀이해서는 안 된다? 이것도 모를 말씀이군. 그러니 내가 지금 국가의 장래를 위해 변변치 않은 세자를 갈아치우려 하는 것이 아니오?"

"…"

그쯤은 스스로 생각해서 답을 맞히라는 듯, 다시 돌처럼 잠잠해진 중전 앞에서 저는 한동안 고개를 꼬고 있었습니다. 그때였습니다. 갑자기 한줄기 차디찬 물이 혈관을 타고 심장까지 미친 듯한 느낌이 덜컥 든 것은. 그렇습니다. 저는 그때서야 정성왕후의 말의 의미를 깨달았던 것입니다.

"수양대군은 체력이나 실력이나 보위를 잇기에 부족함이 없는 인걸이었소. 그래서 병약한 형님에게, 다시 코흘리개 조카에게 보위가 넘어간 일이 못마땅할 수밖에 없었고 결국 칼을 빼들고 말았소. 정난^靖難의 피바람을 일으키며 골육상쟁을 거듭하게 되었지. 그러니까 중전은 이왕 세자를 갈아치우려거든 후환이 없도록 해야 한다는 것이오? 문종에게 보위를 넘길 바에는 수양대군 등을 숙청해버려야 했다, 그것이 세종의 실수였다? 그 실수를 되풀이하지 않으려면, 나는…이 손으로 내 자식을 없애야만 한다고?"

"양녕대군을 무사히 보존해두신 것도 실수입니다. 결국 그 분은 세조 대왕을 도와 당신의 조카손자를 해치는 일에 발 벗고 나서셨지요."

이런 사갈 같은…! 저는 언젠가 그녀에게 퍼부었던 그 악담이 또다시 목구멍까지 치미는 것을 가까스로 참고 말했습니다. 말이 되느냐, 귀하디 귀하게 얻은 아들이다. 내가 공도를 위해 세자를 갈겠다고 했지 아들을 죽이겠다고 했느냐…! 얼굴이 벌개져서 이런저런 말을 주워섬기는 나를 가엾다는 듯 쳐다보며, 그녀는 나직이 말했습니다.

"그러니까 그리 마시라는 것입니다. 아직 희망을 버리실 때는 아닙니다. 그래도 정녕 안 되겠다고 여기신다면, 차마 말할 수 없는 일까지 각오하고 그러시라는 겁니다. 결단은 결단대로 내리서 놓고 사정私情에 치우치신다면, 국가의 존망이 호흡 사이에 있게 될 것입니다."

나직하지만 진중한 그녀의 목소리. 언제나처럼 신경을 거스르는, 그러나 옳다고밖에 못할, 그래서 더 제 신경을 거스르는 목소리에 저는 반박할 말을 찾지 못했습니다. 그래서 또 언제나처럼 그녀의 마음을 찢고 후벼 파는 말로 대거리했습니다.

"참 잘도 그런 말씀을 하시는구려. 역시 한 번도 자식을 낳아보지 못한 중전이시라, 그런 말씀이 편하신 모양이오."

침묵. 저도 홧김에 말을 뱉어놓고 아차 싶어서 입을 다물었고, 중전도 아무 말도 없었습니다. 다시 망부석으로 돌아가려나 했는데 고개가 천천히, 아주 천천히 옆으로 돌아가더군요. 저를 외면하고 텅 빈 벽을 바라보는 자세에서 어깨가 가늘게 떨렸습니다. 우는 것인지, 아닌지? 그녀는 몸이 아닌 영혼으로 울고 있었습니다. 통곡이었습니다.

"하도 답답해서 왔더니만 사람이 차마 못할 말만 듣고 가는군! 얼른 가서 귀를 씻어야겠소."

이런 매정한 말로 제 감정의 동요를 숨기고는, 저는 쫓기듯 일어났습니다. 그리고 문씨가 있는 전각으로 내달았습니다. 아직도 뜨겁기만 한 그녀의 살결에서 고민과 번민과 가책을 풀어버리려는 것이었지요.

난잡한 시간이 지나고 그녀에게도 혼잣말처럼 세자가 골치라는 말을 꺼냈습니다만, 문씨의 태도는 한심하기만 했습니다. 아주 반색을 하면서 자신도 요상한 말을 많이 들었다느니, 아무리 한창 나이라지만 일국의 세자가 그렇게 문란해서 되겠냐느니 노골적으로 세자를 끌어내리려 하는 티를 내는 겁니다. 이 불쌍한 여인은 아직 나이가 젊고 한창 사랑을 받고 있으니 언제고 사내아이를 낳을 것이라고, 그러면 지금의 세자 대신 보위를 이어받게 되리라고 믿고 있는 것이었습니다. 산이도 버젓이 있는데 설마 그럴 리가!

결국 이 여자는 정빈이 아니었던 겁니다. 이 여자와는 몸의 대화밖에 나눌 수가 없겠다 싶었습니다. 아니, 앞으로는 그조차 끊어야겠다고 생각했습니다. 그 바람이 이루어져 덜컥 사내아이라도 낳는 날이면, 야망을 이루기 위해 무슨 짓을 저지를지 모를 여자가 아닙니까? 조금만 현명하게 굴면 정빈이나 영빈처럼 되련만, 천한 출신은 어쩔 수 없다는 생각이 들었습니다. 그리고는 그게 바로 중전을 멀리하게 된 생각, 황형에 비해 임금감이 못된다는 생각으로 제가 그토록 없애고 싶었던 생각이 아닌가? 하고 퍼뜩 깨닫고는 심란해졌습니다. 결국 저는 있는 소리 없는 소리 하며 세자 흉을 늘어놓는 문씨를 뿌리치고는 제 침전으로 돌아갔고, 그날 밤을 뜬눈으로 새웠습니다.

나중에 다시 말씀드리겠습니다만, 일단 세자 문제는 좀 더 두고 보기로 했습니다. 문씨와의 불장난도 열이 식었습니다. 그렇지만 중전과의 관계는 아무런 변화가 없이 몇 달이 또 지났습니다. 그러는 동안 그녀는 더 버티지 못하고, 끝내 무너져갔습니다.

중궁전이 편찮은 까닭에 약방에서 주원廚院(사옹원司饔院)에 옮겨 직숙하였다. 당시 곤전坤殿이 피를 토한 것으로 인하여 원기가 갑자기 가라앉았는데, 연달아 삼다를 올렸지만 조금의 동정이 없었으므로, 상하가 허둥지둥 어쩔 줄을 몰라 하였다.

-『영조실록』 제89권. 영조33년 2월 14일.

당시 저는 기민饑民, 즉 굶주린 백성들이 무섭게 불어나고 있는 사태를 해결하고자 정신이 없었습니다. 그래서 중전이 검은 피를 요강 하나 가득 토하고 쓰러졌다는 소식을 듣고서도 얼른 가보지 못하고 세자에게 먼저 살피라 하고는, 다음날 날이 밝자마자 중궁전으로 달려갔습니다.

가서 보니 세자는 중전 앞에 무릎을 꿇고 몸을 앞뒤로 흔들고 있고, 혜빈이 얼굴이 사색이 된 채 황망히 일어나 저를 맞이했습니다. 중전은? 그 사람은 이미 의식이 없었습니다.

"인삼, 인삼차는 어디 있느냐?"

"전하…. 이미 올렸습니다만, 망극하게도 아무 효험이 없나이다."

"그래도 계속 올리라. 기맥이 쇠하였을 때 인삼만한 것이 없느니라!"

"…."

저는 중전 옆에 자리 잡고 앉아, 왼손으로 중전의 입을 벌리고 오른손으로 인삼차를 직접 중전의 입에 흘려 넣었습니다. 한 모금, 두 모금, 세 모금. 그러나 중전은 마치 시체라도 된 듯 아무런 반응이 없었습니다.

"어의는 어디 있느냐? 아직 자느냐? 일국의 국모를 이렇게 어이없이
보낼 생각이냐!"
"전하, 전하…!"

그러나 이미 백약이 무효였습니다. 저는 안절부절 못하며, 제가 들
어온 뒤로 한 마디도 없이 방구석에 쭈그리고만 있던 세자에게 애꿎은
역정을 냈습니다.

"이 판국에 네놈은 눈물 한 방울 없느냐? 아무리 너를 낳아준 생모
가 아니라지만, 그렇게도 인정머리가 없단 말이냐!"

혜빈이 기가 막힌 듯 뭐라고 하려다 그만두는 게 보였습니다. 하지
만 뭐라고 했든지 저는 이미 알아듣지도 못했을 것입니다. 그토록 내
팽개쳐 두었던 사람인데, 단 한 시도 사랑하지 않았던 여인이건만, 그
렇게 믿었건만, 막상 그녀가 죽는다 싶자 귀속이 멍멍해지며 눈앞이
캄캄해지는 것이었습니다.

> 경모궁(사도세자)께서는 아버님을 뵙자 또 황공하여 지금껏 우시던
> 것도 못하고 몸을 깊이 구부려 고개를 못 드셨다. [……] 대조(영조)
> 께서 정성왕후 입에 인삼차를 계속 떠 흘려 넣으시니 그것도 보살피
> 면서 병환 중에 말씀이라도 하시면 대조께서 보시기에 좀 나을 터
> 였다. 그렇건만 몹시 다급한 가운데 좁은 방 한구석에 몸을 깊이 구
> 부린 채 황공하여 엎드려만 게시니, 아까 울며 서러워하던 것을 어
> 찌 아시려오. 대조께서 경모궁 옷 입으신 것, 행전 치신 모양까지 걱

정하며 말씀하셨다. "내전 병환이 이러한데 몸가짐이 어찌 저러하리오." 천지간에 가슴 터질 듯 갑갑한 것이, 아까 지극하던 모양이 다 감춰져 버렸다. '아까는 저렇지 아니 하더이다' 할 수도 없고, 위에선 불효하고 버릇없다고만 하시니 선희궁 애씀과 내 속 타는 것을 어디에 비하리오.

－『한중록』

저는 반쯤 제정신이 아닌 채로 인삼차를 더 다려 와라, 침을 놓아 봐라 하며 맞지도 않은 처방으로 어의를 힘들게 했습니다만, 제 눈앞에서는 이미 너무나도 익숙한 장면이 반복되고 있었습니다. 그렇습니다. 부왕께서 승하하시던 그때, 황형께서 돌아가시던 그때와 모든 것이 똑같았습니다.

이윽고 어의가 한쪽에 있던 솜을 집어들고, 두 손으로 조심스럽게 중전의 코 밑에 갖다 대었습니다. 속광屬纊이었습니다. 숨을 거두었는지를 확인하기 위한 마지막 절차.

"무얼 하느냐? 대체, 지금 무얼 하고 있는 것이냐?"
"전하! 아뢰옵기 황공하오나…."

고개를 돌린 어의가 눈물을 머금은 얼굴로 속삭였습니다. 호흡이 없다고. 죽었다고. 당신이 영혼의 한 조각까지 괴롭혔던 그 사람은 이제 이 세상에 없다고.

"그럴 리가 없다. 그럴 리가 없어! 네놈이 과인을 능멸하고 있는 것이다. 국모의 목숨을 두고 희롱을 하고 있어! 그러고도 살아남기를 바라느냐!"

"전하, 소신을 죽여주시옵소서. 하오나 중전께서는 정말로…"

죽었다고? 정말로 죽었다고? 그리 말을 잘하던 사람이 단 한 마디도 남기지 않고? 저 돌조각처럼 굳어진 입술에서 용서한다는 말도, 저주한다는 말도 남기지 않고? 평생을 해로하기로 했건만, 그리 서약했건만. 저주받아 마땅할 사내가 털어놓는 잘못을 비는 말, 미안하다는 말도 들어보지 않은 채 이대로?

신시申時에 중궁전 서씨가 관리합에서 승하하였다.
–『영조실록』 제89권. 영조33년 2월 15일.

정성왕후께서는 평소에 대조전 큰 방에 거처하셨으나 침수하시거나 감기만 드셔도 건넌방에 와서 지내셨다. 그런데 환후가 위중하시자 "대조전이 얼마나 소중한 곳인데 내가 이 집에서 죽으리오" 하시고 급히 대조전의 서익각 관리합이라는 집으로 내려와 계시다가 승하하셨다.
–『한중록』

그 다음은 뭐가 어떻게 되었는지, 마치 독한 술이라도 마셨던 것처럼 기억이 나지 않습니다. 정신을 차려 보니 저는 대조전 마루에 앉아 있고, 옆에는 세자와 혜빈 등이 입시해서는 뭔가 안절부절 못하고 있었습니다. 제 앞의 마당에는 중궁전 나인들과 내관들, 의관 등등이 난

감한 표정으로 엎드려 있었습니다.

> "…그래서 과인은 중전을 불신하게 되었느니라. 그때가 그러니까,
> 신축년, 과인이 열한 살 되던 해였다."

저는 어느새 주위 사람들을 억지로 잡아놓고는 중전과 제가 처음 만났을 때와 함께 지내온 이야기를 끝도 없이 늘어놓고 있었던 겁니다. 무려 몇 시진 동안! 그러다가 결국은 중전과의 첫날밤, 모든 것이 틀어지고 만 첫날밤에 대해서도 그만 이야기했고, 그제야 아차! 내가 지금 뭘 하는 것인가? 하고는 정신이 돌아왔나 봅니다. 그 내밀한 이야기, 결코 자랑스럽지 못한 이야기가 그렇게 널리 퍼지게 된 것은 그 때문이었습니다.

저는 허둥지둥 일어섰습니다. 이대로는 안 된다, 내 스스로 어떻게 될지 모르겠다는 생각이 들었습니다. 그때 마침, 또 다른 부음이 있음을 내관들이 상기시켜 주었습니다. 화완, 그 아이의 남편인 일성위 정치달이 세상을 떠났다는 것이었습니다.

그것도 슬픈 일이었습니다만, 저 스스로도 아직까지 이해할 수 없는 충격 때문에 정신이 무너지기 일보 직전에 있던 저는 내심 '살았다!'는 생각이 들었습니다. 그리고 과부가 된 딸을 위로하기 위해 궐 밖으로 나가겠다고 주위에 말했습니다. 사실 그것은 핑계였습니다. 어떻게든 그 자리를 피해야겠다고, 미칠 것 같은 마음을 아무도 보지 않는 데서 터뜨려야만 하겠다고 생각했기 때문이었습니다.

그러나 제가 정성왕후의 시신 앞을 가로막듯 버티고 앉아서 때 아닌 장광설을 늘어놓는 통에 벌써 시작해야 했을 장례 준비에 들어가지

못하며 발만 동동 구르던 세자 이하의 사람들은 기가 막히는 모양이었습니다. 아무튼 중전의 시신을 앞에 두고는 사위 문상을 간답시고 궐문을 나선다는 말은 듣도 보도 못한 일이라, 대소 신료들까지 달려와서 나가지 말라고 간곡하게 말렸습니다. 하지만 저는 막무가내로, 안 된다며 엎드리는 신하들을 손으로 밀치고는 연輦에 올라, 해가 저무는 가운데 황황히 궐문을 나섰습니다.

이날 일성위 정치달이 졸卒하였다. 예단이 먼저 들어오고 조금 있다가 중궁전이 승하하였으므로, 여러 신하들이 장차 곡반哭班(국상 때 궁중에 모여 우는 관리의 반열)에 나가려 하는데, 갑자기 좌의정과 우의정을 입시하도록 명하여 임금이 손을 잡고 말하기를,

"경들은 이 가슴속의 슬픔을 이해하여 한 번 덜 수 있게 하라"

하자, 좌의정 김상로 · 우의정 신만 등이 감히 한마디 말도 꺼내지 못하고, 다만 곧바로 나아갔다가 일찍 환궁하라는 뜻을 아뢰고 물러났다. 이때 승정원과 삼사의 신하 및 영의정 이천보가 서로 잇달아 청대하니, 임금이 답하기를,

"이미 좌의정과 우의정에게 하교하였는데 어찌 이런 일을 하는가?"

하고, 인하여 승지를 입시하도록 명하였다. 승지 이최중이 빨리 앞으로 나아가 머리를 조아리며 말하기를,

"이렇게 망극한 시기를 당하여 전하께서는 어찌하여 이런 망극한 일을 하시려 합니까?"

하니, 임금이 잇달아 엄중한 하교를 내렸으나, 이최중이 눈물을 흘리며 더욱 힘껏 간쟁하였다. 임금이 진노하여 이최중에게 물러나도록 명하였는데, 이최중이 말하기를,

"신은 청하는 바를 이루지 못하면 감히 물러날 수 없습니다"
하자, 임금이 이최중의 직임을 체차하도록 명하고, 인해서 합문을 닫고 마침내 보련步輦(임금이 타던 수레의 일종)으로 연영문延英門을 나갔다.

-『영조실록』제89권. 영조33년 2월 15일.

대궐에서 별로 떨어져 있지 않은 화완의 집 문에 들어서자, 왈칵, 눈물이 쏟아져 나왔습니다. 역시 눈물범벅이 된 얼굴로 저를 맞던 화완은 자신을 불쌍히 여겨 흘리는 눈물로만 알았겠지요. 저는 그 애의 손을 꼭 잡고 말했습니다.

"어찌하느냐. 어찌하느냐. 이를 어찌하면 좋단 말이냐."
"소녀는 괜찮사옵니다. 근심을 거두소서. 전하."

소맷자락으로 눈시울을 훔치며 대답하는 화완을 저는 바보처럼 입을 헤 벌린 채 바라보기만 했습니다. 제가 정상이 아님을 눈치 챈 그 애는 제가 문상을 빨리 치르고 방에 들어가 눕도록 했고, 저는 이불을 머리까지 둘러쓰고 소리 죽여 울다가, 죽음처럼 깊은 잠에 빠져들어 갔습니다. 꿈에 그 사람을 본 듯하고, 뭐라고 말을 걸었던 것도 같은데, 흐릿하니 기억이 나지 않습니다.

깨어나 보니 벌써 사경四更(밤 1시에서 3시 사이)에 가까워지고 있었습니다. 저는 서둘러 매무새를 고치고 사람을 불러 연을 차비하도록 했습니다. 깜깜한 밤에 대궐로 돌아와 그때에서야 장례 준비를 지시하는 저를 보고, 세자와 혜빈은 '평소에 그리도 미워하시더니, 돌아가신 때까지 저토록 심술을 부리시는가?'하고 오해했다고 합니다. 제 평소 행동과 그날의 거동을 보면 오해할 만도 했지요. 그러나 제 가슴에 휑하니 구멍이 뚫린 듯, 오장 중에 하나가 잘린 듯, 저는 허허롭고 애잔하기만 했습니다. 결국 어찌어찌 법식대로 장례를 치르고, 그 사람을 고양 땅에 묻었습니다.

60후반에 얻은 열여섯 살 신부

사람의 마음은 자기 자신도 알 수가 없다더니, 왜 그리 괴로웠던 걸까요. 제 마음은 정빈을 비명에 보냈던 때와는 사뭇 다르지만, 아픔의 강도로만 보면 그때 못지않게 아리고 쓰렸습니다. 그녀에게 못해준 일만 자꾸 생각나고, 세상 일이 다 귀찮고, 밥을 먹어도 맛이 없었습니다. 정말이지 그녀가 크게 아프다고 털고 일어났더라면 꼴 보기 싫다, 공연히 사람을 성가시게 한다고 또 독설이나 날리고 말았을 터인데, 왜 더이상 못 보게 되었다는 사실이 그토록 제 가슴을 저몄을까요. 그래도 언제까지나 슬퍼하고 있을 수는 없었습니다. 저는 제왕이니까요. 그리고 제왕이기에, 국모의 자리를 계속해서 비워둘 수도 없었습니다.

새로 중전을 뽑는다고 하면, 눈을 반짝이며 마음을 졸이는 사람들이 있었지요. 숙의 문씨와, 귀인 조씨, 그리고 영빈 이씨…. 그들 가운데 한 사람을 중전으로 올린다? 뭐, 못 할 것도 없었지요. 물론 숙종대왕의 말씀이 계시기는 했지만, 칠십을 바라보는 제가 새로 중전을 맞이하는 일도 계면쩍고, 후궁을 정비로 삼은 전례도 숱하게 있으니 밀어붙인다면 가능했습니다. 굳이 말하자면 성격에 문제가 많았던 문씨나 소론 계통인 조씨는 반대가 좀 심할지 몰라도, 세자의 생모이면서 정성왕후와 달리 특정 당파와 밀착된 모습을 보이지 않고 성품도 조신해 내명부에서 두루 호감을 사고 있던 영빈은 큰 문제없이 중전으로 올릴 수 있을 듯했습니다.

그러나 저는 결국 아무도 중전의 자리로 올리지 않고, 예순여섯의 나이로 새장가를 가는 길을 택했습니다. 이유는 두 가지였습니다. 첫째, 이만큼 왕위에 오래 있으면서 나이도 먹었으니 즉위 초와는 달리 제 기반도 튼튼하다 싶었지만, 그래도 '천한 출신이다' '형제를 죽였다' 따위의 쑥덕거림은 아직도 제 귓가에 맴돌고 있었습니다. 그런 마당에 '여자 문제로 선왕의 유훈을 어겼다'라는 말까지 보태고 싶지는 않았습니다.

둘째, 세자를 위해서였습니다. 저는 당시 세자가 자꾸 엇나가는 이유가 자기 지위에 자만하고 있어서라고 생각했습니다. 어차피 자신은 임금이 될 것이고, 양녕대군 때처럼 대신할 만한 장성한 왕자가 있는 것도 아니니 교체되지도 않을 것이다. 그러므로 조금 쾌快를 추구한들 어떠랴, 이런 속셈이리라 보았던 것입니다. 나중에 보면 꼭 그렇지는 않았습니다만…. 아무튼 새로 중전을 들여 자신의 지위가 절대적으로 보장된 것은 아님을 깨닫게 해주면, 지금보다는 분발하지 않을까 하는 생각이었습니다.

그렇다고 해서 정말 새로운 중전에게서 후사를 볼 생각은 없었습니다. 행여 그렇게 된다면 광해군과 영창대군의 비극이 되풀이될 판이 아닙니까? 세자를 분발시키자고 세자를 골육상잔의 수라장으로 밀어넣을 수는 없는 일이니까요. 저는 새장가를 들되 새사람의 손끝도 대지 않기로 작정했습니다. 물론 그것은 제가 또 다른 죄를 짓는 일이었습니다만, 저는 '제왕의 도리'라는 말로 스스로를 다독였습니다. 그리고 아마 마음 한구석에는 그렇게나마 한을 품고 죽은 정성왕후를 배신하지 않으리라는 생각도 있었던 것 같습니다. 정성왕후의 혼령이 옆에 있었다면 '대체 무슨 생각을 하시는 겁니까?'하고 혀를 찼겠지만요. 그리하여 정성왕후가 세상을 떠난 지 2년쯤 뒤인 기묘년의 어느 여름날,

임금이 인정전에 나아가 반교하였다.

"왕은 말하노라. 삼기三紀(1기는 12년, 즉 36년) 동안 보위에 있었으니 정사는 풍교風敎(교육과 정치로서 백성을 선하게 교화함)의 근본을 돈독히 하였고, 육례六禮를 이에 이루니 진실로 신인神人의 소망에 화합되었다. 나라의 경사를 밝게 드러내어, 팔방에 널리 반포한다.

생각건대 제왕이 나라를 다스리는 요령은 실로 후비의 아름다운 덕의에 달려있다. 우虞나라의 다섯 가르침으로 다스린 공적은 오로지 요녀堯女가 집안의 규율을 바로잡은 데에서 말미암았고, 주周나라 이남의 풍속을 돈후하게 한 아름다움은 또한 태사太姒가 교화를 도운 데에 힘입은 것이다. 돌아보건대 과궁寡躬은 배필을 잃었으니, 가만히 내조할 사람이 없음을 탄식하였다. 근세에 상사喪事를 여러 번 겪어 궁실에서 편안한 생각을 갖지 못했는데, 만년에 정사의 빠진 부분을 보충하지 못했으니, 중궁이 텅 비어 있는 것을 어이 하겠는가? [……] 왕후 김씨는 교목세신喬木世臣(여러 대에 걸쳐 중요한 벼슬을 지낸 집안)의 가문에 태어나서, 옛날 증사曾沙(성녀가 태어나는 땅)의 경사가 다시 나타났다. [……] 아! 나라를 다스리고자 하면 제가齊家를 먼저 할 것이니 어찌 위엄 있는 교훈을 조금인들 소홀히 하겠는가? 교화는 가까운 데로부터 먼 데에 미치게 하는 것이니 척약한 마음을 게을리 하지 말기를 바란다. 새로운 계책으로 돈륜惇倫에 힘쓸 것이며, 연면延綿한 복록을 영세토록 누리기를 바란다. 이에 교시하는 바이니, 모두들 상세히 알도록 하라."

수염이 허연 노인인 제가 이제 겨우 열다섯, 제게는 그야말로 손녀뻘인 소녀를 옆에 두고 이렇게 교서를 읽고 있었습니다. 그녀는 세자보다도 열 살 어렸으며, 문씨 소생의 아이들을 제외하면 제 자식들 전부보다 손아래였습니다. 왕조가 세워진 이래 나이 차이가 가장 크게 지는 결혼. 뒤돌아서 웃는 신료들, 실망과 원한에 찬 눈초리로 땅만 내려다보고 서 있는 후궁들, 여느 때보다도 떨떠름한 표정이 두 겹은 더한 세자. 저도 멋쩍고 쑥스러웠습니다만 이것이 종묘사직과 백성을 위한 길이거니 하면서 미사여구로 도배한 교서를 내리 읽었습니다. "도는 부부에서 발단되는 것이니 [……] 나라를 다스리고자 하면 제가를 먼저 할 것이니"라는 말에 세자의 얼굴에 일순 비웃음이 스친 것은 저의 착각이었을까요?

이리하여 제 배필이 된 정순왕후 김씨는 노론이면서 세력이 별로 없는, 그러면서도 조상 중에 지사^{志士}가 있는(그녀의 1대조 할아버지는 효종 때 소현세자빈 강씨의 억울함을 풀어 주려다가 목숨을 잃은 김홍욱이었습니다) 가문 소생이었습니다. 그녀가 간택될 때의 여러 일화가 유명하지요. 후보들을 구별하기 위해 각자의 부모 이름이 쓰인 방석에 다들 앉아 있는데 그녀만 '부모의 이름을 자식이 깔고 앉을 수는 없다'며 따로 떨어져 앉더라는 이야기, 건물 기와의 개수를 세어 보라는 말에 다른 사람은 전부 고개를 쳐들고 손가락질을 하며 세는데 그녀만 홀로 얌전히 고개를 숙이고는 바닥에 떨어지는 낙숫물 숫자에서 기와 개수를 알아내어 대답했다는 이야기 등등. 저는 "세상에서 가장 깊은 것은 무엇이냐?"는 물음에 그녀가 "사람의 마음이 가장 깊습니다"라고 대답했을 때 오히려 마음이 좋지 않았습니다. 여느 아녀자답지 않은 총명함과 사려 깊음이 정성왕후를 연상케 했기 때문이죠. 그러나 결국 현명한 여인이라야 사실상 생과부로 평생을 지내야 할 운명을 견뎌내리라, 하여 그녀를 중전으로 맞아들였습니다.

과연 제 생전에 그녀는 불평 한 마디 한 적 없었고, 늘 현숙한 모습을 잃지 않았지요. 하지만 그녀의 속 역시 꺼멓게 타들어가고 있었나 봅니다. 제가 말년에 노쇠함이 심해 정신이 흐려진 때를 틈타 친정 오라비 김귀주가 설치고 다니고, 며느리 쪽 집안인 홍씨들과 세력 다툼을 벌였다고도 합니다만, 저는 그것은 그녀가 악녀라서가 아니라 그런 상황에서는 자연히 있을 수 있는 일이었다고 봅니다. 연산군의 부인 신씨도 더없는 현모양처요 요조숙녀였는데, 그 오라비 신수근은 연산군과 짝패가 되어 탐학을 일삼았다니 말입니다. 그녀의 풀리지 않던 한, 제가 맺히게 한 한을 조금이나마 푼 일이라면, 제가 죽은 뒤 정성왕후의 옆에 묻히려던 제 뜻을 어기고 제 묘를 자신의 묘와 합장토록 한 일, 그리고 증손자인 순조의 수렴청정을 하면서 이가환, 이승훈, 정약전, 정약용 등 제 대에서 정조 대까지 애써 키워냈던 실학파 관료들을 모조리 쓸어버린 일 등이 아닐까 합니다. 저를 사랑하여 저와 함께 영면하기를 바란 것이 아니라 정성왕후가 아닌 자신이 국모였다고, 아무 짝에도 쓸모없는 못된 늙은이지만 임금이자 남편의 곁에 끝까지 남는 자는 자신이라고 후세 사람들에게 외치고 싶었던 것이지요.

제 옆자리는 늘 쓸쓸했습니다. 새 중전과는 살을 섞지 않기로 다짐한 마당에 환담이나 나누자고 찾는 것도 내키지 않아서 아예 발걸음을 끊었고, 그렇다고 새삼 문씨나 이씨를 찾을 마음도 나지 않았습니다. 이제 먹을 만큼 먹은 나이이기는 했습니다만, 저는 차갑기만 한 이불을 밤마다 끌어안고 뒤척이며 다 정성왕후에게 잘못한 벌이려나 싶었습니다.

한 남자로서의 쓸쓸함도 문제였지만, 겉으로는 매도하면서도 풀리지 않는 난제가 있을 때면 찾아가곤 했던 정성왕후의 빈자리는 날로 크게 다가왔습니다. 국정이든 집안일이든 골치 아픈 문제가 불거질 때면 저는 눈을 감고 이마에 내 천 자를 그린 채로, 마음속으로 그녀를 찾는 것이 버릇이었습니다. 중전, 당신이라면 뭐라고 하시겠소? 이럴 때 나는 어찌 해야만 하오?

그리하여 제 삶에서 어쩌면 가장 잔혹하고 가장 괴로운 선택을 해야만 할 순간에 내몰렸을 때도, 저는 그녀를 생각했습니다. 그리고 그때의 말이, 저와 마지막으로 이야기를 나누었을 때 그녀가 한 말이 퍼뜩 머리에 떠올랐던 것입니다.

"모두들 들었는가? 정성왕후의 혼령이 정녕히 내게 이르기를, 국가의 존망이 호흡 사이에 있다고 하였다!"

"모든 정치적인 고려와 군주로서의 책임을 내려놓은 채, 아들의 죽음을 마주 대한 한갓 아비로 돌아간 지금, 생각한다는 '사' 한 글자밖에 떠오르는 것이 없었습니다." "군주로서 후계자에게 품었던 기대도 끝나고, 부자로서의 악연도 끝나고, 법과 원칙의 대표자로서 행해야 했던 책임도 끝난, 모든 것이 다 끝나버린 지금, 제게는 다만 한 가지 말, 사랑한다는 말밖에 남아 있지 않았습니다."

사위만 열거하는 심정

아, 우리 왕실의 금지옥엽 같은 자손들이여.

아아, 번성해왔다네.

목릉(선조)께서는 특히 번성하시와,

세상에서 팔대군八大君이라 했었지.

아아, 그 후로는 딸이 아들보다 성하여,

영릉(효종)께는 여섯 도위都尉를 두셨고,

숭릉(현종)께는 세 도위가 계셨다네.

그리고 이 나에게는

도위가 일곱, 부위副尉가 둘, 첨위僉尉가 하나라네.

아아, 첨위를 둔 임금은 본조에서 처음이라지.

모두 시집갈 나이까지 살았더라면,

도위가 열둘은 되었겠지.

일곱 도위 가운데서도

지금껏 살아있는 아이는 다섯이지.

어찌 그게 전부리오?

공주들을 떠올려보면,

저 아이도 눈에 선하고,

그 아이도 못내 그리운 것을.

내 오장육부가 어찌 목석이리오?

이내 회포 또한 각별하건만

도위들만 열거하는 뜻,

그것은 따로 까닭이 있어서라네….

−「어제회아조금지옥엽御製噫我朝金枝玉葉」

기축년(1769). 왕위에 오른 지 마흔다섯 해, 제 나이 일흔여섯 해 되었을 때 지은 글입니다. 기축년이면 어떤 해겠습니까? 그렇습니다. 임오년으로부터 일곱 해가 지난 해입니다.

임오년에는 무슨 일이 있었기에 굳이 꼽느냐고요? 솔직히 떠올리고 싶지도 않지만, 결국 낱낱이 말씀드리게 되겠지요. 그 이유는 바로 위의 글에서 "도위들만 열거하는 다른 까닭"과 같은 까닭에서입니다.

지금까지 여러분께 들려드렸듯이 저는 여러 여인으로부터 여러 자녀를 얻었습니다. 윗글에서야 번성했다고 했습니다만 사실 조선 왕실은 후대로 갈수록 손이 귀해졌습니다. 국초에는 총명하고 건장한 대군들이 많아 태종께서나 세조께서나 골육상잔을 벌인 끝에 보위에 오르실 정도였지만, 나중에는 적손은 거의 없다시피 하고 서손조차 가물에 콩 나듯 했지요. 그래서 국초 같으면 왕족이라고 내세우지도 못했을 철종, 고종 같은 먼 방계 출신이 보위를 잇게 되었답니다. 구중궁궐에서 화려한 포로 생활을 하다 보니 신체적으로 허약해졌음인지, 항간의 쑥덕거림대로 대를 이어가며 하나씩 쌓이고 맺힌 원한이 살殺을 쏘아댄 까닭인지 모를 일이지요. 아무튼 그런 가운데 십수 명의 자녀를 둔 저는 참으로 복이 많은 임금이라 할 수 있었습니다.

영조어제화순옹주유제문(英祖御製和順翁主諭祭文). 1758년(영조 34) 영조가 화순옹주의 영전에 바치게 한 제문이다.

하지만 안타까운 것은 딸만 많았다는 것입니다. 열둘이나 되었으니까요. 일찍 죽은 아이가 다섯이라 일곱 아이에게 짝을 지어주고 일곱 도위를 얻었고, 손녀의 지아비인 부위와 첨위도 각각 둘과 하나였답니다. 첨위란 적실 소생이 아닌 손녀의 지아비인데, 본조에서 첨위를 둔 임금은 제가 처음이었다고 합니다.

물론 딸도 귀여운 자식입니다. 처음 얻은 아이이자 처음 땅에 묻어야 했던 향염香艶이는 뒷날 제가 보위에 오른 뒤 화억옹주라는 칭호를 준 딸아이로, 정빈의 소생이었지요. 그런데 태어난 지 1년도 되지 않아

영별하게 되자 아픈 가슴을 부여잡고 지문誌文을 써서 그 자그마한 관에 넣었습니다.

> "아아! 여기에 내 어린 딸 향염이를 묻었다. 이 아이는 정유년 4월 22일에 장의동 사저에서 태어났다. 똑똑하고 어여쁜 아이였다. 이 아이를 느지막이 얻어 기쁘고 다행한 마음이 가득하였다. 그런데 뜻밖에도 무술년 4월 초팔일에 급히 떠나보내고 말았으니, 세상에 머문 때가 한 해도 마치지 못하였다. 아아! 안타까운 마음이여. 사무치는 가슴이여!"

그 뒤로도 몇 번이나 제 자식의 주검을 수습해야 했고, 그 아이 하나하나는 제 가슴에 영원히 아물지 않는 피멍으로 남았습니다. 그러나 저는 왕이었습니다. 황형의 한과 기대를 안고 삼종의 혈맥을 이어가야 할 막중한 책임이 있었습니다. 그러기에 저는 반드시 아들을 보아야만 했습니다.

효장 세자

정작 처음에 그 바람이 이루어졌을 때는 그 절실함이 와 닿지는 않았었습니다. 왜냐하면 아직 제가 보위에 있지 않았을 때였으니까요. 향염이가, 그러니까 화억옹주가 숨진 다음 해인 1719년, 제 첫 정인情人이었던 정빈은 그 사이에 또 다른 딸아이 하나를 잃는 슬픔을 거친 다음에 드디어 사내아이를 낳았습니다. 저는 무척 기꺼웠습니다. 그러나 그 감정은 항간의 사내들이 첫 아들을 보았을 때의 것과 크게 다르지 않고, 또 그것을 밖으로 마음껏 내비칠 수도 없었습니다. 자식을 아직 하나도 얻지 못하셨고, 아마도 앞으로도 가망이 크지 않던 형님 전하 뵙기가 면구스러워서이기도 했고, 그때가 제 친어머니이신 육상궁 마마의 상중이기도 했기 때문입니다. '모친 상중에 첩과 관계해 연달아 자식을 보다니! 연잉군은 음탕한 자다!'라는 쑥덕공론이 들리는 듯했습니다.

아무튼 다행히도 그 아이는 제 누나들의 뒤를 따르지 않고 무럭무럭 잘 자라 주었습니다. 이름은 행^緈이라고 지었지요. '곧다'는 뜻입니다. 당시는 어머니와 동생 연령군 그리고 부왕마저 잇달아 세상을 떠나시던 때였으며, 또 황형께서 보위에 오르시는 과정에서 여러 가지 시끄러움이 많았던 때였습니다. 그래서 어지럽고 위태로운 세상에 굴하지 말고 곧게 자라달라는 뜻에서 지은 이름이랍니다.

갑진년에 이르러 제가 황공하게도 황형을 대신해 보위에 오르고, 이제는 여섯 살이 된 행이를 경의군^{敬義君}에 봉했습니다. 그리고 약 1년쯤 지나, 세자에 책봉했습니다. 을사년 3월 20일에 책봉하고 26일에 세자로서 공부를 가르쳐줄 빈객들과 상견례를 가졌는데, 이놈이 어린 나이임에도 의관을 갖추고 단정히 앉아서 또박또박 할 말을 하는 것이, 제법 의젓하고 풍모가 남달라 보였습니다. 애비의 눈에만 그리 보였던 게 아니었던지, 이런 기록들이 남아있습니다.

> 왕세자가 빈객과의 상견례를 행하였는데, 모습이 의젓하고 행동이 침착하였으므로 보는 사람이 흠모하며 감탄하지 않는 이가 없었다.
> ─『영조실록』제4권. 영조1년 3월 26일.

호조 판서 신사철이 아뢰기를,

"칙사가 세자를 보고는 침이 마르도록 칭찬하면서 역관에게 말하기를, '귀국의 세자가 중국에서도 비교될 만한 사람이 없다. 만약 돌아가서 황제에게 말씀을 드리면 반드시 내려주는 물품이 있을 것이라'고 하였습니다."

─『영조실록』 제8권. 영조1년 11월 16일.

좌의정 홍치중이 청대하여 아뢰기를,

"일전에 동궁께서 묘현^{廟見}할 때에 신이 모시고 갔었는데, 걸음걸이와 주선^{周旋}함이 지극히 찬찬하였습니다. 영녕전이 멀지 않은 데에 있었지만 대조께 품하지 않았다 하시며 전배^{展拜}를 허락하지 않다가 강청드린 다음에야 비로소 허락했습니다. 어린 나이인데도 조행이 이러하였으니, 큰 성인^{聖人}의 자품이 아니고선 이렇게 할 수 있겠습니까?"

─『영조실록』 제10권. 영조2년 11월 3일.

어렵게 얻은 아들에게 제왕의 풍모가 있으니, 저는 즉위 초의 불안함 속에서도 든든한 느낌이 들고, 앞날에 희망을 품을 수 있었습니다. 아홉 살이 되던 해에는 혼례도 치러주었지요. 제가 신뢰하던 조문명의 여식으로, 나중에 현빈이 된 그 아이는 현숙하면서도 귀여워 제 말년에 이르기까지 한 가닥 안식을 주었던, 딸처럼 사랑스럽던 아이였습니다.

그런데 무신년 11월, 세자가 장가든 지 겨우 1년이 조금 더 지났을 뿐인 해에 청천벽력이 떨어지고 말았습니다.

밤 3경 1점에 왕세자가 창경궁의 진수당에서 훙서^{薨逝}하였다. 이날 종묘와 사직에서 두 번째 기도를 거행하였는데, 밤에 병이 더욱 심해

영릉(永陵). 경기도 파주시 조리면 봉일천리에 있는 효장세자의 능. 본래 효장묘라 했으나 정조가 즉위한 1776년에 효장세자를 진종(眞宗)으로 추대하면서 묘호도 영릉으로 바꾸었다.

져 해시^{亥時}에 훙서하였다. 임금이 영의정 이광좌, 병조 판서 조문명 등을 대하여 슬피 곡하며 말하기를,

"종묘사직을 장차 어찌할 것인가?"

하고, 한참 만에 곡을 그쳤다.

-『영조실록』제20권. 영조4년 11월 16일.

착한 아이였습니다. 의젓한 아이였습니다. 그 아이에게 왜 이런 일이 일어났는가? 신하들과 장례 절차를 의논하면서도, 왕이 되지 못하고 죽은 세자의 시호를 시법 책에서 골라 '지혜롭고 어버이를 사랑함이 두터웠으니 효^孝를 쓰고, 경신^{敬愼}하고 고명^{高明}하였으니 장^章을 쓰리라. 효장세자라고 부르리라'는 결정을 내리는 가운데서도, 저는 벌어진 일을 믿을 수가 없었습니다. 이건 현실이 아니야. 나쁜 꿈이야. 미망^{迷妄}이

야. 마음 한편에서는 계속 이렇게 되뇌고 또 되뇌고 있었습니다. 마침 내 그 아이를 땅에 묻어야 할 때가 왔을 때, 관 속에 반듯이 누워 있는 그 아이의 몸을 어루만지며, 저는 무너졌습니다.

> 왕세자의 상을 받들어 재실梓室에 내린 뒤에 임금이 친히 숙고繡袴의 의 대衣襨 1습을 재실에 넣었다. 이어서 눈물을 쏟으며 말하기를,
> "기어코 여기에 들어갔구나! 한 번 여기에 들어갔으니, 두 번 다시 볼 수가 있겠는가?"
> 하니, 입시한 신하들이 모두 눈물을 흘리며 얼굴을 가렸다.
> ─『영조실록』제20권. 영조4년 11월 18일.

하늘이 무심하신 것인가? 아니면 천벌인 것인가? 나의 뜻이 아니 었다 해도 어머니를 괴로움 속에 가시게 했고, 황형의 정성에도 부응 하지 못했으며, 비록 반역의 무리라 하더라도 여러 사람이 비명에 가 게끔 했으니, 그 억울함과 유감이 구천을 떠돌다가 아이에게 내리꽂 힌 것인가? 저는 밤마다 혼자 고개를 흔들며 번뇌했습니다. 앞서 두 아 이를 보냈습니다만 젖먹이 때였기로 10년이나 옆에 두고 키운 행이에 게 얽히고 쌓인 정은 비교할 수 없었습니다. 그리고 무엇보다도, 사적 으로는 사돈 영감이 되는 조문명을 부둥켜안고 토로했듯이, 그 아이는 종묘사직의 안위를 한 몸에 안고 있던 조선의 세자이자 나라의 근본인 삼종의 혈맥을 이어갈 하나뿐인 희망이었습니다. 그래서 번뇌가 그치 지 않았습니다. 겨우 열 살 밖에 안 된 어린 몸이 죽음의 기운에 덮여 마른 나무토막처럼 비틀어진 모습, 병석에 누워서도 예의를 차린다고 애비나 사부들이 찾아가자 애써 몸을 일으키려던 모습, 마지막에 열에

들떠 진저리 치는 것을 제가 뺨을 비비며 정신 차리라고 애비를 알아 보겠느냐고 피를 토하듯 되뇌자 모기 소리 같은 목소리로 대답하며 더운 눈물을 흘리던 순간이 매일처럼 제 뇌리를 후벼 팠습니다.

> 아! 병이 위독해졌을 때 스승이 들어오는 것을 듣자 벌떡 일어나 앉아 다시 용모를 단정히 하였고, 또 빈객이 들어오는 것을 듣고 일어나려 하였으나 힘이 부쳐 하지 못하였으니, 이에서도 또한 평일의 성품을 볼 수 있었다. 한 번 병이 오래 끌기 시작한 뒤로부터 보사補瀉가 서로 어지럽히고 의약이 효험이 없자 탄식하는 목소리로 나에게 고하기를, '세상에 명의가 없으므로 여러 가지 약을 섞어 썼지만 한갓 번거롭게 고하게만 만들었습니다. 원하건대 다시 약을 쓰지 마시고, 조용히 스스로 정양靜養하도록 해주소서' 하였다. 그 오래 묵은 약초 뿌리를 물리치고 천명에 맡긴 것이 만약 노사老師·숙유宿儒로서 이치에 통달한 자가 아니라면 어찌 미칠 수 있었겠느냐? 무릇 병세가 극심할 때 임하여 내가 내 얼굴을 그 얼굴에 갖다 대며 '나를 알아보겠느냐?' 하고 부르자, 가느다란 목소리로 응답하며 눈물이 뺨을 적셨으니, 진실된 효심이 걱정이 가득한 마음속에서 사라지지 않았기 때문이었다.
>
> ―「어제효장세자지문御製孝章世子誌文」

궁녀 순정의 매흉 사건

현실을 부정하고 싶었고, 하늘에 대고라도 풀 길 없는 분노를 어떻게든 풀고 싶었던 저는 다소 무도하다고 할 수 있는 짓까지 저질렀습니다.

효장이 덧없이 떠나가고 2년이 지났을 무렵, 순정이라고 하는 궁녀가 말썽을 일으켰습니다. 그녀는 여느 궁녀가 아니라, 제가 연잉군으로 서 잠저에 있을 때부터의 몸종이었지요. 그런데 왜인지 정빈하고 사이 가 좋지 않았습니다. 마냥 하는 말이 '우리 마님(중전 서씨)은 학처럼 단 아하고 덕이 높으신데 어디서 불여우 같은 계집에게 큰 서방님이 홀려 서…'라는 식이었지요. 제가 보는 중에도 태도가 바르지 못했는데 제 가 없을 때 어떤 패악질을 하는지 안 봐도 뻔했습니다. 양반 남정네 체 면에 작은집 일로 아랫사람과 드잡이를 할 수 없는지라 못 본 척하고 만 있었지요. 그랬더니 이 계집이 점점 기가 살아서는, 마침내 행이, 효 장세자가 되는 제 아들에게까지 패악을 부리지 않겠습니까? 뭘 잘못했 는지 몰라도 훌쩍거리는 일곱 살짜리 아이 뺨을 찰싹찰싹 때리며 "요 사스럽게 어디서 거짓말을! 네 어미가 여우 짓을 하니까 애새끼까지 여우 짓이냐?"하고 막말을 하는 것이 아니겠습니까? 우연히 그 장면을 목격한 저는 더 이상 참을 수가 없어 호되게 꾸짖고는 울며불며 잘못 했다고 비는 순정을 보따리 싸 들려서 내쫓아버렸습니다.

그러나 얼마 지나 제가 보위에 오르고 궁궐 생활을 시작하자, 크게 달라진 환경에 힘들어 하는 안식구들이 측은해졌습니다. 그래서 순정 이가 심술은 사나워도 일은 야무지게 잘했다는 생각이 들고, 설마 대 궐의 법도가 있는데 사가에서처럼 패악질을 할까도 싶더군요. 그래서 순정을 찾아 절대로 무례하게 굴지 않겠다는 확약을 받은 다음, 궁녀 로서 안식구들 시중을 들도록 했습니다. 하지만 제 성질은 어찌할 수 없던지, 이제는 내명부 종5품의 소훈의 자리에 앉은 정빈에게 가끔 태 도가 퉁명스럽다 했습니다. "웬만한 일은 윗사람으로서 관대하게 보 아 주시고, 도가 지나치다 싶으면 뜻대로 처분하시구려. 당신의 사람이 니" 정빈에게는 이리 일러두었습니다. 그 뒤로는 큰일이 없어서, 신축년에 정빈이 의문의 죽음을 맞았을 때는 정빈을 몹시도 미워한 순정을 아주 잠깐 떠올렸습니다만 설마 그럴 리는 없겠다 싶었습니다. 당시 옹주방에 소속되어 있던 그녀가 독을 마음대로 쓰기도 어려웠고, 당시 추국 과정에서도 순정에 대한 혐의는 전혀 나오지 않았으니까요.

그런데 그해 경술년(1730) 3월, 이 계집이 수상한 짓을 벌이는 현장을 제가 몸소 목격한 것입니다. 그때가 밤 삼경三更. 이 생각 저 생각에 잠이 오지 않아 잠시 바람을 쐬려고 침전 뒤뜰을 거닐다가 이제는 어린 나이에 과부가 된 빈궁, 현빈 생각이 났습니다. 그래서 '혹시 저도 아직 잠을 못 이루었다면 잠시 말동무나 해주려마. 잠들었다면 그만두고…'하는 생각에 빈궁전으로 발걸음을 옮겼지요. 그런데 빈궁전 뒤편에서 검은 그림자가 부뚜막 쪽에 웅크리고 뭘 하고 있지 않겠습니까. "누구냐? 게 섰거라!"하며 내달으니 화들짝 놀라 달아나는데, 얼마 못 가 파수병에게 붙들렸습니다. 붙잡아온 걸 보니 얼굴이 사색이 된 순정이인데, 손에는 웬 보자기가 들려 있어 빼앗아 보니 허연 가루와 검은 가루가 들어있는데 언뜻 보기에도 불길해 보였습니다.

이게 대체 뭐냐고 닦달하자 순정은 처음에는 아무 것도 아니라고 고개를 마구 흔들더니, "주리를 틀어야 이실직고하겠느냐? 아니, 단근질을 해주랴?"했더니 그제야 더듬거리며 매흉埋凶하려던 것이라고 대답했습니다.

"매흉이라니! 대체 누구를 저주하려 매흉하려던 것이냐?"

"…그냥, 눈에 가시 같은 나인이 있어서…"

"허튼 소리! 고작 동무를 해하려고 이토록 흉악한 짓을 야밤에 했단 말이더냐? 바른 대로 고하지 못할까!"

"아니옵니다. 아니옵니다. 소인은 정말로 다른 뜻은…."

안 되겠다 싶어서 날이 밝기가 무섭게 국청을 설치하고, 순정을 묶어 놓고 고문하며 실토를 강요했습니다. 대소신료들이 댓바람에 입궐하여 대체 이게 무슨 일이냐며 황당해 했지요. 그 사이에 사람을 시켜 동궁전, 빈궁전, 옹주방 등의 마당을 조사하게 했더니 비슷한 것을 묻은 게 몇 곳에서 나왔습니다.

저는 그만 눈이 뒤집혔습니다. 순정은 거듭되는 고문에도 사적인 저주였을 뿐이다, 자신은 이번에 처음 매홍하려다 들킨 것이고 다른 건은 모른다며 혐의를 부인했지만, 제 머리 속에는 몇 가지의 지워지지 않는 상처이자 의문이 하나로 연결돼가고 있었습니다. 정빈의 의문사, 무신년의 반란, 그리고 대를 이어갈 하나뿐인 아들인 효장의 죽음…. 이 모두가 하나의 음모가 아닐까? 저 순정이라는 계집이 무신년 난리를 일으킨 무리들의 사주를 받아서 흉수를 쓴 것이 아닌가?

> 임금이 시임 대신과 원임 대신 및 금오의 당상·포도대장을 명초하여 3경에 매홍한 궁인 순정과 세정 등을 인정문에서 친국하였다. 그 이튿날 임금이 장전에 나아가자, 홍치중·이태좌·이집이 나아가 부복俯伏하였다. 임금이 흐느끼며 눈물을 흘리다가 이르기를,
> "말을 하고 싶으나 마음속이 먼저 나빠지니 마땅히 진정시키고 말하겠다. 이는 외간의 일과 다른 것이니, 사관은 상세히 듣고서 상세히 기록하도록 하라. 잠저에 있을 때부터 순정이란 이름의 한 궁인이 있었는데, 성미가 불량하여 늘 세자 및 세자의 사친에게 불순한 짓을 하는 일이 많았기 때문에 내쳐버렸다. 신축년에 건저建儲한 뒤 궁

인이 갖추어지지 않았기 때문에 다시 도로 들어오도록 했는데, 혹은 마음을 고쳤으리라고 생각했다. 갑진년에 사복嗣服한 뒤에는 세자 및 두 옹주를 보양하게 하다가 세자 책봉 뒤에 그를 옹주방에 소속시켰으므로 동궁의 나인이 되지 못한 것 때문에 항시 마음속으로 앙앙불락하였으니, 이른바 기심忌心이 있는 자였던 것이다. 대개 신축년 겨울의 일이 한밤중에 일어났는데, 궐녀에게 의심스러운 단서가 없지는 않았지만, 나는 의심스러운 것을 가지고 남을 죄주고자 하지 않았으므로 그냥 두고 묻지 않았다. 그 뒤 행약行藥한 한 가지 일이 나온 뒤로 궐녀가 매번 이 일에 관해 들을 적마다 안색이 바뀌는 일이 없지 않았으니, 마치 춘치자명春稚自鳴(봄이 되면 꿩이 스스로 운다는 뜻으로, 누군가의 지시 없이 제 스스로 함을 말함)과 같은 격이었다.

재작년 원량元良의 병이 증세가 자못 이상하게 되었을 적에 도승지 또한 '의원도 증세를 잡을 수가 없다고 합니다'라고 하지 않았던가? 내가 진실로 의심했지만 일찍이 입에 꺼내지 않았고, 지난 번 화순 옹주가 홍진紅疹을 겪은 뒤에 하혈하는 증세가 있었기 때문에 매우 마음에 괴이하게 여기며 의아해 하다가, 이제 와서야 비로소 독약을 넣어 그렇게 된 것임을 알게 되었다. 그가 이미 세자의 사친에게 독기를 부렸기 때문에 세자가 점점 장성하는 것을 좋게 여기지 아니하여 또 다시 흉악한 짓을 하였고, 강보에 있는 아이인 4왕녀에게도 또한 모두 독약을 썼다. 나의 혈속을 반드시 남김없이 모두 제거하려했으니, 어찌 흉악하고 참혹하지 아니한가? 정명으로 죽어도 오히려 애통하기 짝이 없거늘, 하물며 비명에 죽는다면 부모가 된 사람의 마음이 또한 마땅히 어떠하겠는가?

신축년의 일은 내가 제기해 말하고 싶지 않으나, 무신년부터 흉악한 짓을 하기 시작하여 이미 원량을 해쳤으니, 그가 아무리 지극히 흉악한 사람이라 해도 또한 그만두어야 할 것인데, 반드시 4왕녀를 모두 독살하고야 말려 했으니, 그의 마음의 소재가 어찌 너무나도 음흉한 사람이 아니겠는가? 만일 원량에게 독약을 쓴 일이 없었다면 금내에서 다만 마땅히 장살하고 말았을 뿐이겠지만, 동궁에게 흉악한 짓을 한 정상이 이번에 이미 탄로났고 금내에서 구문하자 그가 또한 지만遲晚으로 납초納招하였으니, 만일 이런 일이 명백하여 의심 없는 것이 아니라면 어찌 국청을 설치하는 일이 있기까지 하겠는가? 접때 거동했을 때 금내에서 파수하는 일이 있어 비로소 수상한 흔적이 있음을 알게 되어 내가 빈궁으로 가는 길에 잡게 되었는데, 대저 창경궁 근처는 한 조각도 말끔하고 깨끗한 땅이 없었다. 그로 하여금 매흉한 곳을 가리키도록 하여 파 보았더니, 뼛가루와 뼛조각 그리고 쇠기름 같은 것이 곳곳마다 있었고, 빈궁 및 옹주방의 담장 밖에도 모두 묻은 데가 있었으니, 이 얼마나 흉악한 뱃속이란 말인가? [……]"

하니, 홍치중·이태좌·이집·조현명 등이 모두들 끝까지 다스려 실정을 알아내고 법대로 정형할 것을 청하였다.

–『영조실록』 제25권. 영조6년 3월 9일.

저는 본래 무신년 난리의 흉수들을 처결할 때도 최대한 관대하게 대하려 했습니다. 그러나 이번에는 달랐습니다. 순정이 '제가 바라는 대로' 효장의 죽음에 관련되었다고 불지 않자 단근질, 즉 낙형을 가하라고 외쳤습니다. 새빨갛게 달군 쇠가 살을 태우자, 한때 잠저에서 고락을 함께했던 여인의 비명이 궁궐을 뒤흔들었습니다. 사람 살 타는 냄새가 진동하니 주위의 신하들은 얼굴을 찡그리며 소맷자락으로 코를 막고, 고개를 돌렸습니다. 하지만 저는 눈을 부릅뜨고 지켜보았습니다. 내 자식이 살해되었다는 생각이 머릿속에서 한번 매듭을 맺자, 저는 스스로도 놀랄 만큼 잔인한 인간이 되었던 것입니다. 결국 한계를 넘은 순정은 항복했습니다.

이에 순정을 국문하니 흉악한 짓을 한 정절을 낱낱이 직초하였으므로, 결안을 만들어 무기고 앞에서 처참하였다. 그 결안에 이르기를, "전하께서 잠저에 계실 때 감히 궁내에서 큰 소리를 지르며 제멋대로 악한 짓을 했고 집에 있으면서도 죄를 저질렀습니다. 신축년 저위를 이어받으신 뒤에는 구악을 씻어주시고 다시 입궐을 허락하셨으니 은혜가 지극히 두터웠습니다. 그런데도 그전의 버릇을 고치지 않고서 감히 매흉하였고, 동궁께도 흉악한 짓을 하여 흉악한 마음을 없애지 않았습니다. 또 빈궁과 강보에 있는 모든 옹주에게까지 흉악한 짓을 하여, 국가의 혈속을 반드시 남겨놓지 않으려 하였습니다. 신명은 흉악한 짓을 돕지 않는 법이라 흉악한 흔적이 성감에 잡혀 낱낱이 실토하였던 것이니, 아무리 은휘하려 한들 할 수 있었겠습니까? 친하게 지내는 과부 세정이 들여보낸 흉하고 더러운 물건으로 대궐 안에서 흉악한 짓을 해 모해하려 한 것이 적실합니다."

죄인 세정을 국문하였다. 세정은 곧 여염집 과부로 순정과 친밀했는데, 뼛가루를 구하면 편지 봉투에 싼 뒤 거어지란 이름의 사람을 시켜 매번 순정에게 전해준 자이다. 처음에는 그런 일이 없었다고 발명하다가 복랑과 대질시키자 말문이 막혔다. 낙형을 가하자, 비로소 고하기를,

"뼛가루로 사람을 죽이는 방법을 순정에게 가르쳐주었습니다"

하였다. 임금이 이르기를,

"이른바 뼛가루란 무슨 뼛가루이고 어디서 구한 것이냐?"

하니, 말하기를,

"세교細橋에서 거름을 지는 사람인 김중청에게서 구했습니다"

하였다. 또 국문하기를,

"복랑의 말에 '흰 가루와 검은 가루가 있다'고 하였다. 흰 가루는 사람뼈일 것이나 검은 가루는 과연 무슨 뼈이냐?"

하니, 말하기를,

"검은 가루는 곧 여우 뼈인데 이도 또한 김중청에게서 구했습니다"

하였다. 순정과 결탁하여 궁중에 흉악한 짓을 하여 동궁을 모해한 것으로 결안을 받은 다음 법대로 처참하였다.

−『영조실록』제25권. 영조6년 3월 9일.

이렇게 며칠째 조정을 초비상 상태로 만들어 놓고, 순정이와 매흉 일에 관여한 몇몇을 목 베고 나자, 머리에 온통 몰려 있던 피가 조금씩 내려가는 게 느껴지더군요. 그리고 정신이 들었습니다. '내가 지금 무슨 짓을 한 거지?'

정빈의 죽음이 포함되는 신축년의 역옥과 무신년의 변란을 하나로 연결 짓기에는 무리가 있었습니다. 신축년 일은 제가 황형을 모해했다는 의심을 받은 일이었고, 무신년 일은 저를 겨눈 변란이었으니까요. 하나는 중전 쪽 사람인 서덕수가 연루된 노론 계열이 주도했다는 의심을 받았고, 다른 하나는 주로 소론 계열에서 일으킨 일인데, 두 사변 모두에 순정이가 끄나풀로 활동했다? 이것은 앞뒤가 맞지 않았으며, 기어코 효장마저 그 손으로 해쳤다는 것도 억측일 뿐이었습니다. 그녀가 흉한 짓을 하려던 것을 우연히 제가 발견한 것, 거기에 효장의 때 이른 죽음과 최근 화순옹주도 이상한 증세를 보인 것 등이 신축년 때 앙금으로 남아 있던 독살 의혹과 그만 뒤섞이며 얼크러지고 말았던 거지요. 평소라면 이런 모순과 억지스러움은 쉽게 파악해냈을 것을, 그만 하나 뿐인 아들이자 나라의 근본을 허망하게 잃고 말았다는 설움과 분노가 제 이성을 마비시켰던 것입니다.

냉정을 되찾아 다시 생각해 보면 순정이의 매흉이 왕실 식구들이 아닌 동무 궁녀를 겨냥했다는 말도 터무니없지는 않았습니다. 바로 잠저에 있을 때, 궁궐의 그림자에서 일하던 여인네들에게 그런 폐습이 있음을 들어서 알았으니까요. 여러 곳에서 매흉의 흔적이 나왔던 것도 모두 순정이가 저지른 짓이 아니라, 오랜 세월 동안 이루어진, 여러 궁궐 여인네들의 말 못할 시기와 원한의 흔적이었을지 모릅니다. 그래서 저는 뒤늦게 후회했습니다. 그리고 이만큼 큰 규모로 역모 혐의가 부풀려짐에 따라 노론은 무신년 잔당 소탕을 거론하며 소론을, 소론은 서덕수를 들먹이며 노론을 공격하는 상황이 이어졌고, 저는 이를 서둘러 진정시켜 나갔습니다. 신축년부터 음모의 핵으로 거론된 '김상궁'의 꼬리를 드디어 잡았다면서 의금부가 붙들어온 김순혜라는 상궁도 고문하거나 처참하지 않고 단지 유배만 보내도록 했습니다. 그리고 일을 유야무야 마무리 지었지요. 이렇게 되니 결국 순정이만 애꿎게도 갖은 악형 끝에 비명횡사하고 만 격입니다. 하지만 왕이 공연한 의혹으로 생사람을 잡았노라고 고백할 수도 없는 노릇 아닙니까? 저는 남몰래 탄식하고, 그로부터 3년 뒤에 낙형을 영영 폐지하도록 했습니다. 다시는 궁궐에서 끔찍한 일이 벌어지지 않도록 하리라는 생각으로. 그런데 결국 순정의 일과는 비교도 할 수 없을 만큼 끔찍한 일을 저지르게 될 줄 누가 알았겠습니까.

아들의 고마운 탄생

그로부터 5년이 지났습니다. 효장이 세상을 떠난 지는 7년 뒤인 을묘년(1735) 1월 21일. 지금도 그날을 또렷이 기억합니다. "감축드리옵니다! 왕자이옵니다!"하는 흥분 가득한 내관의 전갈. 그때의 기쁨. 안도. 영빈 이씨가 제 생애 두 번째의 아들을 낳아주었던 것입니다.

> 영빈 이씨가 원자를 집복헌에서 탄생하였다. 그때 나라에서 오랫동안 저사가 없으니 사람들이 모두 근심하고 두려워하였는데, 이때에 이르러 온 나라에서 기뻐하고 즐거워하였다. 시임 대신, 원임 대신 및 여러 재신과 옥당에서 모두 나아가 청대하니, 임금이 이들을 인견하였다. 여러 신하들이 번갈아 하례하는 말을 올리니, 임금이 말하기를,
> "삼종의 혈맥이 장차 끊어지려 하다가 비로소 이어지게 되었으니, 지금 다행히 돌아가서 열성조에 배알할 면목이 서게 되었다. 즐겁고 기뻐하는 마음이 지극하니, 그 감회 또한 깊다."
> ─『영조실록』 제40권. 영조11년 1월 21일.

제 나이도 그때 딱 마흔이었습니다. 더 이상 젊다고 자신할 수 없는 나이. 계속 아들을 얻지 못한 채로 몇 해를 더 보내야 했다면 절망의 늪에 빠져들 수밖에 없던 시점이었죠. 그 절망은 이미 고개를 들기 시작해, 2년 전인 계축년에 신하들과 후사를 보는 문제로 이야기하다가 "내

가 나이가 그리 많지는 않지만 마음은 이미 늙어버렸다"고 한탄했을 정도였습니다. 그런데 그 끝없는 늪에 발을 들이려다 뺄 수 있게 해주었으니, 영빈이 얼마나 고마웠는지 태어난 아이가 얼마나 반갑고 사랑스러웠는지 모릅니다.

즐겁고 통쾌한 마음이 넘쳐, 마셔도 마셔도 계속 부어서 마침내 흘러넘치는 술잔을 들고 있는 것 같았습니다. 신하들의 하례에 연신 벙실거리며 고맙다, 다 경의 덕분이다. 하며 꼭 팔불출 같은 모습을 보이면서도 부끄럽지 않았습니다. 정말 이것이 한 점 티끌 없는 행복이구나 싶었습니다. 태어난 원자를 형식적으로 정성왕후 소생으로 돌리는 문제를 논의하다가 박문수가 예의 그 꼬장꼬장함으로 "이럴 때 화기가 궁궐에 넘쳐흐르지 않으면 안 됩니다. 여러 차례 말씀드렸거늘 아직도 아무 효과가 없으니…" 하며 중전에게 제발 좀 잘 해 주라고 한마디 하자, 평소 같으면 울컥 짜증부터 냈을 일인데,

임금이 웃으면서 말하기를,
"효과가 있는지 없는지를 경이 어떻게 아는가?"
하자, 대답하기를,
"진실로 화평스러운 미덕이 있었으면 이남(二南)의 교화가 반드시 이미 멀고 가까운 곳에 두루 미쳤을 터인데, 조정의 신하들이 어찌 이것을 알지 못하겠습니까?"
하니, 임금이 말하기를,
"내가 마땅히 더 노력하겠다."
─『영조실록』제40권. 영조11년 1월 21일.

이남이란 『시경』의 주남周南과 소남召南을 말합니다. 모두 왕비의 온후한 덕이 세상 사람들을 감화시켰다는 이야기인데, 중전 서씨가 제게 생소박을 당한지 오래여서 중궁전 앞만 지나가도 쓸쓸한 바람이 분다고 할 정도였기에 박문수가 그리 말했던 게지요. 제가 가장 짜증스러워했던 주제였지만, 그날은 입에 발린 말이 아니라 진심으로 노력해야지, 중전에게도 좀 더 따사롭게 대해야겠다, 라고 생각했습니다. 사직에는 큰 공로를, 제게는 큰 은혜를 끼친 영빈이 형식적으로나마 아들을 빼앗겨야 하니 무척 안됐다는 마음이 그 배는 더했지만 말입니다.

그리고 그보다도 배나 되었던 마음은, 잘 키워야겠다! 이 아이만은 효장의 뒤를 따르게 두지 않으리라! 기필코 건강하고 슬기롭게 키워서 사직의 보루가 되게 하고, 편안하고 기꺼운 마음으로 무덤에 들어가도록 해야 한다! 이것이었습니다.

다섯 살배기 아들에게 양위?

이듬해 정월에 이름을 선愃이라 지어 주고, 두 달 뒤에는 세자로 책봉했습니다. 아직 기지도 못하는 아기에게 책봉은 이르다는 말도 없지 않았으나 강행했는데, 본래 제가 내리는 책명서冊命書를 무릎 꿇고 앉아서 받아야 하는 것을 엎드려 꼬물대는 선이에게 주위 사람이 가져다주자, 눈을 반짝이며 책명서를 만지작거리던 모습이 지금도 눈에 선합니다. 아이의 이름자인 '선'자에는 너그럽다는 뜻과 잊는다는 뜻이 있습니다. 이 아이의 천성도 너그럽고 이 아이에게 닥칠 운명도 너그럽기를 바라는 마음과, 이 아이를 통하여 그간의 모든 설움과 번민을 잊을 수 있기를 바라는 마음을 담아서 지은 이름이었습니다. 그러나 여러분도 잘 아시다시피, 이 모든 것은 다 헛꿈이 되었습니다.

처음에는 모든 것이 잘 되는 듯했습니다. 효장도 똑똑한 편이었지만, 선은 천재가 아닐까 싶을 정도로 총기가 발랄했기 때문입니다. 세 살 때 제 앉은키보다 큰 붓대를 잡고 '천지왕춘天地王春'이란 글자를 쓱쓱 쓸 수가 있었고, 그때부터 한동안 신하들과 자리를 함께 할 때면 응당 세자에게 글씨를 쓰도록 해서 나눠주곤 했습니다. '나이에 어울리지 않게 총명하시니, 일찍부터 정치 수업을 받으시면 성군이 되시리라'는 말에 코흘리개 어린 아이를 경연 자리마다 불러 앉혀두고 신하들과 경전을 토론하고 정치 문제를 논의하는 과정을 지켜보게 했습니다.

또 밥을 먹고 있는 것을 찾아가 보고 '세자야' 하고 부르니 먹고 있던 밥을 얼른 뱉어내고 '네, 아바마마'하고 대답하기도 했습니다. 『소학』의 "말할 때 입에 밥이 있으면 토한다"는 내용에 따른 행동이었죠. 다식茶食에 팔괘가 그려진 것을 제가 '팔괘는 우주의 상징인데 씹어 먹기가 꺼림칙하다' 하여 먹지 않았더니 세자도 먹지 않는다는 말이 들려오기도 했습니다. 아마 보양하는 자들이 이리저리 하라고 가르친 결과였겠습니다만, 그때는 그런 일 하나하나가 마음에 훈훈하기만 했답니다. 그런데 언제부터 일이 틀어지기 시작했느냐 하면, 저는 나중에야 알게 되었습니다만, 꽤 이른 시기부터였던 모양입니다. 일단 그 아이를 키우던 장소가 잘못되었습니다.

처음으로 슬프고 애달픈 일이 하나는 어리신 아기를 저승전에 멀리 두심이요, 둘은 괴이한 내인을 들이신 일이니, 이것이 여인네의 소소한 말이 아니요, 사단의 씨앗을 지적하는 것이라. 저승전인즉 어대비께서 계시던 집인데 아니 계신 지 오래되었고, 저승전 저편 취선당이란 희빈(장희빈)이 갑술년 이후 머물러 인현왕후를 저주하던 집이

라. 강보의 아기네를 황량한 전각에 홀로 두시고, 희빈 처소를 소주
방으로 하여 잡숫는 음식 만드는 곳으로 삼으시니 어찌 괴상하지 않
으리오.

–『한중록』

혜경궁 혜빈은 이렇게 저를 원망하는 글을 남겼습니다. 그런데 창
경궁의 저승전이란 대비나 세자 등이 전부터 기거해오던 곳이었기에
제가 거기서 어린 세자를 보육하게 한 조치가 아주 황당한 일은 아니
었습니다. 옥산부대빈의 원혼이니 하는 따위야 말할 가치도 없는 일이
고요. 하지만 혜빈이 탄식한 것처럼 워낙 어린 아기이고 하니 친모인
영빈 쪽에 좀 더 가깝게 두고 살뜰히 살피도록 하는 게 더 낫지 않았을
까요. 또한 저승전 일대는 예전에 옥산부대빈을 모셨고 최근에는 형수
님 되시는 선의왕후를 모시던 나인들이 일을 맡고 있었습니다. 그들은
굳이 당론으로 따지자면 소론이나 남인이고, 권력의 중심에서 밀려나
오랫동안 원망의 세월을 보낸 사람들을 모셨던 자들이었죠. 그들 손에
그 귀한 아이가 길러지도록 맡긴 것은 지금 생각해도 경솔했다고 자책
할 만한 일이었습니다.

그러나 나인들이 어린 세자를 붙잡고 소론이 옳고 노론은 나쁘다고
속살거리거나, 저에 대한 반감을 직접적으로 불어넣거나 하지야 않았
겠지요. 할 말 안 할 말 가릴 줄 모르는 아이에게 그렇게 말했다가 궁중
을 발칵 뒤집고 스스로는 물고를 당할 일이 있겠습니까? 아마 순진무
구한 세자에게 '처신을 잘 하셔야 하옵니다' '그런 말씀을 하셨다가는
큰 탈이 나시옵니다' 이렇게 겉으로는 친절한 가르침을 자분자분 주는
일은 있었을 거예요. 그러니까 저만 나타나면 그 코흘리개가 신동처럼

의젓하고 신통하게 행동했겠죠. 그때는 미처 그런 생각을 하지 못하고 우리 아들이 참으로 훌륭하다며 자식 바보가 되었습니다만. 사실 모든 아버지들의 마음이 그런 것이 아니겠습니까? 아무튼 그 자분자분한 가르침이 결국 아이를 겉늙게 만들지 않았나, '아바마마는 무서운 사람이다' '당신 마음에 들지 않으면 무슨 짓을 할지 모르는 사람이다. 괜스레 칭얼대지 말고 빠릿빠릿하게 움직여야 한다' 무언중에 이런 강박을 그 어린 가슴에 깃들게 하지 않았나, 지금 와 생각하면 그리 후회되는 것입니다. 그 귀한 아이를 오랫동안 그늘 속에 사느라 영혼에 곰팡이가 필 대로 핀 자들의 손에 맡긴 결정이!

그런 삭은 영혼들이 뿌린 강박의 씨가 그 아이의 가슴에 떨어졌어도, 별 일 없었을 수도 있었습니다. 여러분 시대에 희한한 신종 전염병이 돌아도 면역이 튼튼한 사람이면 별 걱정이 없듯이 말이죠. 그런데 누구도 원망할 수 없는 것이, 제가 바로 그 아이의 혼을 약하게 만들었던 것입니다. 삿된 생각이 똬리를 틀고 가지를 뻗도록 했던 것입니다. 까닭은 저의 조바심, 도무지 순탄치 못했던 저의 정치 역정에서 생겨난 조바심에 있었습니다. 무오년(1739년), 저는 마흔여섯이 되고 그 아이는 겨우 다섯 살이 되었을 때, 저는 파격적인 선언을 했습니다. 왕위를 물려주겠다고.

임금이 승정원에 비망기를 내리기를,

"아! 내가 즉위한 지 15년이 되었다. 소민小民을 말하면 덕이 백성에게 입혀지지 못하였고, 시상時象을 말하면 명령이 신하를 따르게 하지 못하였고, 기강을 말하면 한심하다 할 만하고, 세도世道를 말하면 근심스럽기가 날로 심해지니, 임금 노릇하기가 어렵다 하겠다. 아! 임금의 자리가 어떤 자리겠는가마는 나는 초개처럼 여기는데, 송나라 태종은 무슨 마음이기에, '짐을 어떤 처지에 두는가?'라고 말하기까지 하였는가? 아! 내 평소의 마음은 바로 송나라 영종의 마음과 같거니와, 황형에게 후사가 있어 우리 집을 삼가 지키게 하는 것이 바로 내 본심인데, 열조께서 도우시어 다행히 원량이 있어 이제는 다섯 살에 차서 이미 주창^{主鬯}이 있다. 아! 효장이 살아있었다면 어찌 오늘까지 기다렸겠는가? [……]"

[……] 우의정 송인명이 말하기를,

"조정에 있는 신하들이 누구인들 성심의 근본이 이러한 줄 모르겠습니까? 신해년·임자년·갑인년·을묘년의 일을 신들은 다 잊었는데 전하께서는 오히려 깊은 속마음에 두셨으니, 이런 망극한 일이 있겠습니까?"

하니, 임금이 말하기를,

"사람들은 내가 원보를 부르고 싶기 때문이라고 생각하겠으나, 내가 어찌 원보 한 사람을 위하여 이런 일을 하겠는가?"

하였다. 송인명이 말하기를,

"신이 전하께서 고심하시는 것을 모른다면 먼저 주륙당해야 할 것입니다. 온 나라 안이 소란스러워진 뒤에 하교를 도로 거두신다면 무슨 이로울 것이 있겠습니까?"

하니, 임금이 말하기를,

"이미 나를 임금으로 대우하지 않는데 무슨 소란스러울 일이 있겠는가?"

하였다. 영의정 이광좌가 바야흐로 동작강 가에 있다가 가장 뒤에 들어와 말하기를,

"나라가 장차 망할 것입니다"

하고, 이어서 이판 조현명 등 수십 인과 함께 전에서 내려가 관을 벗고 머리를 땅에 두드리며 말하기를,

"신의 죄는 죽어 마땅합니다"

하니, 여러 신하가 또 잇달아서 번갈아 아뢰는 것이 수천 마디 말에 이르렀다. 이에 임금이 위로 자성을 근심시키고 아래로 원량을 괴롭힌다 하여, 그 명을 거두었다.

-『영조실록』 제48권. 영조15년 1월 11일.

겨우 다섯 살배기에게 왕위를 물려주겠다니? 미친 짓 아닌가? 사실 말도 안 되는 소리이기는 했습니다. 제가 진심으로 양위를 거론한 게 아니라는 건 겨우 하루 만에 뜻을 물린 것으로도 분명합니다. 그러면 왜 그런 일을 벌였을까요? 정치적 필요성 때문이었습니다.

김상적이라는 소론의 꼬장꼬장한 젊은 인재가 있었습니다. 전해 12월 중순께 사헌부 지평에 임명했더니, 며칠 되지 않아 극렬한 탄핵문을 올린 겁니다. 내용은 여러 가지였지만, 가장 문제가 되었던 부분은 "이조 전랑이 송교명을 후임자로 낙점했는데도 이조에서 떨어트려 버렸으니, 관련 당상을 엄히 추고하소서"하는 것이었습니다. 이조 전랑에게는 자대권自代權이라 하여 후임자를 스스로 추천할 수 있는 권한이 있었습니다. 그런데 이정보라는 전랑이 물러나며 후임자로 송교명을 추천했는데, 그는 소론이었습니다. 그때 아마도 노론인 '윗선'에서 '송교명은 안 된다'고 가로막아 노론 홍창한에게 전랑 자리가 돌아갔으니, 이런 법이 어디 있느냐는 것이었죠. 조용히 연말을 맞이하고 있던 조정은 난데없이 시끄러워졌고, 가장 난처한 입장이던 이조 판서 조현

명(그도 소론이었습니다)은 '송교명을 멋대로 홍창한으로 교체한 것은 아니다. 이정보가 애초에 송교명, 홍창한 두 사람을 추천했다'고 해명했습니다. 그렇지만 '모 대신이 송교명이 전랑 일을 할 능력이 될지 의심했으며, 결국 송교명에게 부름이 있어도 응하지 말라고 권유했'고 묘한 여운을 덧붙이기도 하더군요. 상황은 해를 넘겨도 진정되지 않아, 영의정 이광좌(역시 소론입니다)가 다 자신이 부덕한 탓이라며 여러 차례 사직하기도 했습니다. 그 꼴을 보고 있으니 한심했습니다. 대체 탕평을 부르짖은 지 몇 해이던가. 이제 좀 노론과 소론이 조정에서 한데 어울리며 지내는가 싶었는데, 그건 겉모양일 뿐 속에서는 여전히 당쟁의 독이 부글거리고 있었단 말인가? 누군지 대놓고 밝히지는 못하는 '모 노론 대신'의 처사도 부아가 치밀지만, 자기네가 불이익을 보았다고 맹렬하게 따지고 드는 김상적, 일을 덮자는 건지 키우자는 건지 모르겠는 조현명, 이광좌 등도 한심한 꼬락서니가 아닌가! 대체 나는 이제까지 무얼 했는가?

이런 참담함과, 애써 지켜온 탕평정치의 기틀이 순식간에 무너질지 모른다는 조바심이 제게 그런 '말도 안 되는 선언'을 하도록 만든 것이었습니다. 왕이 양위를 선언하면 아무리 멱살 잡고 싸울 만큼 험악하던 조정도 내 편 네 편 가릴 것 없이 황망히 엎드려 재고를 요청해야 합니다. 그게 불문율이죠. 아무리 속보이는 거짓 양위선언이라 해도 상관없습니다. 자칫 머뭇거리는 모습이라도 보였다가는 반대파들에게 움직일 수 없는 책을 잡힐 상황이니 모두가 머리를 조아릴 밖에요. 얼마 후 '신하들의 하나 된 간청에 못 이겨 양위를 철회'하고 나면 이전의 문젯거리는 수면 아래로 내려가기 마련이고요. 어찌 보면 허위에 허위로 대응하는 웃기지 않은 희극입니다만, 저는 당시 상황이 파국으로 치닫기 전에 그 수를 두지 않으면 안 된다고 판단했습니다.

문제는 세자였습니다. 양위 선언의 당사자가 되는 세자도 멀뚱히 앉아서 돌아가는 상황을 지켜보고만 있어서는 안 됩니다. '죄인'을 자처하며 마당에 엎드려 석고대죄를 해야 합니다. 그때 세자는 다섯 살짜리였지만 그렇다고 가만히 둘 수는 없는 것 아니겠습니까? 영문을 모르는 어린아이에게 최복을 입혀 마당에 내려와 납작 엎드려 있게 했습니다. 본래는 제가 선언을 철회하기까지 하루 종일 자리를 지키고 있어야 했으나, 아무래도 어린아이인데 그렇게까지 하지는 않았겠지요. 가끔씩 일으켜서 기지개도 켜게 하고 물과 음식도 주었을 것입니다. 하지만 세자 본인이나 옆에서 시중드는 사람들이나 '대체 이게 무슨 일이람?'하는 의문만 온통 차오르는 긴 하루였겠지요.

조현명도 이 일을 두고 "신하들이 전하의 뜻대로 따르지 않으면 문을 닫고 외면하시고, 그래도 안 되면 수라를 물리고 식사를 거부하시더니, 이제는 기어코 양위까지 하시겠다며 도리에 지나친 행동을 하고 계신다"고 저를 책망하면서 "동궁께서 지금은 어리시니 모르겠지만 훗날 어떻게 느끼고 생각하시겠느냐"며 안타까움을 표시하기도 했습니다. 그러나 저는 양위 소동을 그때 한 번으로 끝내지 않았습니다. 이듬해인 경신년(1740)과 갑자년(1744), 기사년(1749), 임신년(1752)에도 조정을 한바탕 뒤집어 놓았죠. 그때마다 세자가 죄인을 자처하며 대죄를 했어야 함은 물론입니다.

왕세자가 합문 밖에 나아가 승전색으로 하여금 아뢰기를,
"어제 삼가 차마 듣지 못할 하교를 받고 감히 나오지 못하고 물러갔었습니다. 밤이 되자 지나친 거조가 갈수록 더하였는데 불효한 자식

의 정성이 얕아 성상의 마음을 감동시켜 돌리지 못하였으니 허둥대
며 애가 타 어쩔 줄을 모르다가 합문 밖에 나와 명을 기다리게 되었
습니다"

하니, 승전색으로 하여금 도승지 유복명에게 하교하기를,

"동궁이 나왔다는 말을 듣고 지금 차가운 뜰로 나가 앉아 있는데, 그
가 들어갔다는 말을 들은 뒤에 전殿으로 올라가겠다. 이 뜻을 전유하
라"

하였다. 왕세자가 승전색으로 하여금 다시 아뢰기를,

"비록 차마 듣지 못할 분부를 내리셨으나, 하루가 지나고 이틀이 되
었으며 또 밤이 깊어가는데, 여전히 어가를 돌릴 기미가 없으니, 애
가 타 어쩔 줄을 모르겠으며 비록 한 발자국이라도 물러갈 뜻이 없
습니다"

하니, 정원에 하교하기를,

"비록 자전께서 친히 나오시더라도 명을 받들어 따르기가 어려운 형
편인데, 더구나 너야 말할 것이 있겠는가? 너는 온돌방에 잘 있으면
서 나로 하여금 차가운 곳에 있도록 하니, 자식의 도리가 이렇단 말
인가? 내린 봉서는 보고 난 뒤에 즉시 가지고 가라는 뜻으로 전유하
라."

[……] 왕세자가 여섯 번째 아뢰기를,

"차마 받들어 따르지 못할 하교를 매양 이처럼 하시니, 비록 들어간
다 하더라도 여기에 있는 것이나 다름없습니다. 신이 더욱 죽을죄를
지어 다시 아뢸 말씀이 없습니다"

하니, 승전색으로 하여금 하교하기를,

"좋은 도리로 하교하였는데, 어찌하여 이런단 말인가? 나 역시 옛날

하루에 세번이나 상소를 올린 적이 있었다. 빨리 들어가 상소를 올리도록 하라"

하매, 왕세자가 일곱 번째 아뢰기를,

"매양 이처럼 하교하시니, 다시 아뢸 말씀이 없습니다. 할 수 없이 문을 밀치고 곧바로 들어가야 하겠습니다"

하고, 왕세자가 이어서 문을 밀치고 들어갔다가 날이 저물어서 궁으로 들어갔다.

-『영조실록』제78권. 영조28년 12월 17일.

재위 28년, 제 나이는 59세, 동궁의 나이는 18세 되던 때에는 이렇게 눈 쌓인 들에 나가 앉기까지 하면서, 아버지와 아들 사이에 웃지도 못하고 울지도 못할 실랑이를 벌이기까지 했습니다. 이제 장성했다고 볼 나이에 늙은 아버지와 눈보라 날리는 한겨울에 그러고 있자니, 그 녀석의 심정도 참담했을 것입니다. 그 해는 세자의 첫 아들인 의소세손과 의좋던 누이 화협옹주가 숨진 해였으니, 더더욱 마음이 괴롭고 무거웠을 테지요.

하지만 궁궐에서 벌어지는 소리 없는 전쟁에서 승리하려면, 그런 실랑이는 필요했습니다. 저는 그렇게 보았습니다. 또한 그 전쟁의 와중에 세자가 공연히 희생된다고 생각하지도 않았습니다. 세자는 여느 왕자가 아니라 장차 보좌를 물려받아 신하들과의 소리 없는 전쟁에 뛰어들어야 할 사람이니까요. 폭정과 반정으로 피를 보는 정치, 조정이 여러 조각으로 쪼개져 서로 말꼬리만 잡는 정치, 그런 정치를 방지하고 억제하려면 그런 웃지 못할 실랑이도 필요할 수밖에 없고, 그런 '왕의 꿈수'는 직접 제게 몸으로 배울 수밖에 없었던 것입니다. 서연에서 사부들에게 배울 수야 없지 않겠습니까?

다만 이제 와서 후회되는 건, '내가 너를 가르치려고 이러는 것이다'라는 이야기를 세자를 따로 불러 귀띔해주지 않았다는 것입니다. 지레 알리기 싫었습니다. 사실 저도 제 아버지인 숙종대왕께 제왕의 술수나 그 무엇에 대해서나 직접 듣고 배운 적이 없습니다. 황형께서도 더없이 자상하신 분이셨습니다만, 보위에 오르신 뒤로는 당신의 행동에 대해 제게 설명해주시지 않으셔서, 제가 한때 오해의 늪에 빠지기도 했습니다. 지금 와서 보면 꼭 그럴 필요가 있을까도 싶지만, 임금은 대부분의 대화를 남들(승지, 사관)이 듣는 데서 할 수밖에 없지요. 야심한 시각을 빌려 은밀하게 만난다 해도, 벽에도 귀가 있는 법! 또 남을 속이려면 우리 편부터 속이라는 말도 있지 않습니까. 아울러 그렇게 영문을 몰라 속을 끓이다가 본뜻을 깨달을 때 가르침이 골수에까지 미칠 것이라는 생각도 들었습니다. 제가 그랬으니까요! 이런저런 생각에 세자에게 제 본심을 철저히 감추는 게 마땅하다 여겼었습니다.

세자의 영혼에 드리워진 그늘

양위 소동만이 아니었습니다. 저는 평소에도 세자를 가깝게 대하는 일이 드물었습니다. 갓난쟁이 때야 녀석이 하도 귀엽고 대견하고, 꿈에도 그리던 후사를 얻었다는 기쁨을 억누를 수도 없고 해서 자주 찾았습니다만, 웬만큼 자란 뒤로는 거의 찾지 않았습니다. 찾을 때는 공부를 잘하고 있나 없나를 살피기 위한 걸음일 때가 전부였고, 녀석이 잘 하든 못하든 표정을 풀지 않고 물러나오곤 했습니다. 아마 장성하기까지 녀석이 제게서 아버지의 따스한 정을 느낀 적은 거의 없었을 것입니다.

왜 그랬을까요? 그 뒤의 끔찍한 일을 겪고 난 지금은 몇 번이나 가슴을 때립니다만, 당시에는 그렇게 해야 한다고 여겼답니다. 여러분은 이해가 안 가실지 몰라도, 그때는 자식을 엄하게 키우는 것이 잘 키우는 것이라 믿었습니다. 저의 치세 만년에 태어나 조선 후기를 살았던 심노숭沈魯崇이라는 사람의 『자저실기自著實紀』에 나오듯, 유독 세자에 대해서는 엄하게 키우는 게 도리였음을, 바로 제 부왕 되시는 숙종대왕의 사적에서도 읽을 수 있습니다.

> 숙종은 어려서 송곡 조복양에게 배웠는데, 암송을 통하지 못하면 헌종께서 매번 회초리로 매섭게 매질하셨다. 어느 날 또 통을 맞지 못하자 숙종이 조복양에게 애원하기를, "내가 어제 참새 새끼를 갖고 노느라 이리 되었소. 대감께서 한 번만 눈감아 주시면 보답하리다. 대감께서는 연로하시지 않소? 돌아가시고 나면 반드시 장생전의 판재로 장사지내게 해드리리다." 조복양은 듣지 않고 불통이라 보고하니, 숙종은 다시 회초리를 맞았다. 숙종이 즉위 후 대신들에게 이 이야기를 하며 크게 공경하였다.
>
> ―『자저실기』

이처럼 엄부자모, 즉 아버지는 엄하게, 어머니는 자애롭게 자식을 기르는 게 당시의 상식이었습니다. 게다가 저는 이 아이는 이 나라의 기둥이다, 게다가 당파싸움 속에 버티며 나라와 백성을 위해 헌신해야 할 막중한 사명을 띤 몸이다, 그러므로 어릴 때부터 강하게 단련시켜야 한다! 이미 나이가 적지 않은 내가 별안간 없어져도 거뜬히 대업을 계승할 수 있도록! 이렇게 믿어 의심치 않았습니다. 그래서 더더욱 정을 내비치지 않고, 엄한 아버지의 모습만을 보여주려 했었습니다. 불찰이었죠. 여염집 자식들은 그래도 동무들과 어울려 놀기도 하며 스트레스를 풀 길이 있지만, 구중궁궐에 갇힌 어린아이에게는 그럴 방도가 없다는 것을 미처 생각하지 못했던 불찰이었습니다.

그래서 세자의 영혼에는 아주 일찍부터 그늘이 드리워졌죠. 겉으로 보이는 행동, 특히 나를 대할 때의 행동과 본심을 철저히 분리시키는 법을 익혔습니다. 그러나 천진하고 마냥 어리광을 피워야 할 아이가 그런 식으로 애늙은이가 되기를 강요당한 셈이니, 그 정신이 온전할 수 있겠습니까?

세자는 겨우 다섯 살 때부터 서연을 시켰는데, 그렇게 골방에서 책만 보는 생활을 몇 해 보내고 나니 '세자의 태도가 좀 이상하다'는 말이 돌기 시작했던 모양입니다. 박필간이라는 젊은 신하가 "신이 지나치게 걱정이 많은 것이 아닌지는 감히 알지 못하겠습니다만, 저위가 깊숙하고도 은밀하다 보니, 가까이 지내시는 사람은 어떤 사람이고 보고 들으시는 것은 무슨 일일까 하는 궁금증이 생깁니다"하며 세자의 주변을 단속할 것을 권하기도 했습니다. 그러나 저는 어쩌다 직접 대해 보는 세자의 공부 수준과 몸가짐이 만족스러웠으므로 이를 공연한 소리라 여겼습니다.

> 임금이 경현당에 나아가 여러 승지들과 옥당의 관원을 소견하였는데, 『춘추』의 강독을 마쳤다는 것으로 선온宣醞(임금이 신하에게 내리던 술)을 내리려는 것이었다. 왕세자가 시좌하였는데, 임금이 필선 박필간에게 명하여 동궁에게 『동몽선습童蒙先習』을 올리게 하고 동궁에게 읽어보도록 하자, 옥음이 청량하고 구두句讀가 분명하였다. 여러 신하들이 일제히 하례하기를,

"종묘와 사직의 복입니다"

하니, 임금이 동궁을 돌아다보며 말하기를,

"입시한 여러 신하들은 모두 나에게 복종하여 섬기는 이들이다. 그들의 자손들 또한 모두 앞으로 너와 함께 늙어갈 사람들이니, 너는 그 사실을 알도록 하라"

하고, 또 유신 이명곤에게 명하여 어제 경현당명御製景賢堂銘을 읽게 하고, 동궁으로 하여금 그것을 듣도록 하였다. 읽기를 마치자 내시가 음식을 차려왔으므로, 여러 신하들에게 명하여 술을 마시도록 하면서 각기 그 주량의 얕고 깊음을 물어 간혹 특별히 다른 술잔을 내려 권하기도 하였다. 그리고 당습黨習을 하지 말고 동궁을 잘 섬기도록 경계하고, 이어서 어제시御製詩를 내리면서 근신으로 하여금 화답하여 지어 올리게 하였다.

－『영조실록』 제53권. 영조17년 6월 22일.

세자가 열 살이 되었을 때에는 짝을 지어주었지요. 바로 혜경궁 혜빈. 그 아이는 세자와 동갑이었고, 세마洗馬 직위에 있던 홍봉한의 딸이었습니다. 풍천 홍씨는 선조대왕의 핏줄인 정명공주가 하가한 뼈대 있는 명문으로 특히 저의 재위 시대를 전후해 융성했지만, 세마란 정9품에 불과했으니 홍봉한 본인의 입지는 사실 보잘 것이 없었습니다. 다만 세마는 세자익위사에서 근무했으므로 세자와는 코흘리개 시절부터 친분이 있었지요. 세자빈 간택 때 그 점을 고려하지는 않았습니다만, 훗날 홍봉한은 누구보다도 적극적으로 세자를 감싸고돌게 됩니다. 단지 사위라는 사적인 관계를 넘어, 그야말로 정성을 다했으며 세자도 그런 장인을 의지하고 신뢰했습니다.

혜빈은 가난하면서도 뼈대 있는 집안 출신답게 예의범절이 바르면서도 궁궐에서만 자란 사람에 비해 생기가 넘쳤습니다. 제 마음에 무척 들었죠. 세자의 어머니들인 정성왕후와 영빈도 그랬는데, 특히 정성은 당파를 따져보면 홍봉한이 노론 출신이라는 점에서 더 혜빈을 아꼈습니다. 전에도 말씀드렸지만 혜빈이 입궐한 뒤 반 이상은 그 음덕으로 홍봉한이 과거에 급제하자, 정성은 정말 잘 되었다며 혜빈의 손을 잡고 눈물을 흘리기도 했었죠. 제가 알았더라면 기분이 많이 상했으련만. 아무튼 혜빈의 간택은 세자를 비롯해 누구에게나 긍정적인 결정인 듯했습니다. 혜빈은 집이 한미했기 때문인지, 세자와는 달리 어른들의 사랑을 듬뿍 받고 자란 사람이었습니다.

> 내 점점 자라매 조부께서 끔찍이도 사랑하셔서, 그 무릎 아래를 떠나본 때가 드물었다.
> ─『한중록』

아버지 홍봉한도 정이 많은 사람이었습니다. 과거 합격이 늦었던 까닭은 성균관에 있을 때 출석을 보는 원점이 기준 미달이어서 징계를 받느라 그랬던 것인데, 유생들의 대표로 상소를 올리기도 한 걸 보면 능력도 패기도 있었던 것 같습니다. 성균관에서의 불성실함은 아마 집안일이나 친구의 일 같은 걸 외면하지 못해서였겠죠. 그러니 자기 자식들은 오죽 예뻐하고 다정하게 굴었겠습니까? 반면 세자는 할아버지 되시는 숙종대왕의 사랑을 받기는커녕 얼굴 한 번 뵙지 못했고, 아비라는 사람은 늘 바쁘고 떨어져 생활하는 데다 부러 더 무뚝뚝하게 굴고, 어미인 친어미 영빈, 양어미 정성 모두 대궐의 법도를 넘어서까지 살갑게 대해주지 않으니 오직 시중드는 내시, 나인, 세자익위사 사람들하고만 어울릴 수 있었지요. 가족의 막내둥이가 아니라 귀한 도련님으로 사는 일상, 가끔 그 일상을 비집고 들어왔다가 바삐 돌아가는 무서운 아버지. 그런 세자와는 다른 성장기를 거친 저는 근본적으로 세자의 처지를 이해하지 못했습니다. 그리고 역시 성장기가 달랐던 혜빈 역시 왜 나와 대궐 사람들이 세자를 그리 '내팽개치고' 있는지, 왜 세자는 을씨년스러운 저승전에 처박혀 글공부만 밤낮 하고 살아야 하는지 납득하지 못했습니다.

비극의 씨앗, 대리청정

이런 변수들이 합쳐지며 차츰차츰 무시무시한 비극을 잉태하고 있었는데도, 저는 꿈에도 모르는 채 그 비극을 앞당길 장치까지 제 손으로 만들었습니다. 바로 재위 25년(1749)부터 시작한 세자의 대리청정이었지요.

왕세자의 대리청정을 태묘에 고하고 팔도에 전교를 반포하기를,
"왕은 말하노라. 옛날 선왕께서 세자를 세워 종묘 직의 소중함을 받들고 군병을 어루만지며 나라를 보살피게 하였음이 역사에 기록되어 있으니 그 연원이 길다. 우리 선조께서 정유년에 성후聖候가 오랫동안 정양靜養하는 중에 계시면서 멀리는 과거의 사적史籍을 상고하고 가까이는 선대의 법전을 찾아서 나의 황형에게 대리 청정을 명하신 것도 그러한 뜻이었다. 이는 곧 천지에 세우고 삼왕三王에 상고하더라도 오류가 없는 것이니 비록 자손만대에 준행할 법전을 삼는다 하더라도 옳을 것이다. 세상이 변한 이후부터 간혹 우매하여 밝히지 못

하는 데에 이르렀으니 한탄스럽지 않겠는가? 나는 황고와 황형께서 부탁하신 바를 받들어 신하와 백성들의 윗자리에 오른 지 이제 25년이 되었으나, 덕이 없어 상제와 신명을 섬길 수 없을까 두려워 깊은 연못가에 선 듯 엷은 얼음을 밟는 듯 밤낮으로 두려워하여 감히 하루라도 마음 편할 날이 없었다. 그리고 어려운 난관을 겪고 몹쓸 병에 걸린데다가 우리 경사卿士들은 법도를 지키지 않고 붕당을 좋아하여 훈계하거나 단련하기도 하고 노여워하거나 기뻐하기도 하였으나, 하늘에서 주신 복을 누리지 못했으니 근심과 걱정이 안으로 침범하고 총명과 혈기가 밖에서 날로 줄어들어 비록 이른 아침부터 밤늦게까지 스스로 힘쓰려 하여도 내 마음대로 할 수 없었다. 다행히 천지와 조종의 신령의 도움으로 을묘년에 동궁을 갖는 기쁨을 누려 그 이후부터 세월이 흐름에 따라 자라기만을 날마다 기대하였다. 지금은 저궁의 나이가 이미 공자가 학문에 뜻을 둘 나이에 들어 천인天人의 모습을 엄연히 갖추었다. 예지는 점점 고명해지고 습성은 자연에서 우러나와, 어질고 효성스러우며 공손하고 검소한데다 경사經史의 학문을 닦아, 만백성이 받들기를 원하지 않는 사람이 없으니 종묘사직의 한량없는 기쁨이 여기에 있다. 나의 즐거움 또한 어찌 말로 다할 수 있겠는가? 내가 30년 동안 이 자리를 벗어나려 고심하던 중에 쌓인 병이 겹쳐 오늘에 이르렀다. 지난밤 봉함한 문서를 내렸는데, 저궁이 울며 간곡히 만류하니 내가 마음이 움직이지 않을 수 없었고 뭇 신하들의 혈성과 당황하는 것을 내가 돌아보지 않을 수 없었다. 이에 앞서의 교지를 환수하고 유사에게 명하여 정유년의 고사를 상고하여 좋은 날을 택해 거행하게 하였다. 의장과 예절은 약간씩 고쳐 시행하되, 관작과 병사·형옥 이외에는 모두 맡아 전결하도록 한다"

―『영조실록』제69권. 영조25년 1월 27일.

당시 세자의 나이는 열넷으로, 조선사를 통틀어 가장 어린 나이에 대리청정을 시작한 경우였습니다. 훗날 그 비극적인 일이 있기까지 13년하고 반년을 그 자리에 있음으로써 가장 오래 대리청정을 한 경우도 될 것이었습니다. 왜 아직 어린 세자에게 대리청정이라 하여, 인사, 군사, 형사 문제를 제외한 국정의 기본 책임을 맡겼느냐? 전에 양위 파동을 일으켰을 때와 마찬가지로, 일단 심각한 정치적 난국이 있었기 때문입니다.

임금이 왕세자에게 대리 기무를 명하였다. 이때에 시임 대신·원임 대신과 비변사의 여러 재신, 여러 승지와 옥당, 양사에서 청대하여 환경전에 입시하고 봉서를 거둘 것을 청하니, 임금이 말하기를,

"내가 반드시 본심을 이루고자 하는 것이 다섯 가지가 있다. 첫째, 《상훈^{常訓}》의 술편^{述編}에 이르기를, '자신을 한사^{寒士}·포의^{布衣}(한사와 포의는 벼슬 없이 재야에 묻힌 가난한 선비를 비유하는 말)에 견준 까닭에 전후에 시를 지으면서 자주 부운^{浮雲} 자를 썼다'고 하였는데, 이는 바로 내 마음을 말한 것이다. 나에게 형제가 있었다면 어찌 중옹^{仲雍}·백이^{伯夷}가 되지 않았겠는가? 둘째, 세제의 책봉을 받고 나서 문득 갑진년에 이르렀는데, 오늘날의 괴로운 마음을 이룬 뒤라야 저승에 가서 황형을 뵐 면목이 있다. 셋째, 마음속의 병이 해가 갈수록 점점 심하여 온갖 정무를 보살필 수 없다. 넷째, 세자는 기품이 뛰어나지만 뒷날 과연 어떻게 행동할지 알지 못하는 까닭에 내가 살아 있을 때 보고자 한

다. 다섯째, 비록 보통 사람도 부형이 있으면 타인이 그 자제를 업신여기지 못하는 것인데, 원량이 어찌 시국의 형편에 따른 편벽한 내용의 상소를 알 수 있겠는가? 오늘 기반을 세우고자 한다. 이 다섯 가지는 모두 내가 나라를 위해 마음 아파하는 것이나, 나이가 들고 병이 심한 것이 또한 제일 견딜 수 없는 것이다"

하였다. 영의정 김재로가 말하기를,

"동궁의 강학講學이 하루가 급한데, 어찌 차마 번거로운 국사를 맡겨 촌음을 아끼는 공력에 방해가 되도록 하십니까?"

하고, 좌의정 조현명은 말하기를,

"사람의 자식이 되어 늙었다는 말을 함부로 하지 않는 것은 부모의 마음을 아프게 할까 두려워하기 때문인데, 지금 전하께서 나이가 늙었다고 하여 짐을 벗으신다면 동조東朝의 마음이 과연 어떠하시겠습니까? 비록 동궁의 강학으로 말하더라도 해와 같이 오르고 촌각마다 전진하는데, 지금 이렇게 온갖 정무를 돌보게 하여 그 시간을 빼앗기게 하시니, 이것이 어찌 아버지의 자식에 대한 지극한 사랑의 뜻이며 종묘사직을 위한 장구한 계책이겠습니까?"

하였다. 여러 신하들이 번갈아 나아가 힘써 간하였으나 임금은 끝내 듣지 않았다. 이때 빗줄기가 한층 사나웠는데 왕세자가 갑자기 비를 무릅쓰고 달려와 헌함軒檻 밖에 엎드리니, 임금이 말하기를,

"지금 나는 마음으로 맹세했다"

하였다. 왕세자가 엎드려 우니, 임금이 말하기를,

"세자는 앞으로 오라"

하였으나, 세자가 울며 일어나지 아니하자, 임금이 또 말하기를,

"세자는 앞으로 오라"

하였다. 이렇게 하기를 4, 5차례 한 뒤에야 왕세자가 헌함 안으로 들어와 엎드려 우니, 임금이 묻기를,

"왜 울기까지 하느냐?"

하였다. 여러 신하들이 모두 울음을 삼키며 우니, 임금 역시 눈물을 흘렸다. 여러 신하가 또 입이 닳도록 힘써 간하니 임금이 말하기를,

"여러 사람의 마음이 이와 같으니 다시 생각해 보겠다"

하고, 한참 뒤에 하교하기를,

"부득이하다면 대리청정은 어떻겠는가?"

하니, 김재로가 말하기를,

"그것 역시 안 됩니다"

하였다. 임금이 성난 목소리로 말하기를,

"크고 작은 공사를 모두 승정원에 머물러 두게 하라. 나는 결코 임금 노릇을 하지 않겠다"

하니, 조현명이 말하기를,

"천하의 대성인으로서 천하의 큰일을 시행하면서 이처럼 고성과 노기를 띠었다는 것을 들어 보지 못했습니다"

하였다. 당시 여러 신하들이 어찌할 바를 모르다가 대리 청정의 하교를 듣고는 선위의 전교를 거둔 것을 다행스럽게 여겨 재빨리 말하기를,

"뜻을 받들겠습니다"

하니, 임금이 말하기를,

"어린 세자로 하여금 아득히 국사國事를 모르는 상태에 두었다가 뒷날 만약 노·론과 소론에 의해 그릇된다면 내가 비록 알더라도 어찌 일어나 와서 깨우쳐 줄 수 있겠는가? 오늘 이 거조는 뒷날에 반드시

효험이 없지 않을 것이다”

하였다. 이어 대리 청정의 전교를 받아, 쓰기를 명하고 말하기를,

“선위는 고심하여 결정한 것이지만 원량이 울며 사양하는 데 감동하여 지난밤의 전교는 특별히 정침하겠다. 그리고 세자로 하여금 기무를 대리케 하니 해조該曹에 분부하여 모든 것을 정유년의 고사를 따르게 하라. 아! 대소 신료들은 묵은 습성을 씻고 정백한 한마음으로써 우리 원량의 대리의 정사를 도와 국정을 일신하게 하라.”

–『영조실록』 제69권. 영조25년 1월 23일.

저는 왜 이토록 절박하게, 눈물을 뿌리면서 대리청정을 밀어붙였을까요? 그것은 수십 년 동안의 탕평정치가 빛 좋은 개살구가 되지 않도록 하기 위한 몸부림이었습니다. 발단은 그 전해 11월에 벌어진 묘한 역모 사건이었습니다. 사실 그것을 역모라고 해도 좋을지 모를 의심스러운 사건이었죠.

의문스런 역모 사건

밤에 여천군 이증이 청대하여 들어와서 아뢰기를,

“신의 집에 놀라운 일이 있었습니다. 동지제冬至祭를 지낸 뒤 묘사의 감실龕室(사당 안에 신주를 모셔 두는 장) 속을 보니 투서의 변이 있었는데, 붉은 글씨로 써서 봉하였습니다. 그 내용은 ‘열면 만인이 화열和悅하게 되고 열지 않으면 일인이 자정해야 한다’는 것이었는데, 말이 매우 요사스럽고도 흉참했습니다. 신의 세 숙질이 이것을 보고 크게 놀라 즉시 불에 태워 버렸습니다. 권혜라는 자는 신의 집 외손입니

다. [……] 권혜가 말하기를, '우리 집의 뜰에서 여종이 봉서 하나를 습득하였다' 하므로, 신이 비로소 의심스럽고 괴이하게 여겨 굳이 묻기를 마지않으니 한참 있다가 그 내용을 고하기를, '하늘은 말로 훈계하고 조상은 훈계를 전하는 것이 매우 길한 것인데 사람도 거스르고 손자도 거스르면 길한 것이 변하여 흉한 것이 된다. 아! 나의 신ᄨ이 장차 누구를 의지해야 하는가? 장차 누구를 의지해야 하는가? 그 내용을 증ᄨ에게 탐색하여 삼가 하늘에 바치되 붉은 색의 목면에다 쓰라고 했다'고 하였는데, 그 글의 내용이 또 매우 요사스럽고도 흉참스러웠습니다. [……] 신은 이 일을 당하고서부터 낮에는 밥을 먹을 수가 없고 밤에는 잠을 이룰 수가 없습니다"하고, 이어 눈물을 흘렸다.

−『영조실록』제68권. 영조24년 11월 9일.

여천군은 저와는 8촌이 되는 사람으로, 효종으로부터 내려오는 종친이 많지 않은 가운데 나름 각별했던 사이였습니다. 권혜라는 자가 가져왔다는 봉서의 내용은 황당무계하고 무슨 소리인지 종잡을 수가 없었는데, 하필 중요한 종친에게 봉서가 주어졌다는 점은 찜찜한 일이었죠. 저는 울면서 벌벌 떠는 그를 위로하며 입시하고 있던 승지 등등에게 이 일을 아무에게도 발설하지 말라고 신신당부했습니다.

그러나 며칠 사이에 이미 전 신료들이 다 알게 되었습니다. 영의정 김재로는 경연장에서 이 일을 그냥 덮어두시면 안 된다고 일침을 놓고, 좌참찬 원경하도 같은 뜻을 상소에 실어 보내니, 결국 관련자들을 체포해 국문하도록 했습니다.

저는 친히 국문에 임하여 보니 권혜는 열여덟 살로 약간 머리가 모자라 보이는 소년이었습니다. 여종이 길바닥에서 주워온 봉서를 숙부인 권집은 태워버리라 했지만 '증에게 탐색하라'에서의 증이 여천군 같길래 궁금증을 찾지 못하고 그에게 가져가 보였는데, 보이기 전에 "혹시 선조께서 남기신 특별한 유훈이 있으신가요?" "요즘 무슨 이상한 꿈을 안 꾸셨나요?" "뭔가 이상한 일이 없었나요?"라고 물어보고 모두 그런 것 없다는 대답을 듣고 보여주었다는 것입니다. 아무리 심문해 봐도 그냥 별 일 아닌, 한 번 웃고 넘길 일이었습니다만, 이게 결국 역모로 되고 말았습니다. 권혜가 봉서를 보이기 전에 물었다는 세 가지란 곧 임금 자리에 앉을 가망을 떠본 말이라는 것이었죠. 그야말로 갖다 붙이기가 심한 해석이었고, '증'이라는 글자가 여천군을 가리킨다는 것 역시 권혜의 근거 없는 추정이었을 뿐이었습니다. 애초에 여천군에게 나쁜 뜻이 있었다면 제 발로 나타나 울면서 이 일을 털어놓았겠습니까?

그런데 신하들은 입을 모아 역모라 할 뿐 아니라, 그 와중에 당쟁의 본색까지 드러내는 것이었습니다. 애초에 이 문제를 공론화시킨 장본인이 원경하임에도, 영의정 김재로는 그를 심하게 타박하며 '역적을 비호한다'는 말까지 입 밖에 냈습니다. '이 사건이 역모인지는 신중하게 판단하셔야 한다'는 발언을 물고 늘어진 것이죠. 한편 좌의정이던 조현명도 이 사건을 역모로 중히 다스려야 한다는 사람 중 하나였는데, 그가 '직접적으로 관련되지 않은 사람까지 마구잡이로 잡아들이는 것은 옳지 않다'고 말한 게 또 역적 비호론으로 도마에 올랐습니다. 이기경이라는 자는 사헌부 지평이 되자마자 초강경 탄핵서를 올렸는데, 그 내용인즉 "전하께서 충역忠逆에 대한 분별과 시비의 변별에 있어 왕왕 역적을 자식처럼 여겨 사갈을 보호하며 배양하고 있습니다"면서 제가 여천군의 혐의를 의심스러워한다고 비판하는가 하면, 이른바 역적 비호론을 들먹이며 조현명, 박문수 등을 처단하라고 하고, 그 직전에 채제공을 특별히 발탁한 일까지 헐뜯으며 탕평정치 자체가 틀린 것이라는 극언을 서슴지 않은 것이었습니다! 저는 기가 막혔습니다. 이기경의 상소문을 창밖으로 내던져 버리고는 화가 머리끝까지 나서 어쩔 줄 모르고 있는데 "이기경이 글은 참 잘 하는 사람입니다"며 은근히 편드는 김재로를 보며 다시 기가 막혔습니다. 김재로와 이기경이 노론이 아니었다면, 또는 조현명, 박문수, 체제공, 원경하 등이 소론이나 남인, 탕평론자가 아니었다면 그런 식으로 나섰을까요?

실체도 없는 '역모 사건'을 살피느라 맥이 빠지는 상황에서 그처럼 제가 수십 년간 쌓아온 탕평의 가치가, 그리고 군왕의 위엄이 뿌리부터 흔들리는 모습을 보게 되니 저는 신경이 바싹 곤두섰고, 밥맛도 없고 잠도 오지 않는 나날을 보냈습니다. 마침내 제가 이대로는 도저히 안 되겠다고 생각을 굳힌 계기는 오랜 동지이자 벗이던 조현명이 올린 한 장의 상소문이었지요.

좌의정 조현명이 차자를 올렸는데, 대략 이르기를,
"오늘날 세도世道의 폐단에 대해 말하는 사람들은 기강이 퇴폐되고, 탐묵貪墨(욕심이 많고 하는 짓이 더러운 것)이 풍조를 이루었고, 조경躁競(마음을 조급히 굴면서 권세를 다투는 것)이 습관으로 굳어졌다고 하지 않는 이가 없습니다. 식견이 있는 사람들의 말이 대체로 이와 같으나, 이는 모두 범범하게 논한 것으로, 일을 지적하고 사실을 드러내어 말하는 사람은 있지 않았습니다. 전하께서는 구중궁궐 깊은 곳에 거처하고 계시니, 무엇을 통하여 기강이 참으로 퇴폐되었고, 탐묵이 참으로 풍조를 이루었고, 조경이 참으로 습관으로 굳어졌다는 것을 알 수 있겠습니까? [……] 이태가 국문받고 난 다음날 신이 명을 받들어 그 문서를 다시 고열考閱하고 있을 적에 판의금 김시형이 와서 말하기를, '아무아무 문서가 어제는 있었는데 지금은 없어졌다'고 했습니다. 대저 친국은 사체가 지극히 엄중한 것이므로, 죄인에 관한 문서는 긴헐을 막론하고 이미 수탐搜探(무엇을 알아내거나 찾기 위하여 조사하거나 엿보는 것)한 속에 들어 있으면 대신 이하가 전하의 앞에서 직접 고열해야 하는 것입니다. 그런데 하룻밤 사이에 몰래 발거하여 버렸으니, 이는 실로 국청이 있은 이래 있지 않았던 변괴인 것임은 물론, 오늘날 국가의 기강이 여지없이 무너져 내렸다는 것을 알 수 있습니다. 신이 즉시 그 자리에서 김시형에게 책임을 따지고 말하기를, '문서 도사를 엄히 조처하지 않을 수 없다'고 했습니다만, 김시형이 얼마 안 되어 병 때문에 체직되었습니다. 이런데도 버려둔다면 장차 무너진 기강을 진기시킬 수 없게 되고 폐단에 관계되는 것도 끝이 없게 될 것이니, 신은 해당 도사를 나문拿問(죄인을 잡아다가 심문함)해 엄히 추구하여 기어이 실정을 알아내어서 판의금 김시형은 파직시키고 여러 당상들은 아울러 종중 추고하는 것이 마땅하다고 여깁니다. 어떤 수령 하나가 전화錢貨를 이태의 집으로 태송駄送하여, 그로 하여금 각처에 나누어 선물하게 한 물건을 나열하여 기록한 건기件記가 여러 사람들이 모두 보고 있는 가운데서 현출現出되었는데, 신이 다시 고열할 때에 이르러서는 이미 발거되어 버렸습니다. 문서는 잃었다고 하더라도 의금부 당상·문랑과 시위한 여러 신하들이 모두 있는데 어떻게 속일 수 있겠습니까? 근래 외방에서 돈을 진봉進封하고 있다는 이야기가 여항閭巷(일반 백성들이 모여 사는 곳)에 성대히 유행되고 있습니다만,

신은 뜬소문으로 여기고 참으로 이런 일이 있으리라고는 기필하지 않았었습니다. 그런데 이제야 비로소 그 말이 망령된 것이 아님을 믿게 되었습니다. [……] 오늘날 세도가 능이陵夷(구릉도 세월이 지나면 평평해지는 것처럼 점차 쇠퇴함을 일컫는 말)되었다고는 하지만, 참으로 청명한 조정의 금신衿紳의 반열에 이렇게 똥파리처럼 쏘다니고 개처럼 구차스러운 행동이 있으리라고는 생각하지도 못했습니다. 이런데도 버려둔다면 장차 조경을 억제하고 염치를 면려시킬 수 없게 될 것입니다. [……] 이 일이 있은 이래로 입이 있는 사람은 모두 말하고 귀가 있는 사람은 모두 들었으니, 대각臺閣의 신하들이 반드시 전하에게 아뢰는 사람이 있을 것으로 여겼었는데, 수십일 동안 귀를 기울이고 들어 보았으나 적연寂然하기만 한 채 들림이 없었습니다. 전하께서 이목을 대각에 의탁하고 있는데 대각에서 전하를 저버린 것이 이와 같았습니다."

–『영조실록』 제68권. 영조24년 12월 21일.

연천군 봉서 사건은 뚜렷한 혐의가 없이 질질 끌어지면서 호기심 때문에 이 사태를 초래하고 만 가엾은 소년 권혜는 거듭되는 형문을 이기지 못해 옥사했고, 연천군도 귀양살이를 피하지 못했습니다. 이제 사건은 곁가지를 훑는 단계에 들어가 있었는데, 문제의 봉서의 글씨를 쓴 사람으로 이태라고 하는 자가 지목되었습니다. 그런데 그는 한양의 대갓집들을 오가며 은밀한 서찰을 전달하는 역할도 맡고 있었고, 따라서 그를 조사하던 중 일부 수령들이 고관대작들에 뇌물을 쓴 내용이 적힌 서찰도 나왔던 것입니다. 엉뚱하게 불똥이 튈 것을 걱정한 인간들이 국청에 증거 자료로 보관되어 있는 서찰을 몰래 빼돌려 없애버렸고, 그런 어처구니없는 범법행위를 모를 리가 없던 의금부 관리들과 평소에는 사소한 것도 넘어가지 않던 대간은 입을 꾹 다물고 있었습니다. '엉뚱하게 죄를 입는 사람이 없어야 한다'는 말을 두고 역적을 편든다고 펄펄 뛰던 대간이 말입니다! 저는 눈앞이 아찔했습니다. 탕평의 그럴듯한 껍데기 속에는 당쟁의 폐단이 여전히 썩은 내를 풍기고 있고, 여기에 부정부패에다 임금도 국법도 아랑곳없는 파렴치함이라! 그래서 저는 해가 바뀌자마자 다시 양위를 들고 나왔던 것입니다. 예의 달려와서 꿇어 엎드린 신하들 다수가 속으로는 '또 연극을 시작하셨군'하며 혀를 내밀고 있음이 뻔히 보였기에, '양위가 무리라면 대리청정이라도 하겠다'는 뜻을 기어코 관철시켰던 것입니다. 세자도 울고 저도 울면서요!

대리청정은 정국을 일신하고, '언로'의 틀을 빌린 당파싸움을 냉각시키는 효과가 있었습니다. 웬만한 정무는 일단 세자를 거치게 되고, 민감한 문제가 나오면 세자는 '대조^{大朝}께 말씀드리겠다'고만 하며 그 자리에서 논의가 과열되는 것을 막습니다. 그리고 소조^{小朝}(대리청정시의 세자)에서 보고를 해도 까다로운 문제라면 그냥 못 들은 체 하고 있으면 되죠. 문제를 꺼낸 신하가 '아직도 말씀을 안 드리셨습니까?'하고 세자에게 캐물을 수도 없는 노릇이니 자연히 묵살되지 않겠습니까? 결국 세자는 '얼굴마담' 노릇을 하며 실제 국정은 제가 뒤에서 측근들을 통해 운영하는 식이었습니다. 어찌 보면 신하들과의 정식 소통을 피하고 비선^{秘線}에 의존하는 정정당당하지 못한 정치 방식이었지만, 그 당시 신하들 다수가 당쟁, 부패, 임금 무서울 줄 모르는 태도에 젖어 있다고 보면, 말뿐인 '소통'이 무슨 가치가 있었겠습니까?

이렇게 저는 첫 번째로 정치적 필요성 때문에, 두 번째로는 세자에게 군주 수업을 쌓도록 하려는 생각에서 어린 세자에게 대리청정을 맡겼습니다. 위의 실록 기사에서 "어린 세자로 하여금 아득히 국사를 모르는 상태에 두었다가 뒷날 만약 노론과 소론에 의해 그릇된다면 내가 비록 알더라도 어찌 일어나 와서 깨우쳐 줄 수 있겠는가? 오늘 이 거조는 뒷날에 반드시 효험이 없지 않을 것이다"라고 언급한 것에서도 보듯, 저는 단지 정형화된 서연에서의 글공부로는 깨우칠 수 없는 군주의 정치 기술을 대리청정 과정에서 자연히 몸에 익힐 것을 바랐던 것입니다. 당시 정치는 첫째도 성리학, 둘째도 성리학이었고 공자님의 말씀에 대한 주자님의 해석 말씀을 거슬렀다가는 무슨 변을 당할지 모르는 때였습니다. 하지만 인간을 한없이 도덕적이게끔 하려는 성리학적 정치론만으로는 안 되는 일이 있습니다. 꽤 많지요. 그래서 저와 저를 이은 정조의 시대에 실학이라고 하는 새로운 학문 방식이 생겨난 것이 아니겠습니까? 아무튼 저는 "때로는 사자같이, 때로는 여우같이"라는 어느 서양 정치사상가가 했다는 말처럼 나의 뒤를 이어갈 세자가 능소능대能小能大하며 난국을 잘 헤쳐 나갈 꾀를 갖기 바랐습니다. 그렇다고 그런 이야기를 승지와 사관들이 입시한 자리에서 대놓고 할 수는 없으니, 저는 기회가 있을 때마다 에둘러 말해 가르침을 주곤 했습니다.

불통의 비극

옥당玉堂(홍문관 또는 홍문관 부제학, 교리 등을 일컫는 말)과 춘방春坊(세자시강원)을 소견하였는데, 왕세자가 시좌하였다. 임금이 하문하기를,

"한나라의 임금 가운데 경계해야 될 사람은 누구인가?"

하니, 왕세자가 대답하기를,

"환제·영제입니다"

하자, 임금이 말하기를,

"환제·영제는 진실로 말할 가치도 없다. 가장 경계해야 될 사람은 성제이다. 성제는 조정에 임어할 때는 목목穆穆한 기상이 마치 신神 같 았으나 비연飛燕과 음란한 짓을 할 때 이르러서는 어찌 다시 목목한 자용姿容이 있었겠는가?"

하였다. 임금이 또 하문하기를,

"빈료들 가운데 간절하게 진계陳戒하는 말을 한 사람이 있었는가?"

하니, 세자가 대답하기를.

"빈객 정우량이 구용九容과 구사九思에 대해 진달했습니다"

하였다. 임금이 말하기를,

"네가 족용足容을 무겁게 해야 한다는 것을 아는가?"

하니, '예' 하고 대답하였다. 임금이 말하기를,

"족용을 무겁게 해야 한다는 것을 알고 있다고 하더라도 식색食色에 대해 더욱 경계하지 않을 수 없다. 쌀밥과 진수성찬이 앞에 차려져 있고 화려하고 사치스런 물건들이 눈을 현란 시키는데, 이런 때를 당하여 네가 신료들을 대하여 '나는 여기에 마음이 쏠리지 않는다' 고 한다면, 이는 마음을 속이는 것이다. 더구나 색욕은 식욕보다 더 한 것이니 말해 뭐하겠는가? 좀 전에 한나라 성제를 경계하라고 한 뜻은 의미가 깊은 것이다. 나는 이것으로 너를 경계시켰다만 신료들 은 반드시 이런 등의 말을 하지 않았을 것이다."

-『영조실록』제68권. 영조24년 12월 18일.

이 이야기는 경국지색으로 유명한 후궁 조비연에게 빠져 국정을 제

대로 돌보지 않았다는 한 성제의 예를 들며 호색을 경계한 이야기처럼 들립니다. 언뜻 듣기에는 그렇습니다. 그런데 철저히 성리학적인 이 이야기를 들으며 쓴웃음을 지을 사람이 많을 것입니다. 제 스스로가 잠저 시절부터 호색하다는 평판이 많았고, 지금도 여러 후궁에게서 여러 자식을 본 터인데 여자를 경계하라는 식의 훈계를 하는 듯 보이니까요. 그런데 호색하기로는 한 무제도 뒤지지 않습니다. 토목공사를 크게 일으키고, 사치를 일삼고, 사방에서 전쟁을 벌이는 등 성리학 정치 사상가들이 싫어하는 일만 골라 한 듯도 합니다. 그래서 역대 경연의 기록을 보면 한 무제를 형편없는 군주로 폄하하는 발언을 열성조께서 누누이 하셨음을 알 수 있습니다. 그러나 저는 한 무제를 찬양하지는 않았으나 폄하한 적도 없습니다. 그가 인간적으로 단점도 많았지만 한 왕조를 융성케 하고 민생을 안정시킨 공로가 탁월하다 여겼기 때문이죠. 그래서 저는 한나라 임금 중에는 한 성제를 경계하라는 말을 통해 이런 뜻을 전하려 했던 것입니다. '똑같이 호색했으나 무제는 위대한 업적을 쌓았고 성제는 아무 업적이 없었다. 문제는 호색 여부가 아니라 임금으로서 무엇을 성취하느냐에 있는 것이니라!' 환제와 영제는 언급할 가치도 없다고 한 말은 그들은 환관들의 손에 놀아나는 처지여서 스스로의 힘으로 뭔가를 하려야 할 수 없었기 때문이었죠. 저는 저의 아들이 제가 주는 교훈의 행간을 읽어내기를 원했습니다. 그래서 신료들은 반드시 들려주지 않을 제왕의 도를 깨닫기를!

하지만 결국 그렇지 못했던 것 같습니다. 오히려 저의 이야기를 '가소로운 위선자의 변' 정도로 가볍게 생각했던 모양입니다. 그것은 그 아이가 일찍부터 저승전에서 위선과 허식을 학습했고, 다시 혜경궁과 홍봉한 등 '지나치게 인간적인' 자들에게 둘러싸이면서 저와 제 행동을 가장 얕은 쪽으로만 읽고는 제가 잔인하고 비열하다고 오해하는 습관이 들어버렸기 때문입니다. 혜경궁 혜빈은 이렇게 말했습니다.

> 경모궁(사도세자)께서 그 일을 하시면서부터 만사에 탈이 났으니, 내 마음은 그 일을 원수처럼 알아, 그 두 글자만 들어도 심장이 떨리니라.
> ―『한중록』

그 일이란 대리청정을 말하고, 그 두 글자란 대리를 말합니다. 혜빈의 시각은 철저히 아녀자의 시각, 정치보다 개인을 보려는 시각에 머물러 있습니다. 제가 어떤 궁지에서 대리청정이라는 패를 꺼내들었는지, 세자에게는 그것이 어떤 의미를 가지고 있었는지는 안중에도 없습니다. 다만 대리청정을 거치며 세자가 점점 이상해지다가 끝내 비극을 맞이했음만 이야기합니다. 그러나 슬프게도, 그 이야기는 거짓이 아니었지요. 혜빈은 또 하필이면 자신의 관례날에 대리청정의 명을 내려, 고대하던 합궁의 기회를 망쳤다고 푸념을 늘어놓습니다. 무슨 말이냐면 혼인은 진작 치렀어도 부부가 아직 어릴 경우 실제 합궁은 관례를 치르며 비로소 이루도록 하는 관행이 있었습니다. 그런데 하필 그날에 대리청정의 명을 내릴 게 뭐람! 사실 제 기억으로는 두 날이 서로 달랐으며, 혜빈의 착오라 여겨집니다만, 이쯤 되면 여염집 아녀자들의 투정에 가깝지요.

아무튼 대리청정이 결국 우리 부자 사이의 말로 다 하기 힘든 비극으로 끝났음은 부정할 수 없습니다. 왠지 모를 위화감, 뭔가가 잘못되었다는 느낌. 그것은 기사년 2월, 세자 뒤에 앉아서 그의 첫 정사를 지켜보았을 때에도 아주 아련하게나마 일어났습니다.

임금이 환경전에 나아갔는데 왕세자가 시좌하였고 차대를 행하였다. 임금이 말하기를,

"오늘은 곧 원량이 시좌하여 처음으로 정사를 여는 날이다. 품달하여 결정할 일이 있으면 원량에게 품달하라. 나는 앉아서 지켜보고자 한다"

하고, 이어 동궁에게 이르기를,

"무릇 여러 신하들이 아뢰는 일에 대하여 만약 '그렇게 하라依爲之'라는 세 글자로써 미봉적으로 대답한다면 반드시 잘못을 저지를 우려가 있다. 의심스러운 점이 있으면 반드시 대신에게 묻고 자신의 의견을 참작한 뒤에 결정하라"

하였다. 영의정 김재로가 함경 감사의 장달에 의하여 아뢰기를,

"성진방영城津防營은 도로 길주에 소속시키는 것이 편리합니다"

하고, 좌의정 조현명은 말하기를,

"육진六鎭으로 통하는 길은 모두 아홉 갈래가 있는데, 길주는 요충에 해당하지만 성진은 단지 세 갈래 길만 막을 수 있습니다"

하였다. 동궁이 말하기를,

"방영을 비록 길주에 도로 소속시키더라도 성진에 역시 군졸이 있는가?"

하니, 김재로가 말하기를,

"진졸鎭卒이 있습니다"

하였다. 동궁이 말하기를,

"그렇다면 방영을 길주로 옮기는 것이 옳겠다"

하니, 임금이 말하기를,

"네 말이 비록 옳기는 하다만 당초 방영을 성진으로 옮긴 것은 이미

나에게서 나온 것인데, 길주로 다시 옮기는 것은 경솔하지 않느냐?
의당 먼저 대신에게 물어 보고, 또 나에게도 품한 뒤에 시행하는 것
이 옳다"

하였다. 이에 동궁이 여러 신하들에게 두루 물었더니 어떤 사람은
옳다 하고 어떤 사람은 옳지 않다고 하는지라 이를 대조에게 품하니
임금이 말하기를,

"길주와 성진의 방어 형편을 비국 당상을 보내어 보고 정하는 것이
마땅한데, 누가 갈만하겠는가?"

하니, 조현명이 가겠다고 자청하였다. 임금이 말하기를,

"하필 대신을 보내어 그 일을 하게 하겠는가?"

하니, 조현명이 말하기를,

"조종조에서는 대신이 변방을 순시하는 것이 일상사와 다름없었는
데, 지금이라고 하필 그것만 혐의스러울 것이 있겠습니까?"

하였다. 병조 판서 김상로가 가겠다고 자청하니 임금이 윤허하였다.
호조 판서 박문수가 말하기를,

"칙사가 왔을 때 호조에서 빌린 수어청의 은자를 미처 돌려주지 못
하였습니다. 며칠 전에 수어청의 쌀 3백 석을 호조에 보내기로 품달
하여 정한 적이 있는데 은자와 바꾼 것이라고 핑계대고 끝내 내어주
지 않으니 민망스럽습니다"

하니, 수어사 조관빈이 말하기를,

"호조에서 쓰는 비용이 비록 중대하지만 수어청의 불의의 변관에 대
비한 은자를 아직껏 돌려주지도 아니하고 또 세미稅米를 가져다 쓰려
고 하는 것이 옳겠습니까?"

하였다. 임금이 동궁에게 이르기를,

"하나는 유정지공惟正之供(해마다 궁중 및 서울의 고관에게 바치던 공물)이요, 하나는 유사시에 필요한 것이니 네가 마땅히 참작하여 처리하는 것이 좋겠다"

하니, 동궁이 말하기를,

"세미는 호조로 보내고, 은자는 호조에서 준비하여 상환하는 것이 옳다"

하자, 임금이 웃으며 말하기를,

"너의 처리가 옳다"

하였다. [……] 임금이 동궁에게 유시하기를,

"너는 깊은 궁중에서 태어나 안락하게 자랐으니 어떻게 임금 노릇 하기가 어려운 줄을 알겠느냐? 지금 길주에 관한 한 가지 일을 보니 손쉽게 처리해버리는 병통이 없지 않다. 나는 한 가지 정사와 한 가지 명령도 감히 방심하여 함부로 하지 않았고 조제에 고심하여 머리와 수염이 모두 허옇게 되었는데, 25년 동안 서로 살해한 적이 없었으니 너는 이를 금석金石처럼 지킴이 마땅하다. 임금이 신하를 부리는 도리는 그들을 모아서 쓰는 것이 옳겠느냐? 분리해서 쓰는 것이 옳겠느냐? 저 여러 신하들은 그들의 선대를 따져 보면 모두 혼인으로 맺어진 서로 좋은 사이지만 당론이 한번 나오게 되자 문득 초나라와 월나라처럼 멀어져 각기 서로 해칠 마음을 품었으니 내가 고집스럽게 조제에 힘쓴 것은 단연코 옳은 것이다. 지금 진언하는 자들이 혹자는 말하기를, '조제하는 것이 도리어 당파 하나를 만들었다' 하고, 혹자는 '조제하는 것이 도리어 편협하다' 하며, 혹자는 '현명하고 어리석은 사람과 옳고 그름을 분별하지 않는다'라고 하는 등 그 말하는 바가 천만 갈래로 나뉘었다. 비록 감히 서로 살해하지는 못했으나 서로 살해하고 싶은 마음이 없던 적이 없었다. 오늘부터 네가 만약 신하들이 아뢰는 대로 듣고 믿어서 시원스럽게 그 말에 따르기를 지금 길주의 일과 같이 한다면 그 결과 종묘사직과 신하와 백성들은 어떻게 되겠느냐? 한쪽은 나아가고 한쪽은 물러남이 겉으로는 시원스럽게 보이지만 살육의 폐단을 열어 놓게 되는 것이니, 네가 이 명을 지키지 않으면 뒷날 무슨 면목으로 나를 보겠느냐? 4백 년 조종의 기업과 한 나라의 억만 백성을 너에게 부탁하였으니 너는 모름지기 나의 말을 가슴 깊이 새겨 기대를 저버림이 없도록 하라."

-『영조실록』 제69권. 영조25년 2월 16일.

첫날의 정사는 통상적인 것이라기보다 세자에게 정치 '연습'을 시킨 것으로 보아야 합니다. 대리청정을 시켜도 병무는 제가 종전대로 결정하기로 했는데, 보시다시피 병무와 재무 모두 세자에게 판단을 맡기고, 세자의 결정에 대해 제가 훈수를 두는 식으로 진행하고 있기 때문입니다. 마치 여러분 시대에 운동하는 사람을 돕는 헬스 트레이너처럼 옆에 붙어서 세세하게 가르치는 것을 연상하시면 될 것 같습니다.

제가 병무 관련 결정은 너무 쾌하다고 지적하고 마지막에 길게 훈계를 하기는 했습니다만, 그만하면 처음 정사에 임한 청년 군주로서 훌륭한 것이었습니다. 그날 밤은 대체로 흡족한 마음으로 잠자리에 들었었지요. 그러나 마음 한편에 뭔가 아주 미미한, 있는 듯 없는 듯한 작은 위화감이 지워지지는 않았습니다.

그 위화감이 무엇이었는지는 한 번 더 세자의 정사 자리에 참석하고 나서야 가닥이 잡혔습니다. 첫째, 그때까지는 모두 정책적인 의제만이 나왔습니다. 방영을 길주로 돌리느냐, 수어청에서 호조로 쌀을 보내야 하느냐…. 물론 정책적 의제 이면에 정치적 문제가 숨겨져 있을 때도 있지만 그때까지 다루었던 것은 정말 순수한 정책 의제라 할 수 있었죠. 세자가 아직 정무에 미숙하므로 제가 훈수를 들어주는 게 자연스러웠습니다. 하지만 소론의 누구를 처결해야 한다느니, 노론 누구를 신원해달라, 남인 누구를 특진시킨 것은 과도하다 등의 정치적 의제가 튀어나온다면? 애초에 그런 문제를 회피하기 위해 대리청정을 시작한 셈인데, 제가 세자와 함께 앉아서 그런 의제에 맞닥뜨리면 대리청정의 의미가 없어지지 않겠습니까. 그래서 저는 배석하는 걸 빨리 그만두어야겠다고 생각했습니다. 사실 그게 대리청정의 본래 모습이죠. 그리고 원 취지대로 국정의 대부분을 위임하는 데 걸맞도록, 제가 신하들과 만나는 차대^{次對}의 횟수를 크게 줄였습니다.

그러나 두 번째 문제점이 있었고 이게 사실 더 심각했습니다. 세자가 저와 이야기를 나누지 않는 겁니다! 제가 길주 이야기에서 딴죽을 걸면서 '그런 문제는 나에게 품해야지'한 것은 어떻게 하면 좋을지 대화를 하자는 것이었습니다. 그런데 세자는 말 그대로 품하기만 하더군요. "대신들 의견이 저러합니다"라고만. 그래서 제가 '비국 당상을 보내야 하겠다'고 사실상 사안의 결론을 짓게 되었죠. 그러면 '누구를 보내는 게 좋을까요?'라고 물어올 수도 있지 않습니까? 그런데 돌부처처럼 묵묵히 앉아만 있더군요. 그래서 조현명이 나서고…. 원래 이런 대화가 저와 세자 사이에서 오가야 하는 것이었습니다. 그런데 세자는 말을 시키지 않으면 아무 말도 하지 않으려고 했고, 그래서 전체 그림을 보면 세자의 대리청정에 제가 배석한 것이 아니라 제 정사에 세자가 배석한 꼴이 되고 만 겁니다. 회를 거듭해도 마찬가지였습니다.

이게 왜 심각한 문제인가 하면, 애초에 계획은 저는 뒤에 물러앉아 정쟁의 예봉을 피하고, 세자가 '대조께 말씀드리겠다'하고서 저와 의논하면 사안에 따라 조처하거나 무시하거나 하는 것이었습니다. 그런데 세자가 꼭 필요한 보고 외에는 입을 열지 않으면, 다시 말해 저와의 대화를 한사코 피하려 하면, 제가 업무가 돌아가는 사정을 제대로 파악할 수가 없어 적절한 대처가 어려워지는데다 세자에게 정치 수업을 시키는 의미도 없어지고 맙니다. 세자와 제가 만나는 자리는 매일 갖게 되어 있는 진현進顯 자리로 정했는데, 세자는 그때마다 말 한 마디 값이 만금이나 된다는 듯 좀처럼 입을 열지 않고 굳은 표정으로 고개만 숙일 따름이었습니다. 급기야 갈수록 그조차 이 핑계 저 핑계로 피해버리고, 나중에 가서는 무려 몇 달씩이나 진현을 하러 오지 않더군요! 저는 할 수 없이 축소한 차대에서 세자를 통해서가 아니라 신료들을 통해 당면 문제를 듣고 논의해야 했습니다. 제가 유보하고 있던 인사, 군사, 형사만이 아닌 국정 전반을 실제로는 제가 처결하고, 세자는 신료들 앞에서 '마땅히 유의하겠다', '대조께 말씀드리겠다' 하는 말만 되풀이하게 되었던 거죠. 그야말로 형식뿐인 대리청정이 되고 만 셈입니다!

그 아이는 왜 그랬을까요. 왜 하나밖에 없는 아버지와의 소통의 자리를 그토록 꺼려했을까요? 아마 '정답'을 찾기 힘들어서였겠지요. '정답'을 말하지 못하면 제가 실망하고 짜증을 낼까 두려워서였겠지요. 간단히 말하면, 제가 두려워서였겠지요.

『논어』의 편수가 모두 몇 편이냐, 『대학』의 3강령 8조목이 무엇이냐 따위의 질문에는 간단히 정답을 말할 수 있습니다. 그러나 "한 왕조의 임금 중 가장 경계해야 할 임금은?" 이쯤 되면 꽤 어려워지고, 중요한 국가 정책과 관련하여 토론으로 해답을 찾아야 한다면 정답을 내놓기가 어려워질 수밖에 없는 것이죠. 제 딴에는 생각해서 뭐라고 말하면 제가 또 "쾌하게 하지 말고 신중해야 하느니" 이러면서 핀잔을 주고…. 그러니까 그 애는 결국 입을 다물기로 한 것입니다. 가만히 있으면 중간이라도 가니 말이죠.

"오늘 차대에서 송시열과 송준길을 문묘에 배향하자는 건의가 있었습니다."

"너는 뭐라고 대답하였느냐?"

"대조께 말씀드리겠다고 하였습니다."

"두 선정신先正臣은 인품과 학식이 탁월하여 오늘날까지 많은 이들의 존경을 받고 있다. 그러나 그들을 배향하는 문제는 쾌하게 결정할 일이 아니니라. 그렇지 않겠느냐?"

"…."

"그들은 노론이 신처럼 받드는 사람들이다. 따라서 그들을 배향하자는 말을 섣불리 가납하면 소론과 남인이 소외감을 느끼지 않겠느냐? 뒤에 가서는 탕평은 결국 이름뿐이었다느니, 지금 임금은 노론 힘으로 임금이 되었으니 결국 노론 편일 수밖에 없다느니 하고 온갖 쑥덕공론을 일삼겠지. 어리석은 자들의 어리석은 소견이다만 그런 물의를 빚지 않게 주의하는 것이 제왕의 정치이니라. 알겠느냐?"

"…네."

"그러면 다시 이 문제가 거론될 때 어떻게 대응해야 하겠느냐?"

"…."

"마치 못 들은 듯이 넘기는 게 가장 좋은 방법이니라. 그러나 거듭 건의를 하는데도 군주가 딴청만 피운다면 신료들의 말을 무시하는 임금이다, 소통할 줄 모르는 임금이다 하며 또 물의가 빚어진다. 그러면 어떻게 하는 게 좋겠느냐?"

"…."

제가 스스로 물어보고 스스로 대답하기를 거듭하다 짜증이 나서 "왜 무조건 네, 네만 하느냐. 너는 스스로 생각이 없느냐?" "이렇게 할 바에는 대리청정을 왜 하느냐!"고 하면 더더욱 힘들고 곤란할 따름이니, 아예 저와 만나서 이야기할 자리를 되도록 피해버린 거고요…. 이 대목에서 쯧쯧 혀를 차시는 분들, 여러분은 혹시 이런 상황이 생소하신지요? 부모 또는 교사, 상사가 되어 아랫사람에게 일방적으로 말하고 상대는 고개만 형식적으로 끄덕이면서 빨리 끝나길 기다리고 있는 장면. 그런 경우를 겪어 보신 적이 없으신지요?

결국 불통의 비극의 처음은 세자가 어릴 때부터 맺혔고, 결국 장성해서 불거진 것입니다. 늦게 어렵게 귀한 자식을 보아 이 아이가 천재였으면, 나의 한과 고뇌를 씻어버리고도 남을 성군의 재목이었으면 하고 바라는 욕심이 아이의 영특함만 눈에 담도록 했고, 그러다 보니 세자는 어릴 적부터 제게 잘 보이려고만 하고 자신의 참모습은 감추는 버릇이 든 것입니다. 그런데 장성한 지금 평범한 아비 자식이 아니라 권력과 정치의 문제를 놓고 한쪽은 재기 넘치는 협력자를 바라는데 다른 쪽은 그저 책잡히지 않을 것만 걱정하고 있으니, 날이 가면 갈수록 서로에게 실망하고 서로를 못마땅하게 여겨 되도록 보지도 이야기하지도 않기를 바라게 될 수밖에 없지요. 그런 병폐는 세자가 혜빈 등에게 속내를 털어놓고 하소연함에 따라 더욱 악화되어 갑니다.

한 달 여섯 번의 차대에 보름 이전 세 번은 영묘께서 직접 하시며 동궁을 시좌케 하시고, 남은 세 번은 동궁 혼자 하시니라. 그리하실 제 일이 잘 풀리지 않고 건드리시는 일마다 탈이 많으니라. 그 중에서도 민감하고 당론이 들어가는 일이면 경모궁께서 홀로 결단치 못하시고 영묘께 취품하시었는데, 영묘께서는 "그만한 일을 홀로 결단 못하고 취품하여 번거로이 하니 대리시킨 보람이 없다"하고 꾸중하시더라. 또 취품치 아니하시면 "그런 일을 어찌 취품치 않고 멋대로 결정하리" 꾸중하시니. 일을 이리 하면 저리 아니 했다 하시고, 저리 하면 이리 아니했다 하시어 이 일에도 격노하시고 저 일에도 마땅치 않아 하시더라.

-『한중록』

혜빈은 세자에게 그날 있었던 차대나 진현 이야기를 듣고는 이처럼 저를 '대책 없는 꼰대'로 이해합니다. 저 모습이 전혀 거짓은 아니었지요. 하지만 세자는 혜빈의 동정을 받기 위해 실제보다 과장해서 있었던 일을 설명하고, 오직 세자의 말 외에는 사정을 알 길이 없던 혜빈은 제가 얼토당토않은 말로 세자를 들볶는다고만 생각했던 것입니다. 그래서 혜빈과 함께 얼싸안고, 때로는 선희궁, 그러니까 제 어미인 영빈까지 끼어서 '대조께서는 왜 그러시는가? 왜 하나뿐인 아드님을 못 잡아먹어 안달이신가?' 하며 눈물과 한숨을 거듭하다 보니, 세자의 눈과 마음은 점점 삐뚤어졌고, 급기야 제 앞에서 굳은 표정과 못마땅한 기색을 더 이상 감출 수 없는 지경에 이르렀습니다. 그걸 보는 저는 또 화가 복받쳐서 세자가 진심으로 꼴 보기 싫어지게 된 것입니다. 어릴 때는 그리도 영특하더니 자라서는 영 황이 되었다! 뿐만 아니라 이제는 제 아비 얼굴 보기조차 거북해한다 여겨지니 예쁠 턱이 있습니까? 정성왕후에게 한 짓을 봐도 아시겠습니다만, 저는 속이 좁고 뒤끝이 있는 사람입니다. 그래서 제 잘못을 깨닫지 못한 상태에서 상대가 일방적으로 잘못한다 싶으면, 어르고 달래기는커녕 화내고 차갑게 대하는 게 버릇이었습니다.

이렇게 서로에 대한 불편함이 쌓여만 가니 마주치기를 되도록 피했습니다만, 어쩌다 마주치면 오히려 그때마다 불만과 불신의 골이 깊어지곤 했습니다. 이런 일도 있었습니다. 무인년(1758) 여름이었습니다. 저는 전례대로 능행陵行 길에 나섰습니다. 지금은 서오릉이라 불리는, 경기도 고양의 땅에는 숙종대왕과 인현왕후의 명릉明陵, 인경왕후의 익릉翼陵, 그리고 정성왕후가 묻혀 있고 언젠가는 저도 몸을 누이리라 여겼던─결국 그렇게 되지 않았습니다만─홍릉弘陵이 모여 있습니다. 정성이 그곳에 묻힌 때가 그 전해이며, 같은 해에 인원왕후께서도 가시어 명릉에 함께 묻히셨던 차라, 특별히 의미가 더한 능행이다 싶어 오랜만에 세자를 동행시켰습니다.

그런데 하필이면 날씨가 궂었습니다. 한양성을 나서서 경기도 길을 가는 내내 비바람이 심하더니, 급기야 폭우로 다리가 떠내려갔다는 보고까지 들어왔습니다. 몹시 짜증스럽고 울적했습니다. 저는 본래 칙칙하고 비가 쏟아지는 날씨를 싫어합니다. 황형을 장사지낼 때와, 눈물 속에 세자에게 대리청정을 명할 때의 기억이 떠오르곤 했으니까요. 솔직한 마음은 그냥 연輦을 돌려 궁궐로 돌아가고 싶었습니다만, 그렇다고 능행을 그리 가볍게 무를 수는 없어서 잠시 길에서 쉬며 어찌할까 하고 있는데, 사서 서유량이 급히 가까이 오더니 "동궁께서 편찮으십니다"라고 고하는 것이었습니다. 좌의정 김상로도 "원래 건강이 안 좋으신데 한사코 따라오신 것입니다", 약방제조 이성중도 "이대로 능행을 계속하시기는 무리입니다"하며 고개를 흔들었습니다. 제가 연에서 내려 동궁의 가마에 가까이 가 보니 과연 낯빛이 칙칙하기가 궂은 하늘보다 더 어둑했고, 척 보기에도 아파 보였습니다.

"괜찮느냐?"

"소신, 아무렇지 않사옵니다. 심려치 마시옵소서."

"하필 너를 데려온 참에 날씨가 이렇단 말이냐."

이 말에 고개를 숙이고 가만히 있는 모양이 정말 몸이 안 좋나보다 싶었고, 그동안 궁궐 안에만 있다가 갑자기 나선 길에 날씨도 사나우니 아플 만도 하다 여겼습니다. "그래, 나도 이 길이 내키지 않게 느껴지는데 너는 오죽하겠느냐" 하는 마음에 부드러운 말투로 "능행은 나 혼자 하겠으니 너는 그만 돌아가거라"라고 하였습니다.

> 임금이 명릉에 나아갔는데, 융복戎服(상하의를 따로 마름해 허리에 연결시킨 옷인 철릭과 붉은 옻칠을 한 갓인 주립으로 구성된 옛 군복) 차림으로 검암劍巖에 이르렀을 때 큰 비가 소나기처럼 내렸다. 왕세자가 어가를 수행하다가 예후睿候가 편찮으니, 임금이 하교하기를, "차가운 비에 축축히 젖어서 기운이 능히 안정되지 아니한 것이다. 비록 억지로 행하고자 하더라도 예절을 행하기가 어려울 것이니, 즉시 가마를 타고 돌아가라" 하고, 돌아가서 몸을 조리하도록 명하였다.
>
> ─『영조실록』 제92권. 영조34년 8월 1일.

그러자 세자는 잠시 묘한 눈초리로 저를 말없이 쳐다보더니, "그럼 분부대로"하고는 그대로 가마를 돌려 돌아갔습니다. 저는 다시 발걸음을 재촉했지요. 그런데 얼마 지나자 불쾌한 마음이 스멀스멀 들기 시작했습니다. 아니, 늙은 애비가 자기 어미와 할머니가 묻힌 무덤에 찬비를 무릅쓰고 가고 있는데, 가란다고 한 마디 사양도 없이 냅다 가버려? 보낼 때는 어디까지나 좋은 마음이었고 돌아서는 세자에게 야속함이 없었으나, 지나고 나서 보니 괘씸하지 않습니까! 만약 내가 제 입장이었다면 한사코 사양했으리라, 병이 깊어서 당장 죽을 것 같아도 끝끝내 따라간다 하였으리라! 사방 천지가 먹물을 쏟은 듯 컴컴하고 매서운 비바람에 몸이 절로 움츠러지는 가운데, 저는 가마 속에 쭈그려 앉아설랑 체면에 춥다, 힘들다, 아직 멀었느냐, 말은 못하겠고 공연히 세자 타박만 머릿속에서 되풀이하며 능행을 했던 것입니다.

그렇게 생긴 심통을 눌러 담고 돌아오는 길에, 관례대로 궁궐 문 앞에 나와 지영祗迎하고 있던 세자의 낯을 보니 그만 또 울컥했습니다. 그야말로 '내가 대체 여기 왜 있나'하는 속마음이 얼굴에서 몸가짐까지 역력히 쓰여 있었으니까요. 큰 비는 그쳤지만 보슬비가 보슬보슬 내리는 가운데 오만상을 찡그린 채 서 있는 꼴을 보니 나도 모르게 뭔가를 들어 던져버리고 싶었습니다. 잔뜩 힐난을 할까 싶다가, 주위의 눈도 있고 한 번 격분하면 화를 누르기 어렵겠다 싶어 간신히 마음을 추슬렀습니다. 그리고 잘 다녀오셨느냐는 세자의 맥 빠진 물음에 짧고 차갑게 대꾸하고는 한달음에 내전으로 들어가 버렸습니다. 그런데 제 입장에서는 제가 분이 나야 마땅했던 이 일이, 세자의 관점에서는 억울하고 원한이 맺힐 일, 아버지가 또 한 번 자식을 사납게 대한 일이었던 것입니다.

국상 후 소조께서 아직 홍릉에 참배하지 못하셨으니 대조께서 마지 못해 모시고 따르도록 하셨다. 그때 장마가 지루하더니 거둥하시는 날에 큰 비가 대단하게 내렸다. 그러자 대조께서 "날씨가 이러함은 소조를 데려온 탓이라" 하시고 미처 능에 이르기도 전에 소조에게 도로 돌아가라 하시고 대가만 행차하셨다. 소조께서 능에 참배하려다 실행치 못하셨으니 백관과 군민이 보기에 오죽 의아하고 괴이하였으리오. 내가 선화궁을 모시고 앉아 두 분의 거둥이 무사히 잘 끝나 돌아오시기만을 빌다가 이 기별을 들었다. 가엾고 망연한 마음 외에 들어오시면 그 화증을 어찌할까 싶어 어쩔 줄 몰랐다. 소조께서 큰 비를 맞고 하릴없이 들어오시며 그 심정이 어떠하셨으리오. 격한 기운이 차오르시어, 차마 바로 오실 수가 없으시니 경영고에 들러 기운이 마구 질리는 것을 진정시키고 돌아오셨다. 슬프고. 근심스럽고, 두려우신 그 모습이 어떠하시던가. 당신께서 순임금 같은 효자가 아니신 바에야 서러움을 이기지 못하셨으리라. 선화궁과 내가 서로 붙들고 눈물을 흘릴 뿐이었고, 소조 당신은 "살 수가 없노라. 점점 더, 살 수가 없노라!" 하시더라.

—『한중록』

저는 꿈에도 세자와 날씨를 연관 지어 생각한 적이 없었습니다. 그러나 세자는 그동안 제게 음으로 양으로 받은 섭섭함이 마음에 맺힌데다 제 어미와 처가 오해를 부채질하니, 내가 선의로 돌아가라 한 것을 전혀 엉뚱하게 받아들이고 만 것이지요. 얼마나 분했던지 궁궐에 바로 돌아가지 못하고 경영고에 들러 병장기를 혼자 마구 휘두르며 답답함을 풀고 나서야 돌아갈 수 있었나봅니다. 그런데 이것조차도 "내

가 경영고 들린 것을 가지고 혹시 상께서 오해하지 않으시려나"하며
스스로 불안과 공포를 더욱 부채질하니, 세상에 답답하고 또 답답할
따름이었습니다.

　혜빈, 그 아이가 직접 보지 않고 세자에게 듣거나 풍문으로 들은 일
을 적어 남기다 보니, 제가 인격 파탄자나 정신질환을 앓는 환자처럼
보이게끔 적은 일도 적지 않습니다. 가령 '귀 씻기' 이야기가 있지요.
제가 상서롭지 못한 일을 극도로 꺼리어 그런 일을 보게 되면 그 불길
함을 세자에게 떠넘겨버리고는 했다는 이야기입니다.

> 영묘께서는 부모에게 효도하고 선조 받드심과 하늘을 공경하고 백
> 성을 사랑하시는 큰 덕과 정성이 오랜 옛날의 제왕보다 뛰어나셨다.
> 내 귀로 듣고 눈으로 뵌 것과 기록된 것들로 미루어 생각하여도 역
> 대에 비할 만한 임금이 안 계셨다. 다만 신임사화와 무신역변 등 겪
> 어오신 일이 많아 꺼리고 염려함이 거의 병이 된 듯싶었다. 그 사이
> 의 자잘한 일들이야 어찌 다 기록하리오. 말씀을 가려 쓰시어 '죽을
> 사死'자와 '돌아갈 귀歸'자를 다 입 밖에 내기를 꺼리셨고, 차대次對 때
> 나 밖에 나가 일 보실 때 입던 의복도 갈아입으신 뒤에야 안으로 드
> 셨다.
> 불길한 말씀을 주고받거나 들으면 들어오실 때 양치질하고 귀를 씻
> 으신 뒤에 먼저 누군가를 불러 한 마디라도 첫마디를 하신 뒤에야
> 안으로 드셨다. 좋은 일 하실 때와 좋지 않은 일 하실 때 드나드는 문
> 이 달랐고, 사랑하는 사람 집에 사랑하지 않는 사람이 함께 있지 못
> 하게 하셨으며, 사랑하는 사람 다니는 길을 사랑하지 않는 사람이
> 다니지 못하게 하셨다. [……] 대리 정사 전에도 사형수를 심리하거

나 형조의 공사, 중죄인을 친국하시거나 대궐에서 말하는 불길한 일
에는 자주 세자를 불러 시좌하게 하셨다. 화평옹주와 지금 정처라고
하는 무오년 생 옹주(화완옹주)의 방에는 신하를 인견할 때 입던 의복
을 갈아입은 뒤에 들어가셨으나 세자에게는 그러지 않으셨다. 외전
에서 정사하고 돌아오실 때면 그 의복 입은 채로 길에서 동궁을 불
러 "밥 먹었느냐?" 물으셨다. 세자가 대답하면 그 대답 들은 자리에
서 바로 귀를 씻고, 그 물을 화협옹주가 있는 집 창 쪽으로 버리셨
다. 윗대궐이기 때문에 담을 넘겨 세숫물을 버리셨으니, 비록 그 물
이 그리로 갈 것은 아니었으나 어떤 따님은 밖에서 입던 의복을 벗
고 나서야 보시고, 이 소중한 아드님은 대답을 들어 귀를 씻은 후에
야 가셨다. 그래서 동궁께서 화협을 대하시면, "우리 남매는 부왕 씻
으시는 차비로다" 하고 서로 웃으셨다.

–『한중록』

　제가 자식들을 편애하고, 지독한 미신에 사로잡혀 있었을 뿐 아니
라 그 미신에 따라 자식들에게 해코지까지 했다는 말인데요. 전에도
말씀드렸듯 제가 늘 살얼음을 걷는 기분으로 매사에 임했고, 그러다
보니 대범하지 못했음은 인정합니다. 사 자나 귀 자를 부러 쓰지 않은
기억은 없지만, 제 자신도 모르게 그랬는지도 모르겠습니다. 하지만 불
길한 기운을 미워하는 자식들에게 떠넘겼다? 그래서 일부러 세자를 불
러 사실상의 저주를 매일같이 퍼부었다? 생각도 못할 일입니다. 그렇
다면 저는 집요하게 세자가 잘못되도록 애를 써 놓고서는 정말로 잘못
되니까 분노하고 냉혹히 처벌했다는 말이 아닙니까?
　화평이나 화완을 특별히 더 귀여워하기야 했지요. 말로는 열 손가

락 깨물어 안 아픈 손가락 없다지만, 세상 모든 부모가 의식적으로 또는 무의식적으로 그러지 않습니까? 그걸 자식 입장에서는 유독 민감하게 느꼈을 수도 있겠습니다만…. 늘 쾌를 경계했던 제가 자식들을 대할 때도 더 주의하고 조심했어야 했다고 반성합니다. 후회합니다. 하지만 화협이나 세자를 팥쥐 어머니가 콩쥐 대하듯 구박하고 홀대하지는 않았습니다. 귀 씻기 이야기는 부모는 심상히 여긴 차별을, 실제보다 절절하게 느낀 자녀들이 자기들끼리 망상과 확대 해석을 거듭하면서 만들어낸 전설인 셈이지요.

막말로 화협이는 제가 일부러 모질게 대했다고 합시다. 하지만 세자에게만은 그리 하고 싶어도 그리 할 수가 없었습니다. 오랫동안 갈망했다가 낳은 효장, 그 효장을 어이없이 잃고는 절망의 막바지에서 겨우 얻은 사도야말로 삼종의 혈맥을 이어갈 최후의 희망이었으니까요. 그 세자가 굳세게 자라게끔, 성군의 재목이 되게끔 엄히 대하기는 했을망정, 어찌 '이 나쁜 기운은 네가 다 가져라. 내가 앓을 병을 네가 앓고, 내가 당할 사고를 네가 당하거라'라는 식의 나쁜 마음을 품고 저주를 일삼을 수 있단 말입니까? 제가 친국 자리에 세자를 굳이 불러 안부를 물었다는 이야기는 사실입니다. 하지만 그때는 제 재위 31년째이던 을해년(1755). 이른바 '나주괘서사건'이 일어나 분위기가 흉흉하기 이를 데 없던 무렵이었습니다. 거의 매일 혐의자들을 국청에서 심문하다 보니 정신적으로나 육체적으로나 피로했지요. 그래서 보고 싶었습니다. 영영 묻힌 줄 알았던 황형과의 일에 대한 의혹이 다시 터져나온 상황에서, 제 대를 이어갈 삼종의 혈맥의 건재함을 확인하고 싶었습니다. 단순히 자식 얼굴을 보고 그날의 피곤함을 잊어버리려는 여느 부모의 심정도 있었고 말입니다.

그런데 마침 그때 저와 세자의 사이는 한참이나 틀어져 있었고, 그 아이는 마땅히 해야 할 진현을 이 핑계 저 핑계로 미루던 때였습니다. 그래서 '네가 대리청정을 하는 입장에서 이런 중대사에는 동석해야 하지 않느냐?'는 명분을 끌어대어 나와 보게끔 했던 것입니다. 하지만 막상 보면 멋쩍고, 꼭 도살장에 끌려온 소 모양을 하고 있는 꼴 보기 싫기도 하고 해서 그저 "밥 먹었느냐?" 정도의 말만 던지고는 했던 것이지요. 여러분의 시대에도 그렇지 않습니까? 자식을 사랑한다고 하지만, 어느새 부모와 훌쩍 멀어진 자식의 퉁명스러운 표정을 보며 "밥은 먹었니?" "요즘 학교 생활은 어떠니?" 따위의 하잘 것 없는 소리를 하는 부모의 모습이 익숙하지는 않으신지요? 아무튼 부자간의 오해와 불통으로 빚어진 세자의 마음병은 갈수록 심각해져갔습니다. 그런 줄도 모르고 저는 그저 못난 놈, 못난 녀석, 이러고만 있을 뿐이었죠.

> "저는 원래 남에게 말 못할 울화의 증세가 있는데다, 지금 또 더위를 먹은 가운데 임금을 모시고 있으니, 열은 높아지고 울증은 극도에 달해 답답하기가 미칠 듯합니다."
> −1753년 경 사도세자가 장인 홍봉한에게 보낸 편지

소조께서 날이 조금 흐리든지 천둥이라도 치든지 하면 대조께서 또 무슨 꾸중을 하시려나 하고 근심하시며 사사건건 두려워 떠시고 이로써 나쁜 생각을 하옵시니, 이것이 병환의 싹일러라. 영묘께서는 덕이 크시고 지극히 인자하옵시며, 밝고 총명하시며 세심하시거늘 이 억만금보다 소중한 동궁께서 병환 드시는 줄은 깨닫지 못하시니 어찌 슬프지 않으리오. [······] 설사 아버님이 혹 과하셔도 아드님이 계

속 효도에 힘쓰고, 아드님이 못 미더워도 아버님이 계속 사랑을 드리우시면 될 터인데, 아무 까닭없이 일이 저절로 굴러 그리되었으니, 이것이 다 하늘 뜻이고 나라 운명이라.

-『한중록』

세자의 비행과 살인 행각

저는 몰랐습니다. 너무도 무심했습니다. 제가 먼저 사랑을 주고, 아이가 몸부림칠수록 더 힘껏 끌어안았어야 하거늘. 자식이 못나게 군다고 저도 따라 미워하기만 했습니다. 그런 미움의 독에 아이의 마음이 상하고, 곪고, 썩고, 문드러지다 못해 갖가지 비행非行으로, 급기야 수습하기도 힘든 난행亂行으로 터져 나오는데도 저는 그런 사실조차 잘 모르고, 아무런 도움도 주지 않은 채 있었습니다. 물론 전혀 까맣게 모르지는 않았죠. 아프다는 핑계로 서연을 아예 집어치워 버렸다, 궁녀를 둘씩이나 건드려(그 중에 빙애라는 궁녀는 할머니뻘인 인원왕후 마마의 나인이었으므로 저로서는 몹시 못마땅했습니다) 자식을 보았다, 틈만 나면 병장기 놀음을 한다, 등등의 일도 실상에는 아득히 못 미치는 수준이었습니다. 무인년 2월, 그러니까 조금 전에 말씀드린 '능행 사건'이 있기 몇 달 전에, 모처럼 세자를 숭문당에 불러 앉혀 놓고 '도대체 왜 점점 이상해지느냐, 왜 이상한 소문이 자꾸 내 귀에 들어오느냐' 하고 훈계한 적이 있습니다. 그놈은 한동안 고개를 숙이고 바닥만 보고 있더니 나직이 말하더군요.

"마음이 타는 듯, 정말 불타오르는 듯 괴로울 때가 있사옵니다. 그럴 때면 참다 참다 못하여 살생을 하는 적도 있습니다."

"살생이라고? 대체 뭘 죽였단 말이더냐?"

세자는 다시 고개만 숙이고 있다가, 제가 언성을 높이지 않고 좋게 타이르려는 기색을 눈치챘던지 다시 더듬거리며 말했습니다.

"닭이나, 뭐… 그런 미물들입니다."

장차 이 나라를 어깨에 짊어지고 가야 할 사람이 백정처럼 닭이나 잡고 있다니! 저는 기가 막혔습니다만, 애초에 그날은 무슨 말을 들어도 역정을 내지 않으리라, 말로 타이르고 따스하게 어루만지리라, 하고 다짐한 참이어서 한껏 부드러운 목소리로 물었습니다.

"왜 그렇게 심화가 타오르는 것이냐?"
"…마음이 칼로 베인 듯 아프옵니다. 아픈 것이 오래 되다 보면 심화 가 일어나옵니다."

세자의 목소리는 점점 젖어들고 있었습니다. 안정이 안 되는 듯 저도 모르게 어깨를 떨며 고개를 흔들흔들 하는 모습이 측은하기도 하고, 한심하기도 했습니다. 다시 물었습니다.

"왜 마음이 아프단 말이냐?"
"…사랑받지 못해서이옵니다."

마음속에서 뭔가 쿵 떨어지는 듯 했습니다.

덩치는 산만한 것이, 자식도 낳은 놈이 늙은 아비 앞에서 고개를 푹 떨구고는 못된 짓을 한 어린애처럼 몸을 흔들고 있는 모습에 꼴사납다는 생각은 멀리 달아나고, 이놈아, 이 녀석아! 이 어리석은 놈아…! 하는 안타까운 마음만 차올랐습니다. 내가 누구냐? 네 아비가 아니냐? 너를 엄히 대한다고 사랑하지 않는 것이겠느냐?

그래도 제왕은 제왕. 목구멍에서 솟구치던 여염집 아버지와 같은 말은 한사코 억눌렀습니다. 못난 짓을 하는 자식을 감싸기만 한다면, 죽어서 어찌 황형을 뵈리오. 이런 생각에, 저는 단 한 마디만 했습니다.

　"이제는 그러지 않으리라."

흔들거리던 몸이 딱 멈추었습니다. 고개를 자기도 모르게 옆으로 살짝 꼬고는 뭔가를 생각하는 모습이었는데, 나의 말이 이제는 사랑하지 않아 괴롭히지 않겠다는 것인지 자기더러 그런 짓을 다시는 말라는 것인지 고민했던 모양이라고, 나중에 가서야 생각이 미쳤습니다. 그러나 그때는 제 뜻이 잘 전해졌으려니, 하고는 남은 시간은 예의『자성편』강독과 몇 마디 통상적인 훈계를 하고는 그 아이를 내보냈습니다. 그런데 혜빈이 지은『한중록』에는 그 날 일이 이리 적히게 됩니다.

　"심화가 일어나면 사람을 죽이거나 닭 같은 짐승을 죽여야 낫습니다."
　"왜 그러하느냐?"
　"마음이 상하여 그러합니다."
　"왜 마음이 상했느냐?"

"사랑받지 못하여 그러합니다."

"내 이제는 그러지 않으리라."

-『한중록』

세자가 이때 이미 발작하면 가까이 있는 사람을 해친다는 사실을 저는 꿈에도 몰랐는데, 그 녀석이 "어떻게 되셨습니까? 대조께서 뭐라고 하시던가요?"하며 캐묻는 제 부인에게 돌아가서는 "내가 사람 죽였다는 말까지 했다"고 얼결에 과장했던 모양입니다. 그런데 말해놓고 나니 이상할 수밖에 없습니다. 사람을 죽였다는데 궁궐이 발칵 뒤집어지지 않고 조용하니까요. 그래서 "왜 그런 말씀까지 드렸느냐?"는 의문에 "이미 다 알고 계시더라"고 변명할 수밖에 없었겠지요. 혜빈이 "사람을 죽였대도 용서하시는 걸 보니 이제는 다 잘 되겠군요. 또 이제는 그러지 않으리라 하시고…"하며 기뻐하자 세자는 성을 내며 "그 말을 곧이듣소? 필경 난 죽을 거요!"라고 쏘아붙였다더군요. 자신의 거짓말이 계면쩍기도 하고, 아비의 마지막 말이 아무래도 그딴 짓 다시는 말라는 훈계가 맞을 거라는 짐작에서였을 겁니다. 아무튼 그래서 혜빈은 "영묘께서는 작은 일에는 노발대발하시되, 큰일은 오히려 범상히 넘기시는 분이었다"고 『한중록』에 기록합니다.

그러나 이처럼 말도 안 되는 말도 없습니다. 조선이 어떤 나라입니까? 저 연산군 같은 임금도, 자신에게 무례하게 군 내시 하나를 신하들과 의논 없이 곤장을 쳤다가 "아무리 지존이시라도 따르셔야 할 규례가 있고 법도가 있습니다. 독단으로 형벌을 내리셔서는 아니 되옵니다!"하는 상소에 파묻혀야 했습니다. 그 성정에 그런 등쌀을 견디지 못한 나머지 연산이 폭군이 되었을 정도지요. 그런데 하물며 성리학의 원리원칙이 최고로 숭앙되던 당시의 조정에서, 홧김에라도 사람을 죽이는 일이 만에 하나라도 용인될 수 있겠습니까? 아니, 백만, 천만에 하나로 세자는 그냥 넘어간다 쳐도, 동궁의 관속들은 하나부터 열까지 치도곤을 놓았을 것입니다. 그러나 당시에는 아무 일도 없었습니다. 또한 제가 세자가 멋대로 살인한 일을 듣고도 범상히 넘겼다면, 저는 세자나 다른 신하들에게 식언을 일삼은 셈이 됩니다.

> 임금이 동궁을 시좌하게 하고 유신儒臣을 불러 『자성편』을 읽으라고 명하였다. 임금이 동궁에게 이르기를,
> "[……] 곤충과 초목도 모두 나의 물건이니, 네가 만약 뽑거나 밟는다면 그것은 나를 잊어버린 것이다. 미물도 그러하거늘, 하물며 우리 세록世祿을 받는 신하이겠느냐?"
> ─『영조실록』 제69권. 영조25년 2월 17일.

> 임금이 야대夜對를 행하여 『자성편』을 강하고 시독관 이중조 등에게 초모貂帽(담비 털가죽)를 하사하였다. 이중조가 아뢰기를, "일전 관소에 거둥할 때 금부도사가 나졸을 검칙하지 못해 어주의 하인을 구타하였다고 합니다. 그 저지른 잘못이 군무도 아닌데 어찌 곤장을 쳤다는 말입니까? [……]"
> "유신의 말이 매우 좋다. 내 생각에 이 또한 쾌하게 하려는 병통이다. [……] 명나라 말엽에 궁정에서 곤장을 친 일이 있다고 듣고 내가 일찍이 탄식하였다. 또 원접사遠接使의 말로는 최근 건륭제가 예부 상서를 때려 죽였다고 하는데, 그 말을 듣고서 놀라 어쩔 줄을 몰랐다. 이런 일은 거울삼아 경계해야 할 바이다."

분명히 말씀드립니다만, 저는 그 불행한 때, 제 손으로 오랜 희망을 단죄하지 않을 수 없었던 그 때가 오기 전까지 세자가 간혹 소소한 비행을 저지르는 줄만 알았지, 사람까지 죽이고 있으리라고는 꿈에도 알지 못했습니다.

아무튼 무인년(1758)을 전후해서는 저만 세자의 실상을 제대로 모를 뿐(자식의 비행은 부모가 제일 늦게 알게 된다죠?), 세자의 성정이 누구도 교정할 수 없는 지경까지 이르렀음은 누구의 눈에나 확연해 보였습니다. 그 전 해인 정축년에는 그놈이 인원왕후전의 나인을 건드린 사실에 분격한 나머지 다시 한번 양위 소동을 일으켰지요. 그래서 세자가 까무러치다 못해 낙상^{落傷}까지 하게 만들며 행동거지를 고치겠다는 다짐을 단단히 받아 놓기는 했습니다. 그러나 그렇게까지 해야 했던 저의 고충은 헤아리지 못하고 자신을 신하들 앞에 얼굴을 못 들게 만들었다는 원망만 하던 그 아이는 결국 '갈 데까지 가고야' 만 것입니다. 밤나들이를 다니고! 계집을 탐하고! 사람을 죽이고! 또….

세자의 모반?

여러분 중에는 그토록 쌓이고 쌓인 울화와 저에 대한 분노가 끝내 세자가 제게 칼끝을 돌리도록 했으며, 그래서 제가 세자를 처단한 것이라고 짐작하시는 분도 있나 봅니다. 『한중록』에 세자가 "동궁 후원에 땅을 파고는 병장기와 말을 감추어 두었다"는 언급이 있는데 이것을 두고 쿠데타를 일으키려는 준비였다고 하는 것이지요. 그러나 생각하면 어이가 없습니다. 궐내에서 일을 벌인다면 암살이 가장 적합한 방법입니다.

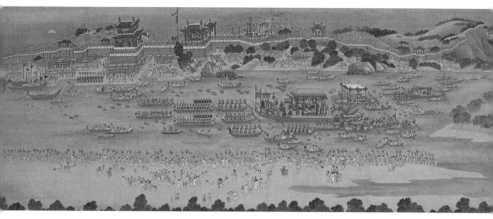

월야선유도(月夜船遊圖), 김홍도의 〈평양감사환영도(平壤監司歡迎圖)〉 중 한 폭이다.

대규모 전투를 벌일 필요도 없고 가능하지도 않은데 많은 병장기는 무슨 쓸모입니까? 그 병장기를 누가 씁니까? 세자를 호위하는 세자익위사는 자신들의 병기를 가지고 있고, 보통 사람은 내밀한 동궁저까지 들어오기조차 어려우니! 내시와 궁녀들을 무장시키려 했을까요? 애초에 병력을 무장시킬 만큼 대량의 병장기를 감춰둘 정도로 토굴을 만들려면 이만저만한 대공사가 아니었을 텐데, 그 사실을 제가 모를 수 있었을까요? 『한중록』에 언급된 사항은 세자가 말년에는 글공부보다 무예 익히기를 좋아했는데 제가 알고 몰수할까봐 유희용 병장기 약간을 몰래 감춰뒀다는 이야기 정도로 보입니다. 게다가 말이라뇨? 무슨 진시황의 병마용갱도 아니고? 기껏해야 목마 같은 것이었겠죠.

끝내 세자의 발목을 잡는 사건이 된 신사년(1761)에 몰래 궁을 빠져나가 평양에 다녀온 일도 세자와 내통하고 있던 그곳의 병력을 시찰하고 거병을 준비하기 위함이었다고도 합니다. 이것도 실없는 이야기입니다. 궁궐에서 가까운 곳도 아니고 평양이라면 아예 내전을 준비했다는 말인데, '반란의 주체'인 자신은 궁궐에 있으면서 병력은 먼 곳에서 불러온다는 것은 또 무슨 이야기일까요? 게다가 세자는 평양에 20일이나 머물렀습니다. 극비를 요해야 할 반란 음모라면 그렇게 배짱 두둑한 행보를 했을 리가 없지요. 무엇보다 세자가 정말 평양의 병력을 이끌고 반역하려 했다면 평안 감사 이하 평양 병력을 통제하던 사람들과의 결탁이 필수적입니다. 그런데 당시의 평안 감사 정휘량은 조현명이 아끼던 후배이자 화완옹주의 시숙부로서 세자보다는 저하고 가까운 입장이었으며, 나주괘서사건에서 소론 강경파들을 찍어내는 일에 앞장섰던 사람이기도 합니다. 흔히 저는 노론이고 세자는 소론이다, 그래서 저와 노론 세력을 제거하고 소론 천하를 만들려 했다는데—그 역시 웃음이 나오는 이야기입니다만— 정휘량은 그런 그림에 도무지 맞지 않습니다.

어떤 그림이었든 세자가 역모를 꾸몄고 그것을 알아차린 제가 선수를 친 것이었다면, 세자를 처분한 다음에 대대적인 역옥逆獄과 숙청이 뒤따랐어야 합니다. 실제로 그랬다면 이것은 무신년 난리와는 비교도 되지 않을 테니까요. 그러나 처벌받은 사람들은 평소 세자를 제대로 보도하지 못한 책임을 져야 했던 약간에 머물렀습니다.

모든 걸 떠나서, 권력은 부자간에도 나누지 못한다는 말이 있기는 합니다만, 세자가 부왕을 겨누고 역모를 일으킨다는 게 근본적으로 말이 안 됩니다. 역사 속에는 그런 일이 종종 있지 않았느냐고요? 네, 있었죠. 서양에서는 그렇게 드물지도 않았다더군요. 중국만 해도 가령 수양제가 아버지 수 문제를 시해하고 황제가 되었다는 설이 있는 등 야사 차원에서는 사례가 없지 않습니다.

그러나 저와 세자가 살던 나라는 서양도 중국도 아닌 조선이었습니다. 다시 말씀드리지만 조선이 어떤 나라입니까? 효도와 공경을 그 무엇보다 강조하던 나라입니다. 광해군을 생각해 보십시오. 그를 임금 자리에서 끌어내린 반정의 첫째가는 명분은 광해군의 '폐모살제廢母殺弟'였습니다. 사실 형제를 죽인 것이야 태종대왕과 세조대왕도 해당되는 일이지만, 폐모는 사상 초유의 일이었고 따라서 반정의 최대 명분일 수 있었습니다. 인목대비는 광해군의 친어머니가 아닐 뿐 아니라 나이로는 오히려 손아래 누이 뻘이었고, 시해한 것이 아니라 폐서인하여 서궁에 가두었을 뿐인데도 '어찌 자식이 어머니를?' 하며 팔도가 온통 들끓었던 것입니다. 저만 해도 황형에게 수를 썼다는 뜬소문 때문에 무진년 난리를 겪었고, 재위 내내 불편함을 못 면하지 않았습니까? 그런데 하물며 친아버지를 없애고 왕이 된다고요? 누가 그런 왕을 왕으로 인정하겠습니까? 제가 백성을 죽어라고 괴롭히던 폭군도 아니었거늘? 조금만 생각이 있는 사람이라면, 만에 하나 저를 시해하는 일은 어렵지 않다고 하더라도 제 대신에 왕 노릇하기란 어려움을, 다름 아닌 세자의 입장이라면 거의 완전히 불가능함을 모를 수 없었습니다.

물론 세자가 완전히 미쳐서 그런 생각 자체를 하지 못했고, 앞뒤 생각 없이 무조건 저를 없애려고만 했다고 가정할 수도 있습니다. 그러나 이 또한 맥락이 닿지 않는 이야기입니다. 세자는 저를 미치도록 두려워했습니다. 『한중록』에도 또 제가 어떤 꾸지람을 할지 혼자 고민하다가 마음에 병이 들었다고 했고, 실록에도 제가 세자를 두고 한탄할 때마다 그의 장인 홍봉한이 눈물을 흘리며 '전하께서 사랑해주지 않으시고 엄하게만 대하셔서 두렵고 기가 죽어서 그런 것'이라고 호소하는 장면이 거듭 나옵니다. 그 두려움이 어느 정도였는가 하면, 최후의 그날, 세자가 야심한 궁궐에서 황망히 걷다가 자칫 임금 전용의 길인 어도御道를 밟자 이를 어찌하면 좋으냐며 벌벌 떨었다는 말이 『한중록』에 나옵니다. 저에 대해서는 그토록 안타까울 만큼 소심했던 녀석이 저를 해치려 칼을 휘두른다고요? 여러분 시대의 심리학이라는 것에 따르면 가장 두려운 대상에게 죽기 살기로 덤비는 심리도 있다고 하지만요. 아무튼 세자가 제게 광기의 일환으로(계획적인 역모라기보다는) 덤비려 했다고 주장하는 사람들은 그 일이 있을 무렵에 세자가 궁궐의 수구를 통해 대전 쪽으로 잠입하려다 실패했다는『한중록』의 기록을 듭니다. 정말 그런 일이 있었을지도 모릅니다. 하지만 그랬더라도 목표는 제가 아니었을 겁니다. 좁은 수구로는 많은 사람이 한꺼번에 잠입할 수 없고,『한중록』도 세자 혼자 잠입을 시도한 듯 적혀 있죠. 그렇다면 아무리 세자가 제정신이 아니었다 해도 너무 무모하지 않습니까? 제가 있는 대전은 늘 엄중히 경비되고 있는데, 세자가 아무리 무예가 뛰어난들 혼자 힘으로 그들을 해치우고 제 안전에까지 들이닥칠 수 있었겠습니까? 따라서 그 애가 정말 그런 시도를 했다면, 목표는 제가 아니라 문 숙의나 새로 맞은 중전이었을 겁니다. 그들이 사사건건 모함을 하여 자신을 위험에 빠트리고 있다는 게 그 아이의 생각이었으니까요. 부왕의 비빈을 해친다는 것도 제 정신으로 생각할 일은 아니겠지만, 그런 일이 있더라도 아마 도중에 제정신을 차려서 되돌아갔을 것입니다. 아무튼 제가 마지막까지 지켜본 세자는 말이나 행동이 전혀 통제가 안 될 정도로 미쳐 있지는 않았습니다. 광증이 있어도 제게 칼을 휘두를 만큼은 아니었다는 겁니다. 그런데 오히려 그 점이 그 아이를 파멸로 몰고갑니다. 차라리 정신이 아주 나갔다 싶으면 어디 멀리 보내 정양을 하도록 했을 것인데, 동정심도 더 들었을 텐데, 충분히 이성이 남아 있는 듯 보이면서도 미친 짓을 하고 다니는 것으로 보이니 용서가 되지 않았던 거지요… 아무튼 제 재위 38년째이던 임오년(1762) 5

월 22일, 비극은 마침내 시작되었습니다.

나경언 고변 사건

경기 감사 홍계희가 마침 입시하고 있다가 임금에게 호위를 권하니, 임금이 이에 성문 및 아래 대궐의 여러 문을 닫으라고 명하였다. 임금이 즉시 태복시太僕寺(임금의 가마와 외양간, 목장에 관한 일을 관장하기 위해 설치된 사복시司僕寺의 다른 말)에 나아가 국청을 설치하니, 시임 대신 홍봉한 · 윤동도와 원임 대신 신만 등이 입시하였다. 남태제를 지의금으로 삼아 판의금 한익모, 동의금 윤득양, 문랑 홍낙순 등 8인과 함께 죄인을 국문하였다. 나경언이 옷솔기에서 흉서를 내놓으면서 말하기를,

"이 글을 구중의 천폐에 올리고자 했으나 올릴 길이 없기 때문에 우선 형조에 원서를 올려 계제를 삼았습니다"

하였다. 임금이 다 읽지 못하고서 손으로 처마를 치면서 말하기를,

"이런 변이 있을 줄 염려하였었다"

하고, 그 글을 영의정에게 주도록 했다. 홍봉한이 울면서 보고는 말하기를,

"신이 청컨대 먼저 죽고자 합니다"

하였고, 윤동도가 나아가 말하기를,

"신 역시 보기를 청합니다"

하니, 임금이 말하기를,

"경 또한 보라"

하였다. 윤동도가 보기를 마치자, 임금이 여러 신하들에게 이르기를,

"오늘날 조정에서 사모를 쓰고, 띠를 맨 자는 모두 죄인 중에 죄인이다. 나경언이 이런 글을 올려서 나로 하여금 세자의 과실을 알게 하였는데, 여러 신하 가운데는 이런 일을 나에게 고한 자가 한 사람도 없었으니, 나경언에 비해 부끄럼이 없겠는가?"

하였다. 대개 나경언이 동궁의 허물 10여 조를 낱낱이 들었는데 말이 매우 패란하였다. [……] 임금이 춘방에 하교하여 준절히 책망하니, 홍봉한이 말하기를,

"동궁께서 평소 두려워하고 겁을 내는 증세가 있는데, 이런 말을 들으면 반드시 편안히 있지 못할 것입니다. 청컨대 이유수와 함께 가서 성교聖教를 전하고, 또 진정하게 하겠습니다"

하니, 임금이 허락하였다. 홍봉한이 급히 창덕궁으로 나아가 세자에게 보고하매, 세자가 크게 놀라 보련을 타고 대궐로 나오니 이때가 바야흐로 2경이었는데, 홍화문에 나아가 엎드려 대죄하였다. 임금이 이에 문랑으로 하여금 죄인에게 묻기를,

"네가 나라를 위해 이처럼 진달하였으니, 그 정성은 가상하다. 그러나 처음 올린 글에 부언을 만들어 사람을 악역의 죄과로 모함하였고, 또 '변란이 호흡 사이에 있다'는 등의 말로 임금을 놀라게 하여 궐문을 호위까지 하게 하고 도성이 들끓게 하였으니, 이후 불궤한 무리들이 다시 네 버릇을 본받게 될 것이다"

하고, 이에 엄한 형벌에 처하기를 명하였다.

-『영조실록』99권, 영조38년 5월 22일

나경언이라는 자가 "치명적인 위험이 호흡 사이에 있다"는 내용의, 저로서는 자다가도 눈이 번쩍 뜨일 말이 쓰인 고변서는 세자의 비리를

10여 조에 걸쳐 조목조목 기술한 것이었습니다.

1. 궁녀(경빈 박씨-빙애)를 가까이해 왕손의 어미가 되게 하고는, 다시 그녀를 쳐 죽였다!
2. 내시와 궁녀들에게 모진 벌을 주고, 몇 명은 때려 죽였다!
3. 여승을 궁궐로 끌어들여 음란한 짓을 벌였다!
4. 몰래 평양에 가서 수십 일 동안 놀다가 돌아왔다!
5. 북한산성에도 나가 놀다가 왔다!
6. 한양에 자주 미행을 나가 여염집 부녀자를 강간했다!
7. 세자의 이름을 걸고 시전 상인들에게 유흥비를 빌리고 갚지 않았다!
   [……]

저는 일곱 번째까지 읽다가 다리가 휘청거리고, 눈앞이 노래져서 더 읽지 못했습니다. 끝났다. 다 끝났어. 이 말만 머릿속에서 맴돌았습니다. 세자의 비행 중 일부, 가령 평양에 몰래 다녀왔다는 것은 이미 알고 있었으나 나경언의 고변서에는 그 애가 그곳에서 얼마나 난잡하고 해괴망측한 짓을 했는지가 자세히 적혀 있었습니다. 그 내용에 대해서는 차마 말하기도 부끄러울 뿐입니다. 아무튼 고변서의 내용이 다 사실이라면 세자는 양녕대군이나 연산군에 못지않은 폭군이었습니다. 어릴 때 기대를 한 몸에 받던 착하고 영특했던 아이가, 자라서는 기대에 몹시 어긋나긴 했지만 그래도 단지 지나치게 심약한 게 문제라 여겼던 아이가 어떻게 이럴 수가 있단 말입니까? 문제의 심각성은 비행자체보다 그것을 제가 알았다는 사실, 그리고 제가 알았다는 사실을 모든 신료들이 알았다는 사실에 있었습니다. 끝났구나! 부왕과 사친과 황형의 소망을 받들어 이날 이때까지 이어온 왕업이 자식 하나를 살피지 못해 끝나버렸구나! 마른하늘에 날벼락을 맞은 듯 실망과 분노에 몸을 가누기 힘들었지만 필요한 조치를 빠르게 취하지 않으면 안 되었기에, 국본의 파렴치한 비행을 알고도 덮어 두는 파렴치한 임금으로 각인되고 만다면 어차피 다 틀려먹은 왕업일망정 그야말로 마지막 희망마저 스러지겠기에, 저는 피를 토하듯 외쳤습니다. "동궁을 들이라! 속히 동궁을 입시케 하라!"

한참 후에 세자가 입笠과 포袍 차림으로 들어와 뜰에 엎드렸는데 임금이 문을 닫고 한참 동안 보지 않으므로, 승지가 문 밖에서 아뢰었다. 임금이 창문을 밀치고 크게 책망하기를,

"네가 왕손王孫의 어미를 때려 죽이고, 여승女僧을 궁으로 들였으며, 서로西路에 행역行役하고, 북성으로 나가 유람했는데, 이것이 어찌 세자로서 행할 일이냐? 사모를 쓴 자들은 모두 나를 속였으니 나경언이 없었더라면 내가 어찌 알았겠는가? 왕손의 어미를 네가 처음에 매우 사랑하여 우물에 빠진 듯한 지경에 이르렀는데, 어찌하여 마침내는 죽였느냐? 그 사람이 아주 강직하였으니, 반드시 네 행실과 일을 간하다가 이로 말미암아서 죽임을 당했을 것이다. 또 장래에 여승의 아들을 반드시 왕손이라고 일컬어 데리고 들어와 문안할 것이다. 이렇게 하고도 나라가 망하지 않겠는가?"

하니, 세자가 분함을 이기지 못하고 나경언과 면질하기를 청하였다. 임금이 책망하기를,

"이 역시 나라를 망칠 말이다. 대리代理하는 저군儲君이 어찌 죄인과 면

질해야 하겠는가?"

하니, 세자가 울면서 대답하기를,

"이는 과연 신의 본래 있었던 화증입니다"

하매, 임금이 말하기를,

"차라리 발광을 하는 것이 낫지 않겠는가?"

-『영조실록』99권, 영조38년 5월 22일

"차라리 발광을 하는 것이 낫지 않겠는가?" 이 말에 그때 제가 세자를 바라보던 시각이, 그 문제점이 배어납니다. 며칠 뒤에 신하들과 세자의 일을 의논할 때 제가 남긴 말에도 마찬가지 뜻이 있지요.

"작년에 공묵합恭默閤에서 입시를 명했더니, 발병을 핑계하므로 전의 영상領相이 깨우쳐 입시하게 했는데 걸음걸이가 정상이었다. 그의 자품資品이 생지生知에 가깝기 때문에 내가 처음에 매우 사랑하자, 늙은 환관 권성징이 내가 익애溺愛(지나치게 사랑에 빠짐)하는 것을 간하였는데, 당시 내 생각은 지나치다고 여겼었다. 지금에 이르러 생각해보니, 그 말을 따르지 않아서 그런 버릇을 키운 것이 후회된다. 옛날 고상신相臣 이항복은 아이 때에는 오활하였으나 마침내 현상賢相이 되었지만 이는 여망餘望이 전혀 없다."

-『영조실록』99권, 영조38년 윤5월 1일

저는 세자가 정말로 미쳤다고는 생각하지 않았습니다. 정말로 미쳤다면 어찌 벌하겠습니까? 단지 제 눈앞에서만 얌전한 척하면서 뒤로는 그런 잔학무도한 비행을 저지르고, 다시 제 앞에 서면 시치미 뚝 떼는,

그런 표리부동한 소인배요 인간말짜라고 생각했던 거죠. 제 앞에서 가슴을 치며 화증 때문에 그랬다고 비겁한 변명을 늘어놓고, 정신이 멀쩡한 상태에서 온갖 무도한 짓을 다 저질렀다면 이를 어찌 용서하겠습니까? 지금이야 내 눈치라도 본다지만, 이런 작자가 옥좌에 앉으면 그때는 어떻게 될 것인가? 모골이 송연할 따름이었습니다. 연산군은 근처에도 못 갈 패악질에 백성은 어육이 되고, 인륜은 땅에 떨어지고, 종묘사직은 망해버리지 않겠는가? 저는 그렇게 생각했습니다. 옳은 생각이었을지도 모릅니다. 정치적인 견지에서는요. 그러나 인간적으로는 완전히 잘못된 판단이었습니다. 결국 저는 어머니와 아내의 고통과 죽음에서 아무 것도 배우지 못했던 것입니다. 소외와 차별이 얼마나 사람을 병들게 하는가를 말이죠. 고통 받은 영혼이 자포자기 끝에 무슨 짓까지 저지를 수 있으며, 사람이 이성이 남았다고 정신이 멀쩡한 것이 아니고, 광증에 괴로워하고 스스로를 혐오하면서도 비행을 저지를 수 있음을 저는 까맣게 모르고 있었던 겁니다.

저는 나경언의 고변을 들은 뒤로 폐세자를 해야 한다는 뜻은 흔들림이 없었습니다. 단지 어떤 식으로 처리할 것이냐가 문제였지요. 어떤 사람들은 제가 왜 겨우 나경언 한 사람의 고발만으로 그런 결심을 했느냐며 의아해하기도 합니다. 어떻게 한 사람의 고발만으로 그리했겠습니까? 고변이 있고 약 한 달여를 세자는 시민당에서 대죄(待罪)하고 있었고, 저는 그 사이에 세자시강원, 익위사 관리들에서부터 내시, 궁녀들, 시전 상인들, 그리고 내명부의 비빈들을 두루 만나며 고변의 진위를 조사했습니다. 그랬더니 고변 내용이 거의 대부분 사실일 뿐 아니라, 새로운 비리 혐의도 드러났지요.

궁관, 내관, 궁녀 등등을 만나보았을 때는 이야기가 엇갈렸습니다.

세자를 가까이서 모시던 시강원이나 익위사, 춘방 나인 등등은 대체로 '동궁께서 가끔 무료하실 때면 장난을 치시기도 하셨다. 그러나 별로 대수롭지는 않았다'는 말을 했습니다. 저는 거리를 두고 그 말을 들었는데, 세자의 비리가 심각할 경우 자신들도 무사하지 못할 것이라 여겨 극구 사실을 호도하는 듯했기 때문입니다. 또 다 그렇지는 않았지만, 이른바 당색이 노론이냐 소론이냐에 따라 말의 온도차가 나기도 했습니다. 당시 '이번에 세자가 잘못되면 노론이 판을 치게 될 것이다'라는 소문도 나돌았던 것 같은데, 그 때문이 아니었을까 합니다. 하지만 답답한 이야기였습니다. 세자와 가장 가까웠고 비리를 감싸준 정황마저 있는 홍봉한이 오래 영의정을 했고, 그 전임자 김상로도 세자의 비리에 대해서는 말을 제대로 전하지 않아 제 노여움을 사고 있었습니다. 그런데 세자의 비리에 책임을 져야 할 이들이 모두 노론이 아닙니까? 아무튼 어떤 결말을 맺든 당론은 다시 치열해질 것이고, 탕평은 빛 좋은 개살구가 될 조짐이 보여 마음이 스산했습니다. 그런데 가장 충격적인 증언이 내명부에서 나왔습니다. 문 숙의는 평소에도 별의별 황당한 이야기를 하던 사람이라 들어보지도 않았지만, 세자의 친어미인 선희궁 영빈, 그리고 화완의 입에서는 실색할 말이 튀어나왔습니다.

> "정성왕후와 인원왕후 마마께서 돌아가신 정축년에 내관 김한채의 목을 베고는 그 목을 손에 들고 다니시며 보여주셨습니다. 그때부터 사람 죽이는 일이 시작되었습니다."
> "의대증이 있어 도무지 옷을 제대로 입지 못하시니, 화증이 복받치는 가운데 옷시중을 드는 이가 조금이라도 기분을 거스르면 때려죽이기도 하셨습니다. 빙애도 그렇게 죽었습니다."

"저(화완옹주)에게도 칼을 들이대며 이런저런 일을 강요하시니, 저는 그저 목숨이 아까워 시키는 대로 했습니다."

"최근에는 병이 점점 더하여 선희궁 마마 안전에서도 칼을 뽑았고, 저(혜빈)에게 벼루를 던져 이마를 다치게 하시기도 했습니다."

대체 이게 사람이 할 짓이란 말입니까! 저런 증언들은 말을 꺼내기를 기다리고 있었다는 듯 제게 모두 술술 풀어놓은 것은 아닙니다. 세자는 그녀들에게 두려운 존재이자 애정의 대상이었으니까요. 말을 맞춰보고 되물어보고 하여 증언을 끌어냈습니다. 화완에게도 "이런저런 일이라니, 대체 무엇을 시키더라는 말이냐?"하니 한참이나 대답을 미루다가 "아바마마께서 제가 드리는 말씀을 잘 들어주신다 하여… 이런저런 일을 부탁하셨습니다. 온양 온천에 다녀오게끔 말씀드린 것도 저하의 부탁이었습니다"라고 대답했는데 그 밖에도 뭔가가 더 있는 듯했지만 끝내 캐지는 않았습니다. 어쨌든 드러난 사실만으로도 세자를 자리에 그냥 둘 수는 없지 않겠습니까? 아니, 살려둘 수나 있겠습니까?

세자를 낳은 것도 괴물로 만든 것도 저일 것입니다. 무리한 훈육과 정치적 장기짝 노릇 끝에 얻은 마음의 병, 그 병을 보듬는답시고 더욱 키우고 만 내명부의 자애. 그러나 이제 세자는 자신의 비행도 자애롭게 보듬었던 내명부에까지 칼을 휘두르며 공포를 마구 퍼뜨리고 있었습니다. 더 방치했다가는 내명부에서부터 조정까지 세자의 울분과 광기에 희생되고 말 참이었습니다. 그렇게 놔둘 수는 없었습니다.

어머니의 한이 배고, 형님의 기대가 걸린 이 자리, 제가 죽는 날까지 업고가고 메고가려 했던 이 나라, 이 백성을 희생시킬 수야 없다! 그런 결론은 내명부에서도 이미 내려져 있었습니다.

그날 아침에 영묘께서 무슨 일로 자리에 좌정하려 하시며 경희궁에 있는 경현당 관광청에 계시니, 선희궁께서 가서 울며 고하시되, "동궁의 병이 점점 깊어 바랄 것이 없으니, 소인이 차마 이 말씀을 드리는 것이 정리에 못 할 일이나, 옥체를 보호하고 세손을 건져 종사를 편안히 하는 일이 옳사오니, 대처분을 하소서" 하시니라.

또 고하시기를,

"설사 그리하신다 해도 부자의 정이 있고 병으로 그리된 것이니 병을 어찌 꾸짖으리까. 처분은 하시나 은혜를 끼치시고 세손 모자를 평안하게 하소서" 하시니, 내 차마 그 아내로 이 일을 옳다고는 못하나 어쩔 수 없는 일이라.

−『한중록』

혜빈은 이른바 대처분이라는 말을 영빈이 바로 그날 처음 제게 올린 듯 썼으나, 사실은 이미 여러 차례의 말이 있었습니다. 그리고 대처분이란 꼭 생사에 관한 극단적인 조치를 포함하는 표현은 아니었습니다. 제가 앞서 기유년(1729)에 "앞으로 붕당을 말하는 자는 용서하지 않으리라"하여 소론을 핍박하려던 노론의 시도를 무산시켰던 일도 '기유대처분'이라 하고, 또 을해년(1755)에 노론의 당쟁 행태를 비판하고자 신료들을 홍화문 앞에 모아 놓고 엄히 꾸짖고는 식사와 탕약을 일체 끊으며 시위를 벌였을 때도 제 스스로 대처분이라는 표현을 썼습니다. 영빈은 세자와 관해 중대한 결단을 내리라는 건의를 한 것인데, 풀자면 '폐세자를 하시라!' 그리고 그 다음은? '처분은 하시나 은혜를'이라 한 말은 뜻이 다소 모호합니다만, 예부터 임금의 근친^{近親}에게 역모죄가 씌워졌을 때는 '의리와 은혜를 모두 온전히 하시라'며 엄벌에 처하되 목숨만은 빼앗지 말라는 건의가 올라오곤 했음을 볼 때 세자의 목숨만은 제발 살려달라는 뜻임을 짐작할 수 있습니다. 그러니까 많이들 이야기하듯 영빈이 자기 배로 낳은 세자를 죽이라고 제게 아뢰었다는 말은 오해입니다.

아무튼 영빈이 내명부를 대표해 대처분을 아뢰고—서열상 제 두 번째 정비인 정순왕후가 있었으나 아무래도 자신이 나서서 그런 건의를 할 처지는 아니었지요. 그러한 정순도 나중에는 세자가 애첩 빙애를 죽일 때, 그 자식까지 쳐서 연못에 던져버린 것을 발견하고 구해냈음을 털어놓았습니다—혜빈도 그 자리에서 묵인한 이상 이제는 제 결단만이 남아 있었습니다.

그러나 저는 고민했습니다. 고민하고, 또 고민했습니다. 세자는 폐해야 한다. 그러면 그 다음은? 죽인다? 어찌 내 피붙이를, 금지옥엽을 내 손으로 죽인단 말인가? 더욱이 사람으로 차마 하지 못할 짓을 저질렀다고 해도, 대역죄도 아니거늘 일국의 국본이며 오랫동안 국정을 대리한 저이를 처형할 수 있겠는가? 죽이지 않으면 또 어떻게 하나? 양녕대군의 예로 폐서인하여 시골로 내려보낸다 해도, 내가 죽고 세손에게 보위를 물려주면 저 놈은 두고두고 자기 아들의 어깨를 찍어 누르는 바위가 될 것이다. 세종께서도 재위 내내 양녕대군의 행적에 조바심을 치시고, 형을 없애라는 신료들의 등쌀에 지치시어 병이 드실 참이었거늘 하물며 친아버지이랴? 폐세자를 업은 역모가 꼬리에 꼬리를 물고, 강토는 무신년 난리 때와는 비교도 안 되는 난리로 아수라장이 되며, 아비와 아들이 상잔相殘하는 목불인견의 참상이 빚어질 것이다….

당시 제가 얼마나 오락가락했는지는 윤5월 2일에 시민당에 엎드려 대명 중이던 세자가 너무 고생한다고 몰래 편히 쉬게 하려다 발각된 홍봉한을 괘씸히 여겨 영의정에서 파직시켰다가, 겨우 닷새 뒤인 윤5월 7일에 다시 좌의정으로 삼았던 것만 봐도 알 수 있습니다. 하루에도 몇 번이나 생각이 뒤바뀌어, 새벽에는 '눈 딱 감고 한 번만 더 용서해주자. 저것도 사람인데 이제는 몸조심을 하겠지'했다가도 아침나절에는 다시, '아니야. 이미 저 놈은 대명천지에 얼굴을 들고 다니지 못하게 되지 않았나? 저 놈이 더 살아서 무엇하겠나?' 그러다 다시 해질녘에는 '멀리 보내버리자. 조선 땅이 아니라 어디 왜국이나 유구국 정도로 멀리 보내면 우환이 되지 않으리라…' 그때 제 나이 예순여덟. 머리는 파뿌리가 되고 피부에는 저승꽃이 가득했습니다. 평생의 난제를 두고 밤낮으로 고뇌하며 번민하니, 흰 머리는 더 희어지고, 칼자국 같은 이마의 주름살은 두개골에까지 깊이 새겨지는 듯했습니다.

그런데 그렇게 어정쩡한 상태로, 세자는 시민당에서 대명하고 있고 저는 국사를 직접 챙기는 가운데 대리청정 자체는 폐하지 않은 상태로 한 달 가까이 지나다 보니 궁중에 뜬소문이 돌기 시작했습니다. '이제까지 세자에게 아무 조치도 없는 걸 보니 조만간 용서의 명이 나올 것이다' '나경언의 고변은 근거 없는 모함이 아닐까' 속사정을 자세히 알 길 없는 신료들은 나경언의 말 말고는 세자의 비행을 직접 확인하기 어려웠으므로 그럴 만도 했습니다. 실제 나중에 세자가 공연한 모함으로 희생되었다는 글을 남긴 당대의 신료들도 꽤 있었습니다. 혜빈이 『한중록』을 쓴 까닭에는 그런 유언비어에 쐐기를 박으려는 뜻도 있었다고 합니다.

그러자 이대로는 안 되겠다. 뭔가 행동을 취하자라는 의견도 나온 모양입니다. 윤5월 6일에 사간원 헌납 이시건, 홍문관 김종정, 박사해, 홍지해 등등이 "나경언에게 노적孥籍의 율을 시행하시라"는 차자를 올렸습니다. 당시 나경언은 고변의 진위야 어떻든 역모 고변이라 하여 임금을 속이고 하극상이 심했다 하여 처형된 처지였는데, 노적이라면 그 식구와 일가친척까지 중형에 처하여 가산을 몰수하고 여자들은 노비로 삼는 것입니다. 말하자면 역적에게 행하는 형률이었는데, 나경언을 역적과 같이 본다는 말은 그의 고변이 사실무근이며 세자는 죄도 없는데 공연히 대죄하고 있다는 말과 같았습니다. 저는 대노하여 그들뿐 아니라 그들의 상소를 받아들인 승지들까지 처벌하도록 했습니다만, 눈치를 한껏 보면서도 세자를 편드는 말이 계속 올라오는 모양새가 '미래 권력'인 세자에게 이때 잘 보이지 않으면 안 된다는 속셈까지 있는 듯싶었습니다. 기가 찰 노릇이었습니다. 계속 결정을 미루기만 하다간 조정이 아비의 당父黨과 자식의 당子黨으로 분열되고, 어떻게 끝이 나든 후유증이 심각해질 상황이었습니다.

이젠 정말 어떻게 해야 하는데, 해야 하는데 하며 매시간마다 이럴까 저럴까 결심을 반복하던 저는 차라리 제가 죽어 없어지고 싶은 심정이었습니다. 저는 평생 불교를 믿지 않았습니다만, 그때만은 불교에 귀의해 저 중국 양나라 무제처럼 머리 깎고 중이 되어 산속에 틀어박히고 싶었습니다. 아아, 사친께서 돌아가신 지 44년, 황형께서 훙薨하신 뒤로는 38년, 정성왕후가 간 뒤로는 5년, 그 사이에 참 많은 죽음을 보았지…. 정빈을 애태워하며 미친 사람처럼 후원을 달리기도 해보았고, 효장의 관을 어루만지며 눈물을 쏟기도 했고, 말리는 아비도 아랑곳없이 먼저 죽은 제 남편을 따라간다며 곡기를 끊어버리고 굶어죽은 화순의 밀랍 같은 손을 붙들고 슬피 울기도 했습니다. 그런데 이제는 내가 한때 세상의 모든 것보다 귀히 여겼던 사람의 생명을 두고, 아니 지금도 말로는 못해도 누구보다 사랑하고 있는 사람의 생명을 놓고, 생사의 결단을 내려야 하는가?

그러나 긴 번뇌 끝에 제 머릿속에는 순간 정성왕후의 얼굴이 떠올랐습니다. 잠깐, 정성왕후가 죽은 지 5년. 그래, 그녀가 죽기 얼마 전에 무슨 이야기를 했더라? 저는 그때도 세자를 바꾸느냐 마느냐를 놓고 고민하던 끝에 그녀를 찾았었고, 그녀는 이미 죽음의 기색이 만연한 얼굴로 제게 냉정한 조언을 했었습니다. 그녀가 뭐라고 했었지? "결단은 결단대로 내리셔 놓고 사정私情에 치우치신다면, 국가의 존망이 호흡 사이에 있게 될 것입니다."

그렇다! 저는 야심한 시각, 침전 안에서 마침내 결심했습니다. 누가 뭐래도 나는 왕이다. 이 조선의 영靈이며, 살아 있는 천리天理다! 결단을 내려야 한다. 그리고 그 결단이 무의미해지지 않게 하려면, 사정에 치우치지 말아야 한다! 정성왕후의 충언을 따라! 사랑하는 임에게 자결을, 그리고 사실상의 유배를 명령한 부왕의 고충을 따라!

대처분

날이 밝자마자, 저는 사람을 불러 바쁘게 하교했습니다. 마치 군사작전을 펼치듯 긴박하게 조치를 취하고, 의관을 갖춰 입고 전을 나섰습니다. 목표는 일단 선원전, 부왕과 황형을 포함한 역대 임금의 어진御眞이 모셔진 곳, 그러나 마지막으로 갈 곳은 휘령전, 바로 정성왕후의 신위神位가 놓여 있는 휘령전이었습니다.

처음에 효장세자가 이미 훙薨하였는데, 임금에게는 오랫동안 후사가 없다가, 세자가 탄생하기에 미쳤다. 천자天資가 탁월하여 임금이 매우 사랑하였는데, 10여 세 이후에는 점차 학문에 태만하게 되었고, 대리한 후부터 질병이 생겨 천성을 잃었다. 처음에는 대단치 않았기 때문에 신민들이 낫기를 바랐었다. 정축년·무인년 이후부터 병의 증세가 더욱 심해져서 병이 발작할 때에는 궁비와 환시를 죽이고, 죽인 후에는 문득 후회하곤 하였다. 임금이 매양 엄한 하교로 절실하게 책망하니, 세자가 의구심에서 질병이 더하게 되었다. 임금이 경희궁으로 이어하자 두 궁 사이에 서로 막히게 되고, 또 환관·기녀와 함께 절도 없이 유희하면서 하루 세 차례의 문안을 모두 폐하였으니, 임금의 뜻에 맞지 않았으나 이미 다른 후사가 없었으므로 임금이 매양 종국을 위해 근심하였다.

한번 나경언이 고변한 후부터 임금이 폐하기로 결심하였으나 차마 말을 꺼내지 못하였는데 갑자기 유언비어가 안에서부터 일어나서 임금의 마음이 놀랐다. 이에 창덕궁에 나아가 선원전에 전배하고, 이어서 동궁의 대명을 풀어주고 동행하여 휘령전에 예를 행하도록 하였으나 세자가 병을 일컬으면서 가지 않으니, 임금이 도승지 조영진을 특파하고 다시 세자에게 행례하기를 재촉하였다. 임금이 이어서 휘령전으로 향하여 세자궁을 지나면서 차비관을 시켜 자세히 살폈으나 보이는 바가 없었다. 세자가 집영문 밖에서 지영^{祇迎}하고 이어서 어가를 따라 휘령전으로 나아갔다. 임금이 행례를 마치고, 세자가 뜰 가운데서 사배례를 마치자, 임금이 갑자기 손뼉을 치면서 하교하기를,

"여러 신하들 역시 신^神의 말을 들었는가? 정성왕후가 정녕하게 나에게 이르기를, '변란이 호흡 사이에 달려 있다'고 하였다."

하고, 이어서 협련군에게 명하여 전문을 4, 5겹으로 굳게 막도록 하고, 또 총관 등으로 하여금 배열하여 시위하게 하면서 궁의 담쪽을 향하여 칼을 뽑아들게 하였다. 궁성문을 막고 각^角을 불어 군사를 모

아 호위하고, 사람의 출입을 금하였다.

－『영조실록』 99권, 영조38년 윤5월 13일

　대명을 그만두라는 말에 이제야 용서해주시나 보다 하며 희색을 띠었던 세자의 얼굴은 순간 흙빛이 되고, 구슬땀이 연신 이마에서 배어나왔습니다. 저는 그걸 본체만체하고 눈을 마주치지 않으려 노력하면서, 잇달아 가혹한 말을 퍼부었습니다. "뭘 병든 소처럼 눈만 뒤룩거리고 서 있는 것이냐! 엎드려라! 모후의 신령 앞에 감히 꼿꼿이 서 있을 자격이 있더냐!"

　"머리에 쓰고 있는 게 뭐냐? 아직도 네가 한 나라의 세자인 줄 아느냐? 너는 이제 한낱 서민이니라! 관도 벗고 신발도 벗어라!"

　임금이 세자에게 명하여 땅에 엎드려 관冠을 벗게 하고, 맨발로 머리를 땅에 조아리게扣頭 하고, [……]

－『영조실록』 99권, 영조38년 윤5월 13일

　아마 그때 제 얼굴을 옆에서 보았다면―그 누구도 감히 고개를 들고 바로 쳐다볼 수 없었지만―악귀가 강림했다고 했을 것입니다. 그러나 마음을 한껏 모질게 먹지 않으면 이 일을 할 수 없다고 여긴 저는 억지로 세자에 대한 미움을 끌어올렸습니다. 분노의 화신이 되려 했습니다. 지금 내 앞에 엎드려 거구를 떨고 있는 자는 내 아들이 아니다. 그저 애비도 임금도 몰라보는 무뢰한이다! 파렴치한 살인마다! 저는 마음속에 쌓여 있던 그 아이에 대한 실망과 분노와 안타까움을 있는 대로 증폭시켜서, 마치 패역무도한 악적과 대치하고 있는 듯 스스로

암시해야만 했습니다. 그래야 다음의 말을 내뱉을 수 있었습니다. "이제 너는 밝은 세상에서 살아갈 자격이 없다. 너는 세자가 아니다. 내 자식도 아니다. 사람도 아니다! 네가 돌아갈 곳은 세상 어디에도 없으니, 여기가 네 마지막 땅이 되게 해라…. 자결하란 말이다!"

"아…아! 아바마마! 잘못 했나이다! 소자에게 이리 마소서! 아바마마!"

아바마마라고!

순간 저는 조총에 맞은 듯 휘청거렸습니다. 이놈은, 이 불쌍한 아이는 벌써 십여 년 이상이나 아바마마라는 말을 꺼내지 않았습니다. 열 살을 넘겼나 싶은 뒤로는 항상 제게 전하라고만 하고, 스스로를 가리켜서는 소신이라고만 했습니다. 처음에는 부자관계를 넘어 임금과 그 후계자, 대리자라는 공적 관계를 존중하려는 표시로만 알고 흐뭇했으나, 곧 그것이 저의 엄격함과 냉담함에 대한 불만과 저항의 표시임을 알게 되었습니다. 그래서 볼 때마다 그가 미웠고, 물러가면 애달프기도 했습니다. 그런데 이 마당에 와서야 아바마마라니! 저는 눈물이 쏟아지려는 것을 필사적으로 참았습니다. 그리고 반 이상 무너져내린 적의와 분기를 다시 끌어올려 힘껏 외쳤습니다" 왜! 사람을 개돼지 잡듯 죽여 놓고서, 자기 목숨은 아까우냐? 속히 자결하라! 자결하지 않으면 내 스스로 네 목을 치리라!"

"아바마마, 아바마마! 용서하소서…!"

이어서 차마 들을 수 없는 전교를 내려 자결할 것을 재촉하니, 세자가 조아린 이마로 섬돌을 짓찧어, 이마가 피로 흥건하였다.

—『영조실록』99권, 영조38년 윤5월 13일

그 다음은 아수라장이었습니다. 얼굴에 피를 뒤집어쓴 채 우는 세자. 군졸들의 저지를 뚫고 들어왔다가 파직 선고를 받고 군졸들에게 끌려나가는 대신들. 병졸들의 틈을 뚫고 쏜살같이 달려들어와 울면서 '할바마마, 아버지를 살려주소서!'하다가 번쩍 들려 업혀서 발버둥 치며 끌려나가는 열한 살의 세손. 담장 너머로 들리는 여인네들의 통곡소리와 길을 열라며 군졸들에게 호통치는 신하들의 성난 목소리. 저는 차마 세자를 제 손으로 죽일 수는 없고, 그렇다고 용서하거나 단순히 폐세자해서 궁궐 밖에 내쳐두는 걸로 끝낼 수도 없는 만큼, 세자를 윽박질러 자결로 몰고가려 했습니다. 정말 숨이 끊어지면 어쩔 수가 없고, 행여 살아난다면 천행으로 여기고 멀리 귀양을 보내려 했습니다. 뭇 신하들 앞에서 자결을 명받고 저승 문턱까지 갔다가 돌아온다면, 망신스럽고 두려워서 훗날에라도 감히 딴 짓을 도모할 수 없겠지 싶었던 겁니다. 그러나 막상 결행에 들어가 보니 일이 뜻과 같지 않았습니다. 세자는 울고 용서를 빌고, 재촉 끝에 자결을 시도하는 듯하다가 주위의 신료들이 덤벼들어 말리고… 이러다간 그대로 날이 저물고 분위기만 갈수록 뒤숭숭해질 따름이었습니다. 어쩔 줄 모르게 된 저는 옆에 서 있던 병졸의 칼을 빼앗아 뽑아들고는 "어서, 어서 자결해라! 정녕 아비의 칼에 네 피를 묻히려느냐?"고 외쳤지만 대책 없이 시간만 흐를 뿐이었습니다.

날은 이미 신시申時 초였다. 영묘가 계속해서 명령하기를 "너는 끝내 죽지 않을 것이냐?"하였다. 세자가 갑자기 곤룡포를 집어서 한 폭을 찢어 목을 맸다. 세자시강원 관료들이 또 구하였다.

임금이 칼을 들고 연달아 차마 들을 수 없는 전교를 내려 동궁의 자결을 재촉하니, 세자가 자결하고자 하였는데 춘방의 여러 신하들이 말렸다. 임금이 이어서 폐하여 서인을 삼는다는 명을 내렸다. [……] 세자가 곡하면서 다시 땅에 엎드려 애걸하며 개과천선하겠다며 용서를 청하였다. 임금의 전교는 더욱 엄해지고 영빈이 고한 바를 대략 진술하였는데, 영빈은 바로 세자의 탄생모 이씨로서 임금에게 밀고한 자였다. 도승지 이이장이 말하기를,

"전하께서는 깊은 궁궐에 있는 한 여자의 말로 인해서 국본을 흔들려 하십니까?"

하니, 임금이 진노하여 빨리 방형^{邦刑}을 바루라고 명하였다가 곧 그 명을 중지하였다.

-『영조실록』 99권, 영조38년 윤5월 13일

당황, 분노, 초조, 후회…. 여러 가지 감정이 엇갈리는 가운데, 저는 생각했습니다. 틀렸다. 이런 식으로는 일을 마칠 수 없다. 출입을 금하기는 했어도 궁관들이 있는 이상 눈앞에서 왕세자가 자결하려는 걸 보고 방관할 리 없으니. '생각이 짧았구나! 그렇다면, 그렇다면?' 칼을 손으로 두드리며 왔다 갔다 하던 저는 문득 전에 홍봉한에게 들은 말이 생각났습니다(이 때문에 훗날, 그는 제게 그 물건을 제안했다는 음해를 받기도 합니다). 세자가 번민이 심하면 밧소주방의 뒤주 속에 들어가 한동안 숨어 있다가 기어 나오곤 한다는 것이었습니다. 그래, 뒤주! 세자에게 셋

4장 자식의 죽음 327

뒤주. 나무로 만든 곡식을 보관하는 가구로 사도세자의 비극을 상징하는 물건이기도 하다.

지 못할 치욕을 안겨주는 동시에 극한의 고통 속에서 새롭게 거듭날 수 있는 기회를 준다면?

> 신시 즈음에 내관이 들어와 밧소주방의 쌀 담는 뒤주를 내라 하신다 하니, 이 어찌 된 말인고. 황황하여 궤를 내지는 못하고, 세손이 망극 한 일이 벌어질 줄 알고 휘령전으로 달려가 "아비를 살려주옵소서!" 하니, 영묘께서 "나가라!" 명하시니라.
> 세손께서 나오사 휘령전에 딸린 재실에 망연히 앉아 계시니, 그 광 경이야 고금 천지간에 다시 없더라. 세손을 내보낸 뒤 하늘이 무너 지고 해와 달이 빛을 잃으니, 내 어찌 한때나마 세상에 머물 맘이 있 으리오. 칼을 들어 목숨을 끊으려 하나 곁에 있던 자가 앗음으로 뜻

을 이루지 못하고, 다시 죽고자 하나 한 조각 쇠붙이가 없어 하지 못하니라.

-『한중록』

드디어 세자를 깊이 가두라고 명하였다.

-『영조실록』99권, 영조38년 윤5월 13일

이때 갑자기 큰 뒤주를 뜨락 가운데에 놓았다. 높이는 3척 반쯤 되었고 넓이도 그와 비슷했다. 영묘가 노한 목소리로 "너는 속히 이 안으로 들어가라"하였다. 세자가 뒤주로 가서 막 들어가려 하자 세자시강원 관료들이 만류하며 눈물을 흘렸다. 세자는 그대로 뒤주 아래에 부복하였다.

-『임오일기』

숭문당에서 휘령전으로 나가는 건복문 밑으로 가니, 아무 것도 보이지 않고 다만 영묘께서 칼 두드리는 소리와 경모궁께서
"아바마마, 아바마마. 잘못하였나이다. 이제는 하라 하시는 대로 하고, 글도 읽고 말씀도 들을 것이니, 이리 마소서"
애원하시는 소리가 들리더라. 그 소리를 들으니 간장이 마디마디 끊어지고 눈앞이 막막하니, 가슴을 두드려 아무리 한들 어찌하리오. 당신 용력과 장하신 기운으로 뒤주에 들라 하신들 아무쪼록 아니 드시지. 어찌 마침내 들어가시던고. 처음은 뛰어나가려 하시다가 이기지 못하여 그 지경이 되시니, 하늘이 어찌 이토록 하신고. 만고에 없는 설움뿐이라. 내 문 밑에 엎드려 울부짖되 경모궁께서는 대답하심

이 없더라.

-『한중록』

사도는 뒤주에서 죽지 않았다

그렇습니다. 이렇게 해서 여러분이 너무나 잘 아시는 대로 '뒤주 대왕'
의 이야기가 세상에 전해지게 되었습니다. 그러나 그 이야기는 완전하
지 않습니다. '영조가 세자를 8일 동안 뒤주에 가둬 두었다. 세자는 끝
내 뒤주 안에서 굶어죽고 말았다' 이게 여러분이 아시는 이야기겠지
만 과연 그런 일이 가능했을까요? 제가 왜 세자에게 자결을 강요하며
그 아이를 벼랑 끝으로 몰았겠습니까? 조선의 왕좌에 폭군은 앉을 수
없다는 결의를 온 천하에, 모든 대소신료와 만백성에게 전하기 위함이
아니었습니까? '형 죽이고 왕 된 놈'이라는 의심에 평생을 시달렸던 저
이므로, '아비는 형을 죽이더니 아들은 인간 백정'이라는 비웃음만은
어떻게든 면하고자 차라리 스스로 죽는 것이 나은 선택을 하지 않았겠
습니까? 그런데 그 선택이 '형을 죽이더니 아들도 죽인다'라는 비웃음
을 자초하는 것이었다고요? 말이 되지 않습니다. 세자를 죽이는 게 원
래 목적이었다면 한 달 가까이 그토록 번민하며 우왕좌왕하지 않았겠
지요. 자결을 강권하며 날이 저물도록 실랑이를 벌이지도 않았겠지요.
군졸들에게 '끌고 가서 목을 베라'고만 하면 될 일이 아닙니까? 그런데
왜 그렇게 어렵게 결정을 했을까요? 그래도 사람이다 보니 아들을 죽
이는 결정을 쉽게 내리지 못해서 아니겠느냐고요? 그러나 그렇게 인
간적인 고민과 갈등 끝에 내린 결정이, 뒤주처럼 비인간적인 방법으로
죽이자는 것일까요?

처형을 하려 했다면 방법은 얼마든지 있었습니다. 그런데 사람을

좁은 곳에 장시간 가둬 꼼짝달싹도 못하게 하는 것은 최악의 고문이며, 굶겨 죽이는 일은 가장 잔악무도한 처형법입니다. 반기를 든 역도들에게조차 처형을 되도록 삼가고, 잔인한 고문을 폐지하도록 했던 제가 제 친아들을 생각할 수 있는 가장 잔악한 방법으로 죽였단 말씀입니까? 게다가 그 장소는 휘령전입니다. 당시는 정성왕후와 인원왕후의 위패가 있었고, 역대 왕실 어른들의 혼전으로 쓰인 신성하고 엄숙한 곳입니다. 하필 그곳에서 눈뜨고 보지 못할 참상을 연출해야 했을까요?

또한 잡인의 출입을 금지하기는 했지만 문제의 뒤주는 밀실이나 지하실에 놓여 있는 것도 아니었습니다. 뒤주가 놓인 곳은 앞서 보여드린 『한중록』의 기록처럼 담장 밖에서 말소리가 다 들릴 정도로 열린 공간입니다. 세자가 뒤주 안에 갇혀 굶어 죽어 갔다면 온갖 비명을, 쿵쿵거리는 부딪침을, 살려 달라는 외침을, 마침내 미쳐버려 쏟아놓는 광언을 궁중의 모든 사람이 밤낮으로 들어야 했을 것입니다. 휘령전 일대는 세자가 쏟아낸 오물 냄새로 진동했을 것이고요. 무려 여드레 동안이나! 이런 지옥이 있겠습니까? 정말로 그런 아수라장을 연출했다면 저는 세자보다 더 잔인무도한 악당이었으며, 몇 배는 더 미친 인간이었을 것입니다.

보다 못한 신료들도 '폐세자를 하시려면 하실 것이지 어찌 이런 고금에 없는 만행을 벌이신단 말입니까!'하며 저항했을 것이고, 그래도 제가 듣지 않으면 사방에서 들고 일어났을 것입니다. 그러나 그들은 조용했습니다. 세자를 목숨처럼 아꼈던 홍봉한조차 여드레 동안 멀쩡히 지냈으며, 이후에도 조정의 고위직으로 일했습니다. 나중에 조현명의 조카이자 효장세자빈 현빈의 오라비인 조재호가 반당을 모아 역모를 일으키려 했다는 혐의를 쓰고 귀양 갔다가 사사당하기는 했습니다만, 역모 혐의는 대체로 모호한 것이었습니다. 제가 그를 죄인이라 여긴 것은 앞서서는 정순왕후를 들이는 일에 반대하더니 세자 사건 뒤에는 '세자는 죄가 없는데 임금이 왕후와 숙의의 참언을 듣고 못할 짓을 했다'는 유언비어를 퍼뜨린 엄홍복 등과 어울리며 동조하는 듯 보였던 점 때문이었습니다. 마침 정신이 어지러울 때라 처형해야 마땅하다는 공세를 물리치지 못하고 사사시켰지만, 곧 후회하고 나중에 신원시켜주었습니다. 아무튼 앞서 말씀드린 대로 세자가 '갇혀 있던' 여드레 동안 저는 그와 놀아난 여승 가선, 놀이를 부추긴 환관 박필주, 춘방 관원 서필보, 정중유, 그리고 엄홍복 등을 처형하고 폐세자 반교 때 통곡한 이익원이나 세자의 대리청정을 회고하며 "14년 동안 신^臣으로 섬겼다"는 말실수를 한 조중회 등을 귀양 보냈습니다. 대규모의 숙청이나 '친자식을 좁은 곳에 가둬 굶겨 죽이기' 같은 만행에 어울리는 미친 짓거리를 하지는 않았지요. 진상은 이렇습니다.

저는 그날 분명 제 손으로 세자를 뒤주에 집어넣었습니다. 그러나 세자는 뒤주에서 죽지 않았습니다. 그의 죽음은 제 결단에서 비롯된 것입니다만, 일국의 세자이자 사랑하는 아들을 뒤주에 며칠 동안 감금해 굶겨 죽일 만큼 저는 미쳐 있지 않았습니다. 저는 세자에게 뒤주에 들어가도록 했으되, 한나절 정도만 들어가 있게 하고 일단 풀어줄 요량이었습니다. 여러분 시대의 교도소처럼, 반성할 기회를 주려고 했던 것이죠. 그가 스스로를 세상에서 떨어트리고 싶을 때 사용했다던 뒤주에 강제로 갇혀 보내는 시간, 그 신체적 고통과 말 못할 굴욕, 불안, 죽음의 공포…. 그런 극한의 경험이 세자를 새로운 사람으로 거듭나게 할 계기가 되지 않을까, 저는 최후의 기대를 걸었던 것입니다. 사실 아주 연약한 기대였지만 말이죠. 실제 결과는 저의 간절한 바람과 달리 몹시 나쁜 것이었죠.

사실 세자에게 기회는 한 번 더 있었습니다. 그를 뒤주에 넣은 뒤 저는 엄중히 지키라 하고는 침전으로 돌아왔습니다. 지칠 대로 지친 몸을 좀 쉴 필요가 있었죠. 그런데 몸이 지치니, 한껏 잡아당긴 활줄처럼 팽팽해져 있던 저의 결심도 지쳤던가 봅니다. 게다가 물러가라는 호통에도 자꾸만 문 밖에 찾아와 엎드리며 간언하는 신료들. 그들은 한결같이 '이제는 그만하시라'고 종용했습니다. 그만큼 욕을 보이셨으면 이제 세자 저하도 정신을 차리셨을 거라고, 마지막으로 개과천선의 기회를 주시는 게 아름다운 귀결이 될 것이라고.

그래서 결코 이번만은 우왕좌왕하지 않기로 했던 마음이 또 흔들려 버렸습니다. 그래서 저는 자리에서 일어나, 캄캄한 밤에 다시 휘령전으로 향했습니다. 그놈을 일단 꺼내주자. 그리고 앞으로 어찌할 것인지 이야기를 들어보자는 생각이었죠. 그런데 휘령전에 이른 제 눈에 들어온 것은….

세자시강원 관료들은 모두 합문 밖에 쫓겨나 있었는데, 세자가 나오는 것을 보자 모두 나아가 말하기를 "저하는 어찌하여 나오십니까?" 하였다. 세자는 대답하지 않고 그저 "애고, 애고!"할 뿐이었다. 세자는 합문에서 곧바로 수십 보를 걸어가 담장 아래에 이르러 소변을 보고는 자리에 앉았다. 세자는 목이 말라 마실 것을 찾았다. 환관이 청심환을 푼 물 한 그릇을 드렸다.

세자가 다 마시고 묻기를 "어떻게 해야 하는가?"하였다. 세자시강원 관료들이 하나씩 고하기를 "오늘 저하께서 하실 일은 그저 대조의 처분을 공손히 기다리는 것뿐입니다. 비록 밤이 새는 한이 있어도 대조께서 명령을 취소하신 다음에야 나올 수 있습니다"하였다. 세자가 말하기를 "그렇군"하고는 드디어 일어나 다시 들어갔다.
　　　　　　　　　　　　　　　　　　　　　　－『임오일기』

　　당시 승정원 주서를 지냈던 이광현이 쓴 『임오일기』의 한 장면입니다. 이 장면은 사실 세자를 뒤주에 넣기 전, 한림 임덕제(『임오일기』에는 한덕제라고 잘못 적혀 있습니다)가 휘령전 뜨락에서 물러날 때 세자가 그 옷자락을 잡고 뒤따라 나왔는데, 얼른 들어가셔서 대명하시라는 시강원 관원들의 말에 되돌아가 제 앞에 엎드렸다는 내용을 묘사하고 있습니다. 이 장면은 실록에도 나오죠. 그런데 『임오일기』의 장면 묘사는 조금 이상합니다. 당시 저는 칼을 빼들고 세자에게 입에 담지 못할 소리를 뱉으며 자결하라고 을러대고 있었고, 세자는 머리를 찧었다가, 목을 매었다가 하며 자결 시도를 반복하던 때였습니다. 이렇게 급박한 상황에서 세자가 제게는 말도 없이 일어나 휑하니 밖으로 나가서는, 소변도 보다가, 앉아서 쉬다가, 마실 것도 마시다가 하고는 관원들과 '대책회의'까지 가진 다음에 터덜터덜 다시 돌아올 수 있었을까요? 그렇게 상당 시간 멋대로 나가 있도록 제가 놔두었을까요? 여러분의 시대에야 겨우 발견된 『임오일기』는 이광현이 썼다고 합니다. 하지만 사실 그는 임시 주서로 승정원에 들어온 지 겨우 이틀 되었던 처지로, 제 기억으로는 그때 주변에 있지도 않았습니다. 원작이 그의 친필일지는 모르겠습니다만 오랜 시간 이 사람 저 사람에 의해 필사되어 전해지면서 내용이 빠지고 더해지고 고쳐졌을 가능성이 많은 책입니다. 이 장면은 세자가 뒤주에 들기 전의 장면이 아닙니다. 바로 그 다음의 장면입니다.

그 밤에 휘령전에 가보니, 뒤주는 하늘 보고 뺑하니 열려 있고 사람은 온데간데없는 겁니다. 이게 어찌된 일이냐며 군졸들에게 호통을 치고 있는데, 반대편 문밖에 세자가 시강원 관료들을 옆에 끼고 터덜터덜 걸어 들어오는 모습이 보였습니다. 기가 막혀서 빤히 쳐다만 보고 있으니 그제야 저를 발견하고는 혼비백산해서 잰걸음으로 들어오더군요. 그리고 제 앞에 납작 엎드렸습니다.

"네가 정말 나를 아비로 여기지 않음은 물론이요, 임금으로도 여기지 않는구나. 내가 등을 돌리자마자 기어 나왔으렷다?"
"아, 아니옵니다. 견딜 만큼 견디다 도저히 견딜 수가 없어 지금 막 나와서 한숨 돌리고 있었습니다."

허리를 꾸벅꾸벅 하며 세자를 역성드는 주변의 시강원 관료들에게는 입 닥치라 하고, 병졸들에게 모조리 잡아 가둬버리라 했습니다.

"정녕 지금 나온 것이라 해도 두 시진도 안 될 터, 그새 뭐가 그리 견디기 힘들었기에 왕명을 어기고 감히 나왔느냐?"
"소피도 마렵고, 목도 마르고, 좁아서 꼼짝할 수도 없고…"
"네놈이 죽인 네 여인네는 소피도 목마름도 모르리라. 그러지 않겠니? 너란 놈이 개과천선할 것을 잠시나마 믿었다니, 내가 어리석었다. 여봐라! 이놈을 포박하라!"
"아, 아바마마…! 부주^{父主}여, 부주여! 살려주소서!"

저는 세자의 부르짖음을 들은 체 만 체 단단히 결박한 다음 강서원 講書院으로 끌고 가라고 명했습니다. 일찍이 인조대왕이 며느리 되시는 강빈을 처벌할 때, 골방에 가둬 두고 문과 창문을 봉한 다음 좁은 틈만 남겨서 그곳으로 음식과 옷가지를 들여보내도록 했습니다. 저도 그 렇게 한 것입니다. 넓게 보면 인목대비를 서궁에 유폐시켰던 광해군의 조치와도 비슷한 데가 있습니다. 차마 죽일 수는 없는 자, 그러나 용서 할 수도 없는 자를 일단 '내 눈 밖에' 치워두려는, 근본적인 해결책은 아니지만 그럭저럭 현실적인 방편이었습니다.

강서원의 문과 창문에 나무를 덧대고 못질을 할 때는 제가 손수 몇 차례 두들겼고, 그 위에 창호지를 여러 겹 발라 손 하나 드나들 만한 좁 은 구멍을 빼고는 완전히 폐쇄해 버렸습니다. 이 이야기가 와전되면서 여러 야사에는 제가 손수 뒤주에 못질을 했느니, 뒤주의 깨진 틈으로 음식과 옷가지를 넣었느니, 뒤주의 틈새를 막기 위해 창호지를 발랐느 니 하는 말이 남게 된 것입니다. 세자의 최후가 뒤주 속이 아니었음은 제가 직접 쓴 세자의 묘비명을 봐도 알 수 있습니다.

> 아아, 13일의 일을 어찌 내가 즐거이 하였겠느냐? 어찌 내가 즐거이 하였겠느냐? 네가 만약 일찍 마음을 잡았다면, 어찌 이런 일이 있었 겠느냐. 강서원에 여러 날 가두어 둔 것多日相守이 종묘와 사직을 위함 이 아니더냐? 백성을 위함이 아니더냐?
> 이런 생각을 하며 진실로 아무 일이 없기를 바랐다. 그런데 9일째에 네가 뜻밖에 죽었다는 비보를 받았다. 너는 어째서 칠십의 아비에게 이런 경우를 당하게 하였단 말이냐.
> ―「영조어제 사도세자묘비명」

청화백자로 만든 이 묘비명은 부서진 채 버려져 있던 것을 여러분의 시대에 와서 겨우 발견되었는데, 그처럼 함부로 취급되었던 까닭은 제 뒤를 이은 세손 정조의 뜻에 있습니다. 그 이야기는 조금 뒤에 말씀드리고, 아무튼 결국 세자를 강서원에 가둠으로써 '대처분'은 일단락되었습니다. 뒤주와 같이 제 힘으로 뛰쳐나오거나 누가 풀어주거나 할 염려가 없었고, 뒤주에 며칠씩 가둬놓는 것처럼 목불인견의 상황도 아닌 만큼 신하들도 이렇다 할 말이 없었습니다. 항상 지나칠 정도로 세자 편을 들던 홍봉한도 좌의정의 자리를 지키며 태연한 듯 정무에 임했는데, 그러다가 제 마음이 풀어지면 유폐를 풀 것을 조심스레 건의할 요량이었던 것 같습니다.

마지막 남은 한마디

그러나 그런 일은 없었습니다. 묘비명에 나오듯 아흐레째 되는 날, 예상했던 일이 벌어진 것입니다. 식사를 담당한 내관이 여러 차례 불렀으나 아무 대답이 없더라. 혹시나 해서 틈으로 들여다보니 엎어진 채로 꼼짝도 하지 않는 몸뚱이가 눈에 들어왔고…. 굴욕과 절망에 통째로 잡아먹힌, 한때 이 나라를 짊어질 대들보라 여겨졌던 세자는 마침내 탈출하기로 결심한 것입니다. 조금 더 큰 뒤주에 지나지 않았던 강서원 골방으로부터.

"그래, 그리되었군." 저는 제 자신이나 주변 사람이 다 놀랄 정도로 담담하게 그 이야기를 듣고, 고개를 조용히 끄덕였습니다. 그리고 잠시 눈을 감고 있다가 말했습니다.

"이미 이 보고를 들은 다음, 어찌 30년에 가까운 부자간의 은의恩義를 생각하지 않겠는가?"

－『영조실록』99권, 영조38년 윤5월 21일

그리고 그런 보고를 기다리고 있었다는 듯 필요한 조치를 잇달아 지시해 나갔습니다. 호號를 회복해 다시 왕세자라고 한다. 복제服制(망자와의 관계에 따라 상례에서 정한 다섯 가지의 상복 제도)의 개월 수가 비록 있으나 성복成服은 제하고, 오모烏帽에 참포黲袍로 할 것이다. 백관은 천담복淺淡服을 입은 채로 한 달 안에 마친다. 세손은 비록 3년상을 마쳐야 하지만 진현할 때와 장례 후에는 담복淡服으로. 빈궁은 저 효순孝純과 같게 보아야 하니, 옛 인장을 사용하지 말도록 할 것이며, 혜빈惠嬪이란 호를 갖고 옥인玉印을 쓰게 하고. 참, 그리고 세자의 시호는….

이렇게 정신없이 지시해 나가던 저는 갑자기 말문이 멈췄습니다. 부랴부랴 받아쓰던 내관은 의아한 얼굴로 저를 올려다보았습니다. 저는 그대로 아무 말 없이 꼼짝도 하지 않았습니다.

"시호는, 세자 저하의 시호는 무엇으로 하오리까?"

"그래. 시호는…."

다시 말문이 막혔습니다. 뭔가 커다란 응어리가 가슴 속에서 솟구쳐 일어나 목구멍을 막아버린 것 같았습니다. 이게 무슨 증상이지? 하지만 저는 공연히 자문하고 있었던 것입니다. 그 응어리의 정체를 스스로 뻔히 알고 있었으니까요. 슬픔. 애통. 비통. 절통. 격통. 하나뿐인 아들을 잃은 아비의 애간장이 찢어지는 아픔.

저는 그 며칠 사이에 세자에게 갖고 있던 아비로서의 정을 한사코

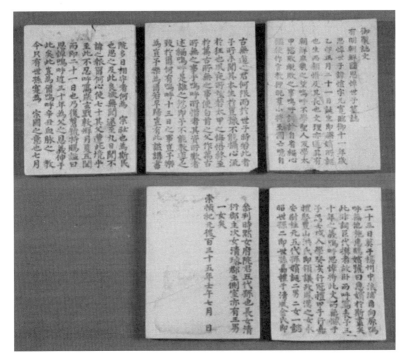

어제사도세자묘지문(御製思悼世子墓誌文). 영조 38년(1762) 영조가 직접 구술하여 쓴 묘지문이다.

억제하고 있었습니다. 세자를 '왕도를 뒤집어 놓으려는 흉악한 악적'
이라고만 보려했고, 그렇게 제 자신에게 최면을 걸었지요. 그 아이에게
품었던 실망감과 서운함, 그 아이의 비행을 알고 복받친 절망과 분노
만을 한껏 증폭시키고, 따스함과 측은해하는 마음은 깊이깊이 감춰두
었던 것입니다. 그리하여 아바마마를 외치며 애원하는 그 아이를 냉혹
하게 처결할 수 있었고, 대처분을 마치고 경희궁으로 환궁할 때는 마
치 적을 물리친 양 승전고를 높이 울리게까지 했었습니다. 그러나 이
제는, 모든 것이 마무리된 이제는 더 이상 본심을 억제할 힘이 남아 있
지 않았던 것입니다.

"전하, 괜찮으시옵니까? 어디가 불편하시옵니까?"

"…."

마치 못 마시는 술을 사발째 뱃속에 부어넣고는 치밀어 오르는 토기를 결사적으로 참는 사람처럼, 저는 뺨을 씰룩거리며 몸을 부르르 떨었습니다. 무심코 쥐고 있던 안석의 손잡이를 부서져라 움켜쥐었습니다. 제 앞에 엎드려 있던 궁관들은 당황해서 서로 얼굴을 마주보는데, 죽는 한이 있어도 그들 앞에서 제 본마음을 토해낼 수는 없었으니까요. 그 와중에 눈치가 퍽도 없던 내관은 재차 질문을 했습니다.

"훙서하신 세자 저하의 시호를 무엇으로 하오리까? 말씀해주소서"

"사…"

"네에?"

"…사 자로 하라. 생각할 사思 자이니라."

사무사思無邪.

『논어』에 나오는 공자의 이 말씀은 주자에 의해 "『시경』의 시 삼백 편에 삿됨이 전혀 없다는 뜻으로 선善을 읊은 시는 착한 마음에 감동해 분발시키며, 악을 읊은 시는 방탕한 마음을 경계하기 때문이다"로 해석되었으며 후대에 그를 받드는 숱한 성리학자들에 의해 완전무결한 해석으로 받들어지고 있습니다. 저 역시 글을 배우며 그 해석을 따라 외웠습니다. 그러나 마음 한편에서는 이리 생각했습니다. 사무사란 사랑思에는 삿됨이 없다는 뜻이 아닐까? 모든 사랑이 도덕적으로 적당한 것은 아니다. 혼인하지 않은 남녀의 사랑이나, 혼인 이외의 사랑이나! 그러나 비록 그 부도덕성은 단죄할 수밖에 없더라도, 사랑하는 마음 그 자체는 더없이 순수하며, 삿된 부분이 없는 것이 아닐까?

세자의 시호로 '사'를 택했을 때 저는 그런 당돌한 생각을, 그 누구에게도 발설하지 않은 저만의 생각을 되새기고 있었습니다. 시호를 정하는 시법諡法에서 '사'라는 글자는 거의 쓰지 않습니다. 효장孝章이니, 소현昭顯이니, 의소懿昭니 하는 글자들이 자연스러웠죠. 그러나 저는 '사'밖에 떠오르지 않았습니다. 모든 정치적인 고려와 군주로서의 책임을 내려놓은 채, 아들의 죽음을 마주 대한 한갓 아비로 돌아간 지금, '사' 한 글자밖에 떠오르는 것이 없었습니다.

"…거기에 슬퍼할 도悼 자를 덧붙여라. 사도세자라고 부를 것이다"

고개를 갸우뚱하며 받아 적는 내관을 흘겨보며, 저는 더 이상 참을 수 없을 것 같았습니다. 일각만 더 있다가는 저의 본심을 있는 그대로 내보일 것 같았습니다. 그래서 공연히 고함을 지르며 모두 나가라, 입직하는 자도 필요 없다. 몹시 피곤하니 나를 혼자 있게 하라, 하고 모두의 등을 떠밀어 방안에서 쫓아냈습니다. 그리고 불을 껐습니다.

방문 밖의 인기척이 완전히 사라진 것을 확인한 다음, 저는 이불을 있는 대로 꺼내 그 속에 숨어들 듯 틀어박혔습니다. 그리고 참고 참았던 것을 터뜨렸습니다. 눈물! 늙은 왕의 눈물! 못나고 잔혹했던 아버지의 눈물! 어머니를 보냈을 때보다, 황형을 여의었을 때보다, 정성을 잃었을 때보다, 그 모두를 합친 것보다 더 많이 더 애절하게 울었습니다. 그놈이 제 눈앞에서 그랬던 것처럼 방바닥에 머리를 짓찧고, 새하얗게 센 머리를 손으로 쥐어뜯었습니다.

'선^愃아, 선아, 선아, 선아……!'

입 밖으로는 내지 못하는 그 이름을 몇 번이고 되뇌면서, 저는 번
뇌로 몸부림쳤습니다. 군주로서 후계자에게 품었던 기대도 끝나고, 부
자로서의 악연도 끝나고, 법과 원칙의 대표자로서 행해야 했던 책임도
끝난, 모든 것이 다 끝나버린지금, 제게는 다만 한 가지 말, 사랑한다는
말밖에 남아 있지 않았습니다.

사랑한다는 말밖에 남아 있지 않았습니다….

아들의 죽음, 그리고 세손 정조

내 나이 팔십이 되니

이를 어찌해야 좋으리오.

마치 꿈을 꾸는 듯하고

강개함을 이길 수 없어라.

진실로 구차한 삶이요

바라보니 아득하고 캄캄할 뿐.

오늘은 며칠인가?

'십오일'이라 하네.

이 사람은 누구일까?

자성옹自醒翁이라네.

서울도 시골도

하나의 대전大典에 의거해야지.

올해는 무슨 해인가?

'갑오년'이라 하네.

전에는 참관만 하다가

이제는 직접 정사를 주관하네.

전에는 스물 하나였다가

이제는 팔십이라네….

－『어제팔순하위차御製八旬何爲此』

이 시를 지을 때 제 나이는 팔십, 재위 연수는 50년을 넘겼을 때입니다. 감개가 무량하여 스스로 자성옹, 스스로 성찰하는 노인이라 부르며 시 몇 수를 지었죠. 그중 하나입니다.

이 시를 쓴 갑오년(1774)에 제 나이는 정확히 여든 하나였고, 팔십은 그 전 해입니다. 그런데 왜 갑오년에 새삼 팔십이 된 감회를 읊었느냐면, "전에는 스물 하나였다가"라 했던 이전의 갑오년(1714년, 숙종 40년)을 염두에 두었기 때문입니다. 그때 처음으로 부왕의 시탕侍湯 책임을 맡아 부왕을 보살피는 한편, 온 나라가 하나의 대전大典에 따르게끔 기강을 세워 정사를 이끄시는 부왕의 모습을 어깨너머 훔쳐보며 '내가 만일 저 자리에 앉아, 이런 문제를 다루게 된다면?' 이렇게 멋대로 상상의 나래를 펼쳤었죠. 그 뒤 많은 일이 있었습니다. 오랫동안 정사를 돌봤고, 여러 죽음을 겪었습니다. 그리고 이제 갑오년이 제 인생에 다시 한번 돌아와, 정치에 뜻을 둔 삶의 회갑回甲을 맞이하매, 치미는 감개를 글로 적었던 것이죠. 그 감개를 한 마디로 표현하자면 다음과 같을 겁니다. "진실로 구차한 삶이요. 바라보니 아득하고 캄캄할 뿐."

정치적 회갑을 맞이한 이듬해, 저는 세손에게 대리청정을 맡겼습니다. 임신년(1752) 10월에 사도의 둘째 아들로—장남은 그보다 2년 전에 태어났다가 세손이 태어나기 반 년 전쯤 세상을 떠난 의소세손이었죠—태어난 세손은 날 때부터 내외의 기대를 모았습니다. 강보에 싸인 녀석의 얼굴에서 저는 묘하게도 저와 닮았다는 느낌을 강하게 받았죠. 성장하면서 그 아이는 기대를 저버리지 않았습니다. 자질은 있었지만 성정을 바로 다스리지 못하고, '겉으로만 모범생'에 그치고 만 제 아비와는 달랐어요.

그러나 그 여린 가슴 깊이 새겨진 '트라우마'는 어쩔 수가 없었습니다. 아무래도 제 아비가 할애비에게 수모를 당하는 걸 두 눈으로 똑똑히 보았고, 공포의 며칠이 지난 다음에는 끝내 비보를 들어야만 했으니까요. 그 트라우마는 저와의 관계에 묘한 그늘을 드리웠을 뿐만 아니라 그 아이가 앞으로 펼칠 정치에까지 영향을 주었는데, 그 점은 대리청정을 결정하던 과정에서 이미 드러났습니다.

임금이 집경당에 나아가 시임 대신 · 원임 대신을 불러 보고 《어제자성편御製自省編》, 《경세문답警世問答》을 진강進講하도록 명하였다. 동궁과 영돈녕 김양택, 영의정 한익모, 판부사 이은, 좌의정 홍인한, 우부승지 안대제, 가주서 박상집, 기사관 서유련 · 성정진이 앞으로 나와서 엎드리자, 임금이 이르기를, "탕평이 어느 때에 있었느냐?"

하니, 한익모가 아뢰기를, "홍범洪範에 보이는데, 한漢 · 당唐 이후에는 그것이 없었습니다" 하였다. 임금이 이르기를, "신기神氣가 더욱 피곤하니 비록 한 가지의 공사公事를 펼치더라도 진실로 수응하기 어렵다. 이와 같은데도 어찌 만기萬機를 수행하겠느냐? 국사를 생각하느라고 밤에 잠을 이루지 못한 지가 오래되었다. 어린 세손이 노론을 알겠는가? 소론을 알겠는가? 남인을 알겠는가? 소북을 알겠는가? 국사를 알겠는가? 조사를 알겠는가? 병조 판서를 누가 할 만한가를 알겠으며, 이조 판서를 누가 할 만한가를 알겠는가? 이와 같은 형편이니 종사를 어디에 두겠는가? 나는 어린 세손으로 하여금 그것들을 알게 하고 싶으며, 나는 그것을 보고 싶다. 옛날 나의 황형은 '세제가 가한가? 좌우가 가한가?'라는 하교를 내리셨는데, 지금의 시기는 황형이 계실 때에 비하여 백배가 더할 뿐이 아니다. 〈전선傳禪〉이라는 두 자를 하교하고자 하나, 어린 세손의 마음을 상하게 할까 두려우므로 말하지 않겠다. 그러나 청정聽政하는 일에 이르러서는 본래부터 국조의 고사가 있는데, 경 등의 생각은 어떠한가?" 하니, 홍인한이 말하기를, "동궁은 노론이나 소론을 알 필요가 없고, 이조 판서이나 병조 판서를 알 필요도 없습니다. 더욱이 조사朝事까지도 알 필요 없습니다" 하였다. 여러 대신들이 말하기를, "성상의 안후가 더욱 좋아지셨습니다" 하니, 임금이 이르기를, "내 뜻은 이러한데 경 등이 몰라주니 참으로 개탄스럽도다. 심법을 어린 세손에게 전하여 주려고 하는데, 《자성편》, 《경세문답》은 곧 나의 사업이다" 하였다. 임금이 이르기를, "일후에 소대召對할 때에는 《경세문답》과 《자성편》을 가지고 들어오게 하라" 하였다.

－『영조실록』125권, 영조51년 11월 20일

　이것이 이른바 제가 세손에게 대리청정을 시키려 하니 홍인한이 '삼불필지론三不必知論'을 내놓으며 강력하게 반대했다는 이야기의 근거입니다. 그런데 실록의 이 기록은 조금 이상합니다. 지금 소개해드린 내용의 뒤에 덧붙여진 내용이 있는데, 제가 대리청정을 논한 게 이때가 처음이 아니고 한 달쯤 전에 세손을 불러 먼저 간곡하게 부탁했다는 내용이 앞에 있는 것입니다. 다만 두 글은 서술의 태도가 다릅니다. 위의 내용은 제가 대리청정을 지나가다 던지듯 했으며 홍인한과 여러 대신들이 굳이 그러실 필요가 없다고 하니 바로 거둬들였다는 식인데, 덧붙여진 내용에서는 홍인한 혼자만 맹렬히 반대에 나서고 있습니다. 더군다나 홍인한은 '적신賊臣'이라고 표현되어 있고, 제가 그의 반대에 실망하여 눈물까지 쏟았다고 서술되어 있는 것입니다! 제 병세에 대해서도 대단히 심각하여, 대리청정은 불가피했는데 적신 홍인한이 무리하게 반대했다는 식입니다.

> 적신賊臣 홍인한이 앞장서서 대답하기를, "동궁께서는 노론과 소론을 알 필요가 없으며, 이조 판서와 병조 판서를 알 필요가 없습니다. 조정의 일에 이르러서는 더욱이 알 필요가 없습니다."
> 이에 임금이 한참 동안 흐느껴 울다가 기둥을 두드리며 이르기를,
> "경 등은 우선 물러가 있거라"
> 하니, 대신 이하가 문 밖으로 나갔다. 다시 입시를 명하고, 임금이 이르렀다.
> "나의 사업을 장차 나의 손자에게 전할 수 없다는 말인가? 나는 이와 같이 쇠약해졌을 뿐 아니라 말이 헛나가고 담이 끓어오르는 것이 또 특별한 증세이니, 크게는 밤중에도 쪽지를 내보내어 경 등을 불러들이게 될 것이고 작게는 담의 증세가 악화되어 경 등이 비록 입시하더라도 영의정이 누군지 좌의정이 누군지 알지 못하는 것이다. 만일 중관들을 쫓아내 버리면 나라의 일이 장차 어떻게 되겠는가? 마음속에 있는 말을 지금 다시 경 등에게 말할 수가 없다. 차라리 나의 손자로 하여금 나의 심법을 알게 하겠다. 이 다음부터 동궁이 소대할 때에는 《자성편》과 《경세문답》을 진강하여 다만 나의 사업을 알려서 후세로 하여금 나의 마음을 모르지 않게 하라."
> -『영조실록』 125권, 영조51년 11월 20일

왜 같은 기사에 이렇게 온도가 판이한 두 개의 서술이 함께 나와 있는 것일까요? 뒤의 서술은 당대에 처음 쓰인 기록이 아니라, 세손, 그러니까 정조의 관점과 입장이 크게 반영된 나중의 기록입니다. 홍인한

을 한껏 무례하고 무도한 인물로 부각시키는 내용으로 원래의 내용을 재서술하고, 다시 홍인한에 대해 입에 담지 못할 정도의 비난으로 일관하는 사론을 덧붙인 것만 봐도 분명하지요. 실록의 편집 과정에서 미처 이전의 서술을 삭제하기를 잊었거나, 두 서술의 분위기가 너무 다르니 고민 끝에 둘 다 싣자고 당시의 편집자가 결정했을 것입니다.

여기서도 보이듯, 정조의 정치론은 철저히 '적과 아군'으로 조정을 나눠 보면서, '적'은 반드시 쓸어 없애버리지 않으면 안 된다는 시각에 비롯하고 있었습니다. 적들이 죽지 않으면 우리가 죽는다는 식이었죠. 이른바 '적'에는 외할아버지뻘인 홍인한과 외할아버지 홍봉한 등 상당수의 외갓집 어른들. 그리고 '문녀☆☆'라고 매도당한 문 숙의와 정치달의 부인이라 하여 '정처鄭妻'라는 치욕적인 이름으로 불리게 되는 화완옹주 등이 들어가 있었습니다. 이들은 갖은 방법을 써서 사도세자를 모함하여 죽음으로 몰아넣었고, 이에 그치지 않고 자신, 즉 세손을 해하려고 음모를 거듭했다는 것입니다.

문 숙의 같은 경우에는 좁은 소견으로 일찍부터 사도를 모함하며 자신이 언젠가 제2의 옥산부대빈이 되겠다는 헛된 꿈을 꾼 게 사실이니 그렇다고 합시다. 그러나 그 나머지 인물들에 대한 세손의 적대감과 피해의식은 정상이 아니었습니다. 홍인한의 패악무도한 역적질이라 훗날 줄기차게 거론되는 '삼불필지론'만 해도 그렇습니다. 당시 저는 그렇게 심각하지 않은 분위기에서 대리청정에 대한 대신들의 뜻을 물었습니다. 그러면서 "이 어린놈이 노론을 알겠소? 소론을 알겠소? 이조판서는 누굴 시킬지, 병조판서는 누가 좋을지 모를 게 아니오?" 이런 식으로 탄식하듯 얘기했던 거죠. 그러자 홍인한이 한 말은 "(대리청정이라는 게 스스로 모든 일을 결정해야만 하는 자리가 아니지 않습니까?) 동궁께서 굳이 노론과 소론을 아실 필요가 있겠습니까? (대리청정을 하더라도 과거 사도세자의 예처럼 인사권은 전하께서 유지하실 텐데) 이조판서와 병조판서를 누굴 시킬지 아실 필요가 있겠습니까?" 이런 내용이었습니다. 세손을 깎아내리고 대리청정에 결사반대하기는커녕, 정반대로 세손과 대리청정 결정을 긍정했던 겁니다! 그런데 예의 당쟁의 해석법은 사람 말을 앞뒤 자르고 이상하게 비틀어 해석하는 법이라, 홍인한은 별 생각 없이 꺼낸 '덕담' 때문에 만고역적의 누명을 쓰고 만 겁니다.

어쩌면 실록 기사의 후반에서 보이듯 제가 정신이 깜박깜박해서— 이것도 사실 실제와 달랐습니다. 제 정신이 흐려진 때는 그보다 제법 뒤의 일입니다—당시 일을 잘못 기억하는 게 아니냐고도 하실지 모릅니다. 하지만 일단 저와 같이 해석한 사람들이 있습니다. 대사헌으로 현장에 있었던 송형중 그리고 혜경궁 혜빈도 홍인한의 말을 그렇게 해석했습니다. 혜빈은 아들이 자기 친정을 풍비박산 내는 것을 보며 '숙부께서 말씀하신 것은 그런 뜻이 아니었는데…'하며 변명했으나 사람들은 그 말을 잘 귀담아듣지 않았습니다. 그리고 비슷한 말을 꺼낸 송형중은 정조가 즉위한 뒤 멀리 유배 보내져 생을 마쳐야 했습니다. 하지만 냉정히 생각해봅시다. 전에 이현일과 김성탁의 이야기를 말씀드렸지요? 까마득히 먼 옛날, 인현왕후를 두둔하려는 생각에서 간하다가 부분적으로 그분을 낮추는 듯한 표현을 쓴 일로 이미 죽은 이현일도, 그 제자인 김성탁도 화를 입었습니다. 당시의 정치판이란 그런 것이었습니다. 그런데 대체 홍인한이 호랑이 간이라도 삶아먹었다는 건지 임금의 면전에서 세손을 마구 깎아내리고, 임금이 기둥을 치며 눈물을 쏟을 지경까지 몰고 갔다는 말입니까? 그러고도 살아남기를 바랄 수 있었을까요? 물론 결코 양보할 수 없는 신념이나 원한 때문에 죽음을 불사하는 경우도 있지만 홍인한에게 그런 필사의 신념이나 원한이 있었을까요? 홍인한이 누구입니까? 형인 홍봉한이 세자의 장인이기에 혈육인 세손이 잘 되기만을, 그래서 저를 이어 보위에 오르기만을 바라야 할 처지에 있는 사람입니다. 그런데 대체 무엇 때문에 '죽음도 불사하면서' 세손을 모욕하고 그에게 정권이 돌아가는 일을 악착같이 막았단 말인가요? 막는다 해도 어차피 제가 영원히 살 리도 없고, 세손말고는 차기 임금의 대안도 없는데 말입니다. 어떤 사람은 은신군이나 은전군 등 세손의 이복형제들을 옹립하려 했다고도 하는데, 우스운 소리죠. 왜 홍씨가 홍씨의 피가 흐르는 세손을 배제하고 눈곱만큼도 혈연관계가 없는, 사도세자의 엽색 행각으로 태어난 서자들을 후원하겠습니까?

세손, 정조는 놀랄 만큼 총명했습니다만 이런 식이었습니다. 그것은 아마 '죄인의 아들' 신세가 된 자신의 입지를 굳건히 하려는 정치적 셈도 있었겠지만, 심리적 트라우마가 더 크게 작용하지 않았나 합니다. 그가 자기 고모인 화완과 그 아들 정후겸을 어떻게 생각했는지 봅시다.

화완이 일찍이 말하기를,

"말루하抹樓下(귀인에게 쓰이는 존칭. 여기서는 정조)께서는 우리 집안 및 외가가 아니었다면 어찌 이 지위에 계실 수 있겠습니까. 언의言議를 취사선택할 때마다 반드시 두 집안을 위주로 해야 할 것이니, 그러신 후에야 무사하실 것입니다. 우리 아이가 근일에 저하에 대해 믿는 듯도 하고 의심하는 듯도 하니, 이는 필시 말루하께 다른 뜻이 있어서 그런 것일 것입니다. 우리 아이가 매번 따끔하게 말하고 싶지만 우선 참는다고 합니다" 하였다. [……] 내가 옷을 벗고 잠자지 못한

지 몇 달째인지 모르겠는데, 내가 가만히 생각해보고 스스로 마음속으로 말하기를,

"위로 성명이 계시니 오히려 무슨 걱정이 있겠는가. 그러나 흉적이 곁에서 살피는 것이 날로 심해지니, 겉으로 얼핏 보기에는 위태롭게 핍박하는 꾀는 있어도 위태롭게 핍박하는 형상은 없는 듯하나 사실은 크게 그렇지 않은 점이 있다. 대체로 홍인한은 나에게 외척이 되고 정후겸은 나에게 의친懿親이 되니, 속사정을 모르는 바깥사람들이 어찌 이 일이 이와 같은 줄 알겠는가. 지혜가 있는 자라면 많은 말을 하지 않아도 미루어 알 수 있는 일이다. 무엇인가 하면, 내가 잠덕潛德하는 동궁에 있으면서 비록 잠덕하지 못하는 일이 있더라도 본래 비호하여 숨겨주며 혹 어질다는 소문이 드러나지 않을까 두려워해야 할 텐데 저 흉도들은 비호하여 숨겨 주지 않을 뿐더러 천부당만부당한 기기괴괴한 부언과 거짓말을 날마다 지어내어 세상 사람들을 속여 혹하게 만드니, 이것은 이미 길 가는 사람도 다 알 수 있는 심보이다. 그런데 이 뿐만이 아니다. 들어와서 위협하는 것이 모두가 경악할 만하고 괴이하게 여길 일들인데, 나가서 이리저리 퍼뜨리는 것은 또 지극히 간사하고 흉악한 말들이다. 또 따라서 공갈하여 '남촌南村 사람이 저궁을 위태롭게 만들려고 한다'고 하고, 짐독鴆毒을 쓸 것이라느니 자객을 보낼 것이라느니 하며 낭자하게 말한다. 남촌 사람이 나에게 본래 은덕으로 여기는 것도 원망하는 것도 없으며 저도 조선의 신하인데 어찌 이와 같이 할 염려가 있겠는가.

흉도들의 뜻은 알기 어렵지 않다. 이로써 나를 협박하고 나를 농락하는 것은 내가 저들의 논의를 들어주지 않을까 두려워해서인데, 하나라도 혹 흉도들의 뜻대로 되지 않는 것이 있으면 저들이 품고 있

는 뜻이 바로 저들이 이야기하는 말과 같은 것이다. 흉적들의 꾀가 참으로 심하도다. 만약 흉도들의 이런 말이 없었다면 내가 저들이 마음을 먹고 꾀를 내는 것이 이처럼 흉악한지를 어찌 알 수 있었겠는가. 진실로 이른바 너무 기교를 부리려다 도리어 형편없게 된 꼴이다.

정후겸은 더욱 심하니, 눈으로 나를 쳐다보고 말로 나를 업신여기는 모습은 눈 먼 이에게 보게 하고 귀 먹은 이에게 들게 해도 결코 알아차리지 못할 리가 없을 것이다. 또 나와 가까운 자는 한 궁관뿐인데, 반드시 먼저 제거해 버리려고 못하는 짓 없이 온갖 방도를 쓴다. 아, 자객을 보낼 것이라느니 짐독을 쓸 것이라느니 하는 저들의 말은 바로 저들 자신의 생각을 스스로 말한 바가 아니겠는가. 그러나 내가 이미 흉도를 없앨 위엄이 없으니, 장차 가만히 앉아 흉적들에게 곤경을 당하게 생겼다. 이 어찌 편히 밥 먹고 잠잘 수 있는 때이겠는가"

[……] 이때 정후겸과 홍인한이 서로 잘 맞지 않았지만 나를 원망하는 일단의 마음은 두 역적이 한결같았기 때문에 홍인한은 반드시 정후겸을 억박질러 안에서 일을 만들게 하려고 하고 정후겸은 홍인한을 종용하여 밖에서 변란을 선동하게 하려고 하였다. 이 무리들의 심보는 전적으로 어떻게 하면 나를 배척하고 나를 모함하고 나를 위태롭게 만들고 나를 핍박할까를 고민하는 것이었기 때문에 권세야 혹 서로 빼앗으려 했어도 이 마음은 하루도 각기 달랐던 적이 없었다.

–『명의록』「존현각일기」

『명의록』이란 정조 재위 1년에 펴낸 책인데, 바로 홍인한과 정후겸을 처형하고는 그 '대의義를 밝힌다明'며 펴내도록 한 것입니다. 그 중에서 「존현각일기」는 세손 스스로가 쓴 일기를 거의 그대로 옮긴 부분으로, 대리청정을 전후해 그 아이가 무엇을 보고 무엇을 생각했던지 알수 있습니다. 보시다시피 제 고모와 고종사촌을 무슨 야차, 악귀처럼 그려내고 있습니다. 또한 화완과 정후겸은 어떤 사람이기에 자신들의 지친이자 용상의 다음 주인이 거의 확실한 사람을 갖은 방법으로 해코지하려 한 걸까요? 세손 스스로 "홍인한은 나에게 외척이 되고 정후겸은 나에게 의친이 되니, 속사정을 모르는 바깥사람들이 어찌 이 일이 이와 같은 줄 알겠는가. 지혜가 있는 자라면 많은 말을 하지 않아도 미루어 알 수 있는 일이다"했는데, 글쎄요. 그런데 세손의 일기를 가만히 보면 좀 이상합니다. 화완과 정후겸은 분명 어찌 저럴 수가 있을까 할 정도로 말투가 오만불손하지만, 계속해서 자신들은 세손을 위하고 있다, 자신들 덕에 세손이 보전한 줄 알아라, 등등의 말을 하고 있습니다. 그리고 일기를 계속 보면 정후겸은 거의 하루도 빠지지 않고 세손의 처소에 들러 이런저런 이야기를 하다가 돌아가고 있습니다. 이것이 과연 "전적으로 어떻게 하면 나를 배척하고 나를 모함하고 나를 위태롭게 만들고 나를 핍박할까를 고민하는" 사람의 행동일까요? 우리가 누군가를 죽이고 싶을 만큼 미워한다고 하면, 첫째, 그 사람의 꼴도 보기 싫어서, 둘째, 미워하는 감정을 상대에게 들킬까봐, 되도록 자리를 피하려 애쓰지 않을까요? 저 사도가 저에 대한 의심과 거리낌이 심해졌을 때, 이 핑계 저 핑계로 진현을 미뤘던 것처럼 말입니다.

그런데 정후겸은 문지방이 닳도록 세손의 처소를 드나들었습니다. 그리고 자기 속내를 아주 솔직히 드러냈죠. 자신을 의심하지 말라느니, 뒤에서 수군거리는 자들이 있으니 행동을 조심하라느니 하는 조언을 통해서 말입니다. 세손은 "이로써 나를 협박하고 나를 농락하는 것은 내가 저들의 논의를 들어주지 않을까 두려워해서인데, 하나라도 혹 흉도들의 뜻대로 되지 않는 것이 있으면 저들이 품고 있는 뜻이 바로 저들이 이야기하는 말과 같은 것이다. 흉적들의 꾀가 참으로 심하도다. 만약 흉도들의 이런 말이 없었다면 내가 저들이 마음을 먹고 꾀를 내는 것이 이처럼 흉악한지를 어찌 알 수 있었겠는가. 진실로 이른바 너무 기교를 부리려다 도리어 형편없게 된 꼴이다"라고 이를 풀이하고 있는데, 말하자면 "조정에서 전하의 권한을 뛰어넘는 월권을 한다는 말이 많으니 조심하십시오"라고 정후겸이 말했다면 세손이 보기에 그것은 "죽고 싶지 않으면 나서지 말고 닥치고 있으시오!"라는 그들의 뜻을 전달한 것이라는 것입니다. 하지만 정후겸이 천치 바보가 아니라면, 한두 번이면 몰라도 매일같이 찾아가 그런 뜻을 전달할까요? 상대가 전혀 듣지 않음을 뻔히 알면서? 세손은 "이런 말이 없었다면 내가 저들이 마음을 먹고 꾀를 내는 것이 이처럼 흉악한지를 어찌 알 수 있었겠는가"라 했는데, 화완과 정후겸이 정말 바보여서 자신들이 노리고 있는 바를 번번이 세손에게 알려주는 실수를 저질렀던 모양입니다. 더구나 그냥 미워하거나 적대하는 정도가 아니라 살수를 고용하고 짐독을 찾는 등 살벌한 짓을 벌이는 가운데, 혹시라도 상대가 눈치챌까봐 만의 하나도 조심하기는커녕 상대의 집에 뻔질나게 드나들며 '우리는 너를 이렇게 적대하고 핍박한다'고 알려줄 만큼 백치들이었다는 말인지….

결국 앞뒤를 맞춰보면, 화완과 정후겸은 세손을 박해하려거나 해치려 했던 것이 아니었습니다. 지나치게 친한 척 잔소리를 했던 것뿐이죠. 인용한 화완의 말에서 보듯, 화완은 스스로 사도 생전에 그와 세손 모자를 자신이 내내 감싸줬다고 여겼습니다. 그래서 그 공을 잊지 말라고 유세를 떨곤 했겠지요. 그녀는 세손이나 자신의 아들 정후겸을 모두 막역하게 생각했고, 정후겸도 그렇게 여겼기에 친구에게 쓴소리 하듯 세손에게 듣기에는 제법 불손한 말도 서슴없이 했겠지요. 그저 그뿐인데, 트라우마에 사로잡혀 있던 세손은 그만 '옷을 벗고 잠자지도 못할 정도로' 공포와 혐오에 치를 떨었던 것입니다. 그리고 그렇게 만든 사람은, 나중에 정조의 전적인 신임을 업고 실질적인 일인지하의 권세를 휘두르게 될 홍국영(그는 홍씨 가문이면서 홍인한 쪽과 유독 사이가 나빴습니다)의 사주도 작용했지만, 다름 아닌 저입니다! 제가 그 아이에게 죽을 때까지 잊지 못할 트라우마를 심어 준 것이니까요!

그 아이는 당사자인 저를 대할 때도 그 사실을 잊지 않았습니다. 군주이자 할아버지인 동시에, 아버지의 원수! 그렇다고 제게 조금이라도 고개를 쳐드는 모습을 보일 수는 없었죠. 그래서 어디까지나 효성스럽고 충성스러운 세손의 모습을 초지일관 유지했습니다. 다만 저는 그 모습에서 아무래도 부자연스러운 부분을, 당장이라도 터뜨리고 싶으나 꾹꾹 눌러 참고 있는 응어리를 감지할 수 있었습니다.

적대하고 싶으나 적대할 수 없는 제게, 세손은 우회적인 방법으로 차근차근 '복수'를 준비해 나갔습니다. 먼저 제가 자신의 아비에 대해 내린 처분의 정당성을 밑바닥부터 뒤집어나갔습니다.

> 임금이 창덕궁에 나아가 선원전璿源殿(창덕궁 안에 조선 역대 왕들의 어진을 모신 전각)에 지알祗謁하였는데, 왕세손이 그대로 따랐다. 행례를 마치고 재전齋殿에 돌아와 시임·원임 대신과 2품 이상, 삼사 관원을 불러모두 전정殿庭에 모이도록 하였다. [……] 임금이 이어 세손에게 이르기를,

"이후에 여러 신하들이 혹 이 일로 말하는 자가 있다면 이는 옳은 일이냐, 그른 일이냐?"

하니, 세손이 대답하기를,

"그른 일이옵니다"

하였다. 임금이 말하기를,

"그렇다면 군자이냐, 소인이냐?"

하니, 세손이 대답하기를,

"소인입니다"

하였다. 임금이 사관을 돌아보고 말하기를,

"너희들이 상세히 기록하는 것이 좋겠다"

하였다. 홍봉한이 말하기를,

"하늘이 우리나라를 도우사 세손의 오늘 마음이 변하지 않는다면 종사의 복이옵니다"

하니, 임금이 말하였다.

"군신 간에는 서로 마음을 아는 것이 소중한데 오늘 이 말을 들으니 마음을 알 수 있다."

－『영조실록』103권, 영조40년 2월 20일

임금이 대신과 비국 당상을 인견하였는데, 왕세손이 흑립黑笠과 참포黲袍·흑대黑帶 차림으로 시좌하였다. 임금이 효장묘孝章廟의 제문을 가지고 들어와서 읽어 보도록 하고 이어 세손을 돌아보면서 이르기를,

"너의 소후所後 부모는 모두 효성이 있었기에 이러한 보답을 받게 된 것이다. 너에게 아비의 자리가 없으면 어떻게 사람 노릇을 하겠느냐? 네가 나를 섬기기는 효장이 나를 섬기듯이 하고 나라를 통어統御

하기는 썩은 새끼로 육마^{六馬}를 어거하듯 하라. 제왕가는 범인과는 달라 한 번만 혹시 삼가지 않으면 아무리 필부가 되고 싶어 해도 될 수가 없다. 지금 너에게 하유하고 싶은 것이 있으니 사신^{史臣}은 상세히 기록하고, '1본^本은 춘방^{春坊}으로 하여금 써 올리게 하여 조석으로 살펴보도록 하라"

하였다. 그 글에 이르기를,

"지금 나는 너를 효장^{孝章}의 후사로 삼았다. 아! 몇 년이나 끊어졌던 종통이 다시 이어졌으니, 동궁의 칭호를 전대로 쓰는 것은 마땅치 않다. 의당 근본부터 바루어야 하는 것이다. 아! 막중한 3백 년 종통에 나는 자식의 자리가 없었고 너에게는 아비의 자리가 없었으니, 이것을 중절^{中絶}이라고 하는 것이다. 이번 일로서 일후에 혹 사설^{邪說}이 일어난다면 이는 한갓 우리 종통을 어지럽힘이 될 뿐만 아니라, 내가 무슨 낯으로 지하에 돌아가 열성조를 뵙는단 말이냐? [……]

너의 도리에 있어서는 사도묘^{思悼廟}도 자식의 도리를 다하고 나의 오늘 훈계를 지켜 항상 생각을 이에 두어 종국을 실추하지 않는다면 이 묘우도 앞으로 태실^{太室}을 따라 길이 전해질 것이니 그리되면 어찌 너의 효도가 아니겠느냐? 너의 효도가 아니겠느냐? 또 장일^{葬日}에 친히 신주의 면^面을 쓴 것도 너의 도리에 어찌 감히 손을 대겠으며 해동의 신자^{臣子}로서 누가 감히 용의^{容議}하겠느냐? 이는 너무 심한 말 같다. 지금부터는 종통이 만세토록 크게 정해졌으니 너의 소생부^{所生父}의 묘우도 저절로 백대토록 편안하게 될 것이다. 아! 무슨 일이 이보다 더 크다 할 것인가? 만일 사설에 흔들려 한 글자라도 더 높여서 받들면 이는 할아비를 잊은 것이고 사도도 잊은 것이 된다. 어찌 차마 이를 하겠느냐? 어찌 차마 이를 하겠느냐? 아! 충자^{沖子}(어린아이를 가리키는 옛말. 여기서는 정조를 말한다)야 이를 명심하라. 이를 명심하라. 이렇게 하유하는 것은 다른 강연의 말과는 사체가 크게 다르니, 사관으로 하여금 청사靑史에 쓰게 하고 또한 정원으로 하여금 조보朝報에 반포하게 하라"라고 하였다.

－『영조실록』103권, 영조40년 2월 23일.

사도에게 대처분을 한 지 2년 뒤, 세손을 효장세자의 양아들로 삼으면서 이처럼 생부를 잊지는 말되 그에 대해 원한을 품거나 복수를 도모하지 말 것을 단단히 이르고, 맹세까지 받았건만 이 총명한 녀석은 이미 그때부터 다른 마음을 조용히 품었던 것 같습니다. '말 잘 듣는 착한 아이'의 모습으로 10년을 지내나 하더니—사실은 꼭 그렇지도 않았지만, 그 이야기는 조금 뒤에 하겠습니다—마침내 대리청정을 시키려 하자 제 앞에 엎드려 짐짓 눈물을 떨구면서, 공손하게 한 가지 요구를 한 것이었죠.

"엎드려 아뢰옵니다. 전하께서는 신에게 곧 하늘입니다. 머리끝에서 발끝까지 털끝 하나도 모두 전하께서 내려주신 것이고 보호하여 길러주신 것이 전하의 은덕 아님이 없으니, 신이 태어나 25세가 되도록 모든 것은 전하께서 은혜로이 보살펴주신 덕분입니다. 그래서 신은 큰 은혜를 감사히 받들어 마음에 새기고 뼈에 새기면서 오직 침소에 문안하고 어선御膳을 살피는 것으로 구구하게나마 보답할 생각을 하고 있었습니다.

그런데 뜻밖에 우리 전하께서는 불초한 신의 능력으로 감당할 수 없다는 것을 헤아리지 않으시고 하루에 만기萬機를 살펴야 하는 과중한 임무를 신에게 모두 맡기셨습니다. 그 일은 지극히 엄격하고 지극히 중요하며 그 책임은 지극히 어렵고 지극히 크니, 어리석고 노둔한 신의 자질을 생각하면 어찌 조금이나마 감당할 희망이 있겠습니까. 피눈물을 흘리며 애써 사양하기를 두 번 세 번 하였지만 윤허를 얻지 못했기 때문에 명분과 도리에 쫓겨 무리하게 명을 받든 지 이제 몇 개월이 되었습니다. 마치 나무 위에 앉은 듯 아침 일찍부터 밤늦게까지 삼가고 두려운 마음뿐이었습니다. 그런데 이번에 성상께서 종통宗統의 중요함을 깊이 유념하시고 영원히 근본이 될 계획을 세우시어 드디어 책보冊寶를 올리고 나서 특별히 효장궁孝章宮에 사호賜號하는 예를 거행하셨으니, 신은 영화롭게 여기고 감사하게 생각하여 몸 둘 바를 모르겠습니다. 살아서 목숨을 바치고 죽어서 은혜를 갚으려 애쓰더라도 어찌 전하의 은혜를 조금이나마 갚을 수 있겠습니까.

또 신에게는 매우 절박한 사정이 있습니다. 이번에 일이 벌어진 것으로 인해 불안한 마음이 더욱 격렬해져서 스스로 억누르지 못하겠는데, 말하려 해도 목이 메고 글을 쓰려 하여도 눈물이 먼저 쏟아집니다. 아, 이는 전하께서 차마 듣지 못하실 말이고 소자가 차마 할 수 없는 말입니다. 그러나 끝내 말하지 않고 가만히 있으면 이는 사랑으로 보살펴 주신 하늘 같은 은혜를 스스로 저버리는 일이고 신의 심정은 영원히 드러낼 날이 없어질 것입니다. 그래서 감히 크게 소리 내어 급하게 외치고 피눈물을 흘리며 간절하게 아뢰오니, 전하께서는 가엾이 여겨 굽어살펴 주시기 바랍니다.

아, 임오년의 처분은 우리 성상께서 종사를 위해 부득이하게 결정하신 일입니다. 대성인의 마음으로 달권達權의 도리를 행하신 것이니, 온 동토의 대소 신민들 중에 누가 감히 그 사이에서 이견을 품을 수 있겠습니까. 더구나 신이 죽을 뻔한 목숨을 보전하여 오늘에 이를 수 있었던 것은 전하의 큰 은혜 아님이 없습니다. 높은 하늘과 두터운 땅, 큰 산과 깊은 바다도 이 감격에 견줄 만하지 못하니, 신이 은혜에 보답하는 도리로는 오직 사시(四時)처럼 믿고 금석처럼 지켜서 만세에 전하도록 폐단이 없게 해야 할 것입니다. 가령 괴물이나 귀신 같은 불손한 자들이 감히 바라는 마음을 품고 방자하게 부추기는 논의를 내더라도 신이 그 꼬임에 현혹되어 망령되이 의리를 바꾸려 한다면 이는 참으로 전하의 죄인이 되는 것이고, 전하의 죄인이 될 뿐만 아니라 장차 종사의 죄인이 되고 만고의 죄인이 될 것입니다. 황천의 상제가 위에서 굽어보고 종묘의 신령이 옆에서 질증하는데, 신이 어찌 감히 속일 수 있겠습니까.

그런데 『승정원일기』로 말하면 그때의 사실이 죄다 실려 있어서 모르는 사람이 없고 못 본 사람이 없으며 본 사람은 전하고 들은 사람은 의논하여 세상에 퍼지고 사람의 이목을 더럽히니, 신의 사심은 애통하여 거의 돌아갈 데 없는 곤궁한 사람과 같습니다. 대저 여항의 필부 가운데 정리로 보아 슬픔이 절실한 자가 있으면 종신토록 애통한 마음을 품어서 살고 싶지 않을 것입니다. 신이 비록 어리석고 미련하지만 또한 이렇게 지워지지 않는 한 가지 애통한 마음을 품고 있는데, 지금 세손의 자리에 높이 앉아 엄연히 신료들을 대하고 있으니 어찌 마음에 아픔이 없겠으며 어찌 이마에 땀이 나지 않겠습니까. 만일 신이 애통해하는 것이 혹 전하의 처분에 장애가 된다고 여기신다면 이것은 그렇지 않습니다. 대개 전하의 처분은 천리의 공평무사한 것이고 신의 애통함은 또한 인정의 지극한 것입니다. 처분은 처분이고 애통함은 애통함이니, 참으로 이른바 병행해도 어

그러지지 않고 양립하여도 해가 되지 않는 것입니다. 만일 또 일기가 없으면 처분에 대해 증명할 수 없다고 여기신다면 이것도 그렇지 않습니다. 대저 국조의 전고典故는 모두 간첩簡牒에 실려 있는데, 금궤金匱와 석실石室에 비장祕藏하고 명산에 갈무리하여 천추만대에 이르도록 옮길 수 없으니, 또한 일기를 어디에 쓰겠습니까.

아, 일기를 그대로 둘지의 여부는 전하께서 어떻게 처분하시느냐에 달려 있습니다. 그러나 신이 스스로 처신해야 할 바는 오직 세손의 자리를 사양하고 종신토록 숨어 살면서 다만 하루에 세 번 삼가 문안드리는 직분을 닦는 데 있을 뿐입니다. 말이 여기에 이르니, 절로 애가 타고 가슴이 찢어질 듯하여 하늘에 호소하려 해도 방법이 없습니다. 삼가 바라건대 전하께서는 슬피 여기고 가엾이 여기시며 헤아리고 살피시어 속히 신에게 청정聽政하라고 하신 명을 거두시고 이어 신의 세손의 자리를 삭탈하여 시종 자애로이 보살펴주시는 은혜를 온전히 하소서. 삼가 바라 마지않습니다. 신은 너무도 간절하게 기원하옵니다."

– 『명의록』 「존현각일기」

공손하고 간절한 자세를 취하였지만, 실상은 아비의 대처분 기사가 실려 있는 승정원일기 부분을 없애지 않으면 결코 대리청정의 명을 받들지 않겠다는 주장이었습니다. 저는 난감했습니다. 그 부끄럽고 처참한 일이야 전들 지워버리고 싶지 않겠습니까만, 그 기록을 없애면 사도가 정확히 어떤 까닭으로 그런 처분을 받았는지 후세에 명확히 알려지기 어렵기 때문이었죠. 그러나 그가 요모조모 반박하기 힘든 근거를 내놓은 데다, 이 요청을 하기 전에 여러 대신들과 미리 의논을 하여 할

바마마께 이런 것을 여쭈어도 좋을지에 대해 원로들의 의견을 겸허히 묻는 형태로, 이미 세초를 공론화해놓고 있었으므로 더더욱 거부하기 어려웠습니다. 결국 저는 그 요청을 들어주기로 합니다.

임금이 집경당에 나아가 하교하기를,

"이번에 하교한 것은 나라를 위하고 충자(세손)를 위한 것이나, 오히려 미진한 것이 있었다. 왜냐하면 비사秘史는 의논할 수 없더라도, 승정원일기로 말하면 천인賤人들도 다 보고 사람들의 이목을 더럽히는 것이다. 사도가 어두운 가운데에서 알면 반드시 눈물을 머금을 것이니, 어찌 후세에 유족을 끼치는 뜻이겠는가? 비사가 이미 있으니 일기가 있고 없는 것이 무슨 관계가 있겠는가? 오늘 시임 · 원임이 마침 입시하였으므로 이미 하교하였다. 승지 한 사람이 실록의 예에 따라 주서 한 사람과 함께 창의문 밖 차일암에 가서 세초洗草하라. 내마음은 종통에 대하여 광명하나 이 일은 수은垂恩(사도세자)에게 차마 못할 일이었으니, 이번 하교는 병행하여도 어그러지지 않을 것이다. 일기를 보더라도 다시 그 글을 들추는 자는 무신년의 흉도의 남은 무리로 엄히 징계할 것이다. 다들 반드시 이 말에 따르고 국법을 범하지 말아야 한다" 하고,

또 하교하기를,

"이번 하교는 뜻이 어찌 작겠는가? 제문을 지어 내리고 내일 아침에 세손이 수은묘에 가서 전작奠酌하라" 하였다.

－『영조실록』 127권, 영조52년 2월 4일

그러나 그 아이는 즉위 후 그날의 전말을 기록한 비사秘史를 없애버

렸습니다. 그리고 제가 손수 지은 사도의 묘지문조차 박살을 내고 내버렸습니다. 그리하여 임오년의 사건에 대한 공식 기록은 하나도 남아 있지 않게 되었고, 근거 기록이 없는 이상 편찬된 실록도 그 부분의 기사를 대부분 공백으로 남겨둘 수밖에 없었지요. 이렇게 해놓고, 그 아이는 스스로 제 아비의 묘지문을 정성껏 지어 올렸습니다.

"[……] 아, 불효한 이 아들이 천지에 사무치는 원한을 안고 지금껏 멍하고 구차스럽고 모질게 목석마냥 죽지 않고 살았던 것은, 소자에게 중사를 맡겼기 때문이었습니다. 이에 그 뜻에 보답할 수 있게 되기를 지극한 심정으로 비나니, 아, 하늘이시여. 사람이 하고 싶어 하는 일은 하늘이 들어주는 것인데, 이 소자는 감히 기필코 이렇게 해야만 소자가 죽지 않은 이유에 대해서 천하 후세에 떳떳이 말할 수 있지 않겠습니까.

이에 덕행을 들어 피눈물을 흘리면서 삼가 현궁^{玄宮}에 다음과 같이 적습니다.

휘^諱는 이선^{李愃}이고 자^字는 윤관^{允寬}이다. 숙종원효대왕의 손자이고 영종현효대왕의 아들로 영빈 이씨 소생이다.

삼가 행록을 상고하건대, 태어나시기 수삼일 전부터 상서로운 빛과 구름이 보이더니, 태어나시자 해와 같은 자표^{姿表}가 사람들에게 환히 비치고, 울음소리는 큰 종을 치는 것과 같았다. [……]

임술년에 종묘에 참배하는 예식을 거행하였다. 예식이 끝난 다음 상이 이르기를, '세자가 곁에 있기에 언제 사묘^{私廟}에 갈 것인가를 물었더니, 그가 8살밖에 되지 않았는데도 예절을 표시하려고 하였다'고 하였다. 그로부터 며칠 뒤에 사묘에 나아가 참배하였는데, 도성 백성

들이 슬기로운 모습을 바라보고 춤을 추며 환성을 질렀다. [……]

영묘께서 정사를 보면서 간혹 밤이 이슥할 때까지 있으면, 반드시 옷매무새를 단정히 하고 잠자리에 드는 것을 기다린 후에야 잠을 잤다. 또 글을 읽을 때면 반드시 시간가는 줄도 모르고 게으름을 피우지 않았으므로, 영묘는 늘 그만하도록 하곤 하였다. 병이 나서 영묘께서 임하여 살피시는 경우에는, 반드시 의복을 입고 일어나 앉았으며, 혹시라도 괴로워하는 기색을 나타내지 않았다. [……]

기사년 봄에 세자에게 서정應政을 대리하도록 명하였다. [……] 그로부터 6일 후에 시민당에 나아가 대리 조참을 행하였는데, 영지令旨를 내려 대소 신하들로 하여금 결백한 마음가짐으로 서로 협동하고 한마음으로 나라를 위해 보좌하도록 하였으며, 또 제도로 하여금 백성들의 생업을 각별히 보살피도록 하였다. 또 경외의 혼례나 장례를 제 때에 치르지 못한 사람들에 대하여 관청에서 돌보아주도록 하였다. 우참찬 원경하가 상에게 아뢰기를 '신들이 초연 때 내린 영지를 보니, 누구인들 서로 전하며 고무되어 결백한 마음으로 공경하고 합심할 방도를 생각하지 않겠습니까'라고 하였으며, 호조 판서 박문수가 아뢰기를 '대리하라는 어명이 내렸을 때, 세자가 얼굴에 눈물이 가득한 채 의롭게 대처하고 예절에 맞도록 한 일에 대하여, 외부 사람들이 듣고서 다들 경사스러운 일이라고 여겼습니다'라고 하였다. 그로부터 며칠 후에 '세자가 나보다 낫다'고 한 상의 하교로 인하여, 문수가 세자를 보살필 데 대한 말을 극력 진술하였으며, 또 며칠 뒤에는 인재를 등용하며 백성을 돌봐주는 문제로써 면대하고 하교하시어 세자로 하여금 법을 따르게 하기 바란다고 하였다. [……]

이해 겨울에 명을 받들어 사형수들을 세 번 심리하였는데, 죽지 않고 목숨을 보전하게 된 자들이 많았다. 이후로는 해마다 이렇게 하였다. 밤에 궁관을 불러 강론을 하다가 자정이 되자, 공물로 올라온 귤을 궁관에게 하사하였다. 귤을 다 먹자 쟁반 안에 시詩가 있었는데, 궁료들이 즉석에서 차운시次韻詩를 지어 화답하였다. 갑술년에 각도로 하여금 환곡還穀이 많은 데에서 모아 부족한 쪽을 보태주는 정사를 거행토록 함으로써, 백성들의 고통스런 폐단을 없애도록 하였으며, 대동 군포大同軍布를 돈으로 대납하는 방납은 금지시켰다. [……]

세자가 본디 술을 입에 대지 않는다는 점은 궁중의 대소 사람들이 다 아는 일인데, 이때에 그와 상반된 말이 돌았다. 세자는 성인의 가르침에 힘쓰지 못했다는 내용의 지시를 내리어 반성하면서 자책을 하였고, 또한 술을 지나치게 마셨다고 상 앞에 말씀드렸다. 이때 좌우에 있던 신하들이 '없는 일을 있다고 하는 것은 도리어 성실하지 못한 것이 된다'고 말하자, 답하기를 '지극히 인자하고 지극히 명철하신 전하께서 스스로 그것의 허실을 판별할 수 있는데, 내가 어떻게 감히 스스로 변명하는 말을 입 밖에 낼 수 있겠는가'고 하였다. 얼마 후에 상이, 세자가 영지를 내리어 자신을 책하였다는 것을 듣고는 매우 기뻐하면서 '이런 말이 나도는 것은 모두 나의 잘못이다'고 하면서 누차 감격하고 깨닫는 의사를 드러내 보였고, 그뿐만 아니라 성의聖意를 중외에 반시頒示하였다. [……]

임오년 5월에 적인賊人 나경언이 복주伏誅되었다. 기주記注와《궁중기문宮中記聞》에 의하면, 경언이 형조에 글 한 통을 투서하였는데, 그 글에는 '전하의 곁에서 가까이 모시는 신하들이 모두 불충한 생각을 품고 있어 변란이 눈앞에 닥쳐왔다'는 말이 있었다. 이에 형조의 관리가 본조의 좌석으로부터 그 글을 소매 속에 넣고 청대를 하였는데,

이때 역적 계회는 기백畿伯으로서 먼저 와서 기다리고 있었다. 상이 모두에게 입시하라고 명하였고, 이어 형조의 관리가 그 글을 상에게 고하자, 상이 크게 놀라서 내시에게 묻기를 '경언은 대궐 하인 나상언의 족속인가?'라고 하니, 내시가 대답하기를 '상언의 형으로서 전에 대궐 하인으로 있던 자입니다'고 하였다. 상이 역적 계회에게 묻기를 '궁성을 호위해야 하겠는가?'라고 하니, 역적 계회가 앞에 나와서 아뢰기를 '나라에 변고가 있으면 궁성을 호위하는 일은 무신년에도 이미 행한 적이 있습니다'라고 하였다. 상이 즉시 성문을 닫고 군사를 동원하여 궁문을 파수하라고 명하였다. [……] 판의금부사 한익모 등이 말하기를 '경언이 흉악한 말을 지어내어 상을 속여 세자를 핍박하게 만들었으니, 그 죄 죽여야 마땅합니다. 엄하게 국문하여 법대로 다스리소서'라고 하니, 상이 비로소 형장을 가하라고 명하였다. 그러자 사서 임성이 분연히 나서서 익모에게 말하기를 '흉악한 말을, 어찌 경언이 스스로 지어낸 것이겠는가'라고 하니, 익모가 또 사주한 자를 한시바삐 사핵하기를 청하였다. 상이 노하여 익모의 관직을 파면시키고, 대사간 이심원이 익모를 두둔하자, 그도 파직시켰다. 익모 등이 이미 쫓겨난 다음, 경언이 세자를 무함하였다고 자복을 하였다. [……] 이해 윤 5월 21일에 세상을 떠났는데 '사도'라는 시호를 내렸으며, 궁묘의 호칭을 '수은'이라고 내려주었다. 7월 23일에 양주의 배봉산 갑좌의 언덕에 장사지냈다. [……]

가을이 되자, 상이 어의궁에 행차하여 세손더러 사당에 가서 참배하라고 명하고는, 눈물을 흘리면서 그를 보내고는 옛일을 추억하는 말을 많이 하였다. 이어 후원의 기슭에 걸어 올라가서, 담장에 기대어 한동안 멀리 바라보았다. 이후로는 매일 밤중에 번번이 문지방을 두드리면서 한탄하기를 '옛적에 사자궁思子宮과 망사대望思臺가 있었는데 내가 어찌 스스로 이런 처지를 당할 줄 생각이나 하였겠는가'라고 하였다. 또 연신筵臣에게 말하기를 '그때의 조정 신하들 가운데 과연 안금장安金藏(중국 당唐나라의 충신. 측천무후 때 태자 예종睿宗은 반란을 도모했다는 무고를 받았다. 고문 끝에 그의 측근들은 죄를 인정하려 했으나, 안금장은 칼로 배를 갈라 창자를 보임으로써 태자의 결백을 주장했다)과 같은 충성심을 가진 자가 있었던가. 이제 와서 협잡하여 다시 제기하는 것은 억하심정인가'라고 하였다. [……]"

–「어제조선국장헌세자묘지문」

그야말로 찬양 일색인 묘지문. 고인에 대해서는 원래 좋은 말만 골라 쓰는 것이기는 하지만 이는 사실을 과장하고 왜곡함이 심해, 만약 제가 그때 살아서 그 묘지문을 보았더라면 기가 막혀서 혼절했을 것입니다. 처음부터 끝까지 사도는 이 땅에 두 번 다시 나기 힘든 성인聖人으로 묘사되어 있고, 티끌만한 잘못도 없는 것을 사악한 무리들의 참소에 제가 깜빡 넘어가 대처분을 내린 것이고, 저는 또 속았음을 뒤늦게 깨닫고 후회하며 애달아 했노라고 써 놓았습니다.

이제까지 제 이야기를 경청하신 분들은 말씀 안 드려도 아시겠지만, 사도에게 티끌만큼도 잘못이 없다면 제가 어찌 그 훌륭하고 귀한 아들을 한두 사람의 참소만 믿고 처단했겠습니까. 묘지문에서 나경언 이야기를 하되 그가 근거 없이 세자를 무함誣陷했다고 자백하고 복주되었다고 했는데, 사실이 그랬다면 주위의 신하들이 어찌 저의 처분을 일제히 일어나서 말리지 않았겠습니까. 제가 뒤늦게 '속았음을 알고' 후회와 자탄을 금치 못했다면, 왜 그 '사악한 무리들'을 일제히 조정에서 쓸어버리지 않았겠습니까.

　이는 자기 아버지를 미화하고 스스로 죄인의 아들이라는 멍에를 벗는 것에 그치지 않고, 저를 참소에 혹해서 금쪽같은 아들을 죽인 우매한 암군으로 몰아붙인 셈이었습니다. 정조는 그치지 않고, 대놓고 하지는 않되 주변 사람들에게 계속 말을 흘려서 '영조께서 노망이 들어서는, 몇몇 간신배의 말만 믿고 아무 죄 없는 세자에게 갖은 고문을 가하고는 뒤주에 가둬 잔인하게 죽여버렸다'는 소문이 조선 팔도에 널리 퍼지도록 했습니다. 그래서 『임오일기』, 『현고기』, 『대천록』 같은 야사들이 '뒤주 대왕' 이야기를 만들게 된 것이죠. 여기에 제게 편견과 불만을 잔뜩 품었던 혜빈이 지은 『한중록』의 기록이 겹치면서, 여러분 시대에 저는 천하에 몹쓸 아버지요, 광기 어린 폭군처럼 알려지게 된 것입니다.

　세손, 정조는 또한 자신의 즉위년인 병신년(1776)에 제가 피눈물을 흘리며 지어준 제 아비의 시호를 사도에서 '장헌莊獻'으로 고치고, 수은묘를 신주를 모시는 '경모궁景慕宮'과 시신을 모시는 '영우원永祐園'으로 일제히 바꿔버렸습니다. 영우원에 있어서는 아예 이장을 해서 스스로 고르고 고른 화성 땅에 새로 설치하고, 그곳에 대규모의 행궁行宮(임금이 궁궐 밖으로 행차할 때 임시로 머무르던 처소로 별궁別宮, 이궁離宮이라고도 한다)을, 나아가 성을 축성하여 장차 나라의 중심을 그곳으로 옮길 마음까지 먹기도 했죠. 이 모든 일을 즉위한 지 한 달도 안 되어서 벌이기 시작했으니, 어머니를 추숭하는 사업을 수십 년이 걸려서야 마칠 만큼 '선왕이 하신 조치를 감히 고치지 않는다'는 원칙을 삼가 지켰던 저와는 다른 모습이었습니다.

　불행했던 아비를 추숭하는 일이야 뭐 큰 문제이겠습니까. 그러나 일찍이 제 손을 잡고 선원전 앞에서 맹세했던 일은 잊었는지 어떤지, 그는 곧바로 사람에 대한 복수에 들어갔습니다. '문녀'와 '정처' 및 그 측근들은 물론이고, 외가의 홍익한이나 홍계희 등도 일제히 살아남지 못했으며, 외할아버지 홍봉한도 이른바 '일물一物(뒤주)을 영묘께 바쳤다'는 뜬소문을 가지고 탄핵이 거듭되자 조정에서 물러나지 않을 수 없었습니다. 그 누구보다도 사도를 아끼고 도왔던 그로서는 참담함을 이기지 못했을 겁니다. 이 밖에 임오화변에 대해 조금이라도 자신의 뜻과 다른 해석을 하거나, 반대되는 증언을 남긴 사람은 누구도 용서하지 않았습니다.

이렇게 조정을 사도세자 옹호세력인 '시파'와 반대파인 '벽파'로 양분하고, 조금도 타협과 화해의 여지가 없는 정치를 펼친 것은 제가 평생 추구해온 탕평의 정신과 어긋나도 한참 어긋난 것이었습니다. 다행이 복수 전선에 최선봉이 되어 날뛰던 홍국영이 무리수를 거듭둔 끝에 몰락하고 나서는 살벌한 정국이 다소 추슬러지는 듯했습니다. 그러나 이후로도 잊을 만하면 '임오년의 의리'니 '병신년의 의리'를 찾는 상소가 올라오면서 상대방을 극단적으로 공격하는 일이 벌어지곤 했죠. 당쟁이란, 상대를 대화와 타협의 대상이 아니라 극복과 타도의 대상으로 삼을 때 결코 끝나지 않으며 갈수록 난폭해지기만 할 뿐입니다. 저는 그것을 방지하기 위해 사람으로 할 수 없는 일까지 했건만, 임오년 문제를 거칠고 일방적으로 처리함으로써 두고두고 불신과 대립의 정치는 멈추지 않게 되었죠. 정조 역시 이를 억제하기 위해 탕평책을 폈습니다. 그러나 저의 탕평과는 다른 탕평이었죠. 저는 노, 소, 남, 북의 구성원들 중 온건한 사람들을 두루 뽑아 중용함으로써 '탕평당'을 만들어 정국이 극한으로 치닫는 일을 제어했는데, 정조는 그것은 또 하나의 당파를 만들 뿐 당쟁의 근본적 극복은 꾀할 수 없다며 저의 '완론 탕평' 대신 '준론 탕평'을 추구했습니다. 저와는 반대로 각 당파에서 가장 극단적이고 완고한 사람들을 뽑아 시쳇말로 '맞장 뜨게' 한다는 것입니다. 서로 하고 싶은 말들을 속 시원히 하고, 결론이 나지 않으면 임금의 권위로 눌러 해결하겠다는 식이었는데, 글쎄요. 여러분 시대의 좌, 우파니 진보, 보수니 하는 진영들에 있는 과격파들을 모아 놓고 토론을 시키면 문제가 순조롭게 해결될까요? 정조는 자신의 재능과 지도력을 믿어 의심치 않은 나머지 그러한 '정면대결' 방법을 선택한 모양입니다만, 이는 결국 당쟁을 해소시키지도, 왕권을 떠받칠 든든한 지지 세력을 확보하지도 못해 끝내 그의 말년에 시파이자 외척 세력인 김조순에게 나라를 부탁함으로써 세도정치가 펼쳐질 길을 열어놓게 됩니다.

지금 제 손자 정조의 정치를 깎아내리자는 게 아닙니다. 그는 분명 훌륭한 임금이었고, 저도 엄두를 내지 못한 많은 업적을 이뤄내기도 했습니다. 그러나 제가 왕업의 핵심으로 삼은 탕평에 있어서는 그리 옳은 선택을 한 것으로 보이지 않으며, 그것은 그가 우매해서가 아니라 그에게 뿌리박힌 트라우마 때문에, 다시 말해 저의 업보 때문에 그리되었다 봅니다.

이렇게 제 손자가 할아비의 결정과 방침을 뒤집음으로써 '복수'를 하려는 조짐을 저는 미처 몰랐을까요? 아뇨. 자세히 예측하지는 못해도, 어느 정도 감은 잡고 있었습니다. 그러나 저는 그냥 놔두었습니다. 무엇보다도 대안이 없었죠. 정치적, 인간적으로요. 제가 그 아이를 딱 한 번 혼냈던 적이 있습니다.

시임 대신과 원임 대신에게 입시하도록 명하였다. 임금이 이르기를,

"80이 다 된 임금이 충자와 서로 의지하고 있는데, 조정에 있는 제신들이 이와 같이 머뭇거리고 있으니, 이렇게 하고서야 (어찌) 나라가 망하지 않겠는가?" 하자, 영의정 김치인이 말하기를, "신은 오늘 하교에서 성상의 뜻이 어디에 있는지 모르겠습니다. 다만 신자가 어찌 모두 이와 같겠습니까?" 하니, 임금이 말하기를,

"나는 당나라 문종이 (환관이 날뛰도록) 한 일은 하지 않겠다. 그리고 김우상이 아뢴 바를 들으니, 왕손이 추종을 외람되게 거느리고 다니어 도로에서 구경하는 자들이 모두 대장의 행차라고 지목하였는데도 대신^{大臣}은 한 사람도 말하는 자가 없었고, 홍 봉조하가 나인을 선발하였는데도 대신이 또한 한마디 말이 없었으며, 왕손이 방자하다는 말이 있는데도 조정에서 감히 말하는 자가 없으니, 그 누구를 믿겠는가?"

-『영조실록』116권, 영조47년 2월 3일

바야흐로 혈기왕성한 나이가 되었으니 제 아비가 그랬고 또 제가 그랬듯 여색과 유희 등에 정신을 빼앗기지 않는 게 이상했지요. 하지만 저는 저대로 제 아비에게 겪은 트라우마가 있는지라, 따끔히 혼을 낼 참이었습니다. 그래서 불러서 한바탕 훈계를 했더니, 이 녀석의 표정이 묘한 겁니다. 말은 공손하고 용서를 비는 태도도 간절한데, 그 표정이란…. 바로 제 아비가 제게서 한창 훈계를 듣고 나서 짓던, 무표정하면서도 알게 모르게 냉소가 어려 있는 듯한 표정이었던 겁니다. 그 아이는 자기 아버지의 표정을 따라 하며 제게 이렇게 말하고 있는 것만 같았죠. '또 시작이십니까? 이런 식으로 제 아버지를 잡으셨죠. 이제는 제 차례인가요? 제 아버지에게 그랬듯, 저도 방탕하다고 대처분

을 하실 겁니까?' 저는 손이 떨리고 눈앞이 캄캄해져서, 아무 말도 못한 채 그 아이를 내보냈습니다. 그리고는 다시는 그 아이를 나무라지 않았죠. 다행히 제 아비와는 달라서 한때의 일탈에 그치고 '착한 모범생'으로 금방 돌아오는 세손이었지만, 저는 실감하고 있었습니다. 이제 칼자루는 제 손에서 떠났음을, 저의 시대는 끝이 났음을.

그 뒤로 어깨에서 힘을 빼니까, 비로소 제 나이에 맞는 생활이 가능해지는 것 같더군요. 대리청정까지 결정한 뒤로는 점점 쓸모없는 늙은이가 되어갔습니다. 세손이 과장했던 그대로 정신이 깜빡깜빡하는 걸 실감하기도 하고, 정성왕후가 시달렸던 담증, 그리고 어머니를 괴롭혔던 치매 증세 등이 잇달아 나타나면서 제 늙은 몸은 완전히 지쳐버렸습니다. 이제 바라는 유일한 것은 안식, 오로지 안식일 따름이었습니다. 그렇게 해서, 지겨울 정도로 많은 사람을 떠나보냈던 이 사람에게 마침내 순서가 왔습니다.

상이 집경당에 계시었다. 약원이 입진을 행하는 자리에 내가 시좌하였다. 내가 약원 제조 서유린에게 이르기를,

"요즘 증세가 자꾸만 악화되어 매일 손쓸 길이 없는데 저녁 이후에는 담이 끓고 혼미한 증후가 더욱 심해졌다. 눈꺼풀을 떴다 감았다 하시는 것과 손끝 발끝의 온기가 평상시와는 달랐다. 그러므로 기후를 진찰할 것을 앙청하였으나 아무런 지시가 없었고, 탕제를 올릴 것을 앙청하였으나 역시 아무런 지시가 없으셨다. 얼마 후에 손의 한기가 더욱 심해지기에 계귤차를 두어 숟가락 올려 보았더니, 온기가 있는 듯하다가 도로 싸늘한 기운이 감돌았다. 다급하여 어찌할 바를 모르는 상황에서 한편으로는 지금 바로 진찰하겠다고 주달하

였다. 탕제는 달여서 대령하였는가?"

하니, 서유린이 아뢰기를, "달여서 대령하였습니다" 하였다. 내가 오도형에게 진찰하게 하였더니, 오도형이 진찰한 뒤에 주달하기를, "맥박이 조금 줄었는데 이것은 필시 담기가 정체되어서 그럴 것입니다. 백비탕白沸湯을 우선 진어하고 계귤차에다 곽향藿香 1전錢을 첨가하여 달여서 올리는 것이 좋을 듯합니다" 하였다. 내가 상을 부축하여 수저로 백비탕을 떠서 올렸다. 상이 잠시 후에 돌아눕고자 하기에 내가 부축하여 돌아 눕혀 드렸다. 옥음이 희미하게 들렸는데 떨리는 기운이 있었다. 상이 이르기를,

"다음茶飮이 왔니?"

하였는데, 서유린 등이 미처 알아듣지 못하였다. 내가 서유린에게 이르기를, "다음을 달여 가지고 왔느냐는 분부인 듯하다. 다음을 속히 달여 가지고 오라. 도제조와 제조가 만일 대궐에 있거든 속히 들어오게 하라" 하였다. 도제조 김상복과 제조 박상덕이 입시하여 다음을 올렸다. 상이 다음을 드시고 나서는 이윽고 가래침과 다음을 토하였다.

–『명의록』「존현각일기」

저는 숨이 넘어가려는 순간, 제가 누워 있는 방 한편이 훤히 밝아지는 게 보였습니다. 그리고 원유관을 쓰고 무명옷을 입은 한 사람이 묵묵히 앉아 있는 게 보였습니다. 저는 놀랍기도 하고 반갑기도 하여, 입술을 떨며 신음처럼 말했습니다.

"선偘이 왔니?"

정말 잘못 들었는지, 제대로 듣고서도 무시했는지 몰라도, 제게 바짝 엎드려 있던 세손은 제 마지막 말을 "다음이 왔니?"로 주위에 전했습니다. 하지만 저는 이미 말할 기력도 없었습니다. 부랴부랴 사람들이 가져온 차를 조금 들이마셨나 했더니, 속에서 뭔가가 치밀어 올랐습니다. 저는 방바닥에 토했고, 그리고 주변에서 빛이 사라져 갔습니다.

묘시卯時에 임금이 경희궁의 집경당에서 승하하였다. 임금이 대점大漸(왕의 병세가 위독함)하여 장차 고복하려 할 때에 영의정 김상철이 말하기를, "복의復衣는 곤룡포袞龍袍로 해야 하고, 고복한 뒤에는 왕세손이 침문 밖에 나가 거애擧哀해야 합니다" 하니, 왕세손이 말하기를, "황급한 때에는 모든 일이 전도되고 틀리게 되기 쉬우니, 『상례보편喪禮補編』을 상고해 보는 것이 옳겠다" 하였다. 내시가 복의를 받들고 동쪽 낙수받이에 사닥다리를 놓고 올라가 고복하였다. 끝나고서 협시挾侍(임금을 곁에서 모시는 내시)가 왕세손을 부축하여 침문 밖에 나가 거애하였다. 이때 대신大臣은 북영北檐 밖의 서쪽 가까운 곳에 서고 승지·사관은 동영 안팎에 서고 궁관은 북영 밖에 서서 마주 보고 집사관은 어상御床 앞에 서고 예관은 동계東堦 위에 서서 서쪽을 향하여 고복이 끝나기를 기다렸다가, 예방 승지가 복의를 받들어 어상 옆에 놓으니, 비로소 자리를 설치하고 곡하였다. 액정서에서 청사에 점차苫次를 설치하고 협시가 왕세손을 부축하여 점차로 갔다. 왕세손이 부복俯伏하고 곡하여 극진히 애도하고, 대신과 입참한 여러 신하와 내시 이하가 모두 곡하였다.

-『영조실록』 127권, 영조52년 3월 5일

이렇게 해서 저의 이야기는 끝납니다. 세상에 나온 지 여든두 해, 옥좌에 앉은 지 마흔두 해 만이었습니다. 그러면 저의 일생은 무슨 의미가 있었을까요?

무수리의 아들이, 정확히 말하면 무수리로 취급받았던 미천한 여인의 아들이 왕이 되었습니다. 많은 사람을 만났고, 많은 사람을 떠나보냈습니다. 그 중에는 그의 손으로 죽음에 이르게 한 사람들도 있었습니다. 누구는 피가 마르도록 괴롭혀 죽게 했고, 누구는 순간의 감정을 이기지 못해 이치에 맞지 않은 판결로 죽게끔, 그리고 누구는 작정하고 악귀처럼 굴어서 죽음으로 몰아넣었습니다. 제가 편 민생 정책으로 생명을 구한 사람은 허다하리라고 자위해봐도, 제가 아니었으면 더 살 수 있었을 사람이 억울하게 죽어간 일의 무게를 어떻게 감당하겠습니까. 이 아득하고 캄캄한 곳에서 억겁의 세월을 보내더라도 씻을 수 없는 죄과겠지요.

그러나 그것이 왕이고 왕업의 본체였습니다. 공公을 위해, 나라와 백성을 위해 단호해질 필요가 있을 때는 단호하게, 잔인해져야만 할 때는 잔인하게 굴어야만 하는 것이 왕좌의 주인이 짊어져야 할 사명이었습니다. 뒤에 가서 그 판단이 실수였음을 깨달을 때가 혹시 있을지라도요. 처음에 말씀드렸듯, 조선에서 왕이란 지상에 구현된 하늘의 헌법이었습니다. 대자연의 질서를 인간 세상에서 구현하는 주체였습니다. 대자연이 한없이 온화하고 쾌적해 보일지라도 때로는 사슴을 호랑이에게 뜯어 먹히게 하고, 푸른 잎사귀를 노랗게 바래게 해 대지로 돌려보내는 것처럼, 왕도 때로는 인간적인 마음을 억누르면서 법과 원칙에 따라 숙살肅殺을 결행해야만 하는 것입니다.

사람의 생명을 빼앗는 결정을 하는 것을 제외해도, 왕의 길은 고독

하고, 번민과 고뇌의 연속일 수밖에 없었습니다. 만기친람萬機親覽(임금이 모든 정사를 직접 보살핀다는 뜻)이 말이 쉽지, 정치, 경제, 사회, 문화, 사법, 교육, 학술, 역사…. 세상의 모든 일을 하나의 머리와 두 손으로만 결정하는 일이 얼마나 괴롭고 부담스러운 일이었겠습니까. 그런 점에서 귀족, 성직자, 지방 영주 등과 권한을 분담하고 있었다는 서양의 군주들이 부럽기도 합니다만. 어쩌겠습니까? 제가 원하던 옥좌는 아니었으나, 그 막중한 책임을 맡은 이상 어머니와 황형의 기대에 부응해야 했습니다. 하나뿐인 배필이어도 정치적 입장에서 대해야 했습니다. 그 무거운 짐을 지고 갈 수 있도록 후계자 될 아들을 다그쳐야 했으며, 다그침이 지나쳐 썩은 재목이 되었음을 확인했을 때는 사람으로서 하지 못할 짓을 해야 했습니다.

그처럼 사람의 한계를 느끼면서도 사람이 감당하기 어려운 짐을 짊어지고 공公을 추구하려 했던 것은, 정도의 차이는 있더라도 조선의 모든 왕들이 같다고 생각합니다. 대빈을 처단하고 어머니를 외면하신 아버지 숙종의 결정에서도 저는 같은 것을 보았으니까요. 양녕대군을 내치신 태종, 의병장의 군벌화를 꺼려 논공행상에서 의병을 일체 제외한 선조 역시 마찬가지입니다. 그렇지만 결국 사람의 일이니 판단 실수나 개인감정이 개입할 수밖에 없고 때로는 감정에 치우쳐서 불완전한 근거로 처형 명령을 내리기도 하지 않느냐? 그래도 괜찮은 임금 축에 든다는 당신조차 그랬는데, 보다 자질이 떨어지는 임금은 어땠겠느냐? 이렇게 물으실 수도 있을 것입니다. 맞습니다. 그래서 여러분의 시대에는 무형의 헌법을 성문의 헌법으로 바꾸고, 한 사람을 옥좌에 앉히는 대신 여러분 모두가 왕이 되는 제도인 민주주의를 도입한 것이겠지요. 다만 서로 의견이 다르고 갈등이 빚어질 수 있으니 법으로 시비를 분별하자. 그리고 선거로 법을 만들고 집행할 공직자를 뽑자고 정하신 것이겠지요.

하지만 이 점에 대해서는 한번 생각해볼 필요가 있습니다. 결국 정의는 사람의 것이고, 이를 구현하기 위해서는 차가운 머리만이 아니라 뜨거운 가슴 역시 필요하다고 말입니다. 그래서 여러분의 조상들은 정의를 법전에 짜 넣어 기계처럼 만들기보다 사람의 양심에 맡기려 했던 것입니다. 여러분의 시대에도 기존의 법 경계를 뛰어넘는 안타까운 일이 있을 때 특별법이 제정되는 경우가 있지 않습니까? 과거의 왕권은 그러한 '양심에 따른 정의'를 보다 자유롭게 활용하기 위한 것이었다고 보시면 될 것입니다.

물론 여기에는 비판의 여지도 많습니다. 제가 이제껏 말씀드린 죽음에 대한 이야기들도 공公을 위해 사적인 쾌快를 최대한 억제하며 벌인 결과라고 했습니다만, 여러분의 시각에서는 그저 개인의 사욕과 변덕의 결과로 보일지도 모르지요. 숙종께서는 단지 대빈과 어머니께 싫증이 나서 그분들을 버리신 것이고, 황형은 제가 밉고 두려웠으나 배짱과 세력이 받쳐주지 못해 쳐내지 못하셨을 뿐이며, 제가 비빈들에게 행한 행동은 최고 권력자가 부리는 난봉에 지나지 않았고, 사도세자 역시 가학적으로 괴롭힌 끝에 끝내 죽음으로 몰아넣은 거라고.

어쩌면 그 역시 진실의 일단을 포함하고 있을지도 모릅니다. 그러나 제 일거수일투족이 모두 치밀한 정치적 계산에 따른 것이라는 분석이 지나치듯, 저나 다른 임금들이 오직 감정에 따라 움직였다는 관점도 지나칩니다. 어쨌든 이러한 시스템이 오늘날의 민주주의에 비해서는 불확실하고 미개하다고 하시는 분들도 계실 겁니다. 네, 그럴 것입니다. 제가 살았던 시대보다 수백 년이 지난 시대에 사는 여러분이 더욱 발전된 정치 시스템을 갖고 계시지 못하다면 그게 이상한 일이겠지요. 하지만 말입니다. 여러분은 과연 진정한 민주주의에 따른 나라의 주인으로서, 주인답게 나라를 이끌어가고 계십니까? 어렵고 괴로운 동포들의 눈물을 닦아주고, 사람들을 충분히 먹이고 지키며, 모두가 내일에 대한 희망을 갖고 살아가게끔 도와주는 것이 시대가 열두 번 바뀌더라도 변함없는 정치의 궁극적인 목표입니다. 여러분은 시대를 이끌어가는 주인으로서 이런 목표를 실행하고 계십니까? 대통령이나 정치인의 행동을 비판하면서 정작 모든 문제의 해결책은 남에게 미루는, 왕이 아닌 머슴의 삶을 살고 계시지는 않습니까?

말이 조금 격했습니다. 부디 너그러이 봐 주시고, 제 긴 말씀을 들어주신 데 감사 말씀을 아울러 드립니다. 이곳 저승은 자기 자신 외에는 아무도 느낄 수 없는 곳입니다. 간혹 죽은 영혼끼리 서로를 간절하게 그리워하면 저승에서 상봉하는 경우가 있다고 들었습니다만, 저는 아직 그런 경우가 없었습니다. 사도는 물론이고, 세손 정조, 아바마마, 어머니, 황형, 정성왕후, 정빈까지도. 그 누구도 저와의 만남을 간절하게 원하지 않고 있는 것일까요. 그래서 저는 지금도 여기 홀로 서 있습니다.

아득하고 캄캄한 곳에서 언제까지나, 여기 서 있습니다.

영조英祖 연표

1670년(현종 11)	영조의 모친 최씨(숙빈)가 최효원의 둘째 딸로 태어나다.
1676년(숙종 2)	최씨(숙빈)가 입궁하다.
1688년(숙종 14)	장희빈이 이윤(경종)을 낳다.
1689년(숙종 15)	기사환국(己巳換局). 서인 노론계가 숙청되고 송시열 등은 사사되다. 남인 주도의 정국이 시작되다. 인현왕후가 폐서인되고 장희빈이 중전에 오르다.
1693년(숙종 19)	최씨(숙빈)가 숙원에 책봉되고 아들 영수를 낳다(요절). 정성왕후가 서종제의 딸로 태어나다.
1694년(숙종 20, 1세)	4월, 갑술환국(甲戌換局). 장희빈이 취선당으로 물러나고 인현왕후가 복위되다. 5월, 김인의 고변. 장희재에 의한 최 숙원 독살음모론이 제시되다. 9월 20일, 창덕궁 보경당에서 이금(영조) 태어나다.
1698년(숙종 24, 5세)	최 숙원이 아이를 낳았으나 요절하다.
1699년(숙종 25, 6세)	최 숙원이 숙빈에, 이금(영조)은 연잉군에 책봉되다. 명빈 박씨가 연령군을 낳다.
1700년(숙종 26, 7세)	연잉군(영조), 종친부 유사당상에 임명되다.
1701년(숙종 27, 8세)	인현왕후 사망하다. 그 여파로 장희빈에게 자결 명령이 내려지다. 후궁을 중전으로 삼지 못하게 하라는 명령이 내려지다.
1702년(숙종 28, 9세)	인원왕후 책봉되다. 이 무렵 최 숙빈은 출궁 명령을 받다.
1703년(숙종 29, 10세)	연잉군, 관례를 치르다.
1704년(숙종 30, 11세)	연잉군, 서종제의 딸 서씨(정성왕후)와 혼인하다.
1708년(숙종 34, 15세)	연잉군, 창의궁을 하사받다.
1711년(숙종 37, 18세)	최 숙빈, 이현궁을 내수사에 반환하고 창의궁으로 옮기다. 연잉군은 마마(천연두)를 앓다.
1716년(숙종 42, 23세)	병신처분(丙申處分). 숙종, 회니시비(懷尼是非)와 관련해 노론을

두둔하다. 이이명과의 정유독대(丁酉獨對)에서 세자 교체가 논
의되다.

1717년(숙종 43, 24세) 연잉군, 소실 이씨(정빈)에게서 첫 자식 향염(화억옹주)을 얻다. 세
자(경종)가 대리청정을 시작하다.

1718년(숙종 44, 25세) 어머니 최 숙빈, 딸 향염이 사망하다. 세자(경종)의 빈 심씨(단의
왕후) 사망하다.

1719년(숙종 45, 26세) 소실 이씨가 행(경의군, 효장세자)을 낳다. 연령군 사망하다.

1720년(숙종 46) 숙종이 사망하고 세자 이인(경종)이 계승하다.

(경종 즉위년, 27세) 소실 이씨가 화순옹주를 낳다.

1721년(경종 1, 28세) 연잉군이 세제에 책봉되고 대리청정 논란과 관해 신축환국(辛丑
換局)이 발생, 노론 4대신(김창집, 이이명, 이건명, 조태채)이 숙청되고
소론이 득세하다. 세제의 소실 이씨(정빈)는 소훈에 봉해졌으나
의문사하다.

1722년(경종 2, 29세) 임인옥사(壬寅獄事). 노론 4대신이 사사되다. 김씨 궁인이 경종
의 독살을 시도했다는 '김성 궁인 사건'이 발생하다. 고 심씨를
단의왕후로 추존해 책봉하고 어씨를 중전에 책봉하다(선의왕후).
장희빈을 옥산부대빈으로 추존하다.

1724년(경종 4) 경종 사망. 8월 30일에 세제 이금(영조)이 즉위하다.

(영조 즉위년, 31세) 아들 행을 경의군에 책봉하다. 김일경과 목호룡을 토죄하여 처
형하다.

1725년(영조 1, 32세) 을사환국(乙巳換局). 신임사화(辛壬士禍, 신축환국과 임인옥사)를 무옥
으로 규정, 노론 4대신을 신원하고 노론을 중용하다. 송시열을
신원하다. 압슬형을 폐지하다. 각 도의 둑을 정비해 가뭄에 대비
하다. 숙빈묘를 창건하다. 경의군을 세자(효장세자)에 책봉하다.

1727년(영조 3, 34세) 정미환국(丁未換局). 영부사 민진원, 우의정 정호 등 노론 대신들
을 파면하고 소론 대신들을 부르다. 한양에 유언비어가 돌고 전
주와 남원에 괘서가 나붙다. 귀인 이씨(영빈)에게서 화평옹주를
얻다. 효장세자가 태학(성균관)에 입학하다. 조문명의 딸을 세자
빈으로 책봉하다(현빈, 효순왕후).

1728년(영조 4, 35세) 무신난(戊申亂, 이인좌의 난)이 발발하다. 진압 후 『감란록(勘亂錄)』
을 간행하다. 효장세자 사망하다. 귀인 이씨(영빈)가 옹주를 낳
다(요절).

1730년(영조 6, 37세)　정성왕후가 홍역을 피해 이어하다. 선의왕후 사망하다. 귀인 이씨(영빈)가 옹주를 낳다(요절). 귀인 이씨를 영빈에 책봉하다. 나인 순정 등의 매흉 사건이 벌어지다.

1731년(영조 7, 38세)　노비종모법을 시행하다. 영빈 이씨가 화협옹주를 낳다.

1732년(영조 8, 39세)　선농친제(先農祭)를 시행하다. 경종실록 완성되다. 화순옹주가 김한신에게 하가하다.

1733년(영조 9, 40세)　영빈 이씨가 옹주를 낳다(요절).

1735년(영조 11, 42세)　영빈 이씨가 이선(사도세자)을 낳다.

1736년(영조 12, 43세)　이선을 세자에 책봉하다.

1737년(영조 13, 44세)　혼돈개벽(混沌開闢) 유시에서 탕평책을 제시하다. 영빈 이씨가 화완옹주를 낳다.

1738년(영조 14, 45세)　정성왕후의 모친이 사망하다. 처조카 서덕수를 신원하다.

1739년(영조 15, 46세)　처음으로 양위 선언을 하다.

1740년(영조 16, 47세)　귀인 조씨가 신생옹주를 낳다(요절).

1741년(영조 17, 48세)　이조 낭관의 통청권(通淸權)과 한림의 회천법(回薦法)을 혁파하다. 귀인 조씨가 화유옹주를 낳다.

1742년(영조 18, 49세)　사도세자가 성균관에 입학하다. 성균관에 탕평비를 건립하다.

1743년(영조 19, 50세)　정성왕후가 담증에 시달리기 시작하다. 화협옹주가 신광수에게 하가하다.

1744년(영조 20, 51세)　『국조오례의(國朝五禮儀)』가 완성되다. 사도세자가 홍봉한의 딸(혜경궁 홍씨, 혜빈)과 혼인하다. 세자가 어지럼증 등 병을 나타내기 시작하다. 숙빈묘를 육상묘로 개칭하다. 외고조부인 최말정, 외조부 최태일의 묘표를 제작하다.

1746년(영조 22, 53세)　『어제자성편(御製自省篇)』을 완성하다. 『속대전(續大典)』을 완성하다. 정성왕후가 낙상하다.

1747년(영조 23, 54세)　『황단의궤(皇壇儀軌)』를 완성하다. 창덕궁 행각의 화재로 사도세자가 경희궁 즙희당으로 옮기다.

1748년(영조 24, 55세)　화평옹주가 아이를 낳다가 사망하다.

1749년(영조 25, 56세)　네 번째로 양위하겠다고 선언하다. 신하들의 반대로 이를 물리는 대신 사도세자에게 대리청정을 시키다. 화완옹주가 정치달에게 하가하다.

1750년(영조 26, 57세)　균역법을 제정하고 균역청을 설치하다. 혜빈이 의소세손을 낳다.

1751년(영조 27, 58세) 현빈 사망하다. 장례 과정에서 숙의 문씨와 알게 되다.

1752년(영조 28, 59세) 의소세손 사망하다. 화협옹주 사망하다. 혜빈이 세손 산(정조)을 낳다.

1753년(영조 29, 60세) 육상묘를 육상궁으로 승격, '화경(和敬)'의 시호를 올리다. 화유옹주가 황인점에게 하가하다.

1754년(영조 30, 61세) 숙의 문씨가 화길옹주를 낳다. 사도세자가 혜빈에게서 청연군주를, 궁녀 임씨(양제 임씨, 숙빈 임씨)에게서 은언군을 얻다.

1755년(영조 31, 62세) 을해옥사(乙亥獄事). 소론이 주도한 나주괘서사건으로 박찬신 등이 처형되다. 신임사화와 관련된 『천의소감(闡義昭鑑)』이 간행되다. 양제 임씨가 은신군을 낳다.

1756년(영조 32, 63세) 송시열, 송준길을 문묘에 종사하다. 신하들에게 존호를 받다. 혜빈이 청선군주를 낳다. 사도세자가 방화를 하고 자살 기도를 하는 등 불안 증세가 심해지다. 사도세자가 처음으로 영조를 따라 능행길에 나서다.

1757년(영조 33, 64세) 정성왕후 사망. 거의 동시에 화완옹주의 남편 정치달이 사망하자 영조가 정치달의 상가에 먼저 가다. 인원왕후 사망하다. 사도세자가 7월 이후로 진현한 일이 없음을 공식으로 문제제기하다. 세자의 병세가 심해지고 내관 김한채를 시작으로 연이어 살인을 자행하다. 사도세자가 인원왕후전 침방나인 빙애(수칙/경빈 박씨)를 취한 일이 알려져 영조가 다섯 번째로 양위를 선언하다.

1758년(영조 34, 65세) 화순옹주가 도위 김한신의 사망 후 단식 끝에 사망하다. 화길옹주가 구민화에게 하가하다. 영조가 세자의 하소연에 '앞으로는 그리 않으리라' 이른 다음, 두 번째로 능행에 따라오도록 했으나 도중에 돌아가게 하다.

1759년(영조 35, 66세) 청계천 준설사업 시작하다. 정순왕후를 중전에 책봉하다. 정조를 세손에 책봉하다. 사도세자가 수칙 박씨에게서 은전군을 얻다. 사도세자가 무예도에 12가지를 추가토록 하다.

1760년(영조 36, 67세) 청계천 준설사업 완공되다. 준천사를 설치해 지속적인 관리를 담당케 하다. 정조가 성균관에 입학하다. 사도세자가 헛것을 보고 혜빈을 폭행하는 등 병증이 심해지다. 사도세자의 온양온천행을 허락하다.

1761년(영조 37, 68세) 사도세자가 수칙(경빈) 박씨를 살해하고 은전군까지 살해하려

하다. 사도세자가 20여 일 동안 몰래 평양에 다녀오다.

1762년(영조 38, 69세) 5월 22일, 나경언이 사도세자의 비리를 고변하다. 윤5월 13일, 사도세자를 폐세자하고 자결을 명한 다음 뒤주에 가두다. 윤5월 21일, 사도세자 사망하다. 세자로 복위시키고 '사도(思悼)'의 시호를 내리다.

1764년(영조 40, 71세) 세손(정조)를 효장세자에 입후토록 하다. 사도세자의 사도묘를 수은묘(垂恩廟)로 개칭하다. 영빈 이씨 사망하다. 화령옹주가 심능전에게 하가하다.

1771년(영조 47, 78세) 은언군, 은신군, 은전군을 제주도에 유배하다. 은신군이 유배지에서 사망하다.

1772년(영조 48, 79세) 과거시험에 탕평과를 처음 시행하다. 화길옹주가 사망하다.

1774년(영조 50, 81세) 은언군을 신원하다.

1775년(영조 51, 82세) 『팔순곤유록(八旬裕昆錄)』을 세손(정조)에게 전하다. 사도세자의 죽음에 관한 승정원일기의 기록을 세초하도록 하고, 세손에게 대리청정을 시키다.

1776년(영조 52, 83세) 2월 9일, 세손(정조)에게 친히 은인(銀印)과 유서(諭書)를 내리다. 3월 5일, 경희궁의 집경당에서 영조 사망하다. 정조가 계승하고 "나는 사도세자의 아들이다"라고 선언하다. 홍인한, 문성국, 정후겸 등을 숙청하다. 사도세자를 장헌세자로 개칭하고 수은묘를 영우원으로 개칭(1784년에 경모궁으로 다시 개칭)하다.

영조와 네 개의 죽음

초판 1쇄 발행 2015년 10월 15일

지은이 —— 함규진
펴낸이 —— 최용범
펴낸곳 —— 페이퍼로드
출판등록 —— 제10-2427호(2002년 8월 7일)
　　　　　　서울시 마포구 연남로3길 72(연남동 563-10번지 2층)

이메일 —— book@paperroad.net
홈페이지 —— www.paperroad.net
커뮤니티 —— blog.naver.com/paperoad
Tel (02)326-0328, 6387-2341 | Fax (02)335-0334

ISBN 979-11-86256-08-4 (03900)